YINGKE® 盈科

盈科全国业务指导委员会系列丛书

私人财富管理法税实务详解

盈科律师事务所 / 编
陈希　钟黎　张宏　罗翔　童心　赵晓玲 / 著

DETAILED EXPLANATION OF PRIVATE WEALTH MANAGEMENT LAW AND TAX PRACTICE

法律出版社 LAW PRESS · CHINA
北京

图书在版编目(CIP)数据

私人财富管理法税实务详解 / 盈科律师事务所编 ；
陈希等著. -- 北京 ：法律出版社，2023
ISBN 978 - 7 - 5197 - 7506 - 3

Ⅰ. ①私… Ⅱ. ①盈… ②陈… Ⅲ. ①个人财产－所有权－研究－中国 Ⅳ. ①D923.24

中国国家版本馆 CIP 数据核字（2023）第 011229 号

私人财富管理法税实务详解
SIREN CAIFU GUANLI FASHUI SHIWU XIANGJIE

盈科律师事务所 编
陈 希 等著

策划编辑 朱海波
责任编辑 朱海波
装帧设计 汪奇峰 臧晓飞

出版发行 法律出版社
编辑统筹 法律应用出版分社
责任校对 蒋 橙
责任印制 刘晓伟
经　　销 新华书店

开本 710 毫米×1000 毫米 1/16
印张 23.75 **字数** 350 千
版本 2023 年 5 月第 1 版
印次 2023 年 5 月第 1 次印刷
印刷 天津嘉恒印务有限公司

地址：北京市丰台区莲花池西里 7 号（100073）
网址：www. lawpress. com. cn
投稿邮箱：info@ lawpress. com. cn
举报盗版邮箱：jbwq@ lawpress. com. cn

销售电话：010 - 83938349
客服电话：010 - 83938350
咨询电话：010 - 63939796

书号：ISBN 978 - 7 - 5197 - 7506 - 3
定价：80.00 元
凡购买本社图书，如有印装错误，我社负责退换。电话：010 - 83938349

本书编著者
陈　希　钟　黎　张　宏　罗　翔　童　心　赵晓玲　著

前　言

我国改革开放已逾40年,我国成为世界第二大经济体;党的十八大以来,我国完成了脱贫攻坚、全面建成小康社会的历史重任。伴随着我国经济和社会全方位发展,民间财富快速积累。

2022年10月二十大召开,根据二十大报告,我国将朝着全面建成中国式社会主义现代化强国而奋进,共同富裕、高质量发展是中国式社会主义现代化强国的重要内涵。在这么一个历史背景下,高净值人士应如何进行正确的财富规划呢?

高净值人士的财产主要包括金融资产、不动产及股权类资产,财富风险主要涉及家庭、企业及税务三个领域。就家庭而言,婚姻与传承往往涉及家庭财富转移与归属。就企业而言,民营企业家需要优化企业的股权治理架构,需要对核心人员进行股权激励,需要好的股权代际传承方案,需要思考股权家族信托架构与企业未来IPO的兼容性问题,需要思考如何应对企业债务传导风险。就税务而言,高净值人士需要正确认识我国的税务改革及其影响并做出正确的财富规划,需要正确认知跨境税务风险并做出正确选择。

本书包括三篇七章,第一篇为家庭篇,主要涉及婚姻与传承;第二篇为企业篇,主要涉及企业股权与企业债务;第三篇为税务篇,主要涉及境内税与跨境税,旨在以案说法、详细解读家庭、企业及税务三个领域的财富风险并介绍相应的规划策略。

本书有两大特点:第一,内容全面:本书内容涵盖家庭、企业、税务领域的主要内容,全面囊括了私人财富管理法税业务的主要领域;第二,实操性强:本书大量引用法院生效判例、证监会公布案例、税务局处罚案例及跨境税务案例,具有较强的实务指导意义。

本书有两大亮点:第一,对股权家族信托的架构和功能进行了较为细致的介绍;第二,对股权家族信托架构与IPO规划进行了细致梳理与分析。这是以往的私人财富领域专业书籍里较为少见的内容。

本书适合私人财富领域从业人员,包括金融机构(银行、保险公司、信托公司、证券公司等)及三方机构从事私人财富管理的人员以及从事私人财富管理业务的专业人员(律师、会计师、税务师等)阅读并作为工具书使用,此外,本书也适合高净值人士作为参考资料予以收藏。

本书集合了我们团队多年来对私人财富领域的研究和实践经验,是我们团队宝贵的知识汇编和经验总结。如果您对本书内容有任何意见或者建议,还请不吝赐教。需要特别说明的是,请勿将本书内容作为法律意见或法律建议来使用,如果您有具体需求,请联系我们。我们的电子邮箱为:chenxilvshi@126.com。

感谢法律出版社朱海波先生对本书出版给予的大力支持和帮助!感谢盈科律师事务所总部陈琳女士、张思媛女士,盈科成都分所曾新程女士等各位领导、同仁以及业界良师益友的关怀和帮助!感谢我们团队每位律师的辛勤付出和专业奉献!感谢团队助理巫丹律师给予的协助和配合!感谢我们的家人对于我们工作的认可和支持!感谢在我们的发展道路上信任我们、帮助我们的所有朋友们!

陈　希

2023年2月25日

目 录
CONTENTS

第一篇 Part 1 家庭篇（婚姻与传承）

第一章 | 夫妻财产、债务、财产协议的认定及法律后果 / 003

第一节　夫妻共同财产、个人财产的认定及分割 / 003

一、夫妻共同财产、个人财产的法律定义及渊源 / 003

二、夫妻共同财产、个人财产的认定及分割 / 006

三、夫妻共同财产不分或少分的情形 / 030

第二节　夫妻共同债务、个人债务的认定及后果 / 036

一、夫妻共同债务、个人债务的法律定义及渊源 / 036

二、认定为夫妻共同债务的情形 / 038

三、夫妻共同债务、个人债务的后果 / 048

第三节　夫妻财产协议的性质及后果 / 051

一、夫妻财产协议的主要种类 / 052

二、诉讼离婚时，夫妻财产协议的效力 / 053

第二章 | 财富传承详解与比较分析 / 058

第一节　传承财富的范围与方式 / 058

一、财富传承的范围 / 058

二、财富传承的方式 / 058

第二节　财富传承的比较分析 / 059

一、生前赠与 / 059

二、法定继承 / 062

三、遗嘱和遗赠 / 066

四、人身保险 / 081

五、家族信托 / 086

第二篇 Part 2 企业篇（企业股权与企业债务）

第三章｜民营企业的股权治理、股权激励与股权传承 / 099
第一节 民营企业的股权治理 / 099
一、股东权利与运用 / 099
二、股权架构的设计 / 120
三、股权代持的风险与防范 / 126
第二节 民营企业的股权激励 / 128
一、股权激励概述 / 128
二、股权激励的运用 / 130
第三节 民营企业的股权传承 / 132
一、生前赠与股权 / 133
二、生前转让股权 / 139
三、遗嘱传承股权 / 139
四、股权家族信托 / 144

第四章｜携家族信托架构企业与境内 IPO / 150
第一节 “三类股东”的“前世今生” / 150
一、“三类股东”的诞生背景与分析 / 150
二、“三类股东”闯关 A 股历程 / 151
第二节 家族信托境内 IPO 现状 / 158
一、境内家族信托持股(拟)上市公司概况 / 158
二、拆除家族信托架构为上市 / 158
三、当前 A 股审核口径分析 / 165
第三节 家族信托持股企业 IPO 路在何方 / 172
一、家族信托持股企业登陆 A 股矛盾点分析 / 172
二、家族信托持股企业登陆 A 股未来展望 / 173

第五章 | 企业债务传导与应对策略 / 178
第一节 企业债务传导 / 178
一、企业债务传导的成因 / 178
二、企业债务传导的后果 / 194
第二节 企业债务传导的应对策略 / 197
一、企业层面的应对策略 / 197
二、家庭层面的应对策略 / 198
第三节 资产隔离工具及其运用 / 199
一、赠与 / 199
二、代持 / 201
三、人身保险 / 203
四、家族信托 / 209

第三篇 Part 3 税务篇（境内税与跨境税）

第六章 | 税务改革下，高净值人群的涉税风险与财富规划策略 / 215
第一节 税务改革 / 216
一、税制改革 / 216
二、税收征管体制改革 / 220
第二节 高净值人群的涉税风险 / 224
一、增值税的涉税风险 / 224
二、企业所得税的涉税风险 / 230
三、个人所得税的涉税风险 / 239
四、“社保入税”的涉税风险 / 244
五、滥用“税收优惠政策”的涉税风险 / 245
六、个人房产交易及持有的涉税风险 / 251
七、逃税的刑事责任 / 254
第三节 高净值人群的财富规划策略 / 257
一、财富取得阶段的规划策略 / 257
二、财富持有阶段的规划策略 / 274

三、财富转移阶段的规划策略 / 279

第七章 | 高净值人士跨境税务风险解析 / 288

第一节 《税务目的下欧盟非合作司法管辖区名单》 / 289

一、背景 / 289

二、详解 / 289

三、解读 / 293

第二节 CRS / 293

一、CRS 概述 / 293

二、CRS 核心概念详解 / 298

三、CRS 的落地实施 / 303

四、中国 / 313

五、案例解析 / 318

第三节 美国税务 / 323

一、美国税务制度 / 323

二、美国海外资产申报制度 / 333

三、美国《海外账户税务合规法案》 / 336

四、案例解析 / 344

第四节 违规资本跨境流动风险 / 354

一、个人财产对外转移完税制度 / 354

二、欠税人出境限制制度 / 354

三、外汇管制制度 / 356

四、跨境涉税信息交换制度 / 358

援引法律、法规及规范性文件 / 359

参考文献 / 366

第一篇

家庭篇（婚姻与传承）

第一章　夫妻财产、债务、财产协议的认定及法律后果

第一节　夫妻共同财产、个人财产的认定及分割

一、夫妻共同财产、个人财产的法律定义及渊源

我国关于夫妻财产的法律规定，与社会变迁息息相关。1950年，我国颁布了新中国成立后的第一部《中华人民共和国婚姻法》（中央人民政府委员会于1950年5月1日发布及实施，以下简称《1950年婚姻法》），其主旨为废旧立新，建立以婚姻自由，保护妇女、儿童权益为基础的新型婚姻制度。由于旧社会中妇女的地位低下，故为保障妇女权益，在《1950年婚姻法》中规定了“离婚时，除女方婚前财产归女方所有外，其他家庭财产如何处理由双方协议；协议不成时，由人民法院根据家庭财产具体情况，照顾女方及子女利益和有利于发展生产的原则判决”，即离婚时女方的婚前财产归女方个人所有，男方的婚前个人财产也算是夫妻共同财产。①

其后30年，在我国改革开放的初期，为适应社会发展，我国第二部《中华人民共和国婚姻法》（全国人民代表大会常务委员会委员长令第九号，1980年9月10日发布，1981年1月1日实施，以下简称《1980年婚姻法》）发布并实施。由于妇女相比以往更多地参与了社会经济活动，具有更强的经济自主能力，故《1980年婚姻法》在《1950年婚姻法》的基础上对夫妻财产制度进行了调整，不再要求将男方的婚前财产作为共同财产，而规定为“夫妻在婚姻关系存续期间所得的财产，归夫妻共同所有，双方另有约定的除外”。同时为解决审判实践中

---

① 参见巫昌祯：《解读中国婚姻法六十年》，载《中国法律》2011年第6期。

遇到的法律适用问题，最高人民法院颁布了《关于人民法院审理离婚案件处理财产分割问题的若干具体意见》（法发〔1993〕32 号，1993 年 11 月 3 日发布及实施），对夫妻共同财产的范围进行了明确限定，并出于维持家庭婚姻稳定的角度，规定“一方婚前个人所有的财产，婚后由双方共同使用、经营、管理的，房屋和其他价值较大的生产资料经过 8 年，贵重的生活资料经过 4 年，可视为夫妻共同财产”。

20 世纪 80 年代以来，随着社会生活的发展变化，夫妻之前的财产关系也更为复杂，财产构成向多元化方向发展、财产数额和规模显著增多、投资经营性财产在家庭财产中所占比例有增大的趋势。以前很多家庭的主要财产就是四大件，即“自行车、手表、缝纫机、收音机”，但改革开放 20 年来，有的家庭除工资收入外，还有投资股权、合伙份额、有价证券、房产等其他财产。鉴于此，我国于 2001 年 4 月 28 日对《1980 年婚姻法》进行了修改，增加了第 17 条和第 18 条，对夫妻共同财产和个人财产的认定进行了详细说明。同年，《最高人民法院关于适用〈中华人民共和国婚姻法〉若干问题的解释（一）》[法释〔2001〕30 号，2001 年 12 月 24 日发布，2001 年 12 月 27 日实施，以下简称《婚姻法解释（一）》]开始实施，其规定“夫妻一方所有的财产，不因婚姻关系的延续而转化为夫妻共同财产”，该项规定废除了法发〔1993〕32 号文件中婚姻存续年限对夫妻财产性质的影响，由此可看出我国对于夫妻财产的司法理念从强调形式平等过渡到了关注实质平等，更着重于保护私人财产。

随后，我国先后实施了《最高人民法院关于适用〈中华人民共和国婚姻法〉若干问题的解释（二）》[法释〔2003〕19 号，2003 年 12 月 25 日发布，2004 年 4 月 1 日实施，以下简称《婚姻法解释（二）》]、《最高人民法院关于适用〈中华人民共和国婚姻法〉若干问题的解释（三）》[法释〔2011〕18 号，2011 年 8 月 9 日发布，2011 年 8 月 13 日实施，以下简称《婚姻法解释（三）》]及《最高人民法院关于适用〈中华人民共和国婚姻法〉若干问题的解释（二）的补充规定》[法释〔2017〕6 号，2017 年 2 月 28 日发布，2017 年 3 月 1 日实施，以下简称《婚姻法解释（二）补充规定》]，对公司股权、合伙份额、有价证券、房产等财产如何区分是否属于夫妻共同财产进行了明确规定。

2020 年，第十三届全国人民代表大会第三次会议表决通过了《中华人民共和国民法典》（中华人民共和国主席令第 45 号，2020 年 5 月 28 日发布，2021 年

1月1日实施,以下简称《民法典》),自此《婚姻法》废止。《民法典》婚姻家庭编在《婚姻法》基础体系上融会贯通,纳入社会变化,且《最高人民法院关于适用〈中华人民共和国民法典〉婚姻家庭编的解释(一)》[法释〔2020〕22号,2020年12月29日发布,2021年1月1日实施,以下简称《婚姻家庭编解释(一)》]也得以同步实施。

目前我国对于夫妻财产的规定主要来自《民法典》及相应司法解释,其对夫妻共同财产及个人财产的基本分类见表1-1。

表1-1　夫妻共同财产及个人财产的基本分类

夫妻共同财产:夫妻关系存续期间的下列财产属于夫妻共同财产	夫妻一方个人财产:夫妻一方的下列财产属于夫妻一方个人财产
1.工资、奖金、劳务报酬	1.夫妻一方的婚前财产
2.生产、经营、投资的收益	2.夫妻一方因受到人身损害获得的赔偿或者补偿
3.知识产权的收益	3.夫妻一方专用的生活用品
4.继承或者受赠的财产(不包括遗嘱或者赠与合同中确定只归一方的财产)	4.遗嘱或者赠与合同中确定只归一方的财产
5.夫妻一方以个人财产投资取得的收益	5.军人的伤亡保险金、伤残补助金、医药生活补助费
6.夫妻一方实际取得或者应当取得的住房补贴、住房公积金	
7.夫妻一方实际取得或者应当取得的基本养老金、破产安置补偿费	
协议约定:男女可以约定其婚前财产及婚后取得的财产为全部个人所有、全部共同所有、部分个人所有、部分共同所有	

接下来,本章将以上述分类为基础,根据财产构成及不同类型,结合法院生效案例,就实践中夫妻共同财产、个人财产的认定及分割展开分析。

二、夫妻共同财产、个人财产的认定及分割

（一）资金

家庭财产中很重要的一部分就是资金。根据现行法律规定，夫妻一方在婚前拥有的资金为个人财产，但由于金钱系种类物，无论资金是以纸币形式还是以银行账户储蓄的方式，若未进行明确区分，都有可能造成资金出现混同进而导致被认定为夫妻共同财产的风险。此外，个人资金用于婚后家庭日常生活开销，在离婚时也可能无法要回。

1. 一方个人资金或其他来源资金与婚后资金混同，导致作为夫妻共同财产予以分割

案例 1－1　位某、孙某离婚纠纷案

一审法院：河南省郸城县人民法院

案号：(2021)豫 1625 民初 1593 号

案件主旨：夫妻双方财产共同保管、开支，因开支中无法区分是专属于个人财产还是共同财产，故银行中剩余存款被认定为夫妻共同财产。

法院认为，双方的个人财产及夫妻共同财产混同在一起分别保存，故在扣除位某转业费等一次性费用中的个人财产 374305 元后，剩余 719506 元应为夫妻共同财产，应当平均分割。

一般而言，若发生资金混同，法院会将其作为夫妻共同财产予以分割，但在司法实践中，法院仍会尽量去做财产区分，如北京市第二中级人民法院在(2015)二中民终字第 10985 号案中，因考虑到双方婚前都有较多金钱积累，双方投资、存款可能含有婚前财产，且双方婚后各自掌控工资卡，均有支出，基于双方的共同财产分割不超过双方婚姻期间总收入的原则，法院判决将双方婚姻关系存续期间的收入差额作为应予分割的共同财产。

而对于来自第三方的资金，如不能提供证据证明为第三方资金，法院可能会认定该资金为夫妻共同财产。如上海市高级人民法院在(2015)沪高民一(民)申字第 1344 号案中认为："宋某某虽主张系其母亲存款，但无法自圆其说，原审法院认定该笔款项为夫妻共同财产，于法有据。"北京市高级人民法院在(2020)

京民申 1815 号案中认为:“对于童某名下存款问题,童某虽主张其名下的美元理财系代理其父进行理财,不属于夫妻共同财产,但其未提交充分有效证据予以证明。两审法院认定该笔款项亦属于夫妻共同存款,在本案中一并处理,并无不妥。”

而若有实质证据证明资金与第三人有关,法院可能会告知另行解决。如天津市高级人民法院在(2015)津高民申字第 0210 号案中认为:“虽然吴某主张上述款项属于夫妻共同财产,但赵某抗辩系为其兄经营古玩店的经营收入且赵某之兄出庭做证并主张权利。因上诉款项涉及案外人,故一审法院未对上述款项作为夫妻共同财产进行分割并告知在证据充足的情况下可以另行解决是正确的。”北京市第一中级人民法院在(2015)一中民终字第 4764 号案中认为:“对于原告主张被告名下有 500 万元共同存款要求分割,因被告名下的银行存款及股票账户与被告父亲的银行存款账户交易频繁复杂,本案无法认定系原、被告夫妻共同财产,原告可收集证据后另行主张。”

笔者建议,为避免资金混同导致纠纷和争议,建议对于个人资金、其他来源资金与婚后资金分别开具银行账户隔离,并对其他来源资金以转账备注、出具收据、书面协议等方式予以明确;或采取签订夫妻财产协议的方法予以明确。

2. 一方将婚前资金交给另一方,导致离婚分割时无法要回

案例 1-2　秦某与刘某离婚纠纷案

一审法院:北京市朝阳区人民法院

案号:(2014)朝民初字第 38513 号

二审法院:北京市第三中级人民法院

案号:(2015)三中民终字第 11645 号

案件主旨:在婚姻关系存续期间,婚后将个人财产转给另一方,用作了家庭生活的支出,可视为其为共同生活目的所付出,对于符合常理的支出部分,不应要求返还。

法院认为,秦某、刘某婚后,秦某向刘某转账 25.9 万元,考虑到双方登记结婚后分居前有相当一部分时间共同在美国生活,秦某父母和秦某儿子孙某也随秦某一道在美国生活,刘某主张 25.9 万元已经全部用于美国生活开销,并提供了消费记录,符合当地的消费标准,秦某现有证据不能证明该 25.9 万元尚有剩

余，所以秦某要求刘某应返还10.175万元的请求法院不予支持。

笔者建议，为避免争议，夫或妻向另一方转款时，应备注款项用途。

（二）活期利息及理财收益

对于活期利息及理财收益是否属于夫妻共同财产，《婚姻家庭编解释（一）》第26条规定："夫妻一方个人财产在婚后产生的收益，除孳息和自然增值外，应认定为夫妻共同财产。"目前已废止的《婚姻法解释（三）》第5条也有相同规定。

孳息分为天然孳息和法定孳息。天然孳息是指物依照自然规律产生的收益，如牲畜产下的幼崽、果树产生的果实等；法定孳息是指物依照法律关系产生的收益，如存款的活期利息、未通过共同劳动获得的房屋租金等。

自然增值是财产因财产所有人以外的变化因素的存在而出现的价值增长状态。如古董、贵金属、珠宝、房屋等的价值增值。

1. 婚前个人财产所产生的婚后活期利息属于法定孳息，为一方的个人财产

案例1－3　高某、孙某离婚纠纷案

一审法院：北京市海淀区人民法院

案号：（2013）海民初字第24748号

二审法院：北京市第一中级人民法院

案号：（2014）一中民终字第02193号

案件主旨：婚前财产存入银行账户产生的利息为法定孳息，为个人财产。

法院认为，高某出售婚前房产所得的100万元为个人财产，而售房款存入银行的利息应属于法定孳息，不属于夫妻共同财产，对孙某要求分割利息的请求不予支持。

因此，银行存款的活期利息为法定孳息，不属于夫妻共同财产。笔者发现，在司法实践中，借款产生的利息也是按照这个思路来进行处理的。例如，甘肃省兰州市中级人民法院在（2019）甘01民终4542号案中认为："王某1要求分割王某2在他们婚姻存续期间，借给王某1妹妹王某3的170万元借款的利息的请求，因170万元借款本金属于王某2个人婚前财产，虽然在与王某1婚姻存续期

间出借,但是由于利息收益是借款本金必然产生孳息,因此,王某1主张的170万元借款的利息,作为夫妻共同财产进行分割的请求与法相悖,不予支持。”

2. 对于理财收益,需区分其是否属于自然增值

案例1-4 杨某、晁某离婚纠纷案

一审法院:北京市海淀区人民法院

案号:(2013)海民初字第14722号

二审法院:北京市第一中级人民法院

案号:(2014)一中民终字第2451号

案件主旨:婚后的理财交易行为为投资行为,付出了一定劳动,属于主动增值,其收益为夫妻共同财产。

法院认为,尽管杨某提出该账户内的交易款项源于婚前财产,但由双方婚后该账户内第一笔交易可知,该账户内属于杨某婚前财产部分为210160元,此后,婚姻关系存续期间,杨某以婚前财产用于股票交易所得收益应属夫妻共同财产,杨某所转出款项353428.18元与其婚前财产210160元的差额为夫妻共同财产,杨某在婚后股票交易行为,是一种劳动的付出,故股票交易产生的收益并非孳息和自然增值,应当作为共同财产平均分割。

案例1-5 王某、叶某离婚纠纷案

一审法院:上海市青浦区人民法院

案号:(2014)青民一(民)初字第1799号

案件主旨:婚前购买的理财产品未改变原始状态而产生的收益为个人财产。

法院认为,如果夫妻一方用婚前个人财产出资购买股票,婚后也没有进行操作的,仅因市场变化而产生增值,此时该增值与夫妻双方无关,应认定为自然增值。需注意的是,此处的“没有操作”不包括将婚前购买的股票抛出的行为。单纯的股票变现行为,不属于投资或者是经营性的资产管理,仅仅是改变了财产的表现形式,不影响财产性质。叶某个人股票账户的资金投入时间均在婚前,婚后仅有一笔股票抛售记录,应视为叶某个人财产的变现转化,无论收益或亏损均不应作为夫妻共同债权债务处理。

从上述两个案例，再结合《最高人民法院民一庭：一方个人财产婚后收益问题的认定与处理》的分析内容："一方婚前用个人财产购买股票、基金等，如果婚姻关系存续期间进行了交易，其收益应认定为夫妻共同财产。如果没有进行买进与卖出的操作，离婚时的账面收益更倾向于认定为自然增值"，[①]可以看出，理财收益是否属于夫妻共同财产主要根据以下两个方面判断：

第一，是否在婚后购买。若在婚后购买或有交易行为，则所对应的理财收益应属于夫妻共同财产。

第二，婚前购买的理财产品在婚后是否有操作。若改变了原始存续状态，则所对应的理财收益为夫妻共同财产。

（三）房产所有权

近年来，房产分割是离婚纠纷的一个重要焦点，如广州市中级人民法院在2020年发布的《家事·少年司法品牌白皮书》[②]中，梳理总结了2017年至2020年上半年法院审判的家事、涉少民事案件，其中载明："在家事案件中，房产是最为主要的诉争财产类型，也是争议最大的财产类型。"在杭州市上城区人民法院发布的《婚姻家事审判白皮书》[③]中，也表示在2016~2019年审结的婚姻家事案件中，"当事人要求分割最多共同财产的是房屋，占49.83%"。

故房产到底分给谁、分多少，是近年来财富家庭非常关注的一个话题。目前在司法实践中，对于房屋所有权的归属，主要从购买时间（婚前或婚后）、出资来源、登记名称等方面进行认定。

1. **婚前买房**

（1）一方或其父母出资的情形

①产权登记在出资方或出资方子女名下的房屋，为出资方或出资方子女个人财产。

②产权登记在夫妻间非出资一方名下的房屋，若无特殊情况，应为夫妻共同

---

① 最高人民法院民事审判第一庭编：《民事审判指导与参考》（总第57辑，2014年第1期），人民法院出版社2014年版，第144~148页。

② 魏丽娜：《离婚纠纷中年阶段高发以70后和80后为主》，载微信公众号"广州日报"，2020年12月8日，https://mp.weixin.qq.com/s/yOBHjfk5YAOuJ48_nnYFFw。

③ 杭州市上城区人民法院：《上城法院发布杭州首份〈婚姻家事审判白皮书〉》，载微信公众号"上城普法"，2020年9月24日，https://mp.weixin.qq.com/s/NvySw539JHu-Kiif2wcj_g。

财产;但如果有证据证明出资方明确表示归登记一方个人所有,按产权登记方个人财产处理。

如北京市高级人民法院在(2015)高民申字第00487号案中认为:“海淀房屋系赵某婚前购买,并在婚前取得该房屋的所有权证书。在一次性清偿房屋贷款本息当日,赵某将海淀房屋过户到魏某名下,该行为应视为赵某对魏某的赠与。由于该行为发生在魏某与赵某夫妻关系存续期间,该房产应属魏某与赵某的夫妻共同财产。魏某主张赵某将海淀房屋过户到魏某名下,即表示赵某将海淀房屋赠与魏某,魏某应取得百分之百的产权,魏某应提供协议佐证其主张。魏某未能提供有效证据证明其主张,赵某亦不认可将房屋完全赠与魏某,魏某应承担举证不能的不利后果。由此,魏某亦不能因房屋更名到其名下而取得海淀房屋百分之百的产权。”

如江苏省高级人民法院发布的2016年江苏法院家事审判十大典型案例之八“冯某某诉张某某离婚纠纷案”中,法院认为,案涉房屋虽然登记在冯某某名下,但鉴于张某某支付了首付款,并参与了夫妻共同还贷,对案涉房屋有贡献,故案涉房屋不能认定为冯某某的个人财产。

③产权登记在夫妻双方名下的房屋,若无特殊情况,为夫妻共同财产。在司法实践中可能会考虑出资情况,偏向出资方或出资方子女进行分割。

如成都市金牛区人民法院在(2022)川0106民初3745号案中认为,案涉房产由毛某婚前全款出资743272元及7432.72元契税购买,婚后与张某签订了《夫妻财产约定书》,并变更了不动产权登记,各持有50%的产权,系夫妻共同财产。从尊重客观事实,充分考虑房屋购买时的实际出资情况出发,由毛某补偿张某(1941200元-743272元-7432.72元)÷2=595247.64元。

《深圳市中级人民法院关于审理婚姻家庭纠纷案件的裁判指引》(2014年5月21日发布及实施)第26条规定:“夫妻一方婚前出资购买房产,登记在夫妻双方名下,如双方未对该房产作出特别约定,应认定该房产为夫妻共同所有,但在离婚分割该房产时,出资一方可适当多分。”《上海市高级人民法院关于审理婚姻家庭纠纷若干问题的意见》(沪高法民一〔2007〕5号,2007年3月15日发布及实施)第13条规定:“夫妻一方婚前出资购买的房屋,权利登记在双方名下,离婚时该房产的处理:夫妻一方婚前出资购置房屋,权利登记在双方名下的,为夫妻双方共有财产。如未约定按份共有,可认定共同共有,但在离婚分割该房产时，出资一方可适当多分。”上述二法院的书面意见也持该观点。

(2)双方父母出资的情形

产权登记在夫妻双方或其中一方名下的房屋，根据《婚姻家庭编解释(一)》第29条第1款“当事人结婚前，父母为双方购置房屋出资的，该出资应当认定为对自己子女个人的赠与，但父母明确表示赠与双方的除外”的规定，应按父母出资比例按份共有，一般认为父母的出资为对各自子女的赠与，除非父母明确表示赠与双方。

(3)夫妻双方共同出资的情形

产权登记无论是在夫妻双方名下还是其中一方名下，在无其他约定的情况下，均应为夫妻共同财产。司法实践中可能会根据购房情况、出资贡献大小、房屋升值空间及双方婚姻存续时间等因素予以分割。

如河南省商丘市中级人民法院在(2020)豫14民再128号案中认为，房产于婚前购买，登记在董某名下，诉讼时评估价值为613800元，尚欠贷款18379.02元、契税6126元。该房屋首付款两笔133383元及115000元，分别由李某及董某支付，其中5000元为董某个人支付，110000元为董某父母对董某个人的赠与；35700元还贷款，为董某父母对其的赠与，董某单独偿还的11次房贷款33694.87元因发生于二人分居后，应当认定系董某个人支付。因董某及其家人对该房产多有资助，故法院认为该房产应归董某所有，董某应补偿给李某房款为(613800元－133383元－115000元－33694.87元－18379.02元－35700元－6126元)÷2＋133383元＝269141.5元。

如湖北省黄石市中级人民法院在(2021)鄂02民终1529号案中认为，案涉房屋于婚前购买，首付款花某支付12万元，吕某支付28万元，因花某并未提交确凿的证据证明吕某支付的28万元首付款性质为借款或赠与款项，且吕某支付了首付款之外还支付了十几个月的房贷，双方共同支付首付款、共同偿还房贷，该房屋应属于花某、吕某共同购买。故花某上诉认为该房屋属于其个人财产的理由不能成立，不予支持。吕某认为房屋目前市场价值230万元左右，由于案涉房屋在经济上花某付出较多，房屋产权登记在其名下，后续贷款也一直由其偿还，加上本人也在当地城市生活工作，故案涉房屋判归花某较为合适，尚未归还的贷款应由花某偿还，但花某应当给付吕某房屋分割款，综合考虑案涉房屋购房情况、出资贡献大小、房屋升值空间及双方婚姻存续时间等因素，并本着照顾妇女、儿童权益，充分体现公平合理的原则，判决酌定由花某给付吕某房屋分割款40万元。

2. 婚后买房

(1)对于一方以个人财产出资的情形

①产权登记在出资方名下的房屋，因其为一方的个人财产在婚后进行的转化，仍应为个人财产。

②产权登记在夫妻间非出资方或夫妻双方名下，除另有约定外，应为夫妻共同财产。

如江苏省镇江市中级人民法院在(2019)苏11民终2026号案中认为："婚姻关系存续期间夫妻一方以婚前财产出全资购置的不动产，所有权登记在夫妻双方名下的，除当事人另有约定外，应当认定为夫妻共同财产。"

(2)对于父母出资的情形

除非有父母出资时的书面约定或声明，证明此出资是赠与自己子女一方的，否则一般会认定为对夫妻双方的赠与，即为夫妻共同财产。

需要说明的是，对于一方父母单独出资，且登记在自身子女名下的情况，根据已废止的《婚姻法解释(三)》第7条①的规定，应为出资方子女的个人财产，但《婚姻家庭编解释(一)》②删除了该项规定，将父母购房出资与产权登记相分离，规定以约定为先。

故笔者建议，父母为子女购房出资时，应签订书面协议，明确赠与夫妻双方还是子女个人。

(3)对于夫妻双方以夫妻共同财产出资的情形

①产权登记无论是在夫妻双方名下还是其中一方名下的房屋，在无其他约

---

① 《婚姻法解释(三)》第7条规定："婚后由一方父母出资为子女购买的不动产，产权登记在出资人子女名下的，可按照婚姻法第十八条第(三)项的规定，视为只对自己子女一方的赠与，该不动产应认定为夫妻一方的个人财产。由双方父母出资购买的不动产，产权登记在一方子女名下的，该不动产可认定为双方按照各自父母的出资份额按份共有，但当事人另有约定的除外。"

② 《婚姻家庭编解释(一)》第29条第2款规定："当事人结婚后，父母为双方购置房屋出资的，依照约定处理；没有约定或者约定不明确的，按照民法典第一千零六十二条第一款第四项规定的原则处理。"《民法典》第1062条第1款第4项规定："夫妻在婚姻关系存续期间所得的下列财产，为夫妻的共同财产，归夫妻共同所有：……(四)继承或者受赠的财产，但是本法第一千零六十三条第三项规定的除外。"《民法典》第1063条第3项规定："下列财产为夫妻一方的个人财产：……(三)遗嘱或者赠与合同中确定只归一方的财产。"

定的情况下，均应为夫妻共同财产。

②产权登记在未成年子女名下的房屋，在夫妻离婚时不能简单地完全按照登记情况将房屋认定为未成年子女的财产。法院将重点审查夫妻双方在购买房屋时的真实意思表示，如果真实意思确实是将购买的房屋赠与未成年子女，离婚时应将该房屋认定为未成年子女的财产，由直接抚养未成年子女的一方暂时管理；如果真实意思并非将房屋赠与未成年子女，离婚时将该房屋作为夫妻共同财产处理。①

如江西省高级人民法院在（2017）赣民终 463 号案中认为，案涉房产由高某2、杨某在夫妻关系存续期间以共同财产购买，产权登记为高某 2 占 90% 份额，高某 1 占 10% 份额，购买房产时高某 1 年纪尚幼，仅为 9 岁，无独立财产，该房产出资系其父母共同财产，故原审判决认定所购置的诉争房产为高某 1 父母即高某 2、杨某的共同财产，符合客观事实，应予维持。

如最高人民法院在（2017）最高法民申 3404 号案中认为，王某 2、姚某以未成年子女王某 1 名义签订案涉房屋购买合同时间是 2010 年 11 月 2 日，王某 2 与贺某签订借款合同时间是 2012 年 8 月 24 日，王某 2、姚某将案涉房屋登记在王某 1 名下时间是 2013 年 6 月 4 日，此时未归还借款。案涉房屋一直由王某 2、姚某夫妻用于经营，明显超出王某 1 的基本生活需要。原判决综合分析房屋购买时间、产权登记时间、王某 2 对贺某负债情况及购房款的支付认定案涉房屋是父母及未成年子女的家庭共同财产并无不当。

实践中，也有法院认为在离婚案件中追加未成年子女参与诉讼，可能会给未成年子女带来过大压力，不利于未成年子女的健康成长，故倾向于暂不处理未成年子女名下的财产，而告知有关当事人另行主张。如《深圳市中级人民法院关于审理婚姻家庭纠纷案件的裁判指引》（2014 年 5 月 21 日发布及实施）第 28 条规定："夫妻双方在婚姻关系存续期间购买房产登记在未成年子女名下，双方当事人在离婚时主张该房产为夫妻共同财产的，人民法院在离婚案件中不予处理，告知有关当事人在离婚后另行主张分割共有财产。"

---

① 最高人民法院民事审判第一庭：《夫妻共同出资购买的房屋，产权登记在未成年子女名下，离婚时应如何处理》，载最高人民法院民事审判第一庭编：《民事审判指导与参考》2010 年第 3 辑（总第 43 辑），法律出版社 2011 年版，第 237 页。

3. 婚后还贷

对于存在婚后使用夫妻共同财产支付房贷的,应由获得不动产所有权一方承担尚未偿还的贷款,同时补偿另一方夫妻共同还贷支付的款项以及房屋相对应的财产增值部分的一半。若双方均不主张房屋所有权,则根据《婚姻家庭编解释(一)》第76条[①]规定,基于当事人的申请拍卖、变卖房屋,就所得价款进行分割。

4. 父母请求返还出资

父母请求子女返还购房出资,司法实践对此判决不一,存有争议。一般而言,从常理出发,父母出资借贷给子女买房的概率远低于父母将出资赠与子女买房,故在父母一方不能就出资为借贷提供充分证据的情形下,大概率会认定该出资为对子女的赠与。实践中,主要从父母是否有明确借贷的表示(一般应发生在出资的当时或在出资不久后)、是否有借条及书面协议等证据材料来进行认定。

如在(2021)津02民终10327号案中,孙某母亲郝某在婚后出资240万元予以购买房屋,登记在胡某、孙某夫妻双方名下。后夫妻感情失和,胡某起诉离婚,郝某同时也诉诸法院,以240万元为借款为由要求男女双方予以归还。一审天津市河东区人民法院认定240万元为夫妻共同债务,应予归还。二审天津市第二中级人民法院则认为,首先,由于借贷关系的证明难度要低于赠与的证明难度,因此,将出资为借贷这一事实的证明责任分配给父母一方比将出资为赠与的证明责任分配给子女一方更符合证明责任分配原则,也与一般人日常生活经验感知保持一致。其次,在现有国情中,基于双方的亲缘关系及子嗣传承的传统观念,在子女婚后购房时父母出资的真实意思表示为赠与的可能性要高于资金出借。本案中郝某虽然提供了资金转账记录以及孙某单方书写的借条,但在郝某不能证实借条是在胡某、孙某双方共同合意的情况下出具,仅凭孙某单方书写的借条尚不足以与郝某提供的转账凭证形成完整的证据链,证明郝某与胡某、孙某双方之间就借款的金额、使用期限、利息等借款合同必要要素均形成合意。基于

---

① 《婚姻家庭编解释(一)》第76条规定:“双方对夫妻共同财产中的房屋价值及归属无法达成协议时,人民法院按以下情形分别处理:(一)双方均主张房屋所有权并且同意竞价取得的,应当准许;(二)一方主张房屋所有权的,由评估机构按市场价格对房屋作出评估,取得房屋所有权的一方应当给予另一方相应的补偿;(三)双方均不主张房屋所有权的,根据当事人的申请拍卖、变卖房屋,就所得价款进行分割。”

以上分析，郝某依据其提供的现有证据主张其与胡某、孙某之间存在借贷关系，证明力不足。

而最高人民法院在(2019)京民申2635号案中认为，刘某1与黄某系夫妻关系。李某与刘某2系夫妻关系。刘某2系刘某1与黄某之子，李某系刘某1与黄某之儿媳。法院结合刘某1与黄某夫妻二人对赠与意思表示的否认，刘某2对借贷关系的认可，虽借条系刘某2一人出具，没有李某的签名，但各方当事人均认可案涉款项用于为刘某2与李某两人购买房屋，可以认定刘某1与黄某夫妻二人对借贷关系成立的举证证明责任已完成。李某未提供足以反驳的相应证据，如赠与合同或者协议。正如一审法院在判决理由中所称，“虽然在当前高房价背景下，部分子女经济条件有限，父母在其购房时给予资助属于常态，但不能将此视为理所当然，也绝非法律所倡导，否则严重违背法律公平正义之理念。子女成年后，父母已经尽到了抚养义务，并无继续提供抚养的义务。子女买房是父母出资，除明确表示赠与外，应当视为以帮助为目的的临时性资金出借，子女负有偿还义务”，法院对此不持异议。具体到本案，购买案涉房屋的137万余元均系刘某1与黄某夫妻二人出资，刘某1与黄某称上述款项中有其二人的存款80多万元，剩余的款项均系其二人向亲戚朋友所借，刘某1与黄某2人经济能力有限。如果将刘某1与黄某2人支付的137万余元购房款，认定为对李某与刘某2二人的赠与，二位长辈不仅积蓄全无，可能还会背负巨额债务。考虑到案涉房屋的增值部分尚由李某与刘某2二人享有，从利益衡平的角度，一审、二审法院支持二位长辈要求二人小辈返还借款及利息损失的处理结果，法院认为，并无不妥。关于李某提出的有与本案相似案例，却结果相悖的申请再审理由问题，因案情不同，则判决有别，属于依法处理案件的结果，并非相似案例处理结果必然具有一致性。

(四)房产增值及房屋租金

1. **房产增值**

《婚姻家庭编解释(一)》第26条规定：“夫妻一方个人财产在婚后产生的收益，除孳息和自然增值外，应认定为夫妻共同财产。”因此，若房产为夫妻一方个人财产且无婚后夫妻共同偿还房贷，则房产增值属于自然增值，房产增值为该方个人财产。但是，房产虽为一方婚前购买、属于其个人财产，但若存在婚后夫妻共同偿还房贷之情形时，房产增值的定性和计算就变得较为复杂。

案例1－6 乐某与汤某离婚后财产纠纷案

一审法院：湖北省十堰市张湾区人民法院

案号：(2020)鄂0303民初2630号

二审法院：湖北省十堰市中级人民法院

案号：(2021)鄂03民终3608号

案件主旨：司法实践中对于房产婚后还贷及增值部分的补偿款的计算方式未能形成统一规则。

一审法院认为，案涉房屋的增值率：房产目前价值1205200元÷(购买价707422元＋契税10611元＋维修基金7603元＋燃气初装费2200元＋已还利息21300.23元)＝1.608786。获得不动产权的乐某应补偿汤某：1.608786×(汤某支付首付130000元＋婚后共同还款203259.85元×50%)＝372643元。作为得房一方的乐某应给付汤某补偿款372643元。

二审法院认为，对于夫妻共有房屋的分割，目前较为公平的计算方法：以个人出资额在房屋购买成本价(含全部应付利息)中的占比，再乘以房屋现值。乐某作为得房一方，计算出汤某的出资及其应得部分，剩余部分均归乐某所有。根据已查明的事实，案涉房屋的购买成本价为实付价707422元(合同价717750元－开发商退房款10328元)、应付全部利息182055.2元、装修120000元、契税10611元、维修基金7603元、燃气初装费2200元，共计1029891.2元。根据前述计算方式，汤某应分得的部分为353215.79元(汤某出资301836.9元÷购房成本1029891.2元×房屋现值1205200元)。

目前司法实践中，对于婚后还贷及增值部分的补偿款的计算方式一般有两种：

(1)离婚时不动产价值÷(结婚时不动产价值＋共同还贷利息＋其他费用)×(共同还贷本息÷2)。

案例1－6中一审法院及沈阳市中级人民法院在(2020)辽01民终2442号案中、绍兴市越城区人民法院在(2019)浙0602民初2416号案中、广西壮族自治区玉林市玉州区人民法院在(2021)桂0902民初8317号案中均采取该计算方式。

同时,最高人民法院民事审判第一庭的《不动产婚内共同还贷及增值的计算》[①]中也持同样观点,并认为"离婚时贷款尚未清偿完毕,只能将夫妻共同已经偿还的利息计入不动产成本""一方购买不动产后经过一段时间才结婚的情形,计算不动产升值率时,应以结婚时不动产价格作为计算依据,不能以购买时不动产价格作为依据""面对这种房产没有增值甚至出现负增长的情况,我们认为,产权登记一方至少要给另一方共同还贷本息一半的补偿"。《家事纠纷案件审理指南(婚姻家庭部分)》(江苏省高级人民法院民一庭于 2019 年 7 月发布及实施)第 30 条[②]也认可该计算方法。

(2)夫妻共同支付的款项(包括本息)/(房屋购买价 + 全部应付利息 + 其他费用)× 房屋评估现值(或夫妻认可房屋现值)÷2。

案例 1 - 6 中二审法院及山东省泰安市中级人民法院在(2022)鲁 09 民终 28 号案中、北京市第二中级人民法院在(2022)京 02 民终 4169 号案中均采取该计算方式。

同时,《北京市高级人民法院民一庭关于明确离婚时房屋补偿计算标准的通知》(2014 年 11 月 17 日发布及实施)规定:"判决由产权登记一方对另一方进行补偿时,应当查明婚前签订合同支付首付款、银行贷款及还贷、产权登记、夫妻共同支付款项、财产增值、尚未归还贷款情况。产权登记一方对另一方进行房屋补偿的计算公式为:房屋补偿款 = 夫妻共同支付款项(包括本息)÷(房屋购买价 + 全部应付利息)× 房屋评估现值(或夫妻认可房屋现值)×50%。"《浙江省高级人民法院民一庭关于审理婚姻家庭案件若干问题的解答》(高法民一〔2016〕2 号,2016 年 6 月 27 日发布及实施)规定:"九、《婚姻法司法解释(三)》

---

① 最高人民法院民事审判第一庭:《不动产婚内共同还贷及增值的计算》,载最高人民法院民事审判第一庭编:《民事审判指导与参考》2016 年第 1 辑(总第 65 辑),人民法院出版社 2016 年版,第 162 ~ 164 页。

② 《家事纠纷案件审理指南(婚姻家庭部分)》(江苏省高级人民法院民一庭于 2019 年 7 月发布及实施):"30.《婚姻法解释三》第十条规定的不动产婚内共同还贷及增值的补偿数额应当如何计算?补偿数额可以按以下公式计算:【夫妻共同还贷部分 × 不动产升值率 ÷2】。不动产升值率 = 离婚时不动产价格 ÷ 不动产成本(购置时不动产价格 + 共同已还贷款利息 + 其他费用)×100%。其他费用包括印花税、契税、营业税、评估费等,不包括公共维修基金、物业费。如果夫妻一方购置不动产后经过一段时间才结婚的,计算不动产成本时,应当以结婚时不动产价格作为计算依据。若在个案中计算所得补偿数额明显低于婚后还贷本息总额的一半时,应当依照《婚姻法》第三十九条第一款规定的原则,判令取得所有权的夫妻一方给予夫妻另一方合理的补偿。"

第十条规定的婚后共同还贷支付款项及其相对应财产增值部分,由产权登记一方对另一方进行补偿,该补偿数额如何计算?答:补偿数额可以按以下公式计算:[婚后还贷本息总额÷(购买时房价+应还贷款利息总额)]×离婚时房价÷2。如在个案中,计算所得补偿数额明显低于婚后还贷本息总额半数的,应在上述计算方式的基础上,根据照顾子女和女方利益的原则,结合案件实际合理确定补偿数额。”我们可以看到,北京市高级人民法院和浙江省高级人民法院都采取该种计算方式。

上述两种计算方式的主要区别在于房屋成本的计算方式不同,第一种计算方式中,房屋成本体现为结婚时不动产价值+共同还贷利息+其他费用;第二种计算方式中,房屋成本体现为房屋购买价+全部应付利息+其他费用。在第一种计算方式中,如果另一方购买房屋后过了一段时间结婚,结婚时房屋增值,因房屋成本中包括结婚时不动产价值,在该种情况下,对于非产权登记方来说是不利的。在第二种计算方式中,因房屋成本包括共同还贷利息和未来需要还贷利息,在该种情况下,由于计入了所有还贷利息,对非产权登记方来说是不利的。

笔者建议,非产权登记方最好是详细分析房屋购买情况、增值情况、利息支付情况等因素,在此基础上寻找婚后共同还贷及其增值部分的补偿款的有利计算方式并向法院阐明其合理性,以实现法官行使自由裁量权时争取最大合法利益。

2. 房屋租金

《婚姻家庭编解释(一)》第26条规定:“夫妻一方个人财产在婚后产生的收益,除孳息和自然增值外,应认定为夫妻共同财产。”房屋租金在民法理论上被认定为法定孳息,但在实践中,考虑到租赁行为本身是一种经营活动,需要投入一定的时间和精力,所以个人房产所产生的房屋租金也有可能被认定为夫妻共同财产。

案例1-7 江某某、高某离婚纠纷案

一审法院:广州市海珠区人民法院

案号:(2015)穗海法民一初字第341号

二审法院:广州市中级人民法院

案号:(2017)粤01民终5537号

案件主旨：若在婚后投入了时间、精力和劳动进行管理，则为经营性收益，该租金是夫妻共同财产，在酌定具体分割比例时可以适当考虑夫妻双方对该租金收益的贡献大小。①

法院认为，虽然房屋租金在民法理论上被认为属于法定孳息，但考虑到租赁行为本身也是一种经营活动，需要付出时间、精力和劳动，投入一定的管理和劳务，因此，租金应认定为经营性收益为宜，依法应认定为夫妻共同财产。上述租金收益完全来源于江某某婚前个人购买的房屋，显然其对取得该笔收益贡献较大，同时考虑其金额较大，二审法院酌定，江某某应分得租金总值 7561264 元的 2/3，高某应分得 1/3。

一般而言，若房屋的出租为夫妻双方共同经营或投入了一定的时间、精力和劳动进行管理，则房屋租金视为夫妻共同财产，如上海市第二中级人民法院在(2015)沪二中民一(民)终字第 1198 号案中认为："浦三路房屋与出租房屋的租金，房屋根据约定属于黄某的个人财产，但租金并未在协议书中进行约定，根据租金收取人是梅某的情况，可以确认梅某参与了房屋的出租与租金的管理，故租金应为双方的共同财产。"安徽省高级人民法院在(2014)皖民申字第 00731 号案中认为："出租房屋所取得的房屋租金属于经营性收入，在夫妻关系存续期间产生的租金收益应当属于夫妻共同所有。"云南省临沧市中级人民法院在(2017)云 09 民终 467 号案中认为："徐某、周某婚后共同对该房产进行管理经营，对该房屋租金收入，属于夫妻共同财产。"

但实践中，也有法院持相反观点，认为租金就是房屋的法定孳息，为个人财产。如黑龙江省高级人民法院在(2018)黑民申 192 号案中认为："对于刘某婚前房屋婚后出租租金的问题，法定孳息是指因法律关系所获得的收益，即用益对价。房屋出租所获得的租金是让渡房屋使用权所获得对价，故房屋租金为法定孳息。原审认定刘某婚前房屋婚后出租所获得的租金系刘某个人财产并无不当。"

同时需注意，即使法院认为租金为夫妻共同财产，但在租金金额较少时，收

---

① 《深圳市中级人民法院关于审理婚姻家庭纠纷案件的裁判指引》(2014 年 5 月 21 日发布及实施)第 30 条规定："夫妻一方请求分割另一方将其婚前个人房产在婚内出租所得租金收益的，人民法院应予准许。人民法院在酌定具体分割比例时可以适当考虑夫妻双方对该租金收益的贡献大小。"

取租金一方很可能以该租金已用于婚后共同生活支出为由抗辩,而导致无法分割。如辽宁省丹东市中级人民法院在(2020)辽06民终1672号案中认为:“关于周某主张应分得租金9万元的问题,出租的房屋虽然是林某的婚前个人财产,但其婚后的租金收入应为夫妻共同财产。林某于2018年12月收取的下一年度租金9万元,能够说明合理支出,因此对周某要求分割该9万元,不予支持。”

(五)股权、合伙份额、上市公司股票及未分配利润

1. 股权、合伙份额

鉴于股权、合伙份额及其增值和收益在认定为夫妻共同财产、个人财产层面具有高度相似性,故以下关于股权及其增值和收益的认定规则同样适用于合伙份额。

(1)婚前股权

案例1-8　徐某1、江某、徐某2、国泰公司、沈某确认合同无效纠纷案

一审法院:江苏省盐城市亭湖区人民法院

案号:(2020)苏0902民初836号

二审法院:江苏省盐城市中级人民法院

案号:(2021)苏09民终2218号

案件主旨:若婚后存在经营行为,作为个人财产的股权对应的收益应为夫妻共同财产。

法院认为,徐某1原持有的600万元股权系由两部分组成,其中40万元股权系在徐某1婚前取得,应认定为个人财产;剩余560万元股权系夫妻关系存续期间增资,为夫妻共同财产。但无论是作为徐某1个人财产的40万元股权,还是徐某1未实际出资应为夫妻共同财产的560万元股权,由于徐某1参与了国泰公司的经营管理活动,故在徐某1与沈某夫妻关系存续期间,徐某1所持有600万元股权的收益应认定为夫妻共同财产。

《婚姻家庭编解释(一)》第26条规定:“夫妻一方个人财产在婚后产生的收益,除孳息和自然增值外,应认定为夫妻共同财产。”若在婚后存在经营行为,则该股权对应的增值及分红等收益为夫妻共同财产。北京市第一中级人民法院在

(2018)京01民终8635号案中也持同样观点:"朱某1持有的诉争三家公司的股权虽属朱某1的婚前个人财产,但朱某1在婚后实施经营行为,由该股权产生的收益应属夫妻共同财产。"

但如果是由市场行情变动等非当事人原因造成的股权增值,将可能被认为属于个人财产,如最高人民法院在(2020)最高法民申1003号案中认为,雷某持有的新鸿基公司的股权,属雷某婚前个人财产。新鸿基公司成立后,未对土地进行开发,也未进行其他生产经营活动。因此,雷某持有的新鸿基公司股权价值在婚后的变化,主要是由公司所持有的地产市场行情变动引起,并不是雷某对公司进行经营管理或者利用该股权进行再投资产生的收益,故雷某转让其持有的新鸿基公司股权即便有溢价也应定性为自然增值,不应作为夫妻共同财产进行分割。

(2)夫妻共有的股权

①对于夫妻公司情形

案例1-9　朱某、汪某离婚纠纷案

一审法院:浙江省嘉兴市南湖区人民法院

案号:(2015)嘉南民初字第365号

二审法院:浙江省嘉兴市中级人民法院

案号:(2015)浙嘉民终字第990号

案件主旨:对于公司股东仅为夫妻二人的公司即夫妻公司,工商登记不能当然作为份额划分依据,而根据资金来源、各方贡献进行划分。

法院认为,虽然该公司登记的股本结构:朱某投资比例系90%,汪某投资比例系10%。但对于公司股东仅为夫妻二人的公司,注册的夫妻股权比例往往带有一定的随意性或是仅仅出于形式上的需要,并不当然反映实际权益的分配,故工商登记不能当然作为财产所有权份额的依据。如果有证据证明夫妻当初在工商登记的股权比例只是为设立公司而做的表面文章,其真实意思并非如此,则还是应根据真实意思认定财产份额。由于本案公司设立于夫妻婚姻关系存续期间,在朱某并无相反证据证明的情况下,应当推定该公司的资金来源于夫妻共同财产。而当初在公司设立时登记的股权投资比例系朱某一人签字,汪某并未签字确认,且汪某也主张该比例并非双方对公司财产所作出的份额约定,故在此情形下,应当认定该比例仅是为设立公司而作的形式登记,并不能仅依此认定双方的投资比例。由于双方均不愿意退出公司，原审判决由双方各自继续持股经营，并无不当。由于该公司资金来源于夫妻共同财产，但考虑到朱某对公司所作贡献大于汪某，原审酌定由朱某持股60%，汪某持股40%，也比较合理。朱某上诉认为原审关于股权的分配导致今后公司在重大决议上无法达成合意，影响公司经营。对此，法院认为，是否导致公司经营困难，在股权分割前无法确定，如今后发生朱某所称的情形，双方也可通过解散公司、收购股权等方式予以处理，不能仅以今后公司可能出现经营困难为由，而不对夫妻共同财产公司股权进行分割。

由上述案例可知，夫妻公司的股权分割不当然以工商登记比例为标准，该规则目前被较多地区法院采纳，如《家事纠纷案件审理指南（婚姻家庭部分）》（江苏省高级人民法院民一庭于2019年7月发布及实施）第42条规定："夫妻双方设立夫妻公司时在工商部门登记的持股比例是否属于夫妻财产约定，离婚时能否据此分割股权？基于夫妻关系的特殊性可能导致双方设立夫妻公司时在工商部门登记的持股比例具有很大的随意性，如果无其他证据佐证，该登记比例不属于夫妻财产约定，离婚时夫妻一方要求据此分割股权的，不予支持。"《深圳市中级人民法院关于审理婚姻家庭纠纷案件的裁判指引》（2014年5月21日发布及实施）第24条规定："工商登记中载明的夫妻投资比例不应认定为夫妻对财产归属的约定。婚姻关系存续期间，无论使用一方的个人财产还是使用夫妻共同财产投资设立的股东仅有夫妻两人的有限责任公司，公司经营所产生的股东收益均属于夫妻共同财产。"

而对于股权分割的处理，实践中主要在于当事人的意愿。参照《重庆市高级人民法院关于当前民事审判若干法律问题的指导意见》（2007年11月22日发布及实施）第23条[①]规定，一般按下述四种方式处理：

---

① 《重庆市高级人民法院关于当前民事审判若干法律问题的指导意见》（2007年11月22日发布及实施）第23条规定："处理'夫妻公司'的财产分割时，应注意把握以下原则：第一、夫妻双方都有经营能力，并且也愿意继续共同经营的，可以根据《婚姻法》有关处理夫妻财产的规定，直接分割公司的股权；第二、夫妻双方都要求解散公司进行清算，可在清算后对公司剩余财产根据《婚姻法》的规定进行分割。第三、夫妻一方要求保留公司，另一方要求退出公司并请求获得相应补偿的，可以考虑通过将股权部分转让给第三人的方法来解决，既能使退出一方的补偿获得实现，又能使公司继续存续下去。如果没有第三人愿意受让部分股权的，也可以根据《公司法》一人有限责任公司的特别规定，由一方给付另一方退出公司的相应补偿，将有限责任公司依法变更为一人有限责任公司。第四、夫妻双方都要求独自经营公司的，可以采取竞价的方式决定经营主体并对另一方进行相应补偿。"

第一,夫妻双方都有经营能力,并且也愿意继续共同经营的,可以根据实际情况及相关法律规定,直接分割双方的股权比例。

第二,夫妻双方都要求解散公司进行清算,则可在清算后对公司剩余财产进行分割。

第三,夫妻一方要求保留公司,另一方要求退出公司并请求获得相应补偿的,可以考虑通过评估股权价值,或将股权部分转让给第三人,或由要求保留公司一方收购要求退出公司一方股权并将公司变更为一人有限公司的方法来解决。但需要注意的是,如果没有第三人愿意受让部分股权且要求保留公司一方不愿意支付补偿时,另一方退出公司并获得补偿的请求就很难得到法院的支持,法院也不能判决公司回购要求退出公司一方的股权,因为根据《中华人民共和国公司法》(中华人民共和国主席令第 15 号,2018 年 10 月 26 日发布及实施,以下简称《公司法》)的规定,在公司存续期间,股东不能随意抽回出资,若减资也应履行相应减资程序。故在此种情形下,法院很可能只会确认夫妻双方在公司中的股权比例,后续股权转让、公司减资等事宜则另行处理。

第四,夫妻双方都要求独自经营公司的,可以采取竞价的方式决定经营主体并对另一方进行相应补偿。

笔者建议,对于夫妻公司,应当以明确的书面协议,约定双方各持有比例,否则可能作为共同财产,被认为工商登记的股权比例仅为形式。

②对于存在其他股东、合伙人的情形

a. 对于公司股权

《婚姻家庭编解释(一)》第 73 条规定:"人民法院审理离婚案件,涉及分割夫妻共同财产中以一方名义在有限责任公司的出资额,另一方不是该公司股东的,按以下情形分别处理:(一)夫妻双方协商一致将出资额部分或者全部转让给该股东的配偶,其他股东过半数同意,并且其他股东均明确表示放弃优先购买权的,该股东的配偶可以成为该公司股东;(二)夫妻双方就出资额转让份额和转让价格等事项协商一致后,其他股东半数以上不同意转让,但愿意以同等条件购买该出资额的,人民法院可以对转让出资所得财产进行分割。其他股东半数以上不同意转让,也不愿意以同等条件购买该出资额的,视为其同意转让,该股东的配偶可以成为该公司股东。用于证明前款规定的股东同意的证据,可以是股东会议材料,也可以是当事人通过其他合法途径取得的股东的书面声明材料。”该条规定了夫妻双方就出资额转让份额和转让价格等事项协商一致后的处理规则,但对夫妻双方就股权分割无法协商一致的情形未有规定。

案例1-10 张某、姚某离婚纠纷案

一审法院:浙江省海宁市人民法院

案号:(2013)嘉海民初字第4252号

二审法院:浙江省嘉兴市中级人民法院

案号:(2014)浙嘉民终字第776号

案件主旨:夫妻双方未就股权分割达成合意时,若公司或公司股东不予配合,则不能通过判决改变股东身份结构,但可判决分割夫妻共同财产之股权所对应股权权益。

法院认为,张某在婚姻关系存续期间追加的出资,无证据表明该出资非来源于夫妻共同财产,故认定该笔2500000元的出资系张某使用夫妻共同财产的投资行为。应明确姚某主张分割的财产是指出资份额相对应的依法可分割的其他权益,而非出资本身。双方关于张某持有的海宁某机械有限公司股权的分割方案协商不成,张某及案外人海宁某机械有限公司拒不配合审计,按市价分配确有困难,考虑到该出资产生的夫妻共同财产客观存在,为减少当事人诉累,按双方各享有50%的比例分割该出资对应股权的份额。本案系离婚纠纷,对出资对应股权份额的分割,仅系对该部分夫妻共同财产进行分割的比例的确认,不直接产生股权转让的法律效力,亦不影响案外人海宁某机械有限公司及该公司其他股东的合法权益,姚某并未因此获得海宁某机械有限公司的股权及股东资格,其享有的股权份额对应的股权权益,应依照《公司法》的有关规定另行主张。

实践中,在夫妻双方无法对股权分割达成一致时,经常出现有限公司或者有限公司其他股东不配合的情况,法院一般会尊重有限公司股东的自治意思,不会直接分割,而是根据实际情况分割股权比例,但股东配偶不会因此获得股东资格,只能获得分割股权所获股权比例对应的股权权益。

b.对于合伙份额

《婚姻家庭编解释(一)》第74条规定:“人民法院审理离婚案件,涉及分割夫妻共同财产中以一方名义在合伙企业中的出资,另一方不是该企业合伙人的,当夫妻双方协商一致,将其合伙企业中的财产份额全部或者部分转让给对方时,按以下情形分别处理:(一)其他合伙人一致同意的,该配偶依法取得合伙人地位;(二)其他合伙人不同意转让,在同等条件下行使优先购买权的,可以对转让所得的财产进行分割;(三)其他合伙人不同意转让,也不行使优先购买权,但同意该合伙人退伙或者削减部分财产份额的,可以对结算后的财产进行分割;(四)其他合伙人既不同意转让,也不行使优先购买权,又不同意该合伙人退伙或者削减部分财产份额的,视为全体合伙人同意转让,该配偶依法取得合伙人地位。"

需要提示的是,即使存在上述"(四)其他合伙人既不同意转让,也不行使优先购买权,又不同意该合伙人退伙或者削减部分财产份额的,视为全体合伙人同意转让,该配偶依法取得合伙人地位"之规定,但由于合伙企业是高度人和的经营主体,如果非企业合伙人一方不具有合伙人资格,根据相关法院案例,该非企业合伙人一方想要取得合伙人地位依然很难得到法院支持。如江苏省南京市鼓楼区人民法院在(2019)苏0106民初8872号案中认为:"虽被告名下持有该企业5%股份,属于原、被告夫妻共同财产,但原告要求5%股份中1/2归其所有,根据上述《合伙协议书》约定的内容,原告不具有持有该企业股份的身份条件,故原告该项诉求,本院不予支持。"

2. **上市公司股票**

(1)对于普通投资者

案例1-11　王某1、王某2离婚纠纷案

一审法院:上海市浦东新区人民法院

案号:(2013)浦民一(民)初字第9709号

案件主旨:婚后购买股票应视为共同经营行为,因买卖股票产生的增值应为夫妻共同财产。

法院认为,南海发展、江山股份、闽东电力股票均系王某1婚前财产,该部分股票及增值部分应归王某1所有;王某1在与王某2婚姻关系存续期间将部分股票出售,并将股票抛售的所得款购买国电电力、山东矿机股票,而该购买股票行为发生在婚后,理应视为王某1、王某2共同经营股票之行为,因此国电电力、山东矿机应作为双方的夫妻共同财产依法分割,但同时应扣除王某1出售婚前股票所得收益。

《婚姻家庭编解释(一)》第26条规定:“夫妻一方个人财产在婚后产生的收益,除孳息和自然增值外,应认定为夫妻共同财产。”夫妻一方以个人财产购买的股票所对应的增值将根据其是否属于自然增值而认定是否属于夫妻共同财产。具体来说,婚前购买的股票所对应的收益,一般认定为股票的自然增值,为个人财产;但作为个人财产的婚前购买股票在婚后被卖出后用于购买股票,则婚后购买股票属于经营行为,其对应的收益就属于夫妻共同财产;如果婚后购买股票的出资中包含了部分个人财产,法院在审理时会扣除相应部分进行分割。《家事纠纷案件审理指南(婚姻家庭部分)》(江苏省高级人民法院民一庭于2019年7月发布及实施)第32条[①]及《民事审判指导与参考》中《最高人民法院民一庭:一方个人财产婚后收益问题的认定与处理》[②]也持同样观点。

因此,如婚前持有股票在婚后无操作的,该股票增值收益为个人财产。如江苏省高级人民法院在(2019)苏民申4956号案中认为,王某从其父母处取得相关股权及产生的收益并非基于王某婚后股权投资经营行为,王某婚后在兴业股份任职的回报也通过工资报酬的形式予以体现,故王某婚前取得股权的相关收益应当认定为其婚前财产的自然增值。

需要提示的是,因频繁地买进、卖出股票导致资金混同时,法院有可能因难以区分股票的收益是自然增值还是婚后经营所得而认定其属于夫妻共同财产。如上海市第二中级人民法院在(2012)沪二中民一(民)终字第2553号案中认为:“康某婚前投入了一部分,婚后双方又以夫妻共同财产再次投入了一部分,康某婚前投入的资金在婚后曾亏损了多少或曾盈利了多少已无法查清。股票增值既可能是婚前所购股票的增值,也可能是婚后投入财产的增值,现已无法区分。即使个人婚前购买的股票,婚后所产生的收益,也等于增值收益,亦属于夫

---

① 《家事纠纷案件审理指南(婚姻家庭部分)》(江苏省高级人民法院民一庭于2019年7月发布及实施):“32.夫妻一方婚前购买的股票在婚后的增值收益的性质应当如何认定?夫妻一方婚后对婚前购买的股票没有进行买卖,股票因市场行情变化产生的增值收益为自然增值,除当事人另有约定外,应当认定为夫妻一方的个人财产。夫妻一方婚后对婚前购买的股票进行买卖产生的增值收益为主动增值,除当事人另有约定外,应当认定为夫妻共同财产。”

② 最高人民法院民事审判第一庭编:《民事审判指导与参考》(总第57辑,2014年第1期),人民法院出版社2014年版,第144～148页。

妻共同财产。”

(2)对于公司员工、发起人、实控人持股

对于员工、发起人、实控人所持有的上市公司股票,因可能涉及公司从有限责任公司到股份有限公司再到上市公司的演变,也历经依股份获得公司分红、送股、定向增发,因公司融资而股份稀释等问题,情况较为复杂。

对于公司员工持有的股票期权,因为其一般具有人身依附性,实践中较难直接分割,通常通过股权折价补偿的方式予以分割。如河北省迁西县人民法院在(2018)冀0227民初617号李某与侯某离婚后财产纠纷一审民事判决书中,法院认为:“因股票期权具有人身性,由公司授予特定范围内员工,对原告要求分割被告获得股权期权130000股中78000股的诉讼请求不予支持。被告应按照取得股票期权的实际收益款,向原告支付相应价款。因股票期权具有不确定性,在2014年12月9日原、被告协议离婚时,被告尚未对该股票期权实际行权,股票期权的收益数额无法确定。综合考虑婚姻关系存续期间双方对于股票期权及权益取得的贡献程度、股票期权收益获得的不确定性的风险承担等因素,确认原告可分得130000股的股票期权收益款55000元。”对于境外股票期权而言,法院亦有较大概率采取折价分割的方式,将期权持有者在境内的资产进行分割。

对于公司发起人、实控人持股的情况,由于其作为发起人或实控人,往往受到《证券法》(中华人民共和国主席令第37号,2019年12月28日发布,2020年3月1日实施)等法律法规和规范性文件的束缚,存在限售期间以及限定价格等的约束。如上海市长宁区人民法院在(2019)沪0105民初12361号案中认为,常某要求成某将分割给其的剑桥公司股票抛售,现康宜桥企业已将可减持的归属于成某的部分剑桥公司股票进行了抛售,该部分已抛售的股票所得利益以及剑桥公司上市后2018年度和2019年度的分红利益,可先行判归常某所有。可归属于常某享有的其余剑桥公司股票,双方可在将来股票减持的条件成就时,另循途径解决。最后,基于常某所取得的剑桥公司上市股票系发起人股,是康宜桥企业的投资经营行为。康宜桥企业通过交易所减持剑桥公司股票,其获益部分理应根据国家税法的有关规定,履行依法纳税义务,常某在取得剑桥公司股票抛售利益(包括红利)的同时,也应承担相应的税款负担。

3. 未分配利润

案例 1－12 吴某、张某离婚纠纷案

一审法院：北京市平谷区人民法院

案号：(2015)平民再初字第 5245 号

二审法院：北京市第三中级人民法院

案号：(2016)京 03 民再 26 号

案件主旨：在未经法定程序分割处理前，公司在夫妻关系存续期间经营所得资产(含未分配利润)不属于夫妻共同财产。

法院认为，根据《公司法》的相关规定，有限责任公司利润分配方案应由公司董事会制订并由公司股东会审议批准或公司股东书面一致同意。在公司董事会、股东会未就公司利润分配方案进行决议之前，公司股东直接向人民法院起诉请求判令公司向股东分配利润缺乏法律依据。举重以明轻，在“夫妻公司”中，未经过公司利润分配方案的公司决议或公司股东书面一致同意前，相关公司利润属于公司法人财产范畴，而非夫妻共同财产。因此，即使存在公司财产与家庭财产的混同情形，也不能径行认定公司利润属于夫妻共同财产。本案中，在双方当事人均认可耀瑞德星公司从未作出股东会决议分割公司利润的情况下，且未提交一致同意分割公司利润的书面文件，该公司的经营利润及资产问题应当另行解决。

上海市第二中级人民法院在(2020)沪 02 民终 7322 号案中也认为，A 公司和 A 幼儿园均属法律上具有独立人格的法人，两单位的固定资产均应由两单位独立所有，非股东个人财产，从而也非股东配偶主张的应予以分割的夫妻共同财产范围。故股东配偶的审计申请以及分得 A 公司和 A 幼儿园新增资产余值 50% 的诉请于法无据，不予支持。

因此，公司的未分配利润属于公司，在公司股东会作出分配公司利润之前，公司股东离婚案件的当事人不得要求对公司利润进行离婚分割。

（六）代持财产

案例1-13　郭某、赵某1、赵某2合同纠纷案

一审法院：北京市房山区人民法院

案号：（2018）京0111民初173号

案件主旨：若查实存在借名买房关系，应当返还。

法院认为，本案主要的争议焦点系赵某1、郭某与赵某2之间是否存在借名买房合同关系。第一，根据本案查明的事实，从购买案涉房屋时赵某1的声明，案涉房屋交付后由赵某1装修和使用，与案涉房屋权属有关的原始文件均由赵某1持有，赵某1与赵某2之间签订的就案涉房屋出资及权益的归属的协议，以及郭某与赵某2的电话录音，足以证实赵某1与赵某2之间存在借名买房的法律关系；因案涉房屋系在郭某与赵某1婚姻关系存续期间购买，又因赵某1与郭某未对夫妻财产制有特别约定，故应视为郭某、赵某1与赵某2之间存在借名买房的法律关系。第二，因案涉房屋属于赵某1与郭某夫妻关系存续期间共同购买，属于郭某、赵某1共同财产，且郭某提供了其具有在京购房资格，故郭某要求将案涉房屋登记到其名下应予以支持。第三，赵某2辩称其与赵某1之间不存在借名买房合同关系，并称案涉房屋是其父母帮其出资购买，委托赵某1对案涉房屋进行打理，由赵某1居住使用，赵某1每月支付房屋使用费用于还贷，以及协议书赵某1未签字，仅为赵某2单方意思表示，且涉及赵某2之夫的权益，但因其提供的证据不足以证实上述答辩意见，且与日常生活习惯相悖，故对其答辩意见法院不予采信，故应视为郭某与赵某1共同借名买房。判决将房屋登记至郭某名下。

生活中，往往存在一方以第三方名义购买房屋或投资股权等情况。在司法实践中，法院主要从包括当事人合意、出资情况、借名或代持情况、房屋占有使用、财产对应利益获取方等方面予以审查是否存在他人代持的情形，若存在，则可要求返还财产。

三、夫妻共同财产不分或少分的情形

《民法典》第1092条规定："夫妻一方隐藏、转移、变卖、毁损、挥霍夫妻共同财产,或者伪造夫妻共同债务企图侵占另一方财产的,在离婚分割夫妻共同财产时,对该方可以少分或者不分。离婚后,另一方发现有上述行为的,可以向人民法院提起诉讼,请求再次分割夫妻共同财产。”婚姻中,有人会为了获得更多的夫妻共同财产,通过各种手段隐藏、转移夫妻共同财产,经笔者分析,一般存在四种常见情形。

(一)隐藏股权

案例1-14 蔡某、赵某离婚后财产纠纷案

一审法院:杭州市下城区人民法院

案号:(2014)杭下民初字第491号

案件主旨:若查到除承诺披露财产外的其他财产,为隐藏夫妻共同财产。

法院认为,离婚协议中关于财产分割的协议,对双方均有约束力。赵某在杭州××××有限公司、浙江××××进出口有限公司的出资、享有的股权比例,均在夫妻关系存续期间,属于夫妻共同财产。双方离婚协议约定除上述房屋、家具、家电及银行存款外,无其他财产;如任何一方隐瞒、虚报上述所列财产之外的财产,或在签订本协议之前2年内有转移、抽逃财产的,另一方发现后有权取得对方隐瞒、虚报、转移的财产的全部份额。赵某在杭州××××有限公司、浙江××××进出口有限公司的出资、享有的股权比例未列入财产分割协议,致使夫妻共同财产未分割。因此蔡某认为赵某隐瞒夫妻共同财产,要求归其所有的请求,法院予以支持。赵某在杭州××××有限公司的9%股权、浙江××××进出口有限公司的7.3529%股权,归蔡某所有。

北京市第一中级人民法院审理的(2019)京01民终11051号案也是类似情形:虽然张某在2016年领导干部个人有关事项报告表中填报有某股票,但张某称万某在签署第二次离婚协议时否认此事,本案第一次庭审时万某也否认此事,表明张某对此不知情,故第二次离婚协议对此未涉及、未分割,现张某要求合理分割,144000股股票属于婚前授予,表明万某婚前取得、婚后支付,应视为万某婚前个人财产,25000股股票属于婚后授予、婚后支付,属婚后夫妻共同财产,两笔股票折现5195049.72元,根据万某婚前婚后实际获得股票比例,计算出婚后夫妻共同财产股票价值415084元,鉴于万某存在隐匿夫妻共同财产行为,万某应少分,法院酌定张某与万某按 7∶3 比例分配,张某应分得 290558.8 元。

笔者建议,夫妻应在日常生活中充分了解家庭财产情况及收支去向,在离婚时避免财产损失;离婚后,如果发现原配偶存在隐藏夫妻共同财产情形的,可通过离婚后财产纠纷诉讼请求法院判决在所隐藏夫妻共同财产范围内多分得财产。

(二)转移房产

案例 1－15　杨某、庞某离婚纠纷案

一审法院:北京市朝阳区人民法院

案号:(2013)朝民初字第 40002 号

二审法院:北京市第三中级人民法院

案号:(2015)三中民终字第 01716 号

案件主旨:一方擅自将房屋过户给他人,且售房款未用于夫妻共同生活或其他合理开支的,可视为转移夫妻共同财产。

法院认为,301 号房屋虽系杨某婚前购买,但双方婚后共同还贷,现杨某已将该房屋出售,杨某应就售房款中双方共同还贷的增值部分对庞某给予补偿。904 号房屋系双方婚后购买,属于夫妻双方的共同财产,杨某已将 904 号房屋出售,扣除已偿还的贷款部分,剩余售房款应属于双方共同所有;杨某称剩余款项均用于经商及购买保险等生活消费,但其提供的证据显示大部分消费并未用于夫妻共同生活,故法院对其此项辩解不予采信。现有证据显示,杨某在出售 904 号房屋及 301 号房屋时,均未征得庞某同意,且并未告知庞某,所得售房款亦未支付给庞某,故法院认定杨某存在转移夫妻共同财产之行为。据此认为 2503 号房屋(使用的夫妻共同财产比例较低)归庞某个人所有,庞某就此可不再支付杨某补偿款。

未经对方许可擅自将房屋过户至其他人名下,且对应的售房款未用于夫妻共同生活或其他合理开支,即为转移夫妻共同财产。山东省德州市中级人民法院在(2016)鲁 14 民终 863 号案件中也持同样观点:在汪某、郭某婚姻出现问题,汪某第一次起诉离婚之后,郭某未与原告商量、未经汪某准许而变卖车库,将车库款据为己有,属转移、隐藏夫妻共同财产的情形。但鉴于郭某在汪某离家后一直照顾儿子的生活，并按时偿还房贷等实际情况，免于惩戒，以判令郭某给汪某一半变卖款为宜。

而对于该种转移行为，一般有以下两种救济方式。

1. 确认转移行为无效

案例 1－16　宋某 1、李某、宋某 2 共有纠纷案

一审法院：北京市海淀区人民法院

案号：（2018）京 0108 民初 64263 号

二审法院：北京市第一中级人民法院

案号：（2020）京 01 民终 3765 号

案件主旨：一方与第三方恶意串通转移房屋属无效。

法院认为，案涉房屋原属宋某 2、宋某 1 父母的夫妻共同财产。宋某 2、宋某 1 父母去世后，案涉房屋由宋某 2、宋某 1 继承并共同共有，又因继承发生在宋某 2 与李某的夫妻关系存续期间，宋某 2、宋某 1 父母并无遗嘱，故宋某 2 继承的案涉房屋的份额应属宋某 2 与李某的夫妻共同财产。宋某 2 与李某现已不再共同生活并曾经诉讼要求离婚，宋某 2、宋某 1 曾签订《房屋赠与合同》约定将宋某 2 名下的涉案房屋份额赠与宋某 1，构成恶意串通，严重损害李某利益，在此情况下，共同共有的基础已经丧失，李某有权要求分割案涉房屋，故李某应分得宋某 2 所得份额的一半，即案涉房屋 1/4 份额。

夫妻一方与第三方构成恶意串通的，可视为转移财产，夫妻另一方可请求确认该转移行为无效。

2. 请求转移方赔偿损失

《婚姻家庭编解释（一）》第 28 条规定："一方未经另一方同意出售夫妻共同所有的房屋，第三人善意购买、支付合理对价并已办理不动产登记，另一方主张追回该房屋的，人民法院不予支持。夫妻一方擅自处分共同所有的房屋造成另一方损失，离婚时另一方请求赔偿损失的，人民法院应予支持。"故在此情况下，虽然无法追回房产，但遭受损失的一方有权要求赔偿损失。

笔者建议，夫妻双方在日常生活中应充分了解家庭财产情况，防止对方在自身不知情的情况下进行资产转移。如果资产确已转移且无法证明恶意串通，遭受损失的一方应向对方提起赔偿损失之诉讼。

（三）转移、隐藏存款

案例1－17　雷某某、宋某某离婚纠纷案

一审法院：北京市朝阳区人民法院

案号：（2015）朝民初字第04854号

二审法院：北京市第三中级人民法院

案号：（2015）三中民终字第08205号

案件主旨：对钱款的去向不能作出合理解释和说明，可认定为转移、隐藏夫妻共同财产。

一审法院认为，雷某某名下中国工商银行尾号为4179账户内的存款归雷某某所有，宋某某名下中国邮政储蓄银行账号尾号为71××89及1156账户内的存款归宋某某所有。

二审中，宋某某提出对夫妻共同财产雷某某名下存款分割等请求。

二审法院则认为，雷某某名下中国工商银行尾号为4179账户内的存款为夫妻关系存续期间的收入，应作为夫妻共同财产予以分割。雷某某于2013年4月30日通过ATM转账及卡取的方式，将尾号为4179账户内的19.5万元转至案外人名下。雷某某始称该款用于家庭开销，后又称用于偿还外债，前后陈述明显矛盾，对其主张亦未提供证据证明，对钱款的去向不能作出合理的解释和说明。结合案件事实及相关证据，认定雷某某存在转移、隐藏夫妻共同财产的情节。根据法律规定，对雷某某名下中国工商银行尾号为4179账户内的存款，雷某某可以少分。故判决对于雷某某转移的19.5万元存款，由雷某某补偿宋某某12万元。

对于存款而言，法律未规定超过多大金额的转账或取现会被认定为“转移”财产，一般法院倾向于与当事人实际生活水平和日常花销水平进行比较后确定一个具体数值。多数情况下，单日单笔超过一定数值的转账或取现，或单日频繁转账取现，累计金额较大时，就需要操作方解释相应款项的用途，是否用于夫妻共同生活，是否属于合理花销。如北京市第二中级人民法院在（2014）二中民终字第03131号案中认为，一方银行账户中大量存款被取出，且未用于夫妻共同生活和正常消费,且不能说明去处,则可以被认定为转移夫妻共同财产。但如果从银行流水看,账户内有存有取,支取数额不等,持续时间较长,表面看符合一般家庭对银行存款的处理,则会被认定不属于“转移”财产行为。北京市第三中级人民法院在(2016)京03民终3942号案中、辽宁省沈阳市中级人民法院在(2019)辽01民终9233号案中,即持此观点。

笔者建议,夫妻应在日常生活中充分了解家庭账户信息和其他资金账号,也注意留存取款、汇款的凭证,微信转账记录,支付宝转账记录等,便于掌握财产线索和自证清白。在诉讼中,要向法院申请调查取证或委托律师向法院申请调查令,调查对方当事人个人银行卡流水,找出对方“转移”或“隐藏”财产的蛛丝马迹,以争取法院作出有利于自己的夫妻共同财产分割比例之判决。

(四)虚构债务

案例1-18 刘某、孙某离婚后财产纠纷案

一审法院:北京市房山区人民法院

案号:(2017)京0111民初11939号

二审法院:北京市第二中级人民法院

案号:(2018)京02民终8808号

案件主旨:虚构债务减少需分割的夫妻共同财产,属于隐匿夫妻共同财产。

法院认为,孙某向法院提交其父孙某3出具的“收条”三份,证明孙某向孙某3支付了2004年至2014年的建筑材料、设备保管费及占用宅基地租地费共计508000元,进而证明孙某支配夫妻共同财产的支出情况。且通过司法鉴定为上述三份收条中“孙某3”字迹与样本上孙某3签名字迹均不是同一人所写。同时,即使“收条”是孙某3本人书写,在没有其他证据佐证的情况下,也不足以证明孙某支配的夫妻共同财产的支出情况,且孙某与孙某3系父子关系,支付存放物品租金的行为与常理相悖。孙某提交三份“收条”,意图通过虚增经营中的支出情况,来减少需要分割的夫妻共同财产,主观上具有隐匿夫妻共同财产的故意,对于转移的财产,应予少分。

虚构债务,其本质是以债务的方式隐匿夫妻共同财产,是恶意减少夫妻共同财产的行为,该行为属于应予少分或不分夫妻共同财产的法定情形。

第二节　夫妻共同债务、个人债务的认定及后果

一、夫妻共同债务、个人债务的法律定义及渊源

我国法律对于夫妻共同债务和个人债务的认定标准，随着时代发展，有着很大的变化。在《1950年婚姻法》中，由于当时妇女社会地位低下，该法第24条规定："离婚时，原为夫妻共同生活所负担的债务，以共同生活时所得财产偿还；如无共同生活时所得财产或共同生活时所得财产不足清偿时，由男方清偿。男女一方单独所负的债务，由本人偿还。"该规定将偿还债务的责任更多地判定由男方承担。改革开放后，由于妇女更多地参与了社会劳动，《1980年婚姻法》第32条[①]中删除了"由男方清偿"，并改为"如该项财产不足清偿时，由双方协议清偿；协议不成时，由人民法院判决"。同时在其后的《最高人民法院关于人民法院审理离婚案件处理财产分割问题的若干具体意见》（法发〔1993〕32号，1993年11月3日发布及实施）中，首次对共同债务和个人债务的认定标准进行了具体规定，[②]重点在于夫妻双方对负担债务是否有合意。

在2001年修订的《中华人民共和国婚姻法》（全国人民代表大会常务委员于2001年4月28日发布及实施，以下简称《2001年婚姻法》）中，共同债务的认定标准为夫妻所负债务的目的是否是共同生活，[③]在该项规定下，司法实践中更多地将举证责任给到债权人，出现了一些夫妻"假离婚、真逃债"而损害债权人

---

① 《1980年婚姻法》第32条规定："离婚时，原为夫妻共同生活所负的债务，以共同财产偿还。如该项财产不足清偿时，由双方协议清偿；协议不成时，由人民法院判决。男女一方单独所负债务，由本人偿还。"

② 《最高人民法院关于人民法院审理离婚案件处理财产分割问题的若干具体意见》（法发〔1993〕32号，1993年11月3日发布及实施）第17条规定："夫妻为共同生活或为履行抚养、赡养义务等所负债务，应认定为夫妻共同债务，离婚时应当以夫妻共同财产清偿。下列债务不能认定为夫妻共同债务，应由一方以个人财产清偿：(1)夫妻双方约定由个人负担的债务，但以逃避债务为目的的除外。(2)一方未经对方同意，擅自资助与其没有抚养义务的亲朋所负的债务。(3)一方未经对方同意，独自筹资从事经营活动，其收入确未用于共同生活所负的债务。(4)其他应由个人承担的债务。"

③ 《2001年婚姻法》（全国人民代表大会常务委员于2001年4月28日发布及实施）第41条规定："离婚时，原为夫妻共同生活所负的债务，应当共同偿还。共同财产不足清偿的，或财产归各自所有的，由双方协议清偿；协议不成时，由人民法院判决。"

利益的情形。故在2004年4月1日实施的《婚姻法解释(二)》中,为保护债权人利益,第24条[①]将夫妻婚姻存续期间的债务原则上都推定为共同债务,对于其中"除外"的情形,由夫妻方承担举证责任。但由于"除外"情形举证较难,又导致了债权人与夫妻一方恶意串通虚构债务,损害夫妻中非举债一方利益的情形出现。

为此,最高人民法院民事审判第一庭于2014年作出了《关于婚姻关系存续期间夫妻一方以个人名义所负债务性质如何认定的答复》(〔2014〕民一他字第10号,2014年7月12日发布及实施),规定:"如果举债人的配偶举证证明所借债务并非用于夫妻共同生活,则其不承担偿还责任。"其后于2015年作出了《关于夫妻一方对外担保之债能否认定为夫妻共同债务的复函》(〔2015〕民一他字第9号,2015年9月9日发布及实施),明确夫妻一方对外担保之债不应当适用《婚姻法解释(二)》第24条的规定而认定为夫妻共同债务。同时,2017年发布的《婚姻法解释(二)补充规定》和《最高人民法院关于依法妥善审理涉及夫妻债务案件有关问题的通知》(法〔2017〕48号,2017年2月28日发布及实施),进一步明确虚假债务和赌博、吸毒等造成的非法债务不受保护。

2018年,最高人民法院又发布了《关于审理涉及夫妻债务纠纷案件适用法律有关问题的解释》(法释〔2018〕2号,2018年1月16日发布及实施,以下简称《夫妻债务纠纷案件解释》),一共3条主要规定,[②]从共同意思表示、家庭日常生活需要、债权人举证证明用于共同生活或共同经营三个方面确定了夫妻共同债务的认定标准,更好地平衡了债权人及夫妻间非举债一方的利益。

2021年1月1日实施的《民法典》在《夫妻债务纠纷案件解释》的基础上进行了整合,其第1064条规定:"夫妻双方共同签名或者夫妻一方事后追认等共同意思表示所负的债务,以及夫妻一方在婚姻关系存续期间以个人名义为家庭日

---

① 《婚姻法解释(二)》第24条第1款规定:"债权人就婚姻关系存续期间夫妻一方以个人名义所负债务主张权利的,应当按夫妻共同债务处理。但夫妻一方能够证明债权人与债务人明确约定为个人债务,或者能够证明属于婚姻法第十九条第三款规定情形的除外。"

② 《夫妻债务纠纷案件解释》第1条规定:"夫妻双方共同签字或者夫妻一方事后追认等共同意思表示所负的债务,应当认定为夫妻共同债务。"第2条规定:"夫妻一方在婚姻关系存续期间以个人名义为家庭日常生活需要所负的债务,债权人以属于夫妻共同债务为由主张权利的,人民法院应予支持。"第3条规定:"夫妻一方在婚姻关系存续期间以个人名义超出家庭日常生活需要所负的债务,债权人以属于夫妻共同债务为由主张权利的,人民法院不予支持,但债权人能够证明该债务用于夫妻共同生活、共同生产经营或者基于夫妻双方共同意思表示的除外。"

常生活需要所负的债务，属于夫妻共同债务。夫妻一方在婚姻关系存续期间以个人名义超出家庭日常生活需要所负的债务，不属于夫妻共同债务；但是，债权人能够证明该债务用于夫妻共同生活、共同生产经营或者基于夫妻双方共同意思表示的除外。”同时，《民法典》第 1065 条第 3 款就夫妻双方存在夫妻财产约定的情况规定：“夫妻对婚姻关系存续期间所得的财产约定归各自所有，夫或者妻一方对外所负的债务，相对人知道该约定的，以夫或者妻一方的个人财产清偿。”

本章以下部分将就共同意思表示、家庭日常生活需要、债权人举证证明用于共同生活或共同经营这三种情形对夫妻共同债务进行分析。

二、认定为夫妻共同债务的情形

（一）是否为共同意思表示

1. 共同签名

案例 1 – 19　广州 × × 有限公司、何某、鲁某民间借贷纠纷案

一审法院：北京市通州区人民法院

案号：(2021) 京 0112 民初 45713 号

二审法院：北京市第三中级人民法院

案号：(2022) 京 03 民终 7960 号

案件主旨：即使借条上写明用于夫妻共同生活，但因一方未签名，不能仅就此认定为夫妻共同债务。

法院认为，鲁某向广州 × × 有限公司出具的借条明确载明借款用途为夫妻共同生活、共同生意周转，但何某并未在四张借条中签字确认，四张借条的借款金额高达 396.1 万元，远超家庭日常生活需要，故如广州 × × 有限公司主张本案借款属于夫妻共同债务，则应举证证明借款用于何某和鲁某的共同生活、共同生产经营。本案中借款用于夫妻共同生活、经营的证据主要来源于鲁某举证的转账凭证、购物记录、支付宝付款记录等。但其借款的时间与证据中显示款项的支出时间差距较大，不能证明其支出的款项来源于本案诉争借款，亦不能证明支出的款项用于其与何某的共同生活和共同经营。广州 × × 有限公司未要求何某在借条上签字确认，在借款前未向何某确认系共同借款，借款后亦未提交证据证明何某对于诉争借款进行了追认，其主张本案系夫妻共同债务要求何某承担共同还款责任于法无据，法院对此不予支持。

一般而言，若夫妻双方都在借条上签名，则可认为是夫妻共同债务，若夫妻一方未签字，不能单纯从借条上载有用于夫妻共同生活或夫妻共同经营的内容而认定为夫妻共同债务，而需从是否有其他共同意思表示、是否实际用于夫妻共同生活或夫妻共同经营等因素予以考虑。

同时，实践中还会出现夫妻一方代签和伪造签名的情况。

对于夫妻一方代签，法院主要审查签字方是否有授权、是否构成表见代理，如广东省广州市中级人民法院在（2021）粤01民终25750号案中认为，案涉《终止协议》由丁某代徐某签字，但首先，《投资协议》、股权转让出资合同书、《终止协议》、还款协议等的签署时间在丁某、徐某的夫妻关系存续期间；其次，丁某、徐某所持股份占艾乐公司股份的79.5%（其中徐某持股54.5%），丁某是艾乐公司的法定代表人、总经理，徐某是艾乐公司的学术总监，两人共同参与经营管理公司；再次，《终止协议》签署后，艾乐公司召开股东会并形成股东会决议，丁某、徐某还分别与艾乐公司签订了股权转让合同，上述股东会决议和股权转让合同与《终止协议》中关于股权转让的部分内容相同，因此徐某对于其受让威学公司股权的事宜知情而且无异议；最后，在《终止协议》签订后，徐某向威学公司和威创公司的银行账户多次转账，均备注为"股权转让款"，丁某自述其除了案涉项目外在其他项目也代徐某签字，现无证据证明徐某就此提出过异议。故法院认为丁某有权代理徐某关于股权转让的事宜，判定由丁某、徐某共同支付股权转让款。

对于伪造签名，一般通过司法鉴定予以认定是否属伪造，若为伪造则签名无效。但需注意，在实践中即使被认定为虚假的签名，也有可能因款项用于夫妻共同生活而被认定为夫妻共同债务，如河南省卫辉市人民法院在（2021）豫0781民初489号案中认为："即便借条上张某某的签名系他人代签，依据《最高人民法院关于审理涉及夫妻债务纠纷案件适用法律有关问题的解释》第2条的规定，夫妻一方在婚姻关系存续期间以个人名义为家庭日常生活需要所负的债务，债权人以属于夫妻共同债务为由主张权利的，人民法院应予支持。本案借款时间发生在二被告夫妻关系存续期间，且基于10000元的借款数额并非大额举债，属于家庭日常生活需要范围,故本院依法认定为二人的夫妻共同债务。应由二被告共同偿还。”

2. 事后追认

案例1-20　罗某、陈某、梁某民间借贷纠纷案

一审法院:广州市天河区人民法院

案号:(2020)粤0106民初38961号

二审法院:广州市中级人民法院

案号:(2022)粤01民终4653号

案件主旨:夫妻一方在事后作出同意借款并共同偿还款项的意思表示,即事后追认,该借款为夫妻共同债务。

法院认为,2018年8月1日,罗某向梁某出具《借款合同》,该债务发生在罗某、陈某夫妻关系存续期间,双方提交的微信聊天记录可证明陈某对案涉借款知情并曾向梁某支付3万元利息,且陈某亦曾向梁某作出同意由其偿还款项的意思表示,视为对罗某此前借款行为的追认,并同意共同偿还。现梁某主张案涉借款系夫妻共同债务并主张陈某承担共同还款责任有理,法院予以支持。

司法实践中,事后追认不仅可通过书面签认的方式,口头录音、微信及QQ聊天记录、短信收发记录、电子邮件收发记录等均可予以证明事后追认。

3. 其他共同意思表示

虽然《民法典》第1064条中仅列举了共同签名和事后追认两种方式,但实际上参照《民法典》第140条①的规定,司法实践认定中不局限于这两种情形,采用的是更广泛定义的共同意思表示。

案例1-21　韩某、杨某、肖某股权转让纠纷案

一审法院:广州市白云区人民法院

案号:(2021)粤0111民初34387号

---

① 《民法典》第140条规定:“行为人可以明示或者默示作出意思表示。沉默只有在有法律规定、当事人约定或者符合当事人之间的交易习惯时,才可以视为意思表示。”

二审法院：广州市中级人民法院

案号：(2022)粤01民终16282号

案件主旨：夫妻一方以个人账户收取债务所涉款项，可认为对该债务知情并同意，应当共同还款。

韩某为国春宝公司持股55%的股东，肖某出资10万元向韩某购买国春宝公司10%的股权，因未实际享有股东权利，故诉至法院要求退还股权转让款。法院认为，因韩某与杨某为夫妻关系，肖某转账时杨某为国春宝公司财务人员，可认定韩某和杨某共同参与了国春宝公司的经营，杨某以个人账户收取韩某的股权转让款，其对该款项是知情也是同意的，符合法律规定的"共同意思表示"，故该10万元应当认定为夫妻共同债务，杨某应承担共同还款责任。

由此可见，对于共同意思表示主要在于非举债另一方是否知情，但知情也不一定代表认可，如在湖北省荆州市中级人民法院(2018)鄂10民终70号案中，邹某是实际借款人刘某的配偶，邹某用自己的账户帮刘某偿还部分债务，一审法院将其视为夫妻共同债务，二审法院改判认为即便部分还款系通过银行账号偿还，也不能因此认为邹某与刘某有共同借款的意思表示。

除此之外，地方法院也通过实践总结，将比较典型的共同意思表示情形进行了归纳，可予以参考。如《家事纠纷案件审理指南(婚姻家庭部分)》(江苏省高级人民法院民一庭于2019年7月发布及实施)规定："对于夫妻双方共同签字或者签字时债务人配偶在场但未作出明确反对意思表示……应当认定为夫妻共同债务，此种情形应当由债权人承担举证责任。"《浙江省高级人民法院关于妥善审理涉夫妻债务纠纷案件的通知》(浙高法〔2018〕89号，2018年5月23日发布及实施)规定："若有证据证明配偶一方对负债知晓且未提出异议的，如存在出具借条时在场、所借款项汇入配偶掌握的银行账户、归还借款本息等情形的，可以推定夫妻有共同举债的合意。"

笔者建议，目前司法实践中，法院对于共同意思表示的举证责任一般分配给债权人，故对于债权人，应当尽量实现"共债共签"，要求夫妻双方共同签署借款合同、借条、债权相关协议等文书，以避免日后产生纠纷时的举证不能风险。如夫妻双方未能"共债共签"，债权人最好能通过微信、电话录音等方式向未签字夫妻一方确认债权的存在，提前为日后可能产生的纠纷做好证据保全工作。

(二)是否为家庭日常生活需要

案例1-22 王某、陈某、任某民间借贷纠纷案

一审法院:新疆维吾尔自治区库尔勒市人民法院

案号:(2020)新2801民初4592号

二审法院:新疆维吾尔自治区巴音郭楞蒙古自治州中级人民法院

案号:(2021)新28民终324号

再审法院:新疆维吾尔自治区高级人民法院

案号:(2022)新民申118号

案件主旨:是否属于家庭日常生活需要,将从支出范围、借贷目的、当地生活水平、个人收入和消费等方面进行考虑。

法院认为,家庭日常生活的范围,应参考国家统计局对我国城镇居民家庭消费种类的分类,一般包括日常生活消费、日常精神消费、日常投资性消费以及为赡养老人、教育抚育子女的合理花费等,结合夫妻的家庭生活水准、借贷的目的等因素综合衡量。本案中,案涉借贷行为虽然发生在任某与陈某婚姻关系存续期间,但《借条》仅由任某作为借款人签名,应当认定为任某以个人名义借款。结合当地生活水平及任某与陈某的收入及消费情况,案涉借款金额明显超出其家庭日常生活所需。法院未采纳王某以《浙江省高级人民法院关于妥善审理涉夫妻债务纠纷案件的通知》(浙高法〔2018〕89号,2018年5月23日发布及实施)中20万元的标准认为案涉91000元借款为家庭日常生活需要的观点,认为非夫妻共同债务。

从上述案例可以看出,家庭日常生活需要是一个非常宽泛的概念,其范围及数额标准等在各地司法实践中存在很大差异。2018年1月17日,最高人民法院民事审判第一庭负责人在《最高人民法院关于审理涉及夫妻债务纠纷案件适用法律有关问题的解释》答记者问①中,认为家庭日常生活的范围可以参考八大类

---

① 最高人民法院:《妥善审理涉及夫妻债务纠纷案件 依法平等保护各方当事人合法权益——最高人民法院民一庭负责人就〈最高人民法院关于审理涉及夫妻债务纠纷案件适用法律有关问题的解释〉答记者问》,载北大法宝,2018年1月17日,https://www.pkulaw.com/lawexplanation/142d64e22965e3db81195e08d4009c7bbdfb.html?keyword=最高人民法院民一庭负责人就《最高人民法院关于审理涉及夫妻债务纠纷案件适用法律有关问题的解释》答记者问&way=listView。

家庭消费，[①]根据夫妻共同生活的状态（如双方的职业、身份、资产、收入、兴趣、家庭人数等）和当地一般社会生活习惯予以认定。同时强调家庭日常生活需要的支出是指通常情况下必要的家庭日常消费，主要包括正常的衣食消费、日用品购买、子女抚养教育、老人赡养等各项费用，是维系一个家庭正常生活所必需的开支。

在地方法院中，上述案例中提到的《浙江省高级人民法院关于妥善审理涉夫妻债务纠纷案件的通知》（浙高法〔2018〕89 号，2018 年 5 月 23 日发布及实施）中首次明确了 20 万元的数额标准并进行了详细规定："家庭日常生活需要"是指夫妻双方及其共同生活的未成年子女在日常生活中的必要开支事项，如正常的衣食住行消费、日用品购买、医疗保健、子女教育、老人赡养、文化消费等。审理中，判断负债是否超出"家庭日常生活需要"，可以结合负债金额大小、家庭富裕程度、夫妻关系是否安宁、当地经济水平及交易习惯、借贷双方的熟识程度、借款名义、资金流向等因素综合予以认定。以下情形，可作为各级法院认定"为家庭日常生活需要所负债务"的考量因素：(1) 单笔举债或对同一债权人举债金额在 20 万元（含本数）以下的；(2) 举债金额与举债时家庭收入状况、消费形态基本合理匹配的；(3) 交易时债权人已尽谨慎注意义务，经审查举债人及其家庭支出需求、借款用途等，有充分理由相信债务确系为家庭日常生活需要所负的。以下情形，可作为各级法院认定"超出家庭日常生活需要所负债务"的考量因素：(1) 单笔举债或对同一债权人举债金额在 20 万元以上的；(2) 债务发生于夫妻分居、离婚诉讼等夫妻关系不安宁期间，债权人知道或应当知道的；(3) 出借人明知借款人负债累累、信用不佳，或在前债未还情况下仍继续出借款项的；(4) 借贷双方约定高额利息，与正常生活所需明显不符的。举债发生于父母子女、兄弟姐妹等密切关系主体之间的，债权人理应对举债人的生活状况、夫妻关系较常人更为了解，这种情形下对债务是否为家庭日常生活需要所负的审查应严于一般主体，在举证责任分配上也可依职权适当加重债权人的举证责任。

《家事纠纷案件审理指南（婚姻家庭部分）》（江苏省高级人民法院民一庭于 2019 年 7 月发布及实施）中规定："家庭日常生活需要"是指家庭日常生活中的

---

① 我国城镇居民家庭消费种类主要分为八大类，分别是食品、衣着、家庭设备用品及维修服务、医疗保健、交通通信、文娱教育及服务、居住、其他商品和服务。

必要支出,包括衣食住行、医疗保健、交通通信、文娱教育及服务等。认定是否为"家庭日常生活需要"所负的债务,应当结合债务金额、举债次数、债务用途、家庭收入状况、消费水平、当地经济水平和一般社会生活习惯等予以综合判断。以下情形可以作为认定超出"家庭日常生活需要"所负债务的考量因素:(1)债务金额明显超出债务人或者当地普通居民家庭日常消费水平的;(2)债权人明知或者应知债务人从事赌博、吸毒等违法犯罪活动仍出借款项的;(3)债权人明知或者应知债务人已大额负债无法偿还,仍继续出借款项的。

天津市高级人民法院则提出了上年度人均消费支出 3 倍的标准(以 2021 年为例,天津居民人均消费为 33188 元,[①]3 倍则是 99564 元),其在发布的《天津法院民间借贷案件审理指南(试行)》(津高法〔2020〕22 号,2020 年 1 月 28 日发布,2020 年 2 月 1 日实施)中规定:"认定借贷款项是否属于家庭日常生活需要所负债务,重点审查以下几个方面:(1)家庭日常生活需要应当考虑夫妻双方的职业、身份、资产、收入、兴趣、习惯、家庭人口等情况进行判断;(2)借贷款项是否用于食品、衣着、家庭设备用品及维修服务、医疗保健、交通通信、文娱教育及服务、居住、其他商品和服务八类家庭消费支出;(3)家庭日常生活需要是否超过上一年度天津居民人均消费支出三倍;(4)其他因家庭日常生活需要所负的债务。"

由于我国各地经济水平不一,对于家庭日常生活需要的认定没有统一标准,需结合当地经济水平、夫妻收入及消费、债务款项用途等方面予以综合认定。实践中往往也不拘泥于金额标准及八类家庭消费支出范围,如北京市第一中级人民法院在(2022)京 01 民终 6792 号案中认为,婚姻关系存续期间夫妻一方的学历深造不仅是夫妻一方个人的付出和获益,也是整个婚姻家庭的付出和获益,故将 69 万元学历深造费用认定为夫妻共同债务。

笔者建议,由于实践中法院将属于家庭日常生活需要的债务原则上均认定为夫妻共同债务,对于非家庭日常生活需要的举证责任一般归于夫妻间非举债一方,故建议夫妻在日常生活中应充分了解资金来源及去向,并明确家庭日常支出水平。

---

① 国家统计局天津调查总队:《数据:2021 年天津居民收入和消费支出情况》,载国家统计局天津调查总队官网,http://tjzd.stats.gov.cn/dcfw/system/2022/01/21/010004736.shtml。

(三)是否用于共同生活、共同经营

1. 共同生活

共同生活是指超出了家庭日常生活需要的部分,一般而言其数额应高于家庭日常生活需要的标准,范围也更大于家庭日常生活需要,不仅仅止于日常必需的开支,更多地在于大宗支出,如购车、购房、投资等。

对于共同生活的具体概念,《浙江省高级人民法院关于妥善审理涉夫妻债务纠纷案件的通知》(浙高法〔2018〕89 号,2018 年 5 月 23 日发布及实施)中认为只要是夫妻双方共同消费支配或者用于形成夫妻共同财产的支出,都属于"夫妻共同生活"的范围。《家事纠纷案件审理指南(婚姻家庭部分)》(江苏省高级人民法院民一庭于 2019 年 7 月发布及实施)中认为"夫妻共同生活"是指夫妻为履行经济扶养、生活照顾、精神抚慰义务而进行共同消费或者积累夫妻共同财产的情形。上海市第一中级人民法院于 2020 年 9 月 21 日发布的《类案裁判方法丨夫妻共同债务类案件的审理思路和裁判要点》①中认为夫妻共同生活支出是指夫妻双方共同消费支配、形成夫妻共同财产或者基于夫妻共同利益管理共同财产产生的支出。

而对于"用于共同生活"的认定标准,上述文件均认为负债期间有购置大宗资产或有大额开支,但无法说明资金来源的为夫妻共同债务,在《类案裁判方法丨夫妻共同债务类案件的审理思路和裁判要点》中将其细化为了三类支出:"一是购买住房和车辆、装修、休闲旅行、投资等金额较大的支出;二是夫妻一方因参加教育培训、接受重大医疗服务所支付的费用;三是夫妻一方为抚养未成年子女所支付的出国、私立教育、医疗、资助子女结婚等,以及为履行赡养义务所支付的费用。"

需注意的是,负债用于夫妻共同生活的举证责任在于债权人一方,若证据不足,将无法实现诉求。

案例 1-23　杨某、赵某民间借贷纠纷案

一审法院:浙江省绍兴市越城区人民法院

---

① 郭海云、胡天和:《类案裁判方法丨夫妻共同债务类案件的审理思路和裁判要点》,载微信公众号"上海一中院",2020 年 9 月 21 日,https://mp.weixin.qq.com/s/uOKYr1Uy5m19s12xw_RXvg。

案号:(2019)浙0602民初11681号

二审法院:浙江省绍兴市中级人民法院

案号:(2020)浙06民终1095号

案件主旨:债权人未有证据证明债务所涉款项用于夫妻共同生活,将被法院驳回诉请。

法院认为,第一,杨某作为债权人在借贷关系中处于主动地位,其多次出借款项给金某,在金某出具借条时,只要作为债权人的杨某明确告知或要求金某的配偶即赵某签字确认,就可以没有任何争议地认定为夫妻共同债务,但杨某作为债权人没有这样做,应由其承担该行为的法律后果。第二,案涉借款金额为79万元,显已超过家庭日常生活所需,且约定了12%的利息,亦与日常生活所需借款情形不符。第三,从资金流向上,案涉借款发生于2016年12月、2017年3月和12月,款项进入金某账户后即转入证券账户用于投资,经审查该期间的流水,金某账户的资金除了工资,并无其他资金流入赵某的账户。第四,从家庭购置大宗资产上,金某的银行账户也未反映有大宗开支(如购置房产、汽车等)。第五,杨某上诉主张案涉借款系金某、赵某的共同证券投资,但赵某转入金某账户的款项并非案涉借款,且无证据证明赵某掌握金某的证券账户进行投资操作,故非夫妻共同债务。

2. 共同经营

案例1-24　金某与某基金公司合同纠纷案

一审法院:北京市第一中级人民法院

案号:(2016)京01民初481号

二审法院:北京市高级人民法院

案号:(2018)京民终18号

案件主旨:夫妻间非举债一方参与了共同经营并分享了经营收益的,为夫妻共同债务。

法院认为,金某对于案涉协议约定的股权回购义务是明知的,其参与了公司的共同经营,案涉债务属于李某1、金某夫妻共同经营所负债务。

其一,金某是甲公司设立时登记的法定代表人和股东,后经过数次变更,法定代表人变更为李某1。经过2011年6月23日及10月27日的两次股权变更登记,李某1成为甲公司持股比例3%的股东。2011年12月2日,甲公司变更名称为乙公司。李某1在签订案涉协议引入某基金公司时明确其为乙公司的实际控制人,这也是股权投资合同中实际控制人承担股权回购责任的通常做法。其二,金某作为乙公司、丙公司董事,参与了公司经营;其签署相关公司的解除VIE架构的各种决议,应当知悉李某1与某基金公司关于股份回购的协议安排。其三,李某1去世后金某的一系列行为证实李某1、金某夫妻共同经营公司。首先,2014年1月27日,乙公司的法定代表人变更为金某,其仍为乙公司的董事。其次,金某、李某2(金某、李某1之女)诉李某3、邓某(李某1的父母)继承纠纷一案,金某请求分割继承仅为李某1名下的银行存款与房产;针对李某1名下持有的乙公司、丁公司、戊公司、己公司、庚公司的股份,金某提起了股东资格确认诉讼。金某在上述案件的起诉理由均为李某1在上述公司的股权系金某与李某1婚姻关系存续期间所得的共同所有的财产,那么某基金公司的投资致使公司财产及股东个人的财产同时增值,金某作为配偶一方实际享有了某基金公司投资乙公司所带来的股权溢价收益,李某1因经营公司所承诺的回购责任亦属夫妻共同债务,符合权利义务一致原则。最后,金某自称目前经营的公司雇用的是原乙公司人员、采用原乙公司经营模式。可见,金某现在经营的公司仍然享用某基金公司投资乙公司所产生的溢出效应。

共同经营相对于共同债务而言,其更为复杂。较常见的有夫妻双方共同决定生产经营事项、一方授权另一方决定生产经营事项等情形。司法实践中,判断经营活动是否属于夫妻共同生产经营,主要根据经营活动的性质、夫妻双方在其中的地位作用等综合认定。

在浙江、江苏、上海的地方法院发布的文件中,一般均认为,举债用于夫妻双方共同从事的生产经营事项的为共同债务;夫妻一方从事经营、投资,另一方虽未直接参与经营、投资但分享了经营、投资收益的为共同债务;债务用于债务人单方负担与夫妻共同生活、共同生产经营无关的活动的,如无偿担保的非共同债务;债务人配偶对债务人的生产经营行为不知情且未从生产经营中受益的非共同债务。在具体审查方面,上海市第一中级人民法院发布的《类案裁判方法 | 夫妻共同债务类案件的审理思路和裁判要点》认为夫妻共同生产经营审查包括

三个要素：债务款项专用性（债务专用于生产经营）、夫妻经营共同性、经营利润共享性。其中，夫妻经营共同性是指生产经营活动系夫妻双方基于共同意志协力经营，实践中表现为夫妻共同决策、共同投资、分工合作、共同经营管理。夫妻经营共同性以合意参与为核心要素，在共同经营要素的认定上应适当放宽标准。经营利润共享性是指无论生产经营活动是否产生盈利结果，经营收益一贯为家庭主要收入或用于夫妻共同生活。有明确证据可以确定债务款项专用性和夫妻经营共同性时，则对经营利润共享性可无须再作审查；当夫妻经营共同性难以认定时，可以依据债务款项专用性、经营利润共享性判定该债务属于夫妻共同债务。

另外，《浙江省高级人民法院关于妥善审理涉夫妻债务纠纷案件的通知》（浙高法〔2018〕89号，2018年5月23日发布及实施）中还提出有证据证明存在以下情形的，可以考虑认定为个人债务：债务发生于夫妻分居、离婚诉讼等婚姻关系不安宁期间，配偶有固定工作或稳定收入来源的；债务用途无益于家庭甚至有损于家庭安宁生活的，如用于婚外同居生活等。同时强调对一些案件中，负债用于夫妻一方以单方名义经商办企业，或进行股票、期货、基金、私募等高风险投资的，不宜一律以“不能排除收益用于共同生活”为由，“一刀切”地认定为夫妻共同债务。尤其在夫妻长期分居、矛盾激烈等情况下，如果有独立收入来源的配偶一方抗辩对举债人的经营或投资行为完全不知情，且未分享经营或投资所得的，应谨慎认定债务性质为夫妻共同债务。

笔者建议，因对于是否用于共同生活、共同经营的举证责任在于债权人，且实践中取证较为艰难，建议债权人不仅要做到“共债共签”，还应对债务资金去向留存证据，并对举债人及其配偶的情况进行详细调查，审慎投入资金。

三、夫妻共同债务、个人债务的后果

（一）夫妻共同债务的后果

案例1－25　崔某、杨某等民间借贷纠纷案

一审法院：宁夏回族自治区银川市中级人民法院

案号：（2016）宁01民初865号

二审法院：宁夏回族自治区高级人民法院

案号:(2017)宁民终191号

再审法院:最高人民法院

案号:(2018)最高法民申634号

案件主旨:对于夫妻共同债务,夫妻名下的所有财产均为承担债务的责任财产。

本案中,马某虽然以个人名义借贷了超出日常开支所需的债务,但该行为属于赚取利差的投资经营行为,所获利息亦用于夫妻共同生活,崔某无证据证明其和马某有其他的收入足以支持其购买车辆及多处房产,故该债务属于夫妻共同债务,应由马某和崔某夫妻共同偿还。至于崔某在申请再审时提出其和马某名下的车辆和房产是在案涉借款前购买,但这些财产购买的时间并不影响其应当承担的本案的还款责任。也就是说,即使是在案涉借款之前购买的,这些财产也应当用来偿还案涉借款。只要案涉借款不还,马某和崔某名下的任何财产均系案涉借款的责任财产。

目前未有明确法律规定夫妻共同债务的清偿范围,司法实践中存在争议:第一种观点认为,夫妻共同债务为连带债务,夫妻的共同财产及个人财产均属于偿债资产;第二种观点认为,夫妻共同债务仅牵连夫妻共同财产,不应将夫妻的个人财产作为夫妻共同债务的偿债资产。

对于以上第一种观点,最高人民法院在(2021)最高法民申4323号案、(2019)最高法民申1554号案及(2019)最高法民申1432号案中持相同意见,其分别认为"郑某认为即便成立夫妻共同债务,也应以夫妻共同财产为限进行偿债的理由,不具有相应法律依据。""原审法院认定余某承担的8589159.13元债务为曾某、余某的夫妻共同债务,曾某对该债务承担连带清偿责任并无不当。""孙某购买其名下登记的房屋过程中存在贷款、还款的事实,其贷款明显超出家庭日常生活所需,且返还贷款时间与再次贷款时间与本案借款时间相重合,该房产又属商业房产,可以认定余某所借林某款项用于夫妻共同生产经营,属夫妻共同债务,孙某应对该债务承担连带责任。"

对于以上第二种观点,实践中也有案例。如四川省高级人民法院在(2018)川民申2182号案中认为:"严某对天某公司投资形成的股权及相关权益属于夫妻共同财产,因投资而形成的债务也应属于夫妻共同债务。原审法院认定案涉债务属于夫妻共同债务，判决彭某以其与严某的夫妻共同财产为限承担连带清偿责任，认定事实和适用法律并无不当。”江苏省高级人民法院在(2014)苏民再提字第0057号案中认为，案涉债务被认定为夫妻共同债务的原因并不是吕某实际参与了合伙经营活动，也不是吕某与刘某之间就案涉债务存在举债合意，而是基于我国婚后所得共同制的法律规定。吕某与刘某对婚后一方取得的财产存在共同所有的关系，成为夫妻共同生活的一部分，则与该财产相对应的债务也属于夫妻共同债务。正因如此，对该债务承担偿还责任时，吕某的责任财产范围也应与该财产制相对应，以其与刘某的共同财产为限。

《民法典》第1089条规定：“离婚时，夫妻共同债务应当共同偿还。共同财产不足清偿或者财产归各自所有的，由双方协议清偿；协议不成的，由人民法院判决。”据此规定，笔者认为，夫妻共同财产是夫妻共同债务的偿债资产；在夫妻共同财产不足以清偿夫妻共同债务时，夫妻双方应负有继续偿还债务的义务，夫妻双方继续偿还债务的内部分配比例由其协商或者在协商不成时由法院判决；当然，夫妻中的一方承担了超过其应当承担份额的偿还债务责任时，其可按照《民法典》第178条[①]的规定，向另一方追偿。

(二)夫妻个人债务的后果

案例1－26 张某1、高某、张某2案外人执行异议之诉案

一审法院：内蒙古自治区高级人民法院

案号：(2016)内民终154号

二审法院：内蒙古自治区乌海市中级人民法院

案号：(2016)内03民初1号

再审法院：最高人民法院

案号：(2017)最高法民申2083号

案件主旨：夫妻共同财产不能排除夫妻一方个人债务的执行。

法院认为，案涉债务属张某2个人债务，张某1与张某2系夫妻，夫妻共同

① 《民法典》第178条规定：“二人以上依法承担连带责任的，权利人有权请求部分或者全部连带责任人承担责任。连带责任人的责任份额根据各自责任大小确定；难以确定责任大小的，平均承担责任。实际承担责任超过自己责任份额的连带责任人，有权向其他连带责任人追偿。连带责任，由法律规定或者当事人约定。”

财产尚未被析产，从权利状态角度而言难以划分被执行财产各归所属，而执行行为本身也不能充分印证对张某1的共有权已经造成实质性损害，故根据《最高人民法院关于人民法院民事执行中查封、扣押、冻结财产的规定》第14条的规定，执行法院有权对被执行人与其他人共有的财产依法查封、扣押、冻结。张某1请求停止执行行为以及返还被执行财产的理由无事实和法律依据，不予支持。同时，在对张某1、张某2夫妻共有财产进行拍卖时，应在夫妻共有财产范围内对张某2所享有财产份额进行处分，不得损害张某1的财产份额。

由上可知，一般而言，个人债务可以导致对夫妻共同财产予以执行，在司法实践中，法院一般会优先执行举债一方的个人财产。如《浙江省高级人民法院关于印发〈关于执行生效法律文书确定夫妻一方为债务人案件的相关法律问题解答〉的通知》（浙高法〔2014〕38号，2014年2月26日发布及实施）中说明："七、经判断为夫妻个人债务的案件，需要执行被执行人夫妻共同财产中的份额，或者登记在夫妻另一方名下的共同财产，应当如何执行？夫妻另一方提出异议，如何救济？答：经判断为夫妻个人债务的案件，应当执行属于被执行人所有或者其个人名下的财产。被执行人所有或者其名下的财产不足清偿的，可执行夫妻共同财产中的一半份额。如登记在夫妻另一方名下的财产系夫妻共同财产的，也可执行。执行机构可直接对上述共同财产采取相应的执行措施。夫妻另一方对被执行人个人名下的财产主张权利，或者对登记在其名下的财产是否系共同财产或者财产份额提出异议的，按照《中华人民共和国民事诉讼法》第二百二十七条的规定处理。夫妻另一方就财产份额提出异议，或者对被执行人个人名下的财产主张权利，案外人执行异议之诉审理期间不停止执行。"

第三节　夫妻财产协议的性质及后果

夫妻财产协议是指夫妻双方在婚前或婚后以书面的形式，约定相互间财产归属的协议。我国《1950年婚姻法》并未规定夫妻双方可以对财产进行约定。《1980年婚姻法》增加了第13条第1款"夫妻在婚姻关系存续期间所得的财产，归夫妻共同所有，双方另有约定的除外"的规定，首次提出夫妻约定财产制。

《2001年婚姻法》又增加了第19条，[①]将婚前财产也纳入了夫妻约定财产的范围。现行有效的《民法典》第1065条承继了《2001年婚姻法》的内容，规定："男女双方可以约定婚姻关系存续期间所得的财产以及婚前财产归各自所有、共同所有或者部分各自所有、部分共同所有。约定应当采用书面形式。没有约定或者约定不明确的，适用本法第一千零六十二条、第一千零六十三条的规定。夫妻对婚姻关系存续期间所得的财产以及婚前财产的约定，对双方具有法律约束力。"

一、夫妻财产协议的主要种类

目前，由于人们拥有比过去更多数量和更多形态的财产，个人财产保护意识也随之提高，因此，夫妻财产协议的应用也越来越广泛。一般来说，夫妻财产协议主要分为三种类型。

（一）一般性财产协议

一般性财产协议是指夫妻仅对双方名下或者一方名下的财产的归属进行约定的财产协议。

（二）忠诚协议

忠诚协议以对方履行夫妻忠实义务为条件，若一方违反协议，则其承担违约责任。常见的违约责任包括放弃全部或部分夫妻共同财产、承担赔偿金或罚款责任、丧失全部或部分子女探视权等。

（三）离婚财产分割协议

离婚财产分割协议是指以离婚为条件生效的财产分割协议。

---

① 《2001年婚姻法》第19条规定："夫妻可以约定婚姻关系存续期间所得的财产以及婚前财产归各自所有、共同所有或部分各自所有、部分共同所有。约定应当采用书面形式。没有约定或约定不明确的，适用本法第十七条、第十八条的规定。夫妻对婚姻关系存续期间所得的财产以及婚前财产的约定，对双方具有约束力。夫妻对婚姻关系存续期间所得的财产约定归各自所有的，夫或妻一方对外所负的债务，第三人知道该约定的，以夫或妻一方所有的财产清偿。"

二、诉讼离婚时，夫妻财产协议的效力

（一）诉讼离婚时，离婚财产分割条款的风险与解决方法

案例1－27　郭某、许某离婚后财产纠纷案

一审法院：广东省广州市黄埔区人民法院

案号：（2021）粤0112民初1500号

二审法院：广东省广州市中级人民法院

案号：（2021）粤01民终18440号

案件主旨：以离婚为条件的财产分割约定，若一方在离婚诉讼中反悔，该约定无效。

法院认为，郭某、许某签订的《夫妻婚内协议书》关于房产的约定为夫妻共同财产。本协议签订后，若郭某、许某双方离婚，该房产归郭某所有，许某无权要求分割。可见，该约定并非纯粹的对双方婚内夫妻共同财产的约定，而是附离婚条件的财产分割协议。本案中，郭某、许某签订《夫妻婚内协议书》的时间为2018年4月10日，郭某到法院起诉离婚的时间为2019年6月6日。在离婚诉讼中，许某答辩称如果判决离婚双方名下房产应由双方平均分配。可见，许某在离婚诉讼中对《夫妻婚内协议书》关于房产的约定已经反悔，故根据原《婚姻法解释（三）》第14条①规定及《婚姻家庭编解释（一）》第69条第1款规定，确认郭某、许某双方在《夫妻婚内协议书》中关于房产归郭某所有的约定未生效，对郭某、许某双方没有法律约束力。903房应在郭某、许某之间平均分配，双方各占50%的份额，剩余按揭贷款由应由郭某、许某共同偿还。

《婚姻家庭编解释（一）》第69条第1款规定："当事人达成的以协议离婚或者到人民法院调解离婚为条件的财产以及债务处理协议，如果双方离婚未成，一方在离婚诉讼中反悔的，人民法院应当认定该财产以及债务处理协议没有生效，

① 《婚姻法解释（三）》第14条规定："当事人达成的以登记离婚或者到人民法院协议离婚为条件的财产分割协议，如果双方协议离婚未成，一方在离婚诉讼中反悔的，人民法院应当认定该财产分割协议没有生效，并根据实际情况依法对夫妻共同财产进行分割。"

并根据实际情况依照民法典第一千零八十七条和第一千零八十九条的规定判决。”

因此，以协议离婚或者到人民法院调解离婚为条件的财产分割协议具有很大的风险。若夫妻一方反悔，法院一般对财产分割条款不予认可。实践中，不少夫妻的一般性财产协议中有类似于离婚时分割财产的条款，这种条款在面临诉讼离婚时风险较大。对此笔者建议，夫妻的一般性财产协议中不要有离婚条件的约定，转为直接约定财产分配，这样，在诉讼离婚时，法院一般会承认这种不附加“离婚”条件的财产分配条款的法律效力。

（二）忠诚协议的法律后果

案例1－28　武某、穆某离婚后财产纠纷案

一审法院：北京市大兴区人民法院

案号：（2015）大民初字第18096号

二审法院：北京市第二中级人民法院

案号：（2016）京02民终4669号

案件主旨：忠诚协议的赔偿内容违反了《婚姻法》的基本原则，认定无效。

法院认为，穆某为武某出具的保证书及武某与穆某签订的协议书中，就“白头到老，永结同心，不出走，不离婚，如有变心，自愿赔武某20万元”等条款，违反了《婚姻法》的基本原则与婚姻当事人婚姻自主的权利，均没有法律效力。

对于忠诚协议的效力，实践中存在两种观点，第一种观点如上述案例所述，认为夫妻间的忠实义务属于道德约束范畴，且协议条款限制了人身自由，应当认定无效。实践中有的法院还会直接裁定不予受理忠诚协议相关诉讼。如江苏省苏州市姑苏区人民法院在（2018）苏0508民初5795号案中认为，双方签署的“承诺书”“契约”系属夫妻忠诚协议范畴，夫妻是否忠诚属于情感道德领域的范畴，应由当事人本着诚实信用原则自觉履行，原告高某要求被告张某履行相关忠诚协议内容的约定不在人民法院受理民事诉讼的范围。江苏省高级人民法院民一庭于2019年7月发布及实施的《家事纠纷案件审理指南（婚姻家庭部分）》

也持该种观点。[①]

第二种观点认为忠诚协议为双方自愿签订，只要系真实意思表示、不违反法律及行政法规的强制性规定、不违背公序良俗、不损害国家或他人合法利益，应当认定有效。如四川省成都市中级人民法院在(2019)川01民终1078号案中认为，刘某、杨某均为具备完全民事行为能力的成年人，签订的《婚内忠诚协议》系双方当事人真实意思表示，不违反法律、行政法规的禁止性规定，亦无证据证明存在受胁迫、受欺诈、显失公平等情形，合法有效。杨某在婚姻关系存续期间违反了上述协议约定，故应按上述协议的约定承担“若在婚姻关系期间，一方经语音、图片、视频、网络短信等其他方式被证明出现精神或肉体出轨的不忠诚现象(包括但不限于婚外情、与他人发生性关系、同居、重婚等行为)或对另一方有家庭暴力、遗弃、虐待等违反夫妻忠诚协议行为的，过错方的全部婚前财产及男女双方的夫妻共同财产将自愿赠与无过错方，归无过错方所有”的后果。

但需注意的是，很多法院即便认可忠诚协议的效力，也会在实践中适当调整违约责任的赔偿金额。如《深圳市中级人民法院关于审理婚姻家庭纠纷案件的裁判指引》(2014年5月21日发布及实施)中规定：“一方当事人以另一方当事人违反忠诚协议导致离婚为由请求另一方当事人在离婚时履行其在忠诚协议中所作损害赔偿承诺的，人民法院应予支持，但该忠诚协议约定的损害赔偿数额过高时，人民法院可以适当调整。”贵州省贵阳市中级人民法院在(2018)黔01民终5882号案中认为：“李某与段某原系夫妻关系，本应互相忠实，相互尊重，段某在与李某夫妻关系存续期间，与其他女性在酒店开房过夜，虽是在双方感情已出现裂痕李某诉讼离婚期间，也违背了夫妻间相互忠实的义务，确给李某造成一定的精神损害，应给付李某一定的精神损害赔偿金，李某主张的赔偿金30万元过高，结合双方感情状况以及清镇市当地平均生活水平，酌情支持20000元。”

笔者建议，在签订夫妻忠诚协议的情景下，为规避协议约定被认定为无效的

---

① 《家事纠纷案件审理指南(婚姻家庭部分)》(江苏省高级人民法院民一庭于2019年7月发布及实施)：“24. 夫妻双方订立忠诚协议约定如果夫妻一方违反忠诚义务将赔偿夫妻另一方违约金或者精神损害抚慰金，夫妻一方起诉主张确认忠诚协议的效力或者以夫妻另一方违反忠诚协议为由主张其承担责任的，应当如何处理？夫妻忠诚协议是夫妻双方在结婚前后，为保证双方在婚姻关系存续期间不违反夫妻忠诚义务而以书面形式约定违约金或者赔偿金责任的协议。夫妻是否忠诚属于情感道德领域的范畴，夫妻双方订立的忠诚协议应当自觉履行。夫妻一方起诉主张确认忠诚协议的效力或者以夫妻另一方违反忠诚协议为由主张其承担责任的，裁定不予受理，已经受理的，裁定驳回起诉。”

风险,夫妻忠诚协议中不应出现限制对方基本权利如人身自由权、离婚自由权、子女抚养及探望权等条款,这样有利于证明忠诚协议确系夫妻双方的真实意思表示且不侵害人身自由和法定权利,这样更有可能被法官接受。

(三)夫妻财产协议能否对抗债权人

1.如果夫妻未离婚,夫妻财产协议能否对抗债权人?

案例1-29　尹某、姜某合同、无因管理、不当得利纠纷案

一审法院:山东省夏津县人民法院

案号:(2017)鲁1427民初769号

二审法院:山东省德州市中级人民法院

案号:(2017)鲁14民终2193号

案件主旨:夫妻财产协议不能对抗不知情的债权人。

法院认为,虽然尹某提交婚内协议约定证明了案涉债务系徐某的个人债务,但由于尹某和徐某均没有证据证明姜某知道该婚内协议,尹某亦没有证据证明案涉债务为姜某与徐某明确约定的徐某个人债务,且姜某亦不认可,尹某依据该协议书认为其对案涉债务无偿还义务的主张,与法律规定相悖。

2.如果夫妻离婚,离婚协议中的财产分割部分能否对抗债权人?

案例1-30　李某、宁波某合伙企业、宗某民间借贷纠纷案

一审法院:浙江省宁波市中级人民法院

案号:(2019)浙02民初708号

二审法院:浙江省高级人民法院

案号:(2020)浙民终1123号

再审法院:最高人民法院

案号:(2021)最高法民申2559号

案件主旨:离婚协议中的财产分割部分不能对抗不知情的债权人。

法院认为,案涉借款关系发生于宗某与李某婚姻关系存续期间,双方离婚协议虽载明,夫妻共同财产及婚前、婚后财产归李某所有,婚姻存续期间所有债权债务由宗某享有和偿还,但是该约定不具有对抗债权人的效力。

综合上述两个案例,为防止夫妻双方串通,恶意逃避债务,参照《民法典》第1065条第3款"夫妻对婚姻关系存续期间所得的财产约定归各自所有,夫或者妻一方对外所负的债务,相对人知道该约定的,以夫或者妻一方的个人财产清偿"的规定,无论是婚内的夫妻财产协议还是离婚协议对于财产分割的约定,一般不能对抗债权人。

第二章　财富传承详解与比较分析

第一节　传承财富的范围与方式

一、财富传承的范围

中信银行与胡润百富联合发布的《2017 中信中国高净值人群财富管理需求白皮书》[①]中载明，截至 2017 年 1 月 1 日，大中华区千万资产的"高净值家庭"数量达到 186 万；其中 86.2% 的企业家已开始考虑或着手准备家族传承事宜。而到了 2021 年，招商银行联合贝恩公司发布的《2021 中国私人财富报告》[②]表明，目前在我国可投资资产在 1000 万元人民币以上的高净值人士达到 262 万人，人均持有可投资资产约 3209 万元人民币，尤其是 40 岁以下的高净值人士有很大一部分人群的财富来源是继承所得；2019 年，53% 的受访高净值人群已经在准备或已开始进行财富传承的相关安排，2021 年这一比例已升至 65%。因此，随着我国经济快速增长，居民的财富也随之积累，家庭财富传承被提到了越来越重要的地位。

目前家庭传承的财富范围一般为现金、房产、股票及其他有价证券、股权及合伙份额、其他新类资产如数字财富(虚拟货币、数字版权、游戏道具、营销账号等)。

二、财富传承的方式

在实务中，财富传承的方式主要包括五种。

(一)生前赠与

生前赠与是指被传承人在生前将财产赠与传承人的方式。如将房产或股权

---

① 中信银行、胡润百富：《2017 中信中国高净值人群财富管理需求白皮书》，载胡润百富官网，2019 年 9 月 10 日，https://www.hurun.net/zh-CN/Reports/Detail? num = AEE38C0E4DE1。

② 招商银行私人银行：《解读高净值人群新气象，〈2021 中国私人财富报告〉正式发布！》，载微信公众号"招商银行私人银行"，2021 年 5 月 18 日，https://mp.weixin.qq.com/s/v5ZCaSz6897uHaomExs8Gg。

变更登记至子女名下、以子女名义存款或购买保险等。

（二）法定继承

《民法典》第 1123 条规定："继承开始后，按照法定继承办理；有遗嘱的，按照遗嘱继承或者遗赠办理；有遗赠扶养协议的，按照协议办理。"在未有有效的遗嘱、遗赠、遗赠扶养协议的情况下，采用法定继承，在被继承人身故后，由法定继承人按照相关法律、法规规定继承其遗产。

（三）遗嘱和遗赠

遗嘱和遗赠的优先级高于法定继承，在有遗嘱或遗赠的情况下，优先按照遗嘱或遗赠内容实施被传承人的财富传承。

（四）人身保险

人身保险是一种金融工具，被传承人可通过购买人身保险的方式完成财富传承。例如，投保人和被保险人为被传承人、身故受益人为被传承人子女，未来被传承人百年后，其子女可按保险合同约定领取身故保险金。

（五）家族信托

家族信托是一种法律架构，被传承人可通过设置家族信托架构来完成财富传承。例如，被传承人作为委托人，将其财产（权）交付给受托人，受托人按照家族信托合同，管理信托财产并向作为信托受益人的被传承人家庭成员分配信托利益，实现财富传承。

第二节　财富传承的比较分析

一、生前赠与

（一）生前赠与的效力

案例 2－1　冯某 1、王某、贾某赠与合同纠纷案

一审法院：北京市西城区人民法院

案号：（2021）京 0102 民初 17348 号

二审法院:北京市第二中级人民法院

案号:(2021)京02民终13287号

案件主旨:赠与的房屋若未办理过户登记,继承人可以请求撤销赠与。

2016年12月4日,冯某、王某与冯某1签订了《房产赠与声明》,但该《房产赠与声明》所涉北京市西城区×××1004号房屋未过户至冯某1名下。2018年6月9日冯某死亡,其法定继承人为其母贾某、其妻王某、其女冯某1。现冯某1、王某主张按照《房产赠与声明》将北京市西城区×××1004号房屋过户至冯某1名下,对此贾某以该房屋未办理过户手续为由要求撤销赠与。

法院认为,贾某作为冯某的法定继承人,在《房产赠与声明》所涉北京市西城区×××1004号房屋未过户至冯某1名下,即赠与财产的权利转移之前,有权要求撤销《房产赠与声明》并拒绝将该房屋过户至冯某1名下。冯某1上诉主张在其结婚时冯某、王某已向其交付房产证并由其在该房屋实际居住多年,故赠与财产已完成转移。虽冯某1就其该项主张提交了相应证据,但根据我国法律规定,不动产的权属变更以登记为准。因此,在交付房屋后、权利登记变更之前,仍属于赠与财产转移之前,故法院对冯某1的该项主张不予采信。综上,法院对冯某1、王某要求将北京市西城区×××1004号房屋过户至冯某1名下的上诉请求不予支持。

《民法典》第658条规定:“赠与人在赠与财产的权利转移之前可以撤销赠与。经过公证的赠与合同或者依法不得撤销的具有救灾、扶贫、助残等公益、道德义务性质的赠与合同,不适用前款规定。”第659条规定:“赠与的财产依法需要办理登记或者其他手续的,应当办理有关手续。”赠与合同原则上为实践性合同,在未经公证及不属于依法不得撤销的情形下,需完成赠与财产的交付才能完全生效。

对于行使撤销权的主体,实践中有两种不同观点。案例2-1中认为赠与人的继承人有权撤销赠与;而另一种观点则认为任意撤销权的主体仅限于赠与人本人,应以赠与人的意思表示为准。例如,江苏省南通市崇川区人民法院在(2019)苏0602民初830号案中认为:“任意撤销权的主体仅限于赠与人本人,不包括赠与人的继承人和法定代理人。因此张某1作为张某2的法定继承人不能行使任意撤销权。”福建省高级人民法院在(2021)闽民申3741号案中认为:“虽然不动产的赠与应当办理过户登记手续，但因张某1意外身亡，已无法协助办理该手续，结合该房产的权属证书原件现由张某1的父亲张某2持有的实际状态，原审法院认定该赠与行为系张某1的真实意思表示，张某1与张某2之间的赠与合同合法有效，且张某2已实际接受赠与，并无不当。”

笔者建议：

1. 为保障赠与合同的效力，最好能及时完成赠与财产的交付（涉及房产、股权等需要办理登记的财产类型，应及时办理相关财产的变更登记手续），或对赠与合同进行公证。

2. 根据《民法典》第663条第2款“赠与人的撤销权，自知道或者应当知道撤销事由之日起一年内行使”的规定，如果赠与人打算行使撤销权，要特别注意时效问题并及时撤销赠与。

（二）生前赠与的缺点

1. 丧失财产控制权，难以防止挥霍浪费

赠与人生前将财产赠与受赠人，则该财产归属于受赠人，赠与人难以掌控财产。如果受赠人挥霍浪费赠与财产，抑或不履行其对赠与人的赡养义务，可能导致赠与人难以善终。

2. 容易导致财富外流

（1）如果赠与发生时，受赠人已结婚、且赠与合同未约定赠与财产为受赠人的个人财产，则根据《民法典》，[①]赠与财产为受赠人及其配偶的夫妻共同财产。其后，若受赠人与其配偶离婚，赠与财产将被离婚分割。

（2）如果赠与发生时，受赠人已结婚、赠与合同约定赠与财产为受赠人的个人财产，则根据《民法典》，赠与财产为受赠人的个人财产。但根据《民法典》，赠与财产所涉婚后投资理财收益仍然为受赠人及其配偶的夫妻共同财产，若受赠人与其配偶离婚，赠与财产所涉婚后投资理财收益仍然将被离婚分割。

（3）属于受赠人个人所有的赠与财产，在受赠人身故后，如果发生法定继

---

① 《民法典》第1062条规定：“夫妻在婚姻关系存续期间所得的下列财产，为夫妻的共同财产，归夫妻共同所有：……（二）生产、经营、投资的收益；……（四）继承或者受赠的财产，但是本法第一千零六十三条第三项规定的除外……”第1063条规定：“下列财产为夫妻一方的个人财产：……（三）遗嘱或者赠与合同中确定只归一方的财产……”

承，根据《民法典》，[①]受赠人的配偶为法定继承人（之一），因此，很难保证赠与财产全部传承给受赠人的直系血亲。

二、法定继承

（一）法定继承的概念

法定继承为推定继承，即在被继承人未立有效遗嘱、遗赠及遗赠扶养协议的情况下，根据被继承人的近亲属关系，直接适用法律规定的继承人范围、继承顺序、继承份额及遗产分配原则继承被继承人遗产的继承方式。

（二）法定继承顺位

根据《民法典》第1127条[②]和第1129条，[③]法定继承顺位：

1. 第一顺序：配偶、子女、父母以及对公婆和对岳父母尽了主要赡养义务的丧偶儿媳和丧偶女婿；

2. 第二顺序：兄弟姐妹、祖父母、外祖父母。

继承开始后，由第一顺序继承人继承，第二顺序继承人不继承；没有第一顺序继承人继承的，由第二顺序继承人继承。

其中子女包括婚生子女、非婚生子女、养子女和有扶养关系的继子女。父母包括生父母、养父母和有扶养关系的继父母。兄弟姐妹包括同父母的兄弟姐妹、同父异母或者同母异父的兄弟姐妹、养兄弟姐妹、有扶养关系的继兄弟姐妹。

（三）代位继承与转继承

1. 代位继承

根据《民法典》第1128条[④]及《最高人民法院关于适用〈中华人民共和国民

---

① 《民法典》第1127条规定："遗产按照下列顺序继承：（一）第一顺序：配偶、子女、父母……"

② 《民法典》第1127条规定："遗产按照下列顺序继承：（一）第一顺序：配偶、子女、父母；（二）第二顺序：兄弟姐妹、祖父母、外祖父母。继承开始后，由第一顺序继承人继承，第二顺序继承人不继承；没有第一顺序继承人继承的，由第二顺序继承人继承。本编所称子女，包括婚生子女、非婚生子女、养子女和有扶养关系的继子女。本编所称父母，包括生父母、养父母和有扶养关系的继父母。本编所称兄弟姐妹，包括同父母的兄弟姐妹、同父异母或者同母异父的兄弟姐妹、养兄弟姐妹、有扶养关系的继兄弟姐妹。"

③ 《民法典》第1129条规定："丧偶儿媳对公婆，丧偶女婿对岳父母，尽了主要赡养义务的，作为第一顺序继承人。"

④ 《民法典》第1128条规定："被继承人的子女先于被继承人死亡的，由被继承人的子女的直系晚辈血亲代位继承。被继承人的兄弟姐妹先于被继承人死亡的，由被继承人的兄弟姐妹的子女代位继承。代位继承人一般只能继承被代位继承人有权继承的遗产份额。"

法典〉继承编的解释(一)》[法释〔2020〕23 号,2020 年 12 月 29 日发布,2021 年 1 月 1 日实施,以下简称《继承编解释(一)》]第 14 条、第 15 条、第 17 条及第 18 条①的规定,代位继承为被继承人的特定法定继承人先于被继承人死亡时,由其直系晚辈血亲或子女代位继承的法定继承方式。具体如下:

(1)被继承人子女先于被继承人死亡的,由被继承人的子女的直系晚辈血亲代位继承,该直系晚辈血亲不受辈数限制。

(2)在没有第一顺序继承人继承的情况时,被继承人的兄弟姐妹先于被继承人死亡的,由被继承人的兄弟姐妹的子女代位继承,受辈数限制。

(3)丧偶儿媳、丧偶女婿作为第一顺序继承人的,无论其是否再婚,其子女可代位继承。

(4)继承人丧失继承权(包括放弃继承权)的,其晚辈直系血亲不得代位继承。

(5)上述所指子女,包括婚生子女、非婚生子女、养子女和有扶养关系的继子女。

2. 转继承

转继承是指继承人在继承开始后,遗产分割前死亡,其所应继承的遗产份额转由其继承人承受的法律制度。《民法典》第 1152 条规定:“继承开始后,继承人于遗产分割前死亡,并没有放弃继承的,该继承人应当继承的遗产转给其继承人;但是遗嘱另有安排的除外。”与代位继承不同,转继承是对具体遗产的接收,而非对继承权利的承继。

案例 2-2 杨某甲、陈某、杨某乙、杨某丙、杨某丁继承纠纷案

一审法院:江苏省南通经济开发区人民法院

案号:(2020)苏 0691 民初 724 号

---

① 《继承编解释(一)》第 14 条规定:“被继承人的孙子女、外孙子女、曾孙子女、外曾孙子女都可以代位继承,代位继承人不受辈数的限制。”第 15 条规定:“被继承人的养子女、已形成扶养关系的继子女的生子女可以代位继承;被继承人亲生子女的养子女可以代位继承;被继承人养子女的养子女可以代位继承;与被继承人已形成扶养关系的继子女的养子女也可以代位继承。”第 17 条规定:“继承人丧失继承权的,其晚辈直系血亲不得代位继承。如该代位继承人缺乏劳动能力又没有生活来源,或者对被继承人尽赡养义务较多的,可以适当分给遗产。”第 18 条规定:“丧偶儿媳对公婆、丧偶女婿对岳父母,无论其是否再婚,依照民法典第一千一百二十九条规定作为第一顺序继承人时,不影响其子女代位继承。”

二审法院:江苏省南通市中级人民法院

案号:(2021)苏06民终1238号

案件主旨:被继承人兄弟姐妹的子女可代位继承。

案件当事人关系如图2-1所示。

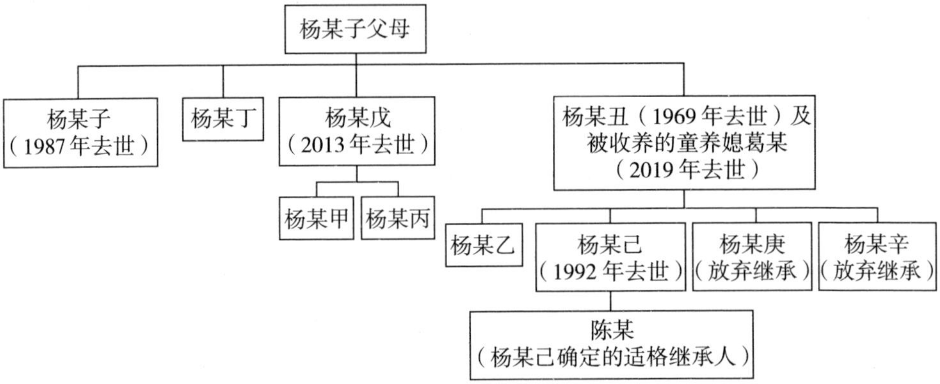

图2-1

法院认为,杨某子生前未订立遗嘱,故本案继承应当按照法定继承处理。杨某子无配偶、父母及子女,故其继承人为兄弟姐妹。被继承人的兄弟姐妹先于被继承人死亡的,由被继承人的兄弟姐妹的子女代为继承。根据陈某、杨某丙、杨某丁的陈述,葛某与杨某戊负责赡养杨某子,即便葛某系童养媳,非杨某子法定继承人,但杨某丑作为杨某子兄弟,其具有继承权,其死亡后,子女可以代位继承杨某子遗产,杨某己在遗产分割前死亡,杨某己适格继承人明确由陈某继承杨某己代为继承份额,综上,一审法院认定杨某乙、陈某均为本案遗产继承人正确。

在上述案件中,杨某子身故后发生法定继承。由于无第一顺序继承人,被继承人杨某子的兄弟姐妹成为其法定继承人,故杨某丁、杨某戊、杨某丑为杨某子的法定继承人。杨某戊晚于杨某子身故,故发生转继承的法律后果,杨某戊所继承杨某子的遗产份额转由杨某甲、杨某丙继承。杨某丑先于杨某子身故,故发生代位继承的法律后果,由杨某乙、杨某己代位继承杨某子遗产(杨某庚、杨某辛放弃继承),杨某己晚于杨某子身故,发生转继承的法律后果,杨某己所继承杨某子的遗产份额转由陈某继承。综上,本案中,杨某子的继承人应分别为杨某丁、杨某甲(转继承)、杨某丙(转继承)、杨某乙(代位继承)、陈某(代位继承+

转继承)。

(四)遗产偿还顺序

案例2-3　常某、李某甲、牟某、第三人李某乙被继承人债务清偿纠纷案

一审法院:河北省张家口市桥东区人民法院

案号:(2014)东民初字第1141号

二审法院:河北省张家口市中级人民法院

案号:(2015)张民终字第550号

案件主旨:被继承人债务由继承人在所得遗产的范围内予以清偿。

法院认为,谭某生前向常某、李某乙分别借款50000元(对应9854.17元利息)和20000元未偿还,由于谭某已去世,故该债务应由其继承人在继承其遗产范围内承担清偿责任。谭某的遗产有23944.14元由其子李某甲领取,李某甲应按比例清偿常某的债务为18008.06元(23944.14元×59854.17元/79854.17元),剩余部分待以后发现谭某有其他遗产,再进行清偿。

根据《民法典》第1159条、第1161条及第1163条[①]的规定,除必须保留的部分,被继承人的遗产应当优先清偿税款及债务,同时继承人以所得遗产实际价值为限清偿,既有法定继承又有遗嘱继承、遗赠的,由法定继承人优先清偿。如果继承人放弃继承,则可以不负清偿责任。

(五)法定继承的缺点

1.被继承人的债权人可主张遗产

法定继承无资产隔离功能,被继承人的债权人仍然可以向继承人追索债务。如中国农业银行股份有限公司石狮支行在福建石狮市富贵鸟集团有限公司创始人之一、执行董事、“一代鞋王”林国强先生去世后,向福建省泉州市中级人民法

① 《民法典》第1159条规定:“分割遗产,应当清偿被继承人依法应当缴纳的税款和债务;但是,应当为缺乏劳动能力又没有生活来源的继承人保留必要的遗产。”第1161条规定:“继承人以所得遗产实际价值为限清偿被继承人依法应当缴纳的税款和债务。超过遗产实际价值部分,继承人自愿偿还的不在此限。继承人放弃继承的,对被继承人依法应当缴纳的税款和债务可以不负清偿责任。”第1163条规定:“既有法定继承又有遗嘱继承、遗赠的,由法定继承人清偿被继承人依法应当缴纳的税款和债务;超过法定继承遗产实际价值部分,由遗嘱继承人和受遗赠人按比例以所得遗产清偿。”

院提起诉讼,要求其子女及配偶在继承遗产的范围内承担清偿责任,该金融借款合同系列案件共计 11 件,诉讼标的额为 2.9 亿余元。2017 年 11 月,在法院的调解下,林国强先生的子女与配偶为不承担巨额债务,只得当庭声明放弃继承权①。

2. 不能体现被继承人意志

因为法定继承为推定继承,且《民法典》第 1130 条第 1 款规定:"同一顺序继承人继承遗产的份额,一般应当均等。"故法定继承的传承方式不能体现被继承人的自由意志,被继承人无法根据自身需求实现对不同继承人少分、多分、不分等意愿。

3. 容易导致财富外流

根据《民法典》第 1062 条第 4 项及第 1063 条第 3 项②的规定,夫妻一方通过法定继承获得的财产,应为夫妻共同财产,若婚姻关系破裂,继承的财产将会被分割。

4. 难以防止挥霍浪费

法定继承为一次性将财富传承给继承人,如果继承人挥霍浪费继承取得财产,被继承人辛苦打拼得来的财富很难逃脱"富不过三代"的魔咒。

三、遗嘱和遗赠

(一)遗嘱的法定形式和法律功能

遗嘱是遗嘱人按照法律规定的形式,对个人财产进行自行处分的继承方式。遗嘱人可以立遗嘱将个人财产指定由法定继承人中的一人或者数人继承,也可以将个人财产赠与国家、集体或者法定继承人以外的组织、个人。根据《民法典》及《继承编解释(一)》的相关规定,遗嘱分为以下六类:

---

① 泉州市中级人民法院:《富贵鸟前执行董事去世,其子女放弃继承权!涉 2.9 亿余元的 11 起系列案今日成功调解》,载微信公众号"海峡都市报闽南版",2017 年 11 月 25 日,https://mp.weixin.qq.com/s/kLA65oMIqe_F0hEFUgBCSg。

② 《民法典》第 1062 条规定:"夫妻在婚姻关系存续期间所得的下列财产,为夫妻的共同财产,归夫妻共同所有:……(四)继承或者受赠的财产,但是本法第一千零六十三条第三项规定的除外……"第 1063 条规定:"下列财产为夫妻一方的个人财产:……(三)遗嘱或者赠与合同中确定只归一方的财产……"

1. 自书遗嘱

由遗嘱人亲笔，签名，并注明年、月、日。包括遗书中对死后个人财产处分的部分，只要遗书满足了前述要求，又无相反证据的，可作为自书遗嘱看待。

2. 代书遗嘱

一般应用于遗嘱人无法自身书写，由代书人代为书写的情形。代书遗嘱应当有两名以上见证人在场见证，由其中一人代书，并由遗嘱人、代书人和其他见证人签名，注明年、月、日。

3. 打印遗嘱

非手写遗嘱，由电脑先行制作通过打印方式形成书面遗嘱。打印遗嘱应当有两名以上见证人在场见证。遗嘱人和见证人应当在打印出来的遗嘱每一页签名，注明年、月、日。

4. 录音录像遗嘱

即以录音录像形式订立的遗嘱，应当有两名以上见证人在场见证。遗嘱人和见证人应当在录音录像中记录其姓名或者肖像，以及年、月、日。

5. 口头遗嘱

仅适用于危急情形下。口头遗嘱应当有两名以上见证人在场见证，危急情况消除后，遗嘱人能够以书面或者录音录像形式立遗嘱的，所立的口头遗嘱无效。

6. 公证遗嘱

由遗嘱人经公证机构办理的遗嘱。

遗嘱应保留缺乏劳动能力又没有生活来源的继承人的遗产份额，若未保留，则在遗产处理时，先留下该遗产份额，剩余的部分再按照遗嘱进行分配。

同时，见证人不能由以下人员担任：

(1)无民事行为能力人、限制民事行为能力人以及其他不具有见证能力的人；

(2)继承人、受遗赠人；

(3)与继承人、受遗赠人有利害关系的人，包括继承人及受遗赠人的债权人、债务人、共同经营的合伙人等。

（二）遗嘱无效的主要情形

1. 法定形式要件不齐备

案例2－4　郭某、周某、张某1、张某2法定继承纠纷案

一审法院：北京市丰台区人民法院

案号：（2021）京0106民初27480号

二审法院：北京市第二中级人民法院

案号：（2021）京02民终17005号

案件主旨：打印遗嘱见证人未全程见证、遗嘱人及见证人未签署日期的，不符合法律规定的形式要件，为无效遗嘱。

法院认为，张某3遗嘱主体部分系打印形成，遗嘱下方有立遗嘱人张某3签字，还有证明人周某2、柳某签字。但是因打印遗嘱并非人为书写，存在容易被伪造的特点，故打印遗嘱的见证人需对打印遗嘱的整个形成过程进行见证，遗嘱见证人周某2出庭作证时陈述其并未对整个遗嘱的打印过程进行全程见证，是在病房由张某3将打印好的遗嘱给她看完签的字。并且，本案遗嘱中，仅有周某2签署了日期，张某3本人以及另一位见证人柳某均未签署日期，周某2签署日期与遗嘱所载日期亦不相同，考虑到上述情况，法院认为张某3所立打印遗嘱不符合法律规定的形式要件，应为无效遗嘱。

司法实践中，遗嘱经常因为不符合法律规定的形式要件而无效，除上述案例情况外，还存在很多其他情形：

（1）无见证人。如广东省佛山市中级人民法院在（2020）粤06民终1609号案中认为，遗嘱中仅有遗嘱人梁某的签名而缺乏见证人的在场见证，故此，该遗嘱因缺乏法律规定的形式要件而无效。

（2）签署日期不全。如北京市第一中级人民法院在（2022）京01民终3695号案中认为，签署日期不全的自书遗嘱应为无效，本案中，尹某1上诉主张尹某4留有自书遗嘱《我的遗书》，但落款处仅注明“尹某4 2017年”，未注明月、日，不符合自书遗嘱的形式要件，应为无效。

（3）代书人有利害关系。如江苏省盐城市中级人民法院与市妇联联合发布的十个 2020 年度婚姻家庭典型案例之六：姚某林与姚某夫妇遗嘱继承纠纷案中，法官通过仔细分析发现案涉遗嘱的代书人单某虽陈述其为姚某的朋友，但其实为姚某林的岳父。故代书人与姚某林继承姚某夫妇的遗产具有一定利害关系，不具备代书人的法律资格，案涉遗嘱因不具备法定的形式要件，为无效遗嘱。

对此，笔者建议，在设立遗嘱时，应严格按照法定形式来形成遗嘱。律师在为客户办理遗嘱时，应用询问笔录的方式记录下遗嘱人的真实意思表示，最好采用全程录音录像的方式对询问笔录的制作过程进行记录，这样才可以作为证明遗嘱有效的佐证材料。

2. 无立遗嘱能力

案例 2－5　孙某 1、孙某 2、孙某 3、孙某 4 继承纠纷案

一审法院：北京市海淀区人民法院

案号：(2019) 京 0108 民初 20213 号

二审法院：北京市第一中级人民法院

案号：(2021) 京 01 民终 3424 号

案件主旨：遗嘱人立遗嘱时不具备完全民事行为能力的，该遗嘱无效。

法院认为，孙某 5 于 2015 年 11 月 28 日自书遗嘱。该份遗嘱的落款日期为 2015 年 11 月 28 日，根据在案证据，孙某 5 于 2015 年 10 月 29 日被医院诊断为认知功能障碍、痴呆，从诊断证明书出具时间到该份遗嘱订立时间的先后上看，孙某 5 于 2015 年 11 月 28 日作出遗嘱时民事行为能力欠缺，该遗嘱因缺乏实质性要件属无效。

《民法典》第 1143 条第 1 款规定："无民事行为能力人或者限制民事行为能力人所立的遗嘱无效。"《继承编解释(一)》第 28 条规定："遗嘱人立遗嘱时必须具有完全民事行为能力。无民事行为能力人或者限制民事行为能力人所立的遗嘱，即使其本人后来具有完全民事行为能力，仍属无效遗嘱。遗嘱人立遗嘱时具有完全民事行为能力，后来成为无民事行为能力人或者限制民事行为能力人的，不影响遗嘱的效力。"

对此，笔者建议，律师在为客户办理遗嘱时，最好请专业的行为能力鉴定机构对客户的行为能力进行鉴定，以防未来出现争议。

3. 伪造、篡改遗嘱

案例2-6　张某1、张某2、张某3遗嘱继承纠纷案

一审法院：福建省福州市仓山区人民法院

案号：(2018)闽0104民初4325号

案件主旨：伪造本人签字的遗嘱无效。

法院认为，根据福建××司法鉴定中心出具的××司鉴中心【××××】文鉴字第××号《福建××司法鉴定中心司法鉴定意见书》的鉴定意见，讼争两份《遗书》上"江某"的签名笔迹不是同一人所写，倾向性认为两份《遗书》上书写的"江某"的签名笔迹不是江某所写及"张某4"的签名笔迹不是张某4所写，故法院认定讼争两份《遗书》上"江某""张某4"的签名不是被继承人江某、张某4所写，故原告要求确认张某4、江某于2004年4月18日所立的遗嘱有效，法院不予支持。

《民法典》第1143条规定："伪造的遗嘱无效。遗嘱被篡改的，篡改的内容无效。"同时根据《民法典》第1125条第1款第4项"继承人有下列行为之一的，丧失继承权：……伪造、篡改、隐匿或者销毁遗嘱，情节严重……"及《继承编解释(一)》第9条"继承人伪造、篡改、隐匿或者销毁遗嘱，侵害了缺乏劳动能力又无生活来源的继承人的利益，并造成其生活困难的，应当认定为民法典第一千一百二十五条第一款第四项规定的'情节严重'"的规定，继承人伪造、篡改遗嘱情节严重的，该继承人丧失继承权。

司法实践中，一般通过司法鉴定的方式确定是否存在遗嘱伪造，但经常遇到鉴定样本、检材不足等导致无法鉴定的情形，在此种情况下，法院很可能根据《民事诉讼法》(中华人民共和国主席令第106号，2021年12月24日发布，2022年1月1日实施)第67条第1款规定："当事人对自己提出的主张，有责任提供证据"，认为应当由主张遗嘱无效一方承担举证(不能)责任。

如湖南省娄底市中级人民法院在(2022)湘13民终306号案中认为："关于遗嘱是否有效。上诉人认为易某2伪造遗嘱，情节非常严重，按法律规定应当丧失继承权，不应当参与本案的遗产分配。从本案双方所提供的证据看，对于《我的遗书》的内容是由谁执笔书写，双方存在争议，从证人的证实看，存在易某2所写的可能,但上诉人方对此不予认可,而司法鉴定又缺乏相应的检材,因此双方均无充分的证据认定或否定《我的遗书》是易某2所写,故不能认定《我的遗书》系易某2伪造、篡改遗嘱,易某2仍享有继承权。"

如浙江省台州市中级人民法院在(2022)浙10民终634号案中认为:"被告抗辩'徐某文'的签字并非其本人所签,并向法院申请笔迹鉴定,但因鉴定材料不完整、不充分,鉴定中心终止鉴定,故被告的抗辩没有证据,法院不予采纳。"

如北京市第一中级人民法院在(2022)京01民终4514号案中认为:"对于苗某7的签字、白某8代书的遗嘱内容部分均因鉴定缺少可比对性而无法鉴定。对此本院认为,在因无法提供足够的鉴定对比样本而导致遗嘱笔迹鉴定不能情况下,如有证据证明一方当事人持有鉴定对比样本而拒不提供的,人民法院可根据案情确定由该方承担不利后果。本案中,代书遗嘱中的代书人白某8已去世,见证人聂某9出庭作证陈述遗嘱形成过程,并称遗嘱内容为白某8书写,白某8的女儿刘某10也出庭陈述曾听其母白某8回来说过立遗嘱的事情。结合上述证据,法院认为持有遗嘱一方已初步完成了其举证责任,现应由反驳一方苗某1、苗某2承担举证责任,苗某1、苗某2对此未能提供充分证据予以反驳。此外由于书写者存在使用不同书体进行书写的可能性,所以不能仅凭肉眼对代书人白某8签字与遗嘱正文笔迹的差异来判断并非是同一人书写,故笔迹问题应以专业鉴定机构的鉴定结论为参考依据,在鉴定不能的情况下,适用举证责任分配,由苗某1、苗某2承担举证不能的不利后果。"

笔者建议,在设立遗嘱时,遗嘱内容应尽量不出现删改、增添,同时遗嘱人与见证人除签字外还可捺手印;对于继承人,建议提前收集被继承人多个时期、多种字体书写的真实样本,以应对可能出现的司法鉴定。

4. 处分财产超出范围

案例2-7 袁某、李某1、罗某、李某2遗产继承纠纷案

一审法院:湖南省张家界市永定区人民法院

案号:(2022)湘0802民初549号

案件主旨:遗嘱中处分夫妻共同财产的部分无效。

法院认为,遗嘱只能处分遗嘱人个人财产,而不能处分夫妻共同财产以及家庭成员的共同财产。涉及处分他人财产的遗嘱部分无效,但不影响其他部分的效力。遗嘱无效部分所涉及的遗产按照法定继承办理。被继承人李某某在遗嘱中对配偶袁某的财产亦作了处分，遗嘱中涉及处分袁某财产部分的内容无效。

《继承编解释(一)》第26条规定："遗嘱人以遗嘱处分了国家、集体或者他人财产的，应当认定该部分遗嘱无效。"

笔者建议，在订立遗嘱时，遗嘱人应区分清楚其个人财产与其他财产，仅在其个人财产范围内进行遗产处分；当事人在订立遗嘱时，最好请专业律师对自己的财产进行梳理，明确未来遗产范围，避免产生争议和讼累。

5. 违背法律、法规强制性规定或公序良俗

案例2-8　张某2、蔡某遗赠纠纷案[江苏法院(2013)参阅案例91号]

一审法院：江苏省无锡市锡山区人民法院

案号：(2012)锡法湖民初字第0307号

二审法院：江苏省无锡市中级人民法院

案号：(2013)锡民终字第0453号

案件主旨：对遗嘱人生前所立以约束配偶再婚自由为前提方可享有继承财产权利的遗嘱，因该遗嘱限制了配偶的合法权益和婚姻自由，应认定为无效。

法院认为，张某1立遗嘱载明："如我妻蔡某今后嫁人，三间平房归我侄子张某2所有"，此系附义务的遗嘱继承，不履行义务即转为遗赠，即蔡某获得三间平房的继承权所附的义务是不得改嫁。该张某1生前所立以约束配偶婚姻自由为前提方可享有继承财产权利的遗嘱，有违宪法和法律规定，是对蔡某婚姻自由的限制，蔡某有正当理由不履行该遗嘱中所附义务，并仍对该三间平房享有继承权利，故涉及张某2受遗赠权利的内容无效，张某2无受遗赠权。

《民法典》第153条规定："违反法律、行政法规的强制性规定的民事法律行为无效。但是，该强制性规定不导致该民事法律行为无效的除外。违背公序良俗的民事法律行为无效。"因此，遗嘱内容不应设定限制他人人身自由的条件，也不应违背公序良俗，如北京市高级人民法院在(2022)京民申3020号案中认为："王某在与周某1夫妻关系存续期间，与韩某之母郅某长期保持不正当关系，有违夫妻忠实义务。王某基于此种关系订立遗嘱将财产给予韩某的行为，既违

反了法律规定的夫妻忠实义务，也违背了基本的社会道德规范，据此两审法院认定该民事法律行为因违反公序良俗应属无效，有事实和法律依据。”

6. 遗嘱人撤回、变更遗嘱

案例 2 – 9　鲍某 1、赵某、鲍某 2、鲍某 3、鲍某 4 继承纠纷案

一审法院：北京市海淀区人民法院

案号：(2021)京 0108 民初 23423 号

二审法院：北京市第一中级人民法院

案号：(2022)京 01 民终 5027 号

案件主旨：遗嘱人可以撤回、变更自己所立的遗嘱，立有数份遗嘱，内容相抵触的，以最后的遗嘱为准。

法院认为，鲍某 5 生前立有 12 月 28 日公证遗嘱，将其遗产留给其配偶赵某继承，但双方在共同生活中产生矛盾，赵某向法院提出离婚诉讼，鲍某 5 前后书写两份撤销遗嘱，撤销将遗产留给赵某的遗嘱，后又自书遗嘱一份，表明将其遗产留给其 4 个子女继承，赵某、鲍某 1 虽对两份撤销遗嘱及自书遗嘱存在异议，但未就此提交相反证据推翻上述证据真实性，亦未提出鉴定申请，且有鲍某 5 医疗诊断证明佐证其精神状态良好，故法院对于 10 月 14 日撤销遗嘱、10 月 29 日撤销遗嘱、11 月 6 日遗嘱真实性予以采信。根据法律规定，遗嘱人可以撤回、变更自己所立的遗嘱。立遗嘱后，遗嘱人实施与遗嘱内容相反的民事法律行为的，视为对遗嘱相关内容的撤回。立有数份遗嘱，内容相抵触的，以最后的遗嘱为准。本案中，鲍某 5 虽立有公证遗嘱，但此后撤回了该遗嘱内容，并立有与公证遗嘱内容相抵触的自书遗嘱，应以鲍某 5 最后设立的遗嘱为准，即鲍某 5 将其遗产留给其 4 个子女继承，赵某对于鲍某 5 遗产不享有继承权。

《民法典》第 1142 条规定：“遗嘱人可以撤回、变更自己所立的遗嘱。立遗嘱后，遗嘱人实施与遗嘱内容相反的民事法律行为的，视为对遗嘱相关内容的撤回。立有数份遗嘱，内容相抵触的，以最后的遗嘱为准。”除上述案例中以书面撤回的方式，也可以其他行为明示撤回，如在上海市第二中级人民法院(2021)沪 02 民申 1241 号案中，厉某生于 2013 年 12 月 22 日立有“遗嘱”一份，明确在其去世后将案涉房屋属于厉某生的份额(包括可以继承其配偶李某的遗产份额)由厉某6、厉某2、厉某5共同继承。2019年案涉房屋被征收,厉某生仍健在,厉某生和厉某4、厉某3、厉某1四人签订《人民调解协议书》,对案涉房屋被征收后的补偿款作了分配,应视为厉某生在生前已推翻了2013年遗嘱中对案涉房屋的处理意见,应视为厉某生在生前已将属于自己的674777元征收补偿款自愿分配至厉某4、厉某3、厉某1三人名下。

同时需注意,《最高人民法院关于贯彻执行〈中华人民共和国继承法〉若干问题的意见》[法(民)发〔1985〕22号,1985年9月11日发布及实施]第42条规定:"遗嘱人以不同形式立有数份内容相抵触的遗嘱,其中有公证遗嘱的,以最后所立公证遗嘱为准;没有公证遗嘱的,以最后所立的遗嘱为准。"但该规定已于2021年1月1日废止,《民法典》中并未规定公证遗嘱的效力优先性,仅以最后所立遗嘱为准。

(三)夫妻共同遗嘱

夫妻共同遗嘱,是指夫妻因意思表示一致而共同订立同一份遗嘱,并共同在该遗嘱中对夫妻个人财产或者夫妻共同财产作出事先处分的遗嘱形式。①

1. **夫妻共同遗嘱的效力**

《民法典》中并未对夫妻共同遗嘱作出明确规定,而司法实践中,在共同遗嘱符合遗嘱的法定要件且为夫妻双方真实意思表示的情况下,大部分法院都会认为夫妻共同遗嘱有效。

《北京市高级人民法院关于审理继承纠纷案件若干疑难问题的解答》(2018年6月19日发布及实施)第19条规定:"共同遗嘱能否认定有效?在世一方能否单方撤销、变更共同遗嘱?以夫妻双方名义共同订立的处理夫妻共同财产的遗嘱,符合遗嘱形式要件的应为有效。当事人仅以遗嘱内容为一方书写,不符合代书遗嘱相关形式要件为由请求认定遗嘱无效的,人民法院不予支持。"北京市朝阳区人民法院在(2013)朝民初字第11488号案(北京法院参阅案例第20号)中亦是持该观点:"涉诉房屋系段某与杨某某生前的夫妻共同财产,双方均有权通过遗嘱的方式处分其享有的财产份额。《遗嘱》内容虽然是段某所写,但该《遗嘱》上有杨某某签字,且段某与杨某某系夫妻关系,处分的又是双方的共同

---

① 参见吴国平:《夫妻共同遗嘱的效力及其立法建议》,载《福建江夏学院学报》2011年第2期。

财产，故应认定段某与杨某某基于处分涉诉房屋的共同意思表示订立了一份遗嘱，而非段某为杨某某代书遗嘱，不应适用继承法中关于代书遗嘱的规定。因此，法院认定杨某某在《遗嘱》中对其财产份额的处分有效。"

上海市高级人民法院在（2015）沪高民一（民）再提字第13号案中认为："案涉《遗嘱》由两被继承人共同订立，其中一人亲笔书写，并由两被继承人共同署名、盖章、捺印确认，是两被继承人的真实意思表示。本案中亦无证据证实两被继承人在先后去世前曾对该共同所立之遗嘱作过变更、解除或者撤销，我国《继承法》对于夫妻双方共同设立之遗嘱的形式要件也未作相应的规定，原一审、二审法院结合案涉《遗嘱》的设立情况等认定该《遗嘱》有效，并无不妥，法院亦予维持。"

天津市第一中级人民法院在（2017）津01民再62号案中提出："共同遗嘱是遗嘱的一种特殊形式，我国立法对共同遗嘱并未作出明确规定，但共同遗嘱亦应符合遗嘱一般构成要件，即主体资格要求、形式要求、意思表示要求及不损害国家利益和社会公共利益要求。"

广东省广州市中级人民法院在（2019）粤01民终19782号案中认为："我国《继承法》并未明确排除夫妻两人共同订立遗嘱，胡某某、黄某某两人基于夫妻的特殊身份，共同订立遗嘱并未违反法律强制性规定。"

2. **夫妻共同遗嘱的撤回、变更**

夫妻双方均在世时，夫妻一方可根据自由意志表示撤回或变更共同遗嘱。但随着时间推移，很可能存在夫妻其中一方去世，另一方在世的情况。司法实践中，一般只允许对涉及自己的财产份额进行遗嘱的撤回、变更；对于共同遗嘱中存在不可分割的共同意思表示的，一般不允许撤回或变更。

上海市第二中级人民法院在（2016）沪02民终4931号案中认为："张某在龚某去世后撤销1996年所立遗嘱并另立遗嘱处分的是夫妻共同财产。夫妻共同遗嘱生效、失效和撤销的事由受《婚姻法》《继承法》《合同法》的调整。夫妻共同遗嘱一旦生效，对夫妻双方具有约束力，不得随意变更。夫妻双方设立的共同遗嘱，可以由双方共同撤销或变更。夫妻一方死亡的，生存一方仅可以撤销或变更涉及自己个人财产部分的遗嘱，而无权撤销或变更涉及共同财产或另一方个人财产的遗嘱部分。对夫妻双方约定不得撤销、变更的共同遗嘱、附条件的共同遗嘱，以及存在其他不适宜撤销、变更情形的共同遗嘱，夫妻一方不得单独撤销或变更。本案中,龚某、张某结婚多年,龚某、张某 1996 年所设立的共同遗嘱处分的均是婚后共同财产,包括二人应享有的昌平路房屋的产权份额、屋内物品及现金和存款。张某在龚某过世后,撤销并变更遗嘱内容中涉及共同遗嘱所涉的夫妻共同财产无效。"

《北京市高级人民法院关于审理继承纠纷案件若干疑难问题的解答》(2018 年 6 月 19 日发布及实施)也持该观点,其中第 19 条规定:"夫妻一方先死亡的,在世一方有权撤销、变更遗嘱中涉及其财产部分的内容;但该共同遗嘱中存在不可分割的共同意思表示,上述撤销、变更遗嘱行为违背该共同意思表示的除外。"

(四)遗产管理人制度

为确保遗产能得到妥善管理和顺利分割,保护继承人、受遗赠人与债权人的合法权益,减少继承引发的纠纷,节省司法资源,《民法典》首次提出了遗产管理人制度。根据《民法典》及《继承编解释(一)》的相关规定,遗产管理人制度的主要内容分为四点。

1. 遗产管理人的产生

(1)继承开始后,遗嘱执行人为遗产管理人;

(2)没有遗嘱执行人的,继承人应当及时推选遗产管理人;

(3)继承人未推选的,由继承人共同担任遗产管理人;

(4)没有继承人或者继承人均放弃继承的,由被继承人生前住所地的民政部门或者村民委员会担任遗产管理人;

(5)对遗产管理人的确定有争议的,利害关系人可以向人民法院申请指定遗产管理人。

目前如何指定遗产管理人未有明确标准,一般由法院根据案件实际情况予以指定。在最高人民法院发布的 13 起人民法院贯彻实施《民法典》典型案例(第一批)之九欧某士申请指定遗产管理人案中,法院认为:"魏某氏遗产的多名继承人目前下落不明、信息不明,遗产房屋将在较长时间内不能明确所有权人,其管养维护责任可能长期无法得到有效落实,确有必要在析产分割条件成就前尽快依法确定管理责任人。而魏某氏生前未留有遗嘱,未指定其遗嘱执行人或遗产管理人,在案各继承人之间就遗产管理问题又分歧巨大、未能协商达成一致意见,故应秉承最有利于遗产保护、管理、债权债务清理的原则,在综合考虑被继承人内心意愿、各继承人与被继承人亲疏远近关系、各继承人管理保护遗产的能力水平等方面因素，确定案涉遗产房屋的合适管理人。次女魏某燕一支在魏某氏生前尽到主要赡养义务，与产权人关系较为亲近，且历代长期居住在遗产房屋内并曾主持危房改造，与遗产房屋有更深的历史情感联系，对周边人居环境更为熟悉，更有实际能力履行管养维护职责，更有能力清理遗产上可能存在的债权债务；长女魏某静一支可查后人现均居住漳州市，客观上无法对房屋尽到充分、周到的管养维护责任。故，由魏某静一支继承人跨市管理案涉遗产房屋暂不具备客观条件；魏某燕一支继承人能够协商支持由陈某萍、陈某芬共同管理案涉遗产房屋，符合遗产效用最大化原则。因此判决指定陈某萍、陈某芬为魏某氏房屋的遗产管理人。”

在天津市高级人民法院发布的七起贯彻实施《民法典》家事审判典型案例之二刘某申请指定天津市河北区民政局为徐某遗产管理人案中，法院认为：“在徐某没有继承人的情况下，以法院指定的方式确定遗产管理人，解决权利人针对徐某遗产的争议，更有利于管理和维护徐某的遗产，同时能确保权利人利益得以顺利实现。法院判决指定徐某住所地的天津市河北区民政局作为徐某的遗产管理人。”

2. 遗产管理人职责

(1)清理遗产并制作遗产清单。

(2)向继承人报告遗产情况。

(3)采取必要措施防止遗产毁损、灭失。

(4)处理被继承人的债权债务，如因受托人死亡致使委托合同终止的，受托人的遗产管理人应当及时通知委托人。因委托合同终止而损害委托人利益的，在委托人作出善后处理之前，受托人的遗产管理人应当采取必要措施。

(5)按照遗嘱或者依照法律规定分割遗产。

(6)实施与管理遗产有关的其他必要行为。

3. 遗产管理人收益

遗产管理人可以依照法律规定或者按照约定获得报酬。该项规定意味着继承人或法院可以有偿引入律师事务所、会计师事务所、公证机构等第三方专业机构履行遗产管理职责。

4. **遗产管理人后果**

(1)遗产管理人应当依法履行职责,因故意或者重大过失造成继承人、受遗赠人、债权人损害的,应当承担民事责任。

(2)遗产管理人可依申请成为被执行人,在遗产范围内承担责任。[①] 如在山东省高级人民法院发布的九起执行异议、执行复议典型案例之七胡某某与寇某某租赁合同纠纷执行案中,法院认为:“执行依据确定的债务人死亡后,其继承人尚未继承遗产时,继承人作为遗产管理人可以成为被执行人,但执行中仅能执行被继承人的遗产,不能直接执行遗产管理人的自有财产清偿债务。”

需要说明的是,目前遗产管理人制度的相关规定还比较原则化,如遗产管理人是否具有诉权?“与管理遗产有关的其他必要行为”包括哪些?非继承人担任的遗产管理人如何受继承人监督?这些细化的问题都需要相关司法解释、规定、意见及更多的审判案例进一步解释和明确。

(五)继承权公证

案例2-10　郑某、北京市规划和自然资源委员会其他行政纠纷案

一审法院:北京市朝阳区人民法院

案号:(2020)京0105行初480号

案件主旨:公证遗嘱不能达到确定遗嘱有效性的目的,办理不动产变更登记需全部法定继承人或受遗赠人共同到登记部门进行继承材料查验程序或持有继承权公证材料或持有生效法律文书申请办理继承转移登记。

法院认为,首先,《不动产登记暂行条例》《不动产登记暂行条例实施细则》《北京市继承(受遗赠)不动产登记工作程序(试行)》中均未对“经公证的材料”作出明确规定。从该规定的规范目的来看,如前文所述《北京市继承(受遗赠)不动产登记工作程序(试行)》第1.8.6条对于继承不动产登记的规定,是为核实遗嘱的真实性、形式上的有效性,从而确定继承权的归属,提高继承转移登记

---

① 《最高人民法院关于民事执行中变更、追加当事人若干问题的规定》(2020年12月29日发布,2021年1月1日实施)第10条第1款规定:“作为被执行人的自然人死亡或被宣告死亡,申请执行人申请变更、追加该自然人的遗产管理人、继承人、受遗赠人或其他因该自然人死亡或被宣告死亡取得遗产的主体为被执行人,在遗产范围内承担责任的,人民法院应予支持。”

的准确性。从该规定与其他规定之间的联系来看,“经公证的材料”与“生效的法律文书”处于并列的地位,故“经公证的材料”在对因继承发生不动产转移登记时继承权的归属的确定力上应与“生效的法律文书”具有同等的效力。其次,《公证法》第2条规定,公证是公证机构根据自然人、法人或者其他组织的申请,依照法定程序对民事法律行为、有法律意义的事实和文书的真实性、合法性予以证明的活动。《继承法》第5条规定,继承开始后,按照法定继承办理;有遗嘱的,按照遗嘱继承或者遗赠办理;有遗赠扶养协议的,按照协议办理。第20条第2款规定,立有数份遗嘱,内容相抵触的,以最后的遗嘱为准。根据上述规定,公证遗嘱只能对经公证的遗嘱的真实性、合法性予以证明,并不是具有排他性效力的法律文书,并且公证遗嘱不能达到确定遗嘱有效性的目的,即不能直接确定继承权的归属。综合上述分析,法院认为,公证遗嘱不属于《不动产登记暂行条例实施细则》《北京市继承(受遗赠)不动产登记工作程序(试行)》规定的“经公证的材料”。本案中,原告仅提交了公证遗嘱,且原告非被继承人的唯一法定继承人,为确定继承权的归属,核实公证遗嘱的有效性,被告要求全部法定继承人或受遗赠人共同到登记部门进行继承材料查验程序后办理集成转移登记,或持有继承权公证材料或持有生效法律文书向被告申请办理继承转移登记,符合上述关于不动产登记的法律、法规、规章和规范性文件的规定。因此,原告要求被告履行办理案涉房屋转移登记职责的诉讼理由不能成立,对其诉讼请求法院不予支持。

《不动产登记暂行条例实施细则》(中华人民共和国自然资源部令第5号,2019年7月24日发布及实施)第14条规定:“因继承、受遗赠取得不动产,当事人申请登记的,应当提交死亡证明材料、遗嘱或者全部法定继承人关于不动产分配的协议以及与被继承人的亲属关系材料等,也可以提交经公证的材料或者生效的法律文书”,在实务中,大多认为“经公证的材料”指的是继承权公证材料。故在被继承人身故后,继承人需进行继承权公证或取得生效法律文书才能办理不动产权变更登记。

继承权公证与遗嘱公证不同,其是由继承人到公证处办理的证明继承人的继承行为真实、合法,确认继承人的继承权的公证活动。继承权公证需召集所有继承人参与并认可,所有继承人都将知道被继承人的遗产分配,因遗产分配很可能出现部分继承人不分或少分的情形,若该继承人不配合办理继承权公证,则需通过诉讼取得生效法律文书，才能完成遗产继承。故遗嘱继承的方式不能满足被继承人私密传承财富的需求，容易造成继承人间的纠纷和矛盾。

（六）股权遗嘱继承

案例2－11 启东市××公司与周某1股东资格确认纠纷案

一审法院：江苏省高级人民法院

案号：（2016）苏民初10号

二审法院：最高人民法院

案号：（2018）最高法民终88号

案件主旨：公司章程有禁止股东资格继承的意思表示的，继承人不能成为股东，但可享受相应财产权益。

法院认为，判断本案中周某1是否有权继承其父周某2的股东资格，关键在于解读启东市××公司章程有无对股东资格继承问题作出例外规定。启东市××公司章程虽没有明确规定禁止股东资格的继承，但是结合其历次修改和实践操作，明显能够看出公司具有较高的人合性、封闭性，可以推断出其具有禁止股东资格继承的意图。故周某1并不能继承周某2的股东资格，但可就周某2的股权回报款享有相应的财产权益。

《公司法》（中华人民共和国主席令第15号，2018年10月26日发布及实施）第75条规定："自然人股东死亡后，其合法继承人可以继承股东资格；但是，公司章程另有规定的除外。"故，除非公司章程有股东资格不能继承或不得向股东以外的人转让股权等意思表示的，股东资格应能继承。

（七）遗赠的概念

遗赠为遗嘱中的一种。《民法典》第1133条第3款规定："自然人可以立遗嘱将个人财产赠与国家、集体或者法定继承人以外的组织、个人。"遗嘱中将遗产分配给国家、集体或者法定继承人以外的组织、个人的，即遗赠。例如，爷爷、奶奶立遗嘱将财产留给孙子女或其他非血亲人员，即构成遗赠。

遗赠中特殊的一类为遗赠抚养协议，《民法典》第1158条规定："自然人可以与继承人以外的组织或者个人签订遗赠扶养协议。按照协议，该组织或者个人承担该自然人生养死葬的义务，享有受遗赠的权利。”

（八）遗赠的时效性

案例2－12　纪某1、纪某2、纪某3、纪某4遗赠纠纷案

一审法院：天津市河北区人民法院

案号：(2022)津0105民初1896号

案件主旨：受遗赠人未在知道受赠后60日内作出接受遗赠的明确意思表示，视为放弃接受遗赠。

法院认为，纪某1并非迟某玉的法定继承人，故迟某玉所书写的遗嘱内容应为遗赠。纪某1并未提供证据证明其自知道受遗赠事实后，在60日内作出接受遗赠的明确的意思表示，应视为纪某1放弃接受遗赠。故对纪某1主张按照遗赠方式取得迟某玉名下银行存款的诉讼请求，法院不予支持。

《民法典》第1124条第2款规定：“受遗赠人应当在知道受遗赠后六十日内，作出接受或者放弃受遗赠的表示；到期没有表示的，视为放弃受遗赠。”笔者建议，受遗赠人需注意60日的遗赠时效，可在知道受遗赠后，及时向遗产管理人或其他继承人发送书面信函、办理接受遗赠的公证文书、对受遗赠物进行实际占有管理、向人民法院提起诉讼等方式作出接受遗赠的意思表示。

四、人身保险

《保险法》（中华人民共和国主席令第26号，2015年4月24日发布及实施）第2条规定：“本法所称保险，是指投保人根据合同约定，向保险人支付保险费，保险人对于合同约定的可能发生的事故因其发生所造成的财产损失承担赔偿保险金责任，或者当被保险人死亡、伤残、疾病或者达到合同约定的年龄、期限等条件时承担给付保险金责任的商业保险行为。”《保险法》第12条[①]将保险分为人

① 《保险法》第12条规定：“人身保险的投保人在保险合同订立时，对被保险人应当具有保险利益。财产保险的被保险人在保险事故发生时，对保险标的应当具有保险利益。人身保险是以人的寿命和身体为保险标的的保险。财产保险是以财产及其有关利益为保险标的的保险。被保险人是指其财产或者人身受保险合同保障，享有保险金请求权的人。投保人可以为被保险人。保险利益是指投保人或者被保险人对保险标的具有的法律上承认的利益。”

身保险和财产保险：人身保险是以人的寿命和身体为保险标的的保险，财产保险是以财产及其有关利益为保险标的的保险。

人身保险通常分为以下三类：

人寿保险，指以被保险人的生存或死亡为给付条件的保险。

健康保险，指以被保险人疾病或残疾为给付条件的保险。

意外伤害保险，指以被保险人发生意外伤害事故为给付条件的保险。

人身保险中作为传承工具使用的通常为人寿保险，本章以下部分将会针对人寿保险予以展开分析阐述。

（一）身故保险金的定向传承功能

人身保险中，被保险人死亡后，保险人向保险受益人给付身故保险金。《第八次全国法院民事商事审判工作会议（民事部分）纪要》（法〔2016〕399号，2016年11月21日发布及实施，以下简称《八民纪要》）第二部分规定："婚姻关系存续期间，夫妻一方作为被保险人依据意外伤害保险合同、健康保险合同获得的具有人身性质的保险金，或者夫妻一方作为受益人依据以死亡为给付条件的人寿保险合同获得的保险金，宜认定为个人财产，但双方另有约定的除外。"

因此，如果父母作为投保人购买人身保险，其自身为被保险人，子女为受益人，则父母身故后，子女根据保险合同获得的身故保险金为其个人财产，而非子女与其配偶的夫妻共同财产，身故保险金可满足定向传承需求。

（二）身故保险金的债务隔离功能

《保险法》第42条规定："被保险人死亡后，有下列情形之一的，保险金作为被保险人的遗产，由保险人依照《中华人民共和国继承法》的规定履行给付保险金的义务：（一）没有指定受益人，或者受益人指定不明确的；（二）受益人先于被保险人死亡，没有其他受益人的；（三）受益人依法丧失受益权或者放弃受益权，没有其他受益人的。受益人与被保险人在同一事件中死亡，且不能确定死亡先后顺序的，推定受益人死亡在先。"《最高人民法院关于保险金能否作为被保险人遗产的批复》（〔1987〕民他字第52号，1988年3月24日发布及实施）规定："根据我国保险法规有关条文规定的精神，人身保险金能否列入被保险人的遗产，取决于被保险人是否指定了受益人。指定了受益人的，被保险人死亡后，其人身保险金应付给受益人；未指定受益人的，被保险人死亡后，其人身保险金应作为遗产处理,可以用来清偿债务或者赔偿。”

根据上述规定,若存在受益人,身故保险金应为受益人个人财产,不作为被保险人的遗产予以清偿债务。如父母购买人身保险,其自身为被保险人,子女为受益人,在父母去世后,子女获得的身故保险金不是父母的遗产,父母的债权人就无法要求子女用身故保险金偿还其父母生前债务,这就是身故保险金的债务隔离功能。

(三)生存保险金如何实现定向传承功能

人身保险中,以被保险人在保险期限内生存为条件获得的保险金为生存保险金。《八民纪要》第二部分规定:“婚姻关系存续期间,夫妻一方依据以生存到一定年龄为给付条件的具有现金价值的保险合同获得的保险金,宜认定为夫妻共同财产,但双方另有约定的除外。”

根据上述规定,如果父母作为投保人购买人身保险,被保险人及生存保险金受益人为子女,则子女根据保险合同在婚前获得的生存保险金为其个人财产,婚后获得的生存保险金为子女与其配偶的夫妻共同财产。

为了避免子女婚后取得的生存保险金成为子女与其配偶的夫妻共同财产并实现将生存保险金定向传承给子女之目的,笔者建议采用赠与协议配套人身保险的方式,即因为保险费由父母全额支付,故其子女领取的基于保险费所产生的保险单内在之生存保险金,性质与赠与并无差别,因此,在购买人身保险时,由父母与子女签订赠与协议,约定父母通过人身保险方式将生存保险金赠与子女个人所有,这样可以更好地保护财富安全。

(四)人身保险保险单被执行及保全

《保险法》第 32 条第 1 款规定:“投保人申报的被保险人年龄不真实,并且其真实年龄不符合合同约定的年龄限制的,保险人可以解除合同,并按照合同约定退还保险单的现金价值。”第 37 条规定:“合同效力依照本法第三十六条规定中止的,经保险人与投保人协商并达成协议,在投保人补交保险费后,合同效力恢复。但是,自合同效力中止之日起满二年双方未达成协议的,保险人有权解除合同。保险人依照前款规定解除合同的,应当按照合同约定退还保险单的现金价值。”第 43 条第 1 款规定:“投保人故意造成被保险人死亡、伤残或者疾病的,保险人不承担给付保险金的责任。投保人已交足二年以上保险费的,保险人应当按照合同约定向其他权利人退还保险单的现金价值。”第 44 条规定：“以被保险人死亡为给付保险金条件的合同，自合同成立或者合同效力恢复之日起二年内，被保险人自杀的，保险人不承担给付保险金的责任，但被保险人自杀时为无民事行为能力人的除外。保险人依照前款规定不承担给付保险金责任的，应当按照合同约定退还保险单的现金价值。”第 45 条规定：“因被保险人故意犯罪或者抗拒依法采取的刑事强制措施导致其伤残或者死亡的，保险人不承担给付保险金的责任。投保人已交足二年以上保险费的，保险人应当按照合同约定退还保险单的现金价值。”第 47 条规定：“投保人解除合同的，保险人应当自收到解除合同通知之日起三十日内，按照合同约定退还保险单的现金价值。”《最高人民法院关于适用〈中华人民共和国保险法〉若干问题的解释（三）》［法释〔2020〕18 号，2020 年 12 月 29 日发布，2021 年 1 月 1 日实施，以下简称《保险法解释（三）》］第 16 条第 1 款规定：“保险合同解除时，投保人与被保险人、受益人为不同主体，被保险人或者受益人要求退还保险单的现金价值的，人民法院不予支持，但保险合同另有约定的除外。”

根据以上规定，保险单具有现金价值，若保险合同解除，该现金价值应退还给投保人，现金价值来源于投保人所缴纳的保费。[①] 那么保单的现金价值是否可执行或保全？

目前，最高人民法院没有针对保险单现金价值被执行出台统一的书面司法解释文件，仅针对特定案件对保险单现金价值被执行作出了裁定（具体详见“第五章　企业债务传导与应对策略”的相关内容）。

各地法院对执行保险单现金价值的理解存在差异，但总体而言，多数法院倾向于执行保险单的现金价值。

1. 执行保险单的现金价值

根据《浙江省高级人民法院关于加强和规范对被执行人拥有的人身保险产品财产利益执行的通知》（浙高法执〔2015〕8 号，2015 年 3 月 6 日发布），投保人购买传统型、分红型、投资连接型、万能型人身保险产品、依保单约定可获得的生存保险金、或以现金方式支付的保单红利、或退保后保单的现金价值，均属于投保人、被保险人或受益人的财产权。当投保人、被保险人或受益人作为被执行人

---

① 《中国银保监会办公厅关于印发普通型人身保险精算规定的通知》（2020 年 1 月 21 日发布）。

时,该财产权属于责任财产,人民法院可以执行。

根据《江苏省高级人民法院关于加强和规范被执行人所有的人身保险产品财产性权益执行的通知》(苏高法电〔2018〕506 号,2018 年 7 月 9 日发布及实施),保险合同存续期间,人身保险产品财产性权益依照法律、法规规定,或依照保险合同约定归属于被执行人的,人民法院可以执行。人身保险产品财产性权益包括依保险合同约定可领取的生存保险金、现金红利、退保可获得的现金价值(账户价值、未到期保费),依保险合同可确认但尚未完成支付的保险金及其他权属明确的财产性权益。

根据《上海市高级人民法院关于建立被执行人人身保险产品财产利益协助执行机制的会议纪要》(2021 年 11 月 18 日发布及实施),冻结或扣划投保人(被执行人)的现金价值、红利等保单权益,投保人、被保险人或受益人均为被执行人同一人时,人民法院可直接冻结或扣划。

2. 不得执行保险单的现金价值

根据《北京市法院执行工作规范》(2013 年 12 月 18 日发布及实施),对被执行人所投保的商业保险,人民法院可以冻结并处分被执行人基于保险合同享有的权益,但不得强制解除该保险合同法律关系。

根据《广东省高级人民法院关于执行案件法律适用疑难问题的解答意见》(2016 年 3 月 3 日发布及实施),虽然人身保险产品的现金价值是被执行人的,但关系到人的生命价值,如果被执行人同意退保,法院可以执行保单的现金价值,如果不同意退保,法院不能强制被执行人退保。

笔者建议,人身保险的投保人最好是低债务风险人士,尽量避免未来因投保人的债务导致保险单的现金价值被执行而最终产生“传承不能”的法律后果;另外,人身保险的保险单可以采取赎买的方式来保全,具体可参阅本书“第五章 企业债务传导与应对策略”的相关内容。

(五)人身保险保险单的继承

保险单具有现金价值,在投保人身故后,若人身保险合同未失效,则保险单可作为投保人的财产继承。如北京市第一中级人民法院在(2021)京 01 民终 3239 号案中认为:“保险单价值,虽然处于浮动状态,但因该利益具有遗产性质,属于继承人共有。”

如果父母持有保险单,被保险人为其子女,父母未立遗嘱,当父母身故时,其作为投保人持有的保险单将发生法定继承的法律后果。前已述之,届时如果子女已婚,子女通过法定继承获得的保险单的现金价值为子女与其配偶的夫妻共同财产,若子女离婚,保险单的现金价值就应作为夫妻共同财产分割,若子女不想退保分割保险单的现金价值,子女就应向其配偶支付相应补偿。

笔者建议,父母在投保大额保单时,最好配套遗嘱,通过遗嘱明确其名下的保险单及其财产性权益为子女的个人财产,这样,未来父母身故后,保险单及其财产性权益才不会因为子女离婚而被分割。

五、家族信托

《信托法》(中华人民共和国主席令第50号,2001年4月28日发布,2001年10月1日实施)第2条规定:"本法所称信托,是指委托人基于对受托人的信任,将其财产权委托给受托人,由受托人按委托人的意愿以自己的名义,为受益人的利益或者特定目的,进行管理或者处分的行为。"

《中国银行保险监督管理委员会信托监督管理部关于加强规范资产管理业务过渡期内信托监管工作的通知》(信托函〔2018〕37号,2018年8月17日发布及实施)第2条进一步明确了家族信托的概念:"家族信托是指信托公司接受单一个人或者家庭的委托,以家庭财富的保护、传承和管理为主要信托目的,提供财产规划、风险隔离、资产配置、子女教育、家族治理、公益(慈善)事业等定制化事务管理和金融服务的信托业务。家族信托财产金额或价值不低于1000万元,受益人应包括委托人在内的家庭成员,但委托人不得为唯一受益人。单纯以追求信托财产保值增值为主要信托目的,具有专户理财性质和资产管理属性的信托业务不属于家族信托。"

家族信托的基本结构如图2-2所示。

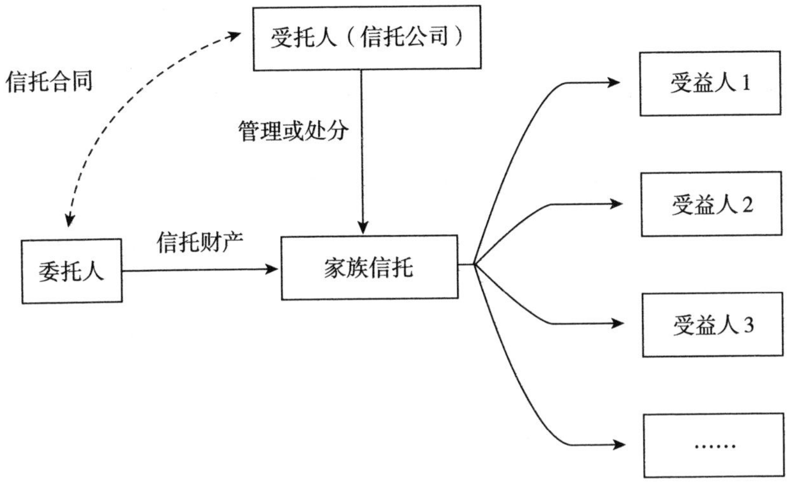

图 2-2 家族信托的基本结构

家族信托与委托的主要区别在于财产所有权是否转移。《信托法》第 14 条第 1 款规定:“受托人因承诺信托而取得的财产是信托财产。”家族信托中,财产所有权将转移给受托人,而对于委托,其财产所有权仍在委托人名下。

(一)家族信托的定向传承功能

委托人可通过其与受托人签订的家族信托合同约定:受托人向信托受益人分配的信托利益为信托受益人的个人财产。

《信托法》第 48 条规定:“受益人的信托受益权可以依法转让和继承,但信托文件有限制性规定的除外。”因此,若父母设立家族信托、子女为信托受益人,在子女身故后,若子女未立有遗嘱,子女的信托受益权将由子女的配偶(如健在)全部或部分继承,所以可能会出现财富外流的风险。对此,笔者建议,在家族信托文件里最好明确信托受益权的限制条款,排除信托受益权被转让和继承。

(二)家族信托的长期存续功能

1. **委托人身故,家族信托依然存续**

《信托法》第 15 条规定:“信托财产与委托人未设立信托的其他财产相区别。设立信托后,委托人死亡或者依法解散、被依法撤销、被宣告破产时,委托人是唯一受益人的,信托终止,信托财产作为其遗产或者清算财产;委托人不是唯一受益人的,信托存续,信托财产不作为其遗产或者清算财产;但作为共同受益人的委托人死亡或者依法解散、被依法撤销、被宣告破产时，其信托受益权作为其遗产或者清算财产。”

根据上述规定，在委托人身故后，只要还存在受益人，家族信托就不会终止，家族信托将会为了受益人的利益而长期存续。

2. **信托公司终止，家族信托依然存续**

《信托法》第 14 条规定：“受托人因承诺信托而取得的财产是信托财产。受托人因信托财产的管理运用、处分或者其他情形而取得的财产，也归入信托财产。”第 16 条规定：“信托财产与属于受托人所有的财产（以下简称固有财产）相区别，不得归入受托人的固有财产或者成为固有财产的一部分。受托人死亡或者依法解散、被依法撤销、被宣告破产而终止，信托财产不属于其遗产或者清算财产。”

根据上述规定，信托公司存在两类财产：固有财产和信托财产。当信托公司依法解散、被依法撤销、被宣告破产而终止时，其固有财产是清算财产，但信托财产不属于清算财产，依然安全存在。在实务中，可以考虑更换受托人，将原受托人的信托财产转为新受托人的信托财产即可。所以，信托公司终止，本身不影响家族信托的存续，家族信托财产独立于信托公司而存在。

（三）家族信托的独立性

案例 2－13　杨某、张某 1 执行异议案

审理法院：湖北省武汉市中级人民法院

案号：（2020）鄂 01 执异 661 号

案件主旨：对信托财产的冻结不影响信托期间信托公司对信托财产进行管理、运用或处分等信托业务活动，不属于对信托财产的强制执行。

杨某与胡某为夫妻，张某 1 与胡某为婚外情关系，育有非婚生子张某 2。

2016 年 1 月 28 日，张某 1 委托 A 信托公司设立了《A 信托 · 福字 221 号财富传承财产信托》的家族信托。信托财产为 3080 万元，受益人共 5 名，为张某 1 之子张某 2 及张某 1 的父亲、母亲、舅舅、外婆。后受益人于 2020 年 5 月 30 日变更为张某 2 一人。

2019 年 11 月 4 日，杨某向胡某、张某 1 提起诉讼，并向法院申请财产保全，法院于2019年11月6日作出(2019)鄂01民初9482号民事裁定书,裁定查封、扣押、冻结被申请人张某1银行存款4200万元或其他等值财产。

2020年7月24日及2020年8月14日,法院分别作出(2020)鄂01执保230号协助冻结存款通知书及(2020)鄂01执保230－1号协助执行通知书,要求A信托公司协助冻结张某1的信托资金2800万元,并停止向张某1及其受益人或其他第三人支付合同项下的所有款项及其收益。张某1因不服(2020)鄂01执保230号民事裁定书提出异议。

法院认为,在财产保全程序中,为避免委托人转移信托受益权或信托理财回赎资金行为,法院依杨某的申请于信托期间内对案涉《A信托·福字221号财富传承财产信托》合同项下的所有款项进行了冻结,要求受托人A信托公司停止向委托人及其受益人或其他第三方支付合同项下的所有款项,该冻结措施不涉及实体财产权益的处分,不影响信托期间内A信托公司对张某1的信托财产进行管理、运用或处分等信托业务活动,只是不得擅自将张某1的本金作返还处理,不属于对信托财产的强制执行。因此,法院上述保全信托合同项下资金不违反《信托法》的相关规定,合法有效。至于法院对《A信托·福字221号财富传承财产信托》项下信托基金收益的冻结,根据已查明事实,上述信托利益受益对象即信托基金受益人为案外人张某2,如认为法院执行行为损害信托基金受益人的权益,可由案外人张某2向法院提出排除执行异议,张某1提出此项异议,主体不适格。

张某1之子张某2也就(2020)鄂01执保230号民事裁定书向法院提出了执行异议,湖北省武汉市中级人民法院作出了(2020)鄂01执异784号执行裁定书,认为故案外人张某2对案涉信托合同项下的信托基金收益享有排除执行的权益,依法应中止对案涉信托合同项下的信托基金收益的执行,但仍认为信托资金的冻结,不属于对信托财产的强制执行,不予解除对信托资金的冻结。

上述案件被称为“国内家族信托被财产保全第一案”,案件具有较大的社会影响,在金融界和法学界引发热议。对此,笔者分析如下:

首先,《信托法》第16条第1款规定:“信托财产与属于受托人所有的财产(以下简称固有财产)相区别,不得归入受托人的固有财产或者成为固有财产的一部分。”第29条规定:“受托人必须将信托财产与其固有财产分别管理、分别记帐,并将不同委托人的信托财产分别管理、分别记帐。”第 17 条规定:“除因下列情形之一外,对信托财产不得强制执行:(一)设立信托前债权人已对该信托财产享有优先受偿的权利,并依法行使该权利的;(二)受托人处理信托事务所产生债务,债权人要求清偿该债务的;(三)信托财产本身应担负的税款;(四)法律规定的其他情形。对于违反前款规定而强制执行信托财产,委托人、受托人或者受益人有权向人民法院提出异议。”《全国法院民商事审判工作会议纪要》(法〔2019〕254 号,最高人民法院于 2019 年 11 月 8 日发布及实施,以下简称《九民纪要》)第 95 条规定:“信托财产在信托存续期间独立于委托人、受托人、受益人各自的固有财产。委托人将其财产委托给受托人进行管理,在信托依法设立后,该信托财产即独立于委托人未设立信托的其他固有财产。受托人因承诺信托而取得的信托财产,以及通过对信托财产的管理、运用、处分等方式取得的财产,均独立于受托人的固有财产。受益人对信托财产享有的权利表现为信托受益权,信托财产并非受益人的责任财产。因此,当事人因其与委托人、受托人或者受益人之间的纠纷申请对存管银行或者信托公司专门账户中的信托资金采取保全措施的,除符合《信托法》第 17 条规定的情形外,人民法院不应当准许。已经采取保全措施的,存管银行或者信托公司能够提供证据证明该账户为信托账户的,应当立即解除保全措施。对信托公司管理的其他信托财产的保全,也应当根据前述规则办理。当事人申请对受益人的受益权采取保全措施的,人民法院应当根据《信托法》第 47 条的规定进行审查,决定是否采取保全措施。决定采取保全措施的,应当将保全裁定送达受托人和受益人。”根据以上规定,信托财产具有独立性,在不属于《信托法》第 17 条规定的情形下,信托财产不应被保全,上述案件中张某 1 及张某 2 也是以该理由予以抗辩。

其次,《信托法》第 11 条规定:“有下列情形之一的,信托无效:(一)信托目的违反法律、行政法规或者损害社会公共利益;(二)信托财产不能确定;(三)委托人以非法财产或者本法规定不得设立信托的财产设立信托;(四)专以诉讼或者讨债为目的设立信托;(五)受益人或者受益人范围不能确定;(六)法律、行政法规规定的其他情形。”本案中,如果张某 1 用于设立家族信托的资金来源于胡某,则张某 1 用于设立家族信托的资金就可能涉嫌侵害杨某的夫妻共同财产权因而不属于合法信托财产,因此案涉家族信托应被宣判无效。

最后,鉴于《九民纪要》已然规定了信托财产独立于委托人、受托人、受益人各自的固有财产且非因法定情形不可被财产保全，因此，湖北省武汉市中级人民法院不可对案涉家族信托财产采取保全措施；需要进一步说明的是，如果经审判认定案涉家族信托为无效，法院可对相关财产采取保全措施。

(四)保险金信托的原理和功能

保险金信托为人身保险与家族信托的融合，保险金信托有两种模式：第一种模式是将保险金请求权置入信托，目前市场上的保险金信托绝大部分采用此模式；第二种模式是将保险单所有权置入信托。

1. 保险金请求权置入信托

在保险金请求权置入信托的架构下，被保险人将其保险金请求权置入信托，因此人身保险的受益人为信托公司。信托公司按照家族信托合同的约定，管理信托财产(保险金)并向信托受益人分配信托利益。相较于资金家族信托和人身保险，保险金请求权置入信托具有四项功能。

(1)低门槛性

根据《中国银行保险监督管理委员会信托监督管理部关于加强规范资产管理业务过渡期内信托监管工作的通知》(信托函〔2018〕37 号，2018 年 8 月 17 日发布及实施)第 2 条的规定，家族信托资产至少需 1000 万元。

将保险金请求权置入信托，实质是以期缴保险费的方式，提前锁定将 1000 万元保险金额之保险金置入信托，这样就从实际操作层面降低了家族信托的准入门槛。

(2)防挥霍浪费

人身保险的身故保险金是一次性给付受益人，不能防止受益人挥霍浪费。而将身故保险金置入家族信托，可通过家族信托持续、分批的向信托受益人分配利益，可实现防止后代家庭成员挥霍浪费的财富风险。

(3)多代传承功能

人身保险的受益人需是已出生的人，但将保险金置入信托后，受益人还可约定为未来出生的家庭成员，可最大限度地实现多代传承的财富目标。

(4)独立功能

前文提到了信托财产具有独立性。保险金置入信托而成为了信托财产，除非出现法定事由，其独立于委托人、受托人、受益人各自的固有财产，能最大限度实现资产独立。

2. 保险单所有权置入信托

保险单所有权置入信托，实质是先成立家族信托，再由受托人（信托公司）作为投保人为被保险人购买人身保险。因为是成立家族信托在前，实际并未降低家族信托的门槛。另外，鉴于其实质是通过人身保险进行财富传承，所以人身保险所具备的一次性传承、难以有效防止挥霍浪费、不能将未出生的人作为受益人等不完善之处仍然存在。相较于第一种模式，保险单所有权置入信托最大的优点在于将保险单变成了信托财产而隔离了自然人投保人的债务风险（避免了保险单现金价值被执行的风险），只有保险单安全无忧，其产生的保险金才能顺利实现传承。

（五）股权信托的原理和功能

股权信托是将企业股权作为信托财产置入家族信托中的一种形式，其基本架构见图2－3。

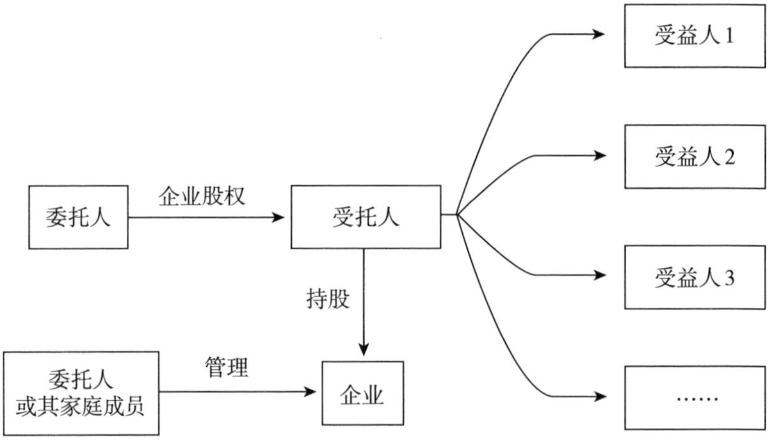

图2－3　股权信托基本架构

股权信托的亮点在于企业股权所有权与企业控制权分离。

1. 股权独立

前文提到信托财产具有独立性。在股权信托架构下，因企业股权成为信托财产，故企业股权独立于委托人、受托人、受益人的债务，安全存续。

如果股权以继承的方式传承给下一代，企业的股权或股权所对应的婚后收益属于下一代及其配偶的夫妻共同财产。如果下一代离婚,则企业的股权或股权所对应的婚后收益将面临离婚分割。在股权信托架构中,因为不涉及股权传承至后代持有,所以也就避免了后代离婚导致其名下继承的股权或股权所对应的婚后收益被离婚分割的风险了。

另外,需要强调的是,因为股权为信托财产而非个人名下财产,假设未来我国开征遗产税,从法理来看,置入信托的股权应不属于遗产范围,在遗产税规划层面具有一定优势。

2. **控制权保留**

在股权信托架构下,虽然企业的股权变为信托财产,但委托人或其家庭成员仍然管理企业,依然保留企业的控制权。企业产生的利润通过受托人、以分配信托利益的方式,福泽家庭成员。

需要说明的是,鉴于我国还没有在企业股权变更备案事由中规定“股权信托”事由,所以目前企业股权置入信托仍然采用交易的方式完成,即企业股东先设立资金家族信托,然后以交易的方式将企业股权卖给信托。另外,我国目前没有针对通过交易方式将股权置入信托出台特别的税收优惠政策,因此,如果拟置入信托的企业股权增值较大,其置入信托的税务成本很高,所以,目前国内股权家族信托的实操案例并不多见。

(六)遗嘱信托的原理和功能

《信托法》第一次提出遗嘱信托的概念,其第 8 条规定:“设立信托,应当采取书面形式。书面形式包括信托合同、遗嘱或者法律、行政法规规定的其他书面文件等。”第 13 条规定:“设立遗嘱信托,应当遵守继承法关于遗嘱的规定。遗嘱指定的人拒绝或者无能力担任受托人的,由受益人另行选任受托人;受益人为无民事行为能力人或者限制民事行为能力人的,依法由其监护人代行选任。遗嘱对选任受托人另有规定的,从其规定。”

2021 年 1 月 1 日实施的《民法典》第 1133 条也把遗嘱信托纳入遗产处分的方式之一,与遗嘱和遗赠并列,其规定“自然人可以依法设立遗嘱信托”,但《民法典》未就遗嘱信托进行详细规定。

结合以上规定,遗嘱信托为委托人生前以书面遗嘱设立的信托,在委托人身故后,将其遗产的财产权委托给受托人,由受托人按委托人的意愿以自己的名义，为受益人的利益或者特定目的，进行管理或者处分的行为。

目前，国内已出现了遗嘱信托案例。例如，某信托公司完成了国内首单身后遗嘱信托。[①] 鉴于遗嘱信托缺少实践积累和司法审判案例的实证，在很多方面仍存在争议。总体而言，遗嘱信托可以实现的功能主要有：

1. **遗产保护**

委托人身故后，各继承人可能由于矛盾陷入长期的遗产争夺状态，不利于遗产的有效管理和保值增值，但如果将遗产置入信托，则可避免上述情形。

2. **防止挥霍浪费**

遗嘱传承为一次性传承，难以防范继承人挥霍浪费。遗嘱信托可实现遗产置入信托并分批分期给予信托受益人，可有效避免继承人挥霍浪费的风险。

（七）慈善信托的原理和功能

《慈善法》（中华人民共和国主席令第43号，2016年3月16日发布，2016年9月1日实施）第44条规定："本法所称慈善信托属于公益信托，是指委托人基于慈善目的，依法将其财产委托给受托人，由受托人按照委托人意愿以受托人名义进行管理和处分，开展慈善活动的行为。"第45条规定："设立慈善信托、确定受托人和监察人，应当采取书面形式。受托人应当在慈善信托文件签订之日起七日内，将相关文件向受托人所在地县级以上人民政府民政部门备案。未按照前款规定将相关文件报民政部门备案的，不享受税收优惠。"第46条规定："慈善信托的受托人，可以由委托人确定其信赖的慈善组织或者信托公司担任。"第58条规定："慈善组织确定慈善受益人，应当坚持公开、公平、公正的原则，不得指定慈善组织管理人员的利害关系人作为受益人。"第59条第1款规定："慈善组织根据需要可以与受益人签订协议，明确双方权利义务，约定慈善财产的用途、数额和使用方式等内容。"

慈善信托的功能在于：

1. **慈善财产管理**

在信托公司作为慈善信托受托人的情况下，可充分发挥信托公司或其他专

---

① 樊融杰：《【转型发展】一份遗产和三代人的牵连，全国首个身后遗嘱信托细节披露》，载微信公众号"中国信托登记有限责任公司公众号"，2022年5月19日，https://mp.weixin.qq.com/s/fqfUAjggE41M4kpWYzAsUg。

业投资顾问的投资能力，更有利于慈善财产保值增值。

2. **节税**

捐赠人捐赠财产用于慈善活动时，无论是个人还是企业均可享受税收优惠政策。例如，《慈善法》第 80 条规定："自然人、法人和其他组织捐赠财产用于慈善活动的，依法享受税收优惠。企业慈善捐赠支出超过法律规定的准予在计算企业所得税应纳税所得额时当年扣除的部分，允许结转以后三年内在计算应纳税所得额时扣除。境外捐赠用于慈善活动的物资，依法减征或者免征进口关税和进口环节增值税。"自然人、法人和其他组织捐赠财产用于慈善活动的，依法享受税收优惠。①

① 《企业所得税法》（中华人民共和国主席令第 23 号，2018 年 12 月 29 日发布及实施）第 9 条规定："企业发生的公益性捐赠支出，在年度利润总额 12% 以内的部分，准予在计算应纳税所得额时扣除；超过年度利润总额 12% 的部分，准予结转以后三年内在计算应纳税所得额时扣除。"《企业所得税法实施条例》（中华人民共和国国务院令第 714 号，2019 年 4 月 23 日发布及实施）第 51 条规定："企业所得税法第九条所称公益性捐赠，是指企业通过公益性社会组织或者县级以上人民政府及其部门，用于符合法律规定的慈善活动、公益事业的捐赠。"第 52 条规定："本条例第五十一条所称公益性社会组织，是指同时符合下列条件的慈善组织以及其他社会组织：（一）依法登记，具有法人资格；（二）以发展公益事业为宗旨，且不以营利为目的；（三）全部资产及其增值为该法人所有；（四）收益和营运结余主要用于符合该法人设立目的的事业；（五）终止后的剩余财产不归属任何个人或者营利组织；（六）不经营与其设立目的无关的业务；（七）有健全的财务会计制度；（八）捐赠者不以任何形式参与该法人财产的分配；（九）国务院财政、税务主管部门会同国务院民政部门等登记管理部门规定的其他条件。"第 53 条规定："企业当年发生以及以前年度结转的公益性捐赠支出，不超过年度利润总额 12% 的部分，准予扣除。年度利润总额，是指企业依照国家统一会计制度的规定计算的年度会计利润。企业发生的公益性捐赠，是指企业通过符合规定的公益性社会组织或者县级以上人民政府及其部门，用于符合法律规定的慈善活动、公益事业的捐赠。企业发生的公益性捐赠支出，在年度利润总额 12% 以内的部分，准予在计算应纳税所得额时扣除；超过年度利润总额 12% 的部分，准予结转以后三年内在计算应纳税所得额时扣除。"《个人所得税法》（中华人民共和国主席令第 9 号，2018 年 8 月 31 日发布，2019 年 1 月 1 日实施）第 6 条第 3 款规定："个人将其所得对教育、扶贫、济困等公益慈善事业进行捐赠，捐赠额未超过纳税人申报的应纳税所得额 30% 的部分，可以从其应纳税所得额中扣除；国务院规定对公益慈善事业捐赠实行全额税前扣除的，从其规定。"《个人所得税法实施条例》（中华人民共和国国务院令第 707 号，2018 年 12 月 18 日发布，2019 年 1 月 1 日实施）第 19 条规定："个人所得税法第六条第三款所称个人将其所得对教育、扶贫、济困等公益慈善事业进行捐赠，是指个人将其所得通过中国境内的公益性社会组织、国家机关向教育、扶贫、济困等公益慈善事业的捐赠；所称应纳税所得额，是指计算扣除捐赠额之前的应纳税所得额。"

第二篇

企业篇（企业股权与企业债务）

第三章　民营企业的股权治理、股权激励与股权传承

民营企业的股权治理、股权激励与股权传承是高净值人群普遍关注的股权问题，笔者将通过本章分析民营企业股权治理所涉及的相关问题，重点解读股东权利及运用方法、股权架构设计的核心规则、股权代持风险及防范方法，其次将对民营企业常用的股权激励方法及工具进行解读，最后将综合运用法律工具和金融工具对股权传承策略展开对比分析。

第一节　民营企业的股权治理

一、股东权利与运用

股东权利总体上可以分为四大类：[①]股东受益权、股东治理权、股东知情权、股东诉讼权。依据该分类及《公司法》的规定，股东受益权用以确保股东有权获取投资利益，主要包括股东利润分配权、股权转让权、优先购买权、优先增资权、股权回购请求权、剩余财产分配请求权；股东治理权和股东知情权用以确保股东能够经营管理公司，主要包括股东会议出席权、表决权、临时股东会议提议召开权、特殊情况下股东会议召集和主持权、股东大会临时提案权、董事会临时会议提议召开权、一人有限公司股东决策权、股东会议、董事会决议撤销权、对股份公司经营的建议权、质询权、查阅、复制公司重要文件权、查阅会计账簿权、股东会议知情权、对公司特殊人员报酬的知情权；股东诉讼权用以确保股东利益能够得

① 参见于强伟：《股权架构解决之道　深度释解 146 个实务要点》，法律出版社 2019 年版，第 3 页。

到司法救济和保障，主要包括对滥用股东权利的起诉权，对利用关联关系损害公司利益者的起诉权，对股东出资违约的起诉权，对股东出资填补责任者的起诉权，确认决议无效或撤销的起诉权，股东查阅会计账簿的起诉权，股东请求公司收购其股权的起诉权，对董事、监事和高级管理人员的派生诉讼权，对他人损害公司利益的派生诉讼权，对董事和高级管理人员的起诉权、请求司法解散公司权。

在股东众多权利中，分红权又称利润分配权，其与表决权、知情权构成了所有民营企业家最值得关注的三大权利。获取利润是股东参与公司投资和管理最主要的目的，而利润分配权即股东获取公司利润的权利来源，表决权是股东控制公司、作出决策的权利来源，知情权是股东了解公司经营及财务状况的权利来源。笔者将针对股东以上三大重要权利及运用展开详细解读。

（一）利润分配权

股东利润分配权主要来源于《公司法》第34条及第166条的规定，是法律赋予股东获取公司利润的权利。《公司法》第34条规定有限责任公司的股东有权分取公司红利，第166条规定股份有限公司的股东有权分取公司税后利润。

1. 利润分配权的限制

《公司法》第34条规定："股东按照实缴的出资比例分取红利；公司新增资本时，股东有权优先按照实缴的出资比例认缴出资。但是，全体股东约定不按照出资比例分取红利或者不按照出资比例优先认缴出资的除外。"《最高人民法院关于适用〈中华人民共和国公司法〉若干问题的规定（三）》[2020年12月23日最高人民法院审判委员会第1823次会议通过的第二次修正，以下简称《公司法司法解释（三）》]第16条规定："股东未履行或者未全面履行出资义务或者抽逃出资，公司根据公司章程或者股东会决议对其利润分配请求权、新股优先认购权、剩余财产分配请求权等股东权利作出相应的合理限制，该股东请求认定该限制无效的，人民法院不予支持。"

股东原则上按照各自实缴出资比例分取红利，经全体股东一致同意可采用其他方式进行分红，"全体股东约定"的方式可采用各股东一致签章的公司章程、股东协议或股东会决议的方式完成分红有效约定。对于未出资或未完全出资或抽逃出资的股东，从《公司法司法解释（三）》的规定来看，公司可以根据章程或股东会决议对该股东的利润分配请求权进行合理限制，该权利的行使应重点关注两点：一是该权利限制仅针对未履行或者未全面履行出资义务，或者抽逃出资行为的股东使用；二是必须通过公司章程或合法的股东会决议程序作出限制，否则可能导致该限制无效。

案例3－1　唐某某与重庆某有限公司决议效力确认纠纷案

一审法院：重庆市垫江县人民法院

案号：(2021)渝0231民初3704号

二审法院：重庆市第三中级人民法院

案号：(2021)渝03民终1948号

案例主旨：股东会通过合法程序对违反公司章程规定、未履行出资义务的股东作出的合理限制其利润分配权的决议，其效力受到法律保护。

法院认为，《公司法司法解释(三)》第16条规定："股东未履行或者未全面履行出资义务或者抽逃出资，公司根据公司章程或者股东会决议对其利润分配请求权、新股优先认购权、剩余财产分配请求权等股东权利作出相应的合理限制，该股东请求认定该限制无效的，人民法院不予支持。"案涉股东会决议明确注明"待唐某某实缴出资后再恢复其表决权"，故该决议的性质非关于唐某某的股东表决权的永久性剥夺，而是在唐某某违反公司章程约定履行股东出资义务的情况下，作出的对其股东表决权进行暂时性限制的决议，系出于保护公司整体利益的考量，意在督促出资不实的股东尽快履行出资义务，兼具合法性、合理性。案涉股东会决议系经代表2/3以上表决权的股东表决同意并通过修改公司章程的合法程序加以确认，其效力应受法律保护。唐某某以该公司章程未经工商登记备案为由主张无效的抗辩于法无据，法院不予支持。

从以上法院的判决来看，"利润分配权的合理限制"旨在督促出资不实的股东尽快履行出资义务，故股东会决议内容应当避免载明类似"永久性剥夺股东利润分配权"等内容，否则可能被认为因"不合理地限制股东权利"而无效。

2. 小股东权利救济方法

《公司法》第37条第1款第6项规定："股东会行使下列职权：……(六)审议批准公司的利润分配方案和弥补亏损方案。"第46条第5项规定："董事会对股东会负责，行使下列职权：……(五)制订公司的利润分配方案和弥补亏损方案。”大股东掌权的公司中，即便公司每年存在可供分配的利润，大股东亦可通过操纵董事会或股东会作出不分配或少分配利润的决议，对此，笔者建议小股东可尝试从以下几个方面维护自身权益。

（1）调整公司章程

小股东具有调整公司章程话语权的时机一般是在公司设立之初，故小股东应当在公司设立之初的章程中明确利润分配时间和现金分红的最低比例等条款，如在泸州老窖股份有限公司经 2022 年第一次临时股东大会审议通过的章程[①]中载明："利润分配政策的具体内容：①利润分配的期间间隔：原则上公司按年度将可供分配的利润进行分配，必要时公司也可以进行中期利润分配。②利润的分配形式：公司可采取现金、股票或者现金股票相结合的方式分配利润。利润分配中，现金分红优于股票股利。具备现金分红条件的，应当采用现金分红进行利润分配。③利润分配的比例：公司现金或股票方式分红比例不低于公司当年实现可供分配利润的 50%。现金分红的条件及比例：①公司在年度报告期内盈利且累计未分配利润为正时，应当进行现金分红。②如实施现金分红，其比例为每年以现金方式分配的利润不少于当年实现可分配利润的 30%。③在满足现金分红条件下，公司无重大现金支出安排的，进行利润分配时，现金分红在该次利润分配中所占比例最低应达到 80%；在满足现金分红条件下，公司有重大现金支出安排的，进行利润分配时，现金分红在该次利润分配中所占比例最低应达到 40%；公司发展阶段属成长期且有重大资金支出安排的，进行利润分配时，现金分红在本次利润分配中所占比例最低应达到 20%。公司发展阶段不易区分但有重大资金支出安排的，可以按照前项规定处理。”笔者认为以上章程条款设计可作重点参考。

另外，为避免大股东专权，建议将利润分配政策的确认和调整上升为公司重大事项。例如，有限责任公司可通过章程规定“利润分配政策的确认和调整必须经全体股东所持表决权的三分之二以上通过”；股份有限公司可通过章程规定“利润分配政策的确认和调整必须经出席会议的股东所持表决权的三分之二以上通过”。

---

① 详细内容可参见 http://news.10jqka.com.cn/20220817/c37809257.shtml，最后访问日期：2022 年 10 月 5 日。

（2）获取股东（大）会决议文件

《最高人民法院关于适用〈中华人民共和国公司法〉若干问题的规定（四）》［2020年12月23日最高人民法院审判委员会第1823次会议通过的修正，以下简称《公司法司法解释（四）》］第14条规定："股东提交载明具体分配方案的股东会或者股东大会的有效决议，请求公司分配利润，公司拒绝分配利润且其关于无法执行决议的抗辩理由不成立的，人民法院应当判决公司按照决议载明的具体分配方案向股东分配利润。"第15条规定："股东未提交载明具体分配方案的股东会或者股东大会决议，请求公司分配利润的，人民法院应当驳回其诉讼请求，但违反法律规定滥用股东权利导致公司不分配利润，给其他股东造成损失的除外。"从以上规定来看，法院一般不介入公司利润分配的意思自治范围，如小股东请求分配公司利润但未提交载明具体分配方案的股东（大）会决议的，除非小股东能够证明大股东滥用股东权利导致公司不分配利润且给其他股东造成了损失，否则法院一般不会支持小股东的诉讼请求。

案例3－2　司某某1与华固公司等公司盈余分配纠纷案

一审法院：北京市通州区人民法院

案号：（2021）京0112民初10452号

二审法院：北京市第三中级人民法院

案号：（2022）京03民终7576号

案例主旨：小股东无法证明其提交的股东会决议载明的利润金额属于可分配利润，且该决议的内容经其他正当程序被确认为不成立，小股东因无法提交载明了具体分配方案的有效股东会决议而被法院驳回诉讼请求，同时，小股东也无法提供充分的证据证明大股东滥用权利，其请求也无法得到支持。

法院认为，《公司法》第166条第4款规定，公司弥补亏损和提取公积金后所余税后利润，有限责任公司依照本法第34条的规定分配，股份有限公司按照股东持有的股份比例分配，但股份有限公司章程规定不按持股比例分配的除外。《公司法司法解释（四）》第15条规定，股东未提交载明具体分配方案的股东会或者股东大会决议，请求公司分配利润的，人民法院应当驳回其诉讼请求，但违反法律规定滥用股东权利导致公司不分配利润，给其他股东造成损失的除外。

本案中，司某某1要求华固公司向其分配利润的主张得到支持应符合两项前提条件:一是华固公司有弥补亏损和提取公积金后所余税后利润,二是华固公司形成了载明具体分配方案的有效股东会决议。司某某1以2020年4月28日、5月11日的股东会决议为依据要求华固公司向其分配利润,但4月28日股东会决议载明"公司利润均为应收账款",司某某1亦未提交证据证明其主张的金额为华固公司弥补亏损和提取公积金后的可分配利润;同时,生效判决确认2020年4月28日华固公司的股东会决议、落款日期为2020年5月11日的《华固公司股东决议》中关于华固公司的内容不成立,且该生效判决未经相关法律监督程序认定存在错误,在此情况下,二审法院难以认定华固公司已经形成载明具体分配方案的有效股东会决议。据此,一审法院判决驳回司某某1关于分配利润的诉讼请求,并无不当。

司某某1以2020年4月28日、5月11日股东会决议合法有效为由上诉主张华固公司应向其分配利润,该主张与生效判决相悖,因此二审法院不予采纳。司某某1上诉主张华固公司大股东司某某2滥用股东权利损害公司利益导致公司多年不分红,但司某某1所主张司某某2滥用股东权利的情形与司某某1的诉讼请求缺乏关联性,且对其该项主张司某某1未能提交充分证据予以证明,法院最终不予采纳。

由以上判决可知,小股东是否能够向法院提供符合要求的股东会决议是其能否获得法院支持的关键因素,因此,小股东应注意搜集并保存公司作出的关于拒不分配利润的股东(大)会决议,并着重查阅决议内容是否明确载明可供分配的利润金额及具体分配方案,如大股东滥用权利不分配利润的,亦应保留相关证据。

(二)表决权

股东表决权主要来源于《公司法》第42条及第103条的规定,是法律赋予股东就股东(大)会议案进行表决的权利。《公司法》第42条规定有限责任公司的股东有权在股东(大)会会议上行使表决权,第103条规定股份有限公司的股东有权在股东(大)会上行使表决权。

1. 表决权比例解读

《公司法》第42条规定:"股东会会议由股东按照出资比例行使表决权;但

是,公司章程另有规定的除外。"《九民纪要》第7条规定:"股东认缴的出资未届履行期限,对未缴纳部分的出资是否享有以及如何行使表决权等问题,应当根据公司章程来确定。公司章程没有规定的,应当按照认缴出资的比例确定……"在有限责任公司中,如无章程特殊规定,股东通常是按照各自认缴的出资比例在股东(大)会会议中行使表决权,股东出资比例越高,其享有的表决权份额越高。《公司法》第103条第1款规定:"股东出席股东大会会议,所持每一股份有一表决权。"在股份有限公司中,股东所持的每一股份均享有一份表决权,股东所持股份越多,其享有的表决权份额越高。在两个或两个以上股东组成的公司中,股东应当重点关注以下重要的表决权比例。

(1)2/3以上表决权

《公司法》第43条规定:"股东会的议事方式和表决程序,除本法有规定的外,由公司章程规定。股东会会议作出修改公司章程、增加或者减少注册资本的决议,以及公司合并、分立、解散或者变更公司形式的决议,必须经代表三分之二以上表决权的股东通过。"第103条第2款规定:"股东大会作出决议,必须经出席会议的股东所持表决权过半数通过。但是,股东大会作出修改公司章程、增加或者减少注册资本的决议,以及公司合并、分立、解散或者变更公司形式的决议,必须经出席会议的股东所持表决权的三分之二以上通过。"除非章程另有规定,否则对于股东(大)会会议作出的修改公司章程等七项重大事项必须经2/3以上有表决权的股东或经出席会议股东所持表决权的2/3以上通过。

《公司法》第181条规定:"公司有本法第一百八十条第(一)项[①]情形的,可以通过修改公司章程而存续。依照前款规定修改公司章程,有限责任公司须经持有三分之二以上表决权的股东通过,股份有限公司须经出席股东大会会议的股东所持表决权的三分之二以上通过。"

2/3无限接近66.67%。因此,只要达到了66.67%的比例,即符合《公司法》所规定的经代表2/3以上表决权的股东通过或经出席会议的股东所持表决权的2/3以上通过。

综上,如果某一股东持有的公司表决权大于或等于66.67%,如无其他特殊

---

① 《公司法》第180条第1项规定:"公司因下列原因解散:公司章程规定的营业期限届满或者公司章程规定的其他解散事由出现。"

安排，该股东即拥有对公司绝对的控制权，可以单独决定公司重大事项，且可以通过修改公司章程使公司在特定情形下继续存续。

需要注意的是，2/3 以上表决权是《公司法》对公司七项重大事项所作的最低份额表决权的限定，公司章程可以在法律规定的范围内进行意思自治，包括将其他认为重要的事项纳入重大事项范围，以及设定更高份额的表决权（如 3/4 或 4/5 以上表决权），有限责任公司也可设定重大事项必须经过全体股东表决通过，不过，笔者建议尽量不要约定“重大事项必须经过全体股东表决通过”，因为有部分法院判决[①]认为“为规范公司的组织和行为，保护公司、股东和债权人的合法权益，避免少数股东的意见左右股东会的意见，《公司法》规定重大事项经代表 2/3 以上表决权的股东通过，以实现资本多数决，公司章程规定‘会议决议应由全体股东表决通过’，该规定虽然在形式上不违反《公司法》的规定，但实质上与立法精神相悖，是对《公司法》‘资本多数决’的否定”。故该约定可能被认为因违反《公司法》“资本多数决”原则而无效；其次，该约定容易导致公司决策陷入僵局，充分发挥“资本多数决”反而可以更快地解决股东之间的分歧；并且“全体股东表决通过”意味着公司决议事项必须经过所有小股东表决通过，该约定可能变成小股东要挟大股东的“筹码”。

（2）超过 1/3 表决权

某一股东持有超过 1/3 表决权意味着其他股东单独或联合拥有的表决权无法达到 2/3 以上，也就是说，如无其他特殊安排，其他股东单独或联合均无法对公司重大事项进行决策。该表决权比例通常运用在：①公司股东较多，某一股东未持有较高比例（如过半数或 2/3 以上）的股权，但仍希望能够参与或控制公司重大事项决策权；②某一股东不参与公司经营管理，但仍希望在公司重大事项方面享有一票否决权。1/3 约为 33.33%，超过 1/3 表决权的最低比例为 33.34%，因此，拥有 33.34% 表决权的股东可以否定其他股东对公司重大事项的决定，即享有重大事项“一票否决权”。

（3）半数以上和过半数表决权

一般来说，半数以上表决权包含半数，是大于或等于 50% 的表决权，过半数表决权不包含半数，而是大于 50% 的表决权。《公司法》第 216 条第 2 项规定：

---

① 安徽省滁州市中级人民法院民事判决书，（2013）滁民二再终字第 00014 号。

“控股股东，是指其出资额占有限责任公司资本总额百分之五十以上或者其持有的股份占股份有限公司股本总额百分之五十以上的股东……”出资额或所持股份占公司资本总额或股本总额50%以上的股东，如无特殊安排，其出资比例即对应其持有的表决权比例，因此，拥有半数以上表决权的股东通常为公司的控股股东。

《公司法》第43条第1款规定：“股东会的议事方式和表决程序，除本法有规定的外，由公司章程规定。”第103条第2款规定：“股东大会作出决议，必须经出席会议的股东所持表决权过半数通过。”有限责任公司股东会的表决方式由章程规定，公司普通事项一般是经代表1/2以上表决权即半数以上表决权的股东通过，对此，有部分法院判决[①]认为公司普通事项经1/2表决权或者说经50%表决权通过是无效的，因为该决议实质上违反了《公司法》“少数服从多数”或者“资本多数决”的表决原则，故笔者建议股东在有限责任公司的章程中明确将公司普通事项的表决方式设定为“经全体股东所持表决权的二分之一以上（不含本数）通过”，以免因表决权争议而致使决议无效。对于股份有限公司普通事项的表决，法律规定必须经出席会议的股东所持表决权过半数通过，股东也可在股份有限公司章程中明确将公司普通事项的表决方式设定为“经出席股东大会的股东（包括股东代理人）所持表决权的过半数（不含本数）通过”。

综上，如果某一股东持有超过50%的表决权，如无其他特殊安排，该股东即公司的控股股东，可以单独决定公司普通事项。

（4）1/10以上表决权

《公司法》第39条第2款规定：“定期会议应当依照公司章程的规定按时召开。代表十分之一以上表决权的股东，三分之一以上的董事，监事会或者不设监事会的公司的监事提议召开临时会议的，应当召开临时会议。”第100条规定：“股东大会应当每年召开一次年会。有下列情形之一的，应当在两个月内召开临时股东大会：……（三）单独或者合计持有公司百分之十以上股份的股东请求时……”第40条第3款规定：“董事会或者执行董事不能履行或者不履行召集股东会会议职责的，由监事会或者不设监事会的公司的监事召集和主持；监事会或者监事不召集和主持的，代表十分之一以上表决权的股东可以自行召集和主

① 北京市第二中级人民法院民事判决书，（2014）二中民终字第03561号。

持。”第 110 条第 2 款规定:“代表十分之一以上表决权的股东、三分之一以上董事或者监事会,可以提议召开董事会临时会议。董事长应当自接到提议后十日内,召集和主持董事会会议。”第 182 条规定:“公司经营管理发生严重困难,继续存续会使股东利益受到重大损失,通过其他途径不能解决的,持有公司全部股东表决权百分之十以上的股东,可以请求人民法院解散公司。”

因此,1/10 以上表决权仍然是一个重要的表决权比例。持有 1/10 以上表决权或持有公司 10% 以上股份的股东有权:①提议召开临时股东(大)会;②在董事会或执行董事、监事会或监事不召集和主持股东会时,自行召集和主持股东会;③提议召开董事会临时会议;④在特定条件下请求人民法院解散公司。

2. 表决权的特殊安排

《公司法》第 42 条规定:“股东会会议由股东按照出资比例行使表决权;但是,公司章程另有规定的除外。”《九民纪要》第 7 条规定:“……如果股东(大)会作出不按认缴出资比例而按实际出资比例或者其他标准确定表决权的决议,股东请求确认决议无效的,人民法院应当审查该决议是否符合修改公司章程所要求的表决程序,即必须经代表三分之二以上表决权的股东通过。符合的,人民法院不予支持;反之,则依法予以支持。”股东可以通过公司章程或股东(大)会的决议对表决权作出特殊安排,在有限责任公司中,主要体现为“同股不同权”,在股份有限公司中,主要体现为“累积投票制”。

(1)同股不同权

《公司法》赋予有限责任公司股东通过章程规定“全体股东不按照认缴出资比例行使表决权”的权利,如果股东不按照认缴出资比例行使表决权,实践中一般可以作出三种方式的表决权特殊安排:一是股东按照实缴出资比例行使表决权;二是股东按照约定的特定比例行使表决权;三是股东按照人数行使表决权。

在某些情况下,股东按照认缴出资比例行使表决权会使得不实际出资的大股东仍然占用多数表决权来掌控公司,引起其他股东不满,故公司在设立之初即可以通过章程规定“股东按照实缴出资比例行使表决权”,或在公司设立之后通过修改公司章程或股东(大)会决议对此进行修订。公司设立之后,如有股东未足额缴纳出资,能否通过章程或股东(大)会决议限制其表决权?

《公司法司法解释(三)》第 16 条规定:“股东未履行或者未全面履行出资义务或者抽逃出资,公司根据公司章程或者股东会决议对其利润分配请求权、新股优先认购权、剩余财产分配请求权等股东权利作出相应的合理限制，该股东请求认定该限制无效的，人民法院不予支持。”据此，法院可能判决支持对未足额出资股东的表决权进行限制。

案例3－3　俞某某诉梁某某等股东会决议效力纠纷案

一审法院：江苏省南京市玄武区人民法院

案号：(2012)玄商初字第507号

二审法院：江苏省南京市中级人民法院

案号：(2012)宁商终字第991号

案例主旨：《公司法》并未明确规定表决权是否因股东未履行或未全面履行出资义务而受到限制，但表决权实质上是一种控制权，如果让未尽出资义务的股东通过行使表决权控制公司，不仅不符合权利与义务对等、利益与风险一致的原则，也不利于公司的长远发展，故公司可以通过公司章程或股东会决议对瑕疵出资股东的表决权进行合理限制。

法院认为，关于未足额出资股东表决权应否受到限制的问题，表决权是股东的一项法定权利，是否因股东未履行或未全面履行出资义务而受到限制，《公司法》对此并未作出明确规定。《公司法司法解释(三)》第16条虽然明确规定公司可对瑕疵出资股东的利润分配请求权、新股优先认购权、剩余财产分配请求权等股东权利进行限制，但限制的权利范围只明确为股东自益权，并未指向股东共益权。自益权是股东获取财产权益的权利，共益权是股东对公司重大事务参与管理的权利。表决权作为股东参与公司管理的经济民主权利，原则上属于共益权，但又具有一定的特殊性，股东通过“资本多数决”的表决权机制选择或罢免董事、确立公司的运营方式、决策重大事项等，借以实现对公司的有效管理和控制，其中也包括控制公司财产权，故表决权实质上是一种控制权，同时亦兼有保障自益权行使和实现之功能，具有工具性质。如果让未尽出资义务的股东通过行使表决权控制公司，不仅不符合权利与义务对等、利益与风险一致的原则，也不利于公司的长远发展。因此，公司通过公司章程或股东会决议对瑕疵出资股东的表决权进行合理限制，更能体现法律的公平公正，亦符合《公司法》及其司法解释有关规定之立法精神，可以得到支持。

除按照股东实缴出资比例行使表决权的特殊安排外，股东还可以按照约定的特定比例行使表决权。在公司经营发展中，并非一定是出资比例高的股东贡献大，有的股东尽管出资比例相对较低，但其对公司所在行业非常熟悉、善于制定公司的战略决策和发展规划，因此，也可通过公司章程或者股东会决议约定不同于股东出资比例的股东表决权比例机制，这样，让此类股东具备更多的表决权，更有利于发挥其对公司的战略决策和发展规划优势。

股东按照人数行使表决权在实践中运用得相对较少，主要原因：①以“人数多数决”是否有悖《公司法》关于“资本多数决”的立法精神存在争议，故股东依据“人数多数决”作出的公司决议也可能引发争议；②如果股东人数是双数则容易使公司决策陷入僵局，适用范围比较狭窄；③“人数多数决”一般不能体现股东控制权，由此可能导致公司缺乏核心人物，没有“领头羊”，公司发展可能受阻，也可能难以吸引投资人。

(2)累积投票制

《公司法》第 105 条规定：“股东大会选举董事、监事，可以依照公司章程的规定或者股东大会的决议，实行累积投票制。本法所称累积投票制，是指股东大会选举董事或者监事时，每一股份拥有与应选董事或者监事人数相同的表决权，股东拥有的表决权可以集中使用。”累积投票制运用于股东大会选举董事、监事当中，是区别于一股一票的一股多投票权的表决权制度。在累积投票制中，股东可以将所有投票权集中投给一人，或分散投给不同多人，最后根据被选人各自得票总数高低确定董事、监事人员。

实践中，累积投票制主要运用于上市公司，该制度主要是赋予少数中小股东通过实现其投票表决权的实际价值来间接参与公司决策的能力，但《公司法》第 103 条第 2 款规定：“股东大会作出决议，必须经出席会议的股东所持表决权过半数通过。”故少数股东若想成功推选董事、监事，除需满足在累积投票制下获得更多的得票总数，还需满足在股东大会中获得出席会议股东所持表决权过半数通过的决议，如少数股东无法在表决权上占据有利地位，累积投票制实则无法帮助其真正实现参与公司决策的目的。

(三)知情权

股东知情权主要来源于《公司法》第 33 条及第 97 条的规定，是法律赋予股东了解公司经营及财务状况的权利。《公司法》第 33 条规定有限责任公司的股东有权查阅、复制公司经营过程中的相关文件，第 97 条规定股份有限公司的股东有权查阅、复制公司经营过程中的相关文件。股东知情权纠纷裁判规则主要依据《公司法》第 33 条的规定。

1. **股东知情权的范围**

《公司法》第 33 条规定："股东有权查阅、复制公司章程、股东会会议记录、董事会会议决议、监事会会议决议和财务会计报告。股东可以要求查阅公司会计账簿。股东要求查阅公司会计账簿的……"实践中，比较有争议的是股东是否有权要求复制会计账簿及股东是否有权查阅、复制会计凭证。

一般而言，法院判决认为因《公司法》并未规定股东有权复制会计账簿及股东知情权范围不涉及会计凭证，故股东既不能复制会计账簿也不能查阅、复制会计凭证。

案例 3－4　李某与上海某实业有限公司股东知情权纠纷案

一审法院：上海市松江区人民法院

案号：(2022) 沪 0117 民初 461 号

二审法院：上海市第一中级人民法院

案号：(2022) 沪 01 民终 4386 号

案例主旨：根据《公司法》第 33 条的规定，股东知情权的范围不包括复制会计账簿，也不包括会计凭证，故股东不能请求复制会计账簿和查阅、复制会计凭证。

法院认为，二审的争议焦点是股东是否有权复制会计账簿，是否有权查阅、复制会计凭证。《公司法》第 33 条规定："股东有权查阅、复制公司章程、股东会会议记录、董事会会议决议、监事会会议决议和财务会计报告。股东可以要求查阅公司会计账簿。股东要求查阅公司会计账簿的，应当向公司提出书面请求，说明目的。公司有合理根据认为股东查阅会计账簿有不正当目的，可能损害公司合法利益的，可以拒绝提供查阅，并应当自股东提出书面请求之日起十五日内书面答复股东并说明理由。公司拒绝提供查阅的，股东可以请求人民法院要求公司提供查阅。"由上述法律规定可知，股东仅能查阅而不能复制会计账簿，股东知情权的对象不包括会计凭证。

案例3-5 周某与振兴公司股东知情权纠纷案

一审法院:江苏省常州市天宁区人民法院

案号:(2022)苏0402民初71号

二审法院:江苏省常州市中级人民法院

案号:(2022)苏04民终2576号

案例主旨:根据《公司法》第33条的规定,股东知情权的范围不包括查阅会计凭证,且在现有证据不能反映股东通过查阅会计账簿无法了解公司经营状况的情况下,股东不能请求查阅会计凭证。

法院认为,首先,周某系振兴公司的股东,依法享有知情权,周某曾在振兴公司担任财务工作,共同经营振兴公司,并不影响周某行使股东知情权。其次,账簿查阅权是股东知情权的重要内容。周某已经在申请函中明确了查阅目的,振兴公司应就其主张查账具有不正当目的负举证证明责任。现振兴公司并未提供证据证明周某存在不正当目的,故周某有权查阅振兴公司会计账簿。至于振兴公司所称部分账簿缺失问题,一方面,振兴公司有义务妥善保管账簿,同时,即使部分会计资料并未返还,振兴公司作为会计资料的所有权人,其亦有权追回该部分会计资料;另一方面,周某在离职前从事振兴公司财务工作,其应熟知振兴公司做账方式,周某关于振兴公司采用电脑做账方式之陈述具有一定合理性,振兴公司亦可通过电脑导出相关资料。最后,股东知情权与公司利益的保护需要平衡,故不应当随意超越法律的规定扩张解释股东知情权的范畴。《公司法》仅将股东可以查阅财会资料的范围限定为财务会计报告与会计账簿,并没有涉及原始凭证、记账凭证。在现有证据不能反映周某通过查阅会计账簿无法了解振兴公司经营状况的情况下,周某要求查阅会计凭证的诉请依据尚不充足,一审法院直接予以支持,有欠妥当,法院予以纠正。

需要说明的是,在公司章程允许的前提下,法院很有可能会因此认为股东有权依据公司章程的规定复制会计账簿和查阅、复制会计凭证。

案例3-6 蔡某某与真功夫公司股东知情权纠纷案

一审法院:广东省广州市天河区人民法院

案号:(2015)穗天法民二初字第2788号

二审法院:广东省广州市中级人民法院

案号:(2017)粤01民终5896号

案例主旨:在章程规定了股东有权复制会计账簿及会计凭证的情况下,股东有权复制会计账簿及会计凭证。

法院认为,关于蔡某某是否有权复制2013年7月19日至真功夫公司提供之日的会计账册/账簿,有权查阅并复制真功夫公司自2013年7月19日至真功夫公司提供之日的会计凭证、记录、票据、合同和文件;查阅、复制的会计账册/账簿应包括总账、明细账、日记账和其他辅助性账簿。根据真功夫公司章程8.3规定,公司股东有权检查和复制任何必要或适当的任何种类的会计账册、记录、票据、合同和文件。故蔡某某除了可以查阅会计账簿(会计账册)外,还可依章程约定复制会计账簿(会计账册)。对于用于作出会计账簿的原始凭证,真功夫公司章程规定了"记录、票据、合同和文件"。故法院支持蔡某某要求查阅、复制会计账簿、记录、票据、合同和文件的诉请。依据《会计法》第15条第1款"会计账簿包括总账、明细账、日记账和其他辅助性账簿"之规定,蔡某某可查阅、复制的会计账簿包含总账、明细账、日记账和其他辅助性账簿。

也有部分法院会在个案中结合股东查阅会计凭证的必要性等因素判决支持股东查阅会计凭证。

案例3-7　北斗公司与丽普盾公司股东知情权纠纷案

一审法院:广东省佛山市南海区人民法院

案号:(2022)粤0605民初3726号

二审法院:广东省佛山市中级人民法院

案号:(2022)粤06民终8685号

案例主旨:只有将原始凭证和记账凭证纳入查阅的范围,才能使股东知情权得到实质性保护,故股东有权请求查阅会计凭证。

法院认为,本案系股东知情权纠纷。综合双方的诉辩主张,法院确定本案二审期间的争议焦点为北斗公司是否有权查阅丽普盾公司的会计凭证。经审查,依据《会计法》第14条第1款关于"会计凭证包括原始凭证和记账凭证"及第5

款关于“记账凭证应当根据经过审核的原始凭证及有关资料编制”之规定、第15条第1款关于“会计账簿登记，必须以经过审核的会计凭证为依据，并符合有关法律、行政法规和国家统一的会计制度规定。会计账簿包括总账、明细账、日记账和其他辅助性账簿”之规定，并结合财务会计实务具体内容，会计凭证包括原始凭证和记账凭证，记账凭证依据经过审核的原始凭证及有关资料编制，会计账簿根据经过审核的会计凭证依法登记。公司的会计账簿以及会计凭证，反映公司经营和财务状况的信息，股东作为公司的出资人，有权了解、知悉公司的经营状况，而只有将原始凭证和记账凭证纳入查阅的范围，才能使股东知情权得到实质性保护，对公司的经营状况及财务状况有清晰的了解，避免因会计账簿中的虚假记载损害股东利益。故北斗公司关于查阅丽普盾公司会计凭证的主张，依据充分。

综上，股东原则上不能超越《公司法》关于股东知情权的行使范围申请复制会计账簿或查阅、复制会计凭证，但如果股东能合理利用章程规定或能充分证明申请的必要性，亦可能得到法院支持。

笔者建议，由于股东知情权主要是赋予小股东了解公司经营及财务状况的权利，故小股东最好在公司设立之初或其他恰当时机争取将“股东有权申请复制会计账簿、有权查阅、复制会计凭证”的内容记载于公司章程中，并尽量更多地搜集能够证明股东复制会计账簿及查阅、复制会计凭证必要性的证据，以增加知情权诉讼请求被法院支持的可能性。

2. 股东知情权的行使

《公司法》第33条规定：“股东有权查阅、复制公司章程、股东会会议记录、董事会会议决议、监事会会议决议和财务会计报告。股东可以要求查阅公司会计账簿。股东要求查阅公司会计账簿的，应当向公司提出书面请求，说明目的。公司有合理根据认为股东查阅会计账簿有不正当目的，可能损害公司合法利益的，可以拒绝提供查阅，并应当自股东提出书面请求之日起十五日内书面答复股东并说明理由。公司拒绝提供查阅的，股东可以请求人民法院要求公司提供查阅。”

股东查阅、复制公司章程、股东会会议记录、董事会会议决议、监事会会议决议和财务会计报告一般来说无须履行前置程序。

案例3－8 鲍某某与潼漫公司股东知情权纠纷案

一审法院：上海市松江区人民法院

案号：(2021)沪0117民初18170号

二审法院：上海市第一中级人民法院

案号：(2022)沪01民终3619号

案例主旨：根据《公司法》第33条第1款的规定，股东要求查阅、复制公司章程、股东会会议记录、董事会会议决议、监事会会议决议和财务会计报告，无须事先向公司提出书面请求并说明目的。

法院认为，第一，股东知情权属股东法定权利，具有固有权属性。本案中，鲍某某系经市场监督管理部门登记的股东，依法享有股东知情权。即便鲍某某可以通过商户通(收款软件)和公司财务系统电脑查看到潼漫公司的相关财务情况，但这并不能妨碍鲍某某向潼漫公司主张查阅、复制财务会计报告和查阅会计账簿。第二，根据《公司法》第33条第1款的规定，股东要求查阅、复制公司章程、股东会会议记录、董事会会议决议、监事会会议决议和财务会计报告，无须事先向公司提出书面请求并说明目的。据此，潼漫公司无权以鲍某某有不正当目的为由拒绝其查阅和复制自2018年8月27日起的财务会计报告。同时，从潼漫公司于二审期间所提供的证据来看，鲍某某行使股东知情权的目的不具有《公司法司法解释(四)》第8条规定的情形。因此，潼漫公司上诉称鲍某某具有不正当目的不能成立。

然而，股东要求查阅公司会计账簿是应当履行前置程序的。履行前置程序是指股东要求查阅公司会计账簿的，应当向公司提出书面请求，说明目的。

案例3－9 鹿某某与中环安装公司股东知情权纠纷案

一审法院：辽宁省沈阳市皇姑区人民法院

案号：(2021)辽0105民初14960号

二审法院：辽宁省沈阳市中级人民法院

案号：(2022)辽01民终7355号

案例主旨：股东查阅会计账簿应当履行前置程序，邮件查询结果显示股东向公司登记注册地邮寄的《股东查账申请函》已签收并取走，可以认定股东履行了股东行使知情权的法定前置程序。

法院认为，根据《公司法》第33条第2款的规定，“股东可以要求查阅公司会计账簿。股东要求查阅公司会计账簿的，应当向公司提出书面请求，说明目的。公司有合理根据认为股东查阅会计账簿有不正当目的，可能损害公司合法利益的，可以拒绝提供查阅，并应当自股东提出书面请求之日起十五日内书面答复股东并说明理由。公司拒绝提供查阅的，股东可以请求人民法院要求公司提供查阅”。本案中，鹿某某作为中环安装公司股东，已向中环安装公司登记注册地邮寄《股东查账申请函》，邮件查询结果显示邮件已签收且取走，应认定鹿某某已履行了行使股东知情权的法定前置程序。现中环安装公司未能提供证据证明鹿某某存在法律规定的公司可拒绝其行使股东知情权的“不正当目的”，故一审法院判令中环安装公司向鹿某某提供公司财务会计报告、会计账簿和会计凭证并无不当。中环安装公司虽于二审提供雅馨苑东门菜鸟驿站证明等证据欲证明没有收到鹿某某邮寄的邮件，但其提供的证据不足以推翻案涉邮件物流信息显示的已签收查询结果，故对中环安装公司以此为由拒绝鹿某某的查阅请求，法院不予支持。

股东是否履行行使知情权的前置程序由股东承担举证责任，如果股东虽然已履行前置程序、但未能提供证据予以证明，股东将承担举证不利的后果。

案例3-10　罗某与煜隆达公司股东知情权纠纷案

一审法院：北京市大兴区人民法院

案号：(2021)京0115民初20650号

二审法院：北京市第二中级人民法院

案号：(2022)京02民终6404号

案例主旨：股东要求查阅会计账簿应当履行前置程序，股东未能提供证据证明其邮寄书面请求的地址为公司地址，亦未能证明该邮件收件人与公司之间的关系，股东应当承担举证不利的后果。

法院认为，《公司法》第33条规定：“股东有权查阅、复制公司章程、股东会会议记录、董事会会议决议、监事会会议决议和财务会计报告。股东可以要求查阅公司会计账簿。股东要求查阅公司会计账簿的,应当向公司提出书面请求,说明目的。"首先,根据上述《公司法》规定,股东有权查阅公司的财务会计报告。罗某作为煜隆达公司的股东,其要求查阅煜隆达公司财务会计报告的主张,于法有据,一审法院予以支持,并无不当,法院予以维持。其次,根据上述《公司法》规定,股东要求查阅公司会计账簿,应当向公司提出书面请求,说明目的。本案中,罗某主张其已经向煜隆达公司邮寄了书面请求,且该公司已经签收。煜隆达公司否认收到了相应材料,现罗某未能提供证据证明其邮寄书面请求的地址为煜隆达公司地址,亦未能证明该邮件收件人周某某与煜隆达公司之间的关系,罗某应当承担举证不利的后果。故,在无法认定罗某已经履行了提前告知程序的情况下,一审法院支持罗某关于查阅公司会计账簿的诉讼请求,处理有误,法院予以纠正。

关于如何认定股东具有不正当目的,《公司法司法解释(四)》第8条规定:"有限责任公司有证据证明股东存在下列情形之一的,人民法院应当认定股东有公司法第三十三条第二款规定的'不正当目的':(一)股东自营或者为他人经营与公司主营业务有实质性竞争关系业务的,但公司章程另有规定或者全体股东另有约定的除外;(二)股东为了向他人通报有关信息查阅公司会计账簿,可能损害公司合法利益的;(三)股东在向公司提出查阅请求之日前的三年内,曾通过查阅公司会计账簿,向他人通报有关信息损害公司合法利益的;(四)股东有不正当目的的其他情形。"需要说明的是,股东是否具有不正当目的的举证责任在公司一方,如果公司不能举证证明股东申请查阅会计账簿具有不正当目的的,其应承担举证不利的后果。

案例3-11　金科公司与通力公司股东知情权纠纷案

一审法院:新疆维吾尔自治区乌鲁木齐市新市区人民法院

案号:(2022)新0104民初731号

二审法院:新疆维吾尔自治区乌鲁木齐市中级人民法院

案号:(2022)新01民终2120号

案例主旨:如公司认为股东具有《公司法司法解释(四)》第8条规定的不正当目的的,应当提供证据予以证明,否则应当承担举证不利的后果。

法院认为,《公司法司法解释(四)》第8条第1项规定:“有限责任公司有证据证明股东存在下列情形之一的,人民法院应当认定股东有公司法第三十三条第二款规定的‘不正当目的’:(一)股东自营或者为他人经营与公司主营业务有实质性竞争关系业务的,但公司章程另有规定或者全体股东另有约定的除外。”据此,本条所谓“自营”是指股东自身所经营的业务。主营业务是公司稳定利润的主要来源,是指企业为完成其经营目标而从事的日常活动中的主要活动,一般需要根据企业营业执照上规定的主要业务来确定其主营业务范围。而所谓实质性竞争关系是指股东和公司之间存在利益冲突。本案中,第一,从双方营业执照载明的经营范围来看,双方经营范围并不存在相同的部分。第二,金科公司系房地产开发公司,其在上诉书称其主营业务为房产的开发及销售,而销售业务仅是其房产开发利润得以实现的其中一个环节。故通力公司代理的其他房产销售业务不构成与金科公司主营业务的实质性竞争,不符合《公司法司法解释(四)》第8条第1项规定的情形。根据“谁主张,谁举证”的原则,金科公司应当对“股东有不正当目的”这一事实承担举证责任。而金科公司未能提供充分的证据证明通力公司查阅会计账簿有不正当目的,应当承担举证不能的不利后果。

公司重要决议文件及财务会计报告一般具有很强的专业性,股东是否有权委托具备合法资质的律师、会计师协助查阅以上文件?《公司法司法解释(四)》第10条第2款规定:“股东依据人民法院生效判决查阅公司文件材料的,在该股东在场的情况下,可以由会计师、律师等依法或者依据执业行为规范负有保密义务的中介机构执业人员辅助进行。”一般来说,在申请行使知情权的股东在场的情况,股东可以委托具备合法资质的会计师、律师等专业人员协助股东查阅公司重要文件及财会资料。

案例3-12 江某某与中科公司股东知情权纠纷案

一审法院:广东省广州市天河区人民法院

案号:(2021)粤0106民初5920号

二审法院:广东省广州市中级人民法院

案号:(2022)粤01民终11620号

案例主旨:公司未能举证证明股东的查阅要求存在不正当目的可能损害公

司合法利益的情况下，股东有权委托会计师、律师等中介机构职业人员辅助其查阅公司的文件材料。

法院认为，本案争议的焦点问题：(1)案涉股东知情权是否包含会计凭证；(2)查阅的主体能否扩张到会计师与律师。关于第二个争议焦点问题，根据《公司法司法解释(四)》第10条第2款的规定，"股东依据人民法院生效判决查阅公司文件材料的，在该股东在场的情况下，可以由会计师、律师等依法或者依据执行行为规范负有保密义务的中介机构执业人员辅助进行"。在中科公司未能举证证明江某某的查阅要求存在不正当目的可能损害公司合法利益的情况下，江某某有权委托会计师、律师等中介机构职业人员辅助其查阅公司的文件材料。

综上，股权知情权的行使涉及前置程序及股东不正当目的的认定及举证责任等问题。股东申请查阅、复制公司章程、公司重要决议文件及财务会计报告一般无须履行前置程序，但申请查阅会计账簿则需要履行前置程序，股东是否履行前置程序由股东承担举证责任，而股东是否具有不正当目的，由公司承担举证责任。一般情况下，申请查阅要求的股东可以委托具备合法资质的会计师、律师等专业人员协助查阅公司文件材料。

对于股东知情权的行使，笔者作出以下建议：

(1)股东申请查阅会计账簿时一定要履行法定前置程序，并保留相关书面文件及送达证据，尤其要注意核对送达地址是否是公司准确地址、收件人是否是公司人员等重要信息。

(2)鉴于财会资料具有很强的专业性，为保障股东更好地行使知情权，在股东在场的情况下，可以委托会计师、律师等专业人员来协助查阅，委托会计师、律师等专业人员协助查阅时，最好与受托机构及受托人签署保密协议。

(3)股东无法通过履行前置程序行使知情权或者虽通过履行前置程序行使知情权，但行使知情权被公司拒绝的，股东可以向有管辖权的人民法院提起知情权诉讼。知情权诉讼的适格被告是公司，诉讼请求应当准确载明查阅、复制的具体文件及文件期间，并可以将"委托专业人员协助查阅公司文件材料"一并列入诉讼请求中。

二、股权架构的设计

股权架构的设计涉及股东选择、持股比例分配、股东进入和退出机制等方面的综合安排,其设计主线主要是围绕控制权而展开,故笔者亦将围绕控制权的设计主线展开分析。

控制权决定股东是否有权按照自己意愿决定公司未来发展战略和经营管理目标,近年来,国内资本市场上演的“控制权争夺战”并不少见,控制权之争就像一场无硝烟的斗争,表面看似平静,实则波涛汹涌。创始股东无论在公司设立之初还是在公司引入投资人之前,均应充分考虑控制权的保留问题。控制权的保留应充分运用各种工具或安排来解决。

(一)股权架构的运用

控制公司的方式是多种多样的,如何选择恰当的控制方式是创始股东应当首要考虑的问题。运用股权架构控制公司是最原始也是最根本的控制方式,股权架构的运用可从持股比例的设计入手,未来有上市计划的创始股东可考虑逐步搭建金字塔股权架构,①运用金字塔股权架构的杠杆作用,实现以较小资金控制大规模外部资产。

公司在设立之初即应确认各个股东的持股比例,除非章程等另有规定,否则一般来说,股东的持股比例将对应其表决权比例,表决权实质上就是一种控制权,是股东控制公司的重要权利来源,因此,合理运用持股比例设计股权架构是创始股东控制公司的重要手段。关于持股比例的运用,可参见本章第一节关于“表决权比例解读”部分的详细分析,重点关注66.67%、51%及33.34%等重要的持股比例。

一般而言,股东应当尽量避免不合理的股权架构,常见的如:

1.均衡型的股权架构:均衡型的股权架构通俗来说,指的是各个股东持有相同的股权比例,如两人公司的股东各自持股50%、三人持股的公司各自持有同等比例股权、四人公司各自持股25%等,人人有权意味着人人无权,若股东之间发生分歧,公司将难以作出有效决议,甚至容易出现股东各自为政、争夺控制权

---

① 详细内容可参见 https://zhuanlan.zhihu.com/p/411412644,最后访问日期:2022年10月5日。

的矛盾纠纷，如真功夫股东蔡某某和股东潘某某的控制权之争[①]致使公司发展受阻，最终以股东入狱而结束。

2. 缺乏绝对控制权的股权架构：如两人公司的股东分别持股51%和49%，该股权架构是实践中很多公司采用的股权架构，该架构中，持股51%的股权是公司控股股东，可以单独决定公司普通事项，但对于公司重大事项则可能陷入僵局。

3. 小股东制衡大股东的股权架构：如三人公司的股东分别持股49%、49%、2%，该架构中，持股49%的任意一位股东只要拉拢持股2%的小股东与其作出一致表决，即可以决定公司大多数事项，小股东选择与谁站队即决定公司的控制权归于谁，此即小股东制衡大股东的股权架构。

（二）同股不同权的运用

笔者在本章第一节关于"表决权的特殊安排"部分对如何实现同股不同权的安排进行了分析，实际上，同股不同权不仅意味着股东有权按照意思自治调整表决权，更多的是创始股东可以以同股不同权的方式实现以较小资金控制公司。

对于有限责任公司来说，创始股东可综合运用公司章程、股东协议及股东会决议对股东出资比例和表决权比例作出不一致的安排，保证创始股东能够以较小的出资比例获取更多的表决权比例。当然，其他股东之所以认可创始股东以同股不同权的方式控制公司，往往是基于公司在创立之初分配股权时，将创始人的人力贡献等价值因素考虑在内，或者是公司在后期引入投资人时，创始股东为避免股权被稀释而要求投资人接受同股不同权的安排，一般来说，只要公司发展前景良好，投资人也愿意接受该安排。

《公司法》第42条[②]的规定实际上被解读为法律允许有限责任公司的股东进行同股不同权的安排，而国内股份有限责任公司则要求同股同权，股东无法对此进行个性化设计，故股份有限公司的创始股东应综合运用同股不同权以外的其他方法保留控制权。

---

① 详细内容可参见 http://money.163.com/special/view599/，最后访问日期：2022年10月5日。

② 《公司法》第42条规定："股东会会议由股东按照出资比例行使表决权；但是，公司章程另有规定的除外"。

(三)委托投票权的运用

《公司法》第 106 条规定:“股东可以委托代理人出席股东大会会议,代理人应当向公司提交股东授权委托书,并在授权范围内行使表决权。”委托投票权原本是《公司法》针对股份有限公司小股东设计的制度,某些股份有限公司股权高度分散,委托投票权则是将小股东投票权进行集中的重要方式。法律未明确规定有限责任公司是否可参照适用股份有限公司的委托投票权制度,但从司法实践来看,有限责任公司一般也可以适用委托投票权。

案例 3-13　史某与恒和公司决议撤销纠纷案

一审法院:北京市朝阳区人民法院

案号:(2020)京 0105 民初 50690 号

二审法院:北京市第三中级人民法院

案号:(2021)京 03 民终 8629 号

案例主旨:有限责任公司的股东可以委托他人代为出席股东会,行使表决权。

法院认为,公司股东会或者股东大会、董事会的决议内容违反法律、行政法规的无效。股东可以委托代理人出席股东大会会议,代理人应当向公司提交股东授权委托书,并在授权范围内行使表决权。李某委托王某某 1、王某某 2 委托王某某 3 代为出席恒和公司股东会,并行使投票表决权,并不违反法律规定。史某本人确实参加了该次股东会,一审法院无须追加刘某等人为本案第三人,查明本案事实。本案中,史某虽主张案涉临时股东会决议存在无效情形,但未提交充分证据予以证明,现有证据不足以证明案涉股东会的决议内容违反相关法律法规的情形,史某主张确认案涉临时股东会决议无效的上诉意见,缺乏事实及法律依据,法院实难采纳。

也有部分法院判决认为《公司法》第 106 条的规定并不适用于有限责任公司的股东,受托人是否向公司提交授权委托书并不影响股东会决议的效力。

案例 3-14　高某某与牛老大公司纠纷案

一审法院:贵州省凯里市人民法院

案号：(2020)黔2601民初10882号

二审法院：贵州省黔东南苗族侗族自治州中级人民法院

案号：(2021)黔26民终446号

再审法院：贵州省黔东南苗族侗族自治州中级人民法院

案号：(2021)黔26民再139号

案例主旨：《公司法》并未明确要求有限责任公司的股东委托他人行使表决权一定要向公司提交授权委托书，如能证明其他参会股东知晓委托人的委托意愿，且受托人事实上参与了股东会并在决议文件上签字，该股东会决议便不能因受托人未提交授权委托书而无效。

法院认为，《公司法》第106条关于“股东可以委托代理人出席股东大会会议，代理人应当向公司提交股东授权委托书，并在授权范围内行使表决权”的规定，以及第102条第3款关于不得对通知中未列明的事项作出决议的规定，是针对股份有限公司股东大会召集、议事和表决的规定，并非针对有限责任公司的规定，而本案所涉及的是有限责任公司股东会的问题，故不能以此作为本案认定股东会决议不成立的依据。本案尽管一审第三人龙某没有出具委托书并明确授权的范围，甚至本案尽管股东会决议的内容超出了通知的内容；但是，如前所述，结合法律就有限责任公司的股东会没有明确要求这些，而且本案龙某委托杨某某参加股东会是事实，杨某某亦参加了股东会并最终亦在股东会决议上签字亦是事实，本案股东会的召集人、主持人亦符合法律规定，故本案的情形足以认定存在股东会决议，而且该决议是有代表2/3以上的表决权的人员出席并进行表决的，应当认定股东会决议成立。

综上，委托投票权是大股东吸收小股东投票权以增强公司控制权的重要方式，《公司法》虽然仅明确规定股份有限公司可以适用委托投票权制度，但在司法实践中，有限责任公司也可以适用，不过，受托人如未向公司提交符合要求的授权委托书，往往容易引发股东会决议效力的争议，故笔者建议，无论是股份有限公司还是有限责任公司，运用委托投票权制度时一定要完善授权委托的程序，主要是向公司提交股东授权委托书，并在授权范围内行使表决权，并保留与授权及股东会决议相关的文件以备查；另外，为保证运用委托投票权实现创始股东长期控制权，委托人和受托人应签署委托投票权协议，最好将该约定记载于公司章程中，以增加对抗第三方的效力。

（四）一致行动协议的运用

一致行动协议是指股东之间签署一致行动协议后，当小股东和大股东意见不一致时，小股东应随大股东意见进行表决的制度。一致行动协议一般是大股东用以巩固控制权的方式之一，不过，一致行动协议并非一定是创始股东要求小股东签署，小股东之间也可以通过一致行动协议进行捆绑。

一致行动协议属于股东之间的内部协议，与委托投票权协议一样，一般来说，不能以内部协议对抗外部第三方。因此，笔者建议，对内来说，一致行动协议应重点对一致行动的具体内容进行细化，确保一致行动的内容具备合法性和可操作性，并对双方股权转让、与他人再次签署一致行动协议等损害一致行动协议稳定性的情形进行限制和约束；对外来说，应尽量将该一致行动约定记载于公司章程中，以增加对抗第三方的效力。

（五）有限合伙企业持股的运用

《合伙企业法》（2006 年 8 月 27 日由中华人民共和国第十届全国人民代表大会常务委员会第二十三次会议修订通过）第 2 条第 3 款规定："有限合伙企业由普通合伙人和有限合伙人组成，普通合伙人对合伙企业债务承担无限连带责任，有限合伙人以其认缴的出资额为限对合伙企业债务承担责任。"第 61 条规定："有限合伙企业由二个以上五十个以下合伙人设立；但是，法律另有规定的除外。有限合伙企业至少应当有一个普通合伙人。"第 67 条规定："有限合伙企业由普通合伙人执行合伙事务。执行事务合伙人可以要求在合伙协议中确定执行事务的报酬及报酬提取方式。"第 68 条第 1 款规定："有限合伙人不执行合伙事务，不得对外代表有限合伙企业。"

有限合伙企业中包括两种类型的合伙人，一种是对合伙企业债务承担无限连带责任的普通合伙人（GP）；另一种是以其认缴的出资额为限对合伙企业债务承担责任的有限合伙人（LP），GP 有权执行合伙事务，LP 不执行合伙事务。

有限合伙企业增强控制权主要是基于《合伙企业法》对 GP 和 LP 的界定，一般来说，运用有限合伙企业增强公司控制权可从以下方面进行安排：

1. 创始股东以 GP 角色控制有限合伙企业，对外代表有限合伙企业执行企业事务，LP 一般是投资人或者是员工，仅享有有限合伙企业收益，不执行合伙企业事务，有限合伙企业的控制权掌握在创始股东 GP 手上。

2. GP 和 LP 所持的有限合伙企业合伙份额比例应尽可能拉大，GP 持有合伙份额越少，意味着创始股东对合伙企业承担无限连带责任的风险越小，且意味着创始股东能够以较少的投资来掌控有限合伙企业及合伙企业所持公司股权。

3. 为进一步降低创始股东的债务风险，GP 可由创始股东另行设立的有限责任公司担任，这样，由 GP（有限责任公司）对有限合伙企业的债务承担无限连带责任，但创始股东为 GP（有限责任公司）的股东，其仅在对 GP（有限责任公司）认缴出资范围内承担责任。因此，这种架构实际是把 GP（创始股东）的无限连带责任变为了有限责任，只要 GP（有限责任公司）的注册资本不要设置过高，创始股东的风险就变得很小。

实践中，有限合伙企业基于其增强控制权及税收筹划等优势被广泛运用在员工股权激励、投资人股权或期权池、股权架构设计等方面，有限合伙企业通常作为持股平台或变现平台在多重股权架构设计中穿插使用。

（六）公司治理层的安排

《公司法》第 48 条规定："董事会的议事方式和表决程序，除本法有规定的外，由公司章程规定。董事会应当对所议事项的决定作成会议记录，出席会议的董事应当在会议记录上签名。董事会决议的表决，实行一人一票。"第 111 条规定："董事会会议应有过半数的董事出席方可举行。董事会作出决议，必须经全体董事的过半数通过。董事会决议的表决，实行一人一票。"第 46 条第 9 项规定："董事会对股东会负责，行使下列职权：……（九）决定聘任或者解聘公司经理及其报酬事项，并根据经理的提名决定聘任或者解聘公司副经理、财务负责人及其报酬事项。"第 113 条第 1 款规定："股份有限公司设经理，由董事会决定聘任或者解聘。"可见，公司董事会是按照"人数多数决"进行决议，董事会有权决定聘任或者解聘公司经理，并根据经理提名决定聘任或者解聘公司副经理、财务负责人。根据《公司法》对董事会、经理职权及高级管理人员的规定，董事会、经理、副经理是公司日常经营管理的决策组织，董事会成员、经理、副经理、财务负责人均是公司高级管理人员。

因此，如果创始股东能够在董事会成员中安放更多的己方人员，一般来说应超过一半人数的比例，并能在公司经理、副经理，尤其是财务负责人岗位上任用己方人员，便能够进一步增强创始股东对公司日常经营管理及财务决策权的控制。依靠公司治理层的安排可以增强控制效应,且在某些情况下,控制公司财务人员和业务渠道还可能发挥出超越股权架构的控制功能。

三、股权代持的风险与防范

股权代持产生的原因或是基于投资人特殊身份限制、隐藏资产、规避法律限制,抑或基于实施股权激励而由大股东暂时代持员工股权等,基于前者原因发生的股权代持较为常见,然而很多股东并未意识到股权代持存在的诸多风险。

(一)股权代持的风险

1. 来自代持人的风险

笔者在本书第五章第三节关于资产隔离工具及其运用之代持解读中,对来自代持人的道德风险、债务风险、婚姻风险、继承风险进行了分析。股权是一种重要的权利类资产,故来自代持人的若干代持风险亦是股权代持的风险,此处不再赘述。

2. 被代持人无法显名的风险

《公司法》第 71 条第 2 款规定:“股东向股东以外的人转让股权,应当经其他股东过半数同意。股东应就其股权转让事项书面通知其他股东征求同意,其他股东自接到书面通知之日起满三十日未答复的,视为同意转让。其他股东半数以上不同意转让的,不同意的股东应当购买该转让的股权;不购买的,视为同意转让。”股权代持协议是由代持人和被代持人签署的内部协议,一般来说不能对抗外部第三方,被代持人作为隐名股东想要显名时,并不能仅仅依靠股权代持协议要求代持人配合办理股权工商变更登记,而是需要按照代持人对外转让股权的程序进行办理。按照《公司法》以上规定,代持人对外转让股权应当经过其他股东过半数同意方可进行转让,且该股权亦有可能被其他股东以行使优先购买权为由而占有。

案例 3 – 15　高某、周某、昕泰公司、奕晶公司等股东资格确认纠纷案

一审法院:上海市闵行区人民法院

案号:(2019)沪 0112 民初 8064 号

二审法院:上海市第一中级人民法院

案号:(2019)沪01民终13146号

案例主旨:被代持人要求恢复股东身份成为公司显名股东的,需要举证证明其要求显名的主张已经经过公司其他股东半数以上同意,或证明自己曾以股东身份行使过权利,如以实际出资人的名义担任或指派人员担任公司董事、法定代表人、财务负责人等超过一定的合理期限等,否则被代持人要求恢复股东身份的主张不能被支持。

法院认为,在本案中,高某主张要求确认周某名下的股权为其所有,而非对投资权益的归属发生争议,根据《公司法司法解释(三)》第24条第3款之规定,高某应当举证证明该请求已经公司其他股东半数以上同意。公司其他股东半数以上同意既包括明示的同意,也包括默示的同意,即公司其他半数以上股东在知晓实际出资人的存在,且实际行使股东权利的情况下,未曾提出过异议,即可推定为其认可实际出资人的股东身份,实际出资人即符合登记为公司股东的要件。综观本案,昕泰公司知晓高某与周某之间的代持关系,但代持关系与隐名股东要求显名系两个不同的法律关系,在一审、二审中,昕泰公司明确反对高某的主张,高某亦未提供证明半数以上股东明示同意将其登记为公司股东的证据。因此,法院着重审查是否存在默示的同意,即高某在奕晶公司实际以股东身份行使股东权利。高某应当举证证明自己行使股东权利的状态一直在持续,如正常地从公司分配利润、指派的人员仍在参与经营管理、仍参与公司的重大决策等。法院注意到,奕晶公司召开过董事会,参加人员中有周某和周某丈夫,会议记录上也有周某的签名,虽然高某辩称周某丈夫系代其参加,周某的签名系假冒,但均未提供相应证据予以证明,故对高某的该辩称,法院难以采信。高某未举证证明其要求显名的主张已经奕晶公司其他股东半数以上同意,亦未举证证明其以股东身份行使过权利,如以实际出资人的名义担任或指派人员担任公司董事、法定代表人、财务负责人等超过一定的合理期限。因此,现有证据不足以证明高某的诉讼请求具有事实依据,高某应承担举证责任的不利后果。

(二)股权代持风险的防范

在股权代持中,笔者建议从以下方面进行风险防范:

1. 选择值得信赖的人作为代持人。父母、子女、兄弟姐妹等亲属,往往具有较高的信赖度,另外,应综合考量代持人的征信情况、婚姻关系的稳定性及所从事行业的危险性，尽可能避免选择道德风险、债务风险、婚姻风险和因从事高危行业导致意外身故风险高的人作为代持人。

2. 签署股权代持协议，确认代持股权及代持股权产生收益的归属，必要时可约定违约金。代持协议不仅由被代持人与代持人签署，最好由代持人的配偶及/或法定继承人签署，最大限度避免代持人离婚、身故导致争产纠纷；被代持人最好能保留代持股权出资凭证，以进一步证明代持事实。

3. 被代持人最好与公司其他股东签署协议，确保被代持人未来解除代持、恢复股东身份无障碍。

第二节　民营企业的股权激励

一、股权激励概述

（一）股权激励的概念

股权在上市公司中称为“股票”，在非上市股份公司中称为“股份”，在有限公司中称为“股权”，不管是哪种称谓，都代表股东对公司进行权益性投资所享有的权益性所有权。

股东持有股权能够产生两大收益：一是基于股权增值或公司盈利获取的分红收益；二是基于股权转让获取的转让收益。股东能够通过股权获取收益的前提一定是公司有可供分配的利润或公司有增值，无论如何，股东一定希望公司赚钱，而实践中，规模越大的公司，尤其是上市公司，股东普遍不直接参与公司经营管理，而是更多地委托经理人来打理公司，由此便导致股东所有权和经营权发生了分离，领取薪酬的经理人如果缺乏激励机制和监督机制，往往会产生道德风险和逆向选择。

因此，股权激励实际上就是指持有公司股权的股东，将股权的一部分分享给与公司利益相关的人（主要是公司核心员工，尤其是高管），激励他们以公司股东身份尽最大努力来管理公司，实现员工目标与公司发展目标的一致性。

（二）股权激励的法律依据

从我国规范性法律文件的效力等级来看，在法律层面，全国人民代表大会及其常务委员会没有出台任何一部单行法对股权激励相关问题进行规范;在行政法规层面,国务院也没有对股权激励问题作出相关规定;我国关于实施股权激励的法律依据主要来源于国务院各部委发布的部门规章及规范性文件,主要有:

1.2020 年 8 月 21 日《非上市公众公司监管指引第 6 号——股权激励和员工持股计划的监管要求(试行)》(中国证券监督管理委员会〔2020〕57 号);

2.2020 年 4 月 23 日《中央企业控股上市公司实施股权激励工作指引》(国资考分〔2020〕178 号);

3.2018 年 9 月 18 日《国有科技型企业股权和分红激励暂行办法》(财资〔2016〕4 号)及《关于扩大国有科技型企业股权和分红激励暂行办法实施范围等有关事项的通知》(财资〔2018〕54 号);

4.2018 年 8 月 15 日《上市公司股权激励管理办法》(中国证券监督管理委员会令第 148 号,以下简称《办法》);

5.2016 年 8 月 2 日《关于国有控股混合所有制企业开展员工持股试点的意见》(国资发改革〔2016〕133 号);

6.2014 年 6 月 20 日《关于上市公司实施员工持股计划试点的指导意见》(中国证券监督管理委员会公告〔2014〕33 号);

7.2009 年 3 月 24 日《关于实施〈关于规范国有企业职工持股、投资的意见〉有关问题的通知》(国资发改革〔2009〕49 号);

8.2008 年 9 月 16 日《关于规范国有企业职工持股、投资的意见》(国资发改革〔2008〕139 号);

9.2006 年 9 月 30 日《国有控股上市公司(境内)实施股权激励试行办法》(国资发分配〔2006〕175 号);

10.2006 年 1 月 27 日《国有控股上市公司(境外)实施股权激励试行办法》(国资发分配〔2006〕8 号)。

除此之外,上海证券交易所、深圳证券交易所、北京证券交易所、全国中小企业股份转让系统有限责任公司针对上市公司股权激励和员工持股计划发布了相关公告和指引性文件,主要有:

上海证券交易所文件:

1.2022 年 1 月 7 日《科创板上市公司自律监管指南第 4 号——股权激励信息披露》(上证函〔2022〕4 号);

2.2020年9月11日《科创板上市公司信息披露业务指南第4号——股权激励信息披露》(上证函〔2020〕2013号)。

深圳证券交易所文件:

1.2015年9月16日修订《创业板信息披露业务备忘录第9号:股权激励(限制性股票)实施、授予与调整》;

2.2015年6月26日修订《中小企业板信息披露业务备忘录第4号:股权激励限制性股票的取得与授予》(深交所中小板公司管理部);

3.2015年6月26日修订《中小企业板信息披露业务备忘录第5号:股权激励股票期权实施、授予与行权》(深交所中小板公司管理部);

4.2015年6月26日《中小企业板信息披露业务备忘录第6号:股权激励期权自主行权》(深交所中小板公司管理部)。

北京证券交易所文件:2021年11月2日《〈北京证券交易所上市公司持续监管指引第3号——股权激励和员工持股计划〉的公告》(北证公告〔2021〕36号)。

全国中小企业股份转让系统有限责任公司文件:《〈全国中小企业股份转让系统股权激励和员工持股计划业务办理指南〉的公告》(股转系统公告〔2021〕1017号)。

可以看出,以上部门规章和规范性文件都是针对的国有企业和上市公司,对于非上市民营企业而言,国家还没有单独的法律法规或是规范性文件对其股权激励问题作出任何指引,但这并不表示非上市民营企业不能实施股权激励,相反,非上市民营企业在缺乏具体法律法规约束的背景下,能够更加灵活地实施股权激励,在操作层面上,可以参照国家针对上市公司发布的股权激励管理办法及相关指引性文件。

二、股权激励的运用

(一)实施股权激励的工具

企业实施股权激励的工具总体可划分为两种:虚股激励和实股激励。虚股激励是指公司持股股东让渡其所持股权的分红权、增值权给激励对象,让激励对象模拟实际持股,根据模拟持股比例享受股权分红收益、增值收益;实股激励则需要公司持股股东将其所持有的股权转让给激励对象或者以定向增资方式让激励对象实际持有公司股权,并相应办理工商登记,激励对象成为公司注册股东。

虚股激励和实股激励的不同之处主要在于:(1)虚股激励中的股权不会进行工商注册,通过内部签订协议即可实施;(2)虚股激励仅让渡股东权益之分红权、增值权,虚股持有人不享有表决权和控制权,虚股激励不会导致公司控制权的转移;(3)虚股一般都不能够进行转让;(4)虚股激励在激励对象离职后就失效;(5)虚股激励并没有明确的法律指引规则,适用范围更加广泛,国有企业、上市和非上市企业都适用;(6)因虚股并不是真正的股权,其激励效果一般来说低于实股激励,虚股激励注重当下利益,适于短期激励,其往往需要与实股激励进行组合才能够更好地发挥激励效果。

实股激励相较于虚股激励而言:(1)实股激励中的股权需要办理工商登记,除签订协议外,可能还涉及监管审批等手续;(2)实股激励让渡的是股东所持股权的所有权益,包括表决权、控制权等,实股激励可能会稀释股权,进而转移公司控制权;(3)实股可以进行转让,但一般都有限制性条件;(4)实股激励对象的退出机制一般按照协议约定执行;(5)上市公司采用限制性股票、股票期权进行股权激励应当按照《办法》规定来执行,其余实股激励方法可以参照《办法》及《公司法》规定来执行;(6)实股激励的标的是真正的股权,激励效果一般都高于虚股激励,实股激励更注重长期激励,更符合股权激励的目标,但实股的转化往往需要满足业绩考核条件,也需要支付一定对价用于获得股权。

(二)实施股权激励的策略

从笔者的执业经验来看,民营企业实施员工股权激励计划最好能将虚股激励和实股激励结合使用。总体上,先以干股或虚拟股权等虚股激励工具对核心岗位或技术骨干员工实施激励措施,该激励措施一般对员工设定有1~3年的考核期限,如员工能在规定期限完成考核指标,对该员工的激励将进一步转化为实股激励;如员工不能在规定期限内完成考核指标,则对该员工的虚股激励也到期终止。

对在规定期限内完成考核指标的员工转为实股激励时,建议充分利用有限合伙企业作为持股平台,将员工激励对象作为有限合伙企业的LP,其出资来源于前期虚股激励获取的分红,而创始股东则作为有限合伙企业的GP。LP的持股比例应尽可能高,以便吸收更多的激励对象,GP的持股比例应尽可能低,以免创始股东承担更大的无限连带责任风险,最后让有限合伙企业持有公司股权。

激励对象辛勤工作给公司创造良好利润，公司按照股东持股比例将利润分配给有限合伙企业，进而分配给有限合伙企业的LP（激励对象），最终实现共赢。

第三节　民营企业的股权传承

改革开放以来的创一代民营企业家发展至今，大多已经到达需要进行企业交班的阶段，企业交班意味着创一代民营企业家需要将企业股权及相关业务逐渐交由子女等后辈来管理。然而，面对如何进行股权交接、完成股权传承安排，大多数交班人并没有太多清晰的规划。鉴于此，笔者将在本节中结合实际咨询案例对高净值人群普遍关心的股权传承问题展开分析。

股权既可以生前传承也可以身后传承，且既可以运用法律工具进行传承也可以综合运用金融工具进行传承，接下来，我们通过分析王先生的股权传承案例来解读不同的股权传承策略。

案例3-16　王先生股权传承案

王先生今年62岁，是一家规模较大的农副食品加工业公司持股80%的大股东，另外20%的股权由王先生的现任妻子王太太持有。王先生与前妻育有一子名王1，王1今年36岁，在王先生的公司担任总经理职务，王1已经结婚，并与妻子诞下一子，目前是王先生唯一的孙子，王先生的孙子今年6岁。王1工作能力虽然很强，但是在几年前查出心脏有疾病，这些年王1也经常前往医院复查，由于身体原因，王1与妻子暂时也没有生育二胎的打算。王先生与现任妻子王太太育有一儿一女，儿子王2今年26岁，大学期间主修计算机，毕业后在国内一家大型电子商务公司工作，未来有自主创业的打算，王2在工作期间结识了一位年轻漂亮的电商主播，两人情投意合准备过2年结婚。王先生的女儿王3今年22岁，现在在国外一所大学学习摄影，生活消费极其奢侈。王先生家庭关系及人物重点信息如图3-1所示。

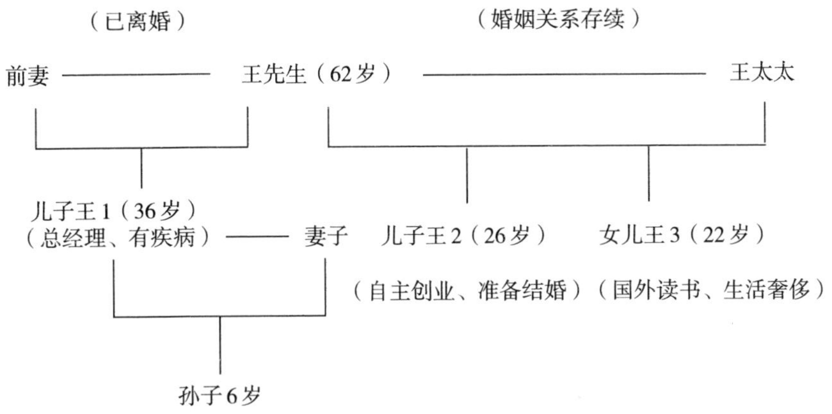

图3－1 王先生家庭关系及人物重点信息

根据笔者与王先生、王太太的沟通，了解到，为平衡三名子女的利益，王先生和王太太计划在近2年内将股权平均分配给三名子女，至于是赠与股权还是转让股权还未考虑清楚，王先生和王太太未考虑身后传承股权。

根据王先生和王太太的委托，笔者将生前赠与股权、生前转让股权、身后遗嘱传承股权及运用股权家族信托进行股权传承进行了比较分析，详述如下。

一、生前赠与股权

（一）生前赠与股权的风险与应对策略

1. 平均分配股权的风险

王先生为求公平将股权平均分配给三名子女，殊不知均衡型的股权架构极易使公司日后管理决策陷入僵局，甚至导致子女之间开始争夺控制权。此外，王1一直在公司以总经理职务处理公司事务，既在客观上具备承继公司业务的能力，也在主观上抱有承继公司业务的计划，但面对同父异母的弟弟和妹妹，他们从来没有为公司出过力却能轻松分得与自己同样的股权，且如果将来弟弟和妹妹将各自所持股权联合起来压制自己，自己仅持的1/3的股权基本无法与之抗衡，这是作为一个正常人很可能会产生的想法，倘若王1念及此，无疑将极大削弱其管理公司的积极性。

因此，王先生在传承股权时应当考虑股权架构的合理性，尽量避免安排均衡型的股权架构。若确需将股权进行均分，建议同时综合运用“同股不同权”“一致行动协议”“公司治理层安排”等将公司控制权进行区分,并将控制权移交给当下最适合管理公司的子女来接手。另外,王先生还需要兼顾考虑激励因素,建议通过章程规定或股东协议设置明确的奖励机制,如参与管理的股东在公司每年业绩达标到何种标准时可额外获得更多的利润分配等,以此来激励子女更多地参与到公司经营管理中,并调动参与公司管理的股东的积极性。

2. 丧失控制权的风险

表面上看起来,王先生与王太太将股权赠与子女后则“功成身退”,实际上赠与人完全脱离对股权的掌控后,可能出现:(1)受赠人接管股权后与赠与人经营理念、投资策略等存在较大偏差,公司未来发展方向处于不明朗状态,如海鑫钢铁的李兆会在继承家业后并没有继续脚踏实地地发展钢铁行业,而是按照自己的喜好和专长逐步将大部分资金投入股市,最终导致海鑫钢铁资金链断裂而全面停产,李兆会面临巨额债务至今“下落不明”;①(2)受赠人急需资金或自身不愿意继续持有股权时将股权进行对外转让,由此导致王先生一手经营起来的家族企业沦为外人掌控的资产等情形。

因此,王先生在传承股权时应当考虑丧失控制权的风险,尽量避免在短时间内完全脱离对公司的掌控。为尽可能降低王先生丧失控制权引发的风险,建议王先生可考虑逐步过渡股权,即先通过股权赠与协议及公司业务的交班将股权及公司业务进行转移,暂延缓办理股权工商变更登记,以免受赠人私下将股权进行转让,并在赠与协议中约定赠与人撤回赠与的条件;另外,在确保受赠人按照公司正常轨道经营后,王先生可遵照赠与协议的约定将股权正式变更登记给受赠人,王先生可转为公司监事或监事会成员继续监督公司运作;当公司长期处于正常发展状态后,王先生可选择继续保留监事或监事会成员身份监督公司后续运作,也可选择通过赠与协议的约定,要求受赠人每年度或每季度向自己提供公司财务报表等重要文件,以此来继续了解公司发展情况。

虽有前述,逐步过渡股权也存在一些问题,比如:(1)在正式办理股权工商变更登记前,受赠人一般能按照赠与人的嘱咐来运作公司,而在正式办理股权工商变更登记后,受赠人是否依然“初心不改”则未可知,而届时,赠与人无法从实

---

① 详细内容可参见 https://baijiahao.baidu.com/s?id=1713118565712218135&wfr=spider&for=pc,最后访问日期:2022年10月5日。

质上阻止受赠人对外作出与自己不一致的股东决议，也无法阻止受赠人对外转让股权；(2)王先生是否能如愿长期担任监事或监事会成员取决于股东的意愿，原因：如王先生担任非职工代表监事，根据《公司法》第37条第1款第2项“股东会行使下列职权：……(二)选举和更换非由职工代表担任的董事、监事，决定有关董事、监事的报酬事项”的规定，非职工代表监事是由股东会来选举和解除的；如果公司存在监事会，且王先生担任职工代表监事，根据《公司法》第51条“监事会中的职工代表由公司职工通过职工代表大会、职工大会或者其他形式民主选举产生”的规定，职工代表监事虽然不经股东会决议，但公司是否继续聘请该职工，最终仍由股东们作决定；(3)受赠人是否守约向赠与人提供真实的财务报表也取决于受赠人自身的意愿和行为。

可见，当王先生与王太太将股权赠与子女后并不能完全“功成身退”，反而可能需要操心更多的事务和风险。

3. 受赠人的债务风险

王2作为未来准备自主创业的新星，王先生既希望王2回归家族企业也赞同儿子自食其力，然而创业一定是有风险的，而且风险来自方方面面，当风险演变成具体损失时，这些损失都将变成压在王2创业途上沉重的债务“包袱”。王3是家中富养的女儿，而过度的奢侈消费不仅易养成子女懒惰、“躺平”的习惯，当资金来源不足以支撑其过度消费时，个人举债往往无法避免。当受赠人存在个人无法清偿的债务时，是否会影响其名下的股权？

案例3－17　赵某某1与赵某某2民间借贷冻结股权执行裁定案

执行法院：山西省汾阳市人民法院

案号：(2021)晋1182执恢141号

案例主旨：债务人不能清偿个人债务时，其债权人可以申请冻结债务人名下的股权，冻结期间，债务人不得转让股权、不得将股权出质、不得有妨害执行股权的其他行为。

法院认为，法院在执行申请执行人赵某某1与被执行人赵某某2民间借贷纠纷一案中，被执行人赵某某2应归还申请执行人赵某某1借款而未履行，申请执行人赵某某1申请法院冻结被执行人赵某某2持有的汾阳市某某有限公司80%的股权，法院裁定冻结被执行人赵某某2持有汾阳市某某有限公司80%股权的968158.5元处分权,查封期限3年,查封期间,被执行人不得转让被冻结的财产,不得对被冻结的财产设立权利负担,不得有妨害执行的其他行为。

由此可见,当受赠人个人举债不能清偿时,其债权人很可能申请法院查封冻结受赠人名下的股权,且其股权还可能进一步被法院强制拍卖以清偿债务。

4. 受赠人的婚姻风险

《民法典》第1062条第1款规定:"夫妻在婚姻关系存续期间所得的下列财产,为夫妻的共同财产,归夫妻共同所有:……(四)继承或者受赠的财产,但是本法第一千零六十三条第三项规定的除外。"第1063条规定:"下列财产为夫妻一方的个人财产:……(三)遗嘱或者赠与合同中确定只归一方的财产。"《婚姻家庭编解释(一)》第25条第1款第1项规定:"婚姻关系存续期间,下列财产属于民法典第一千零六十二条规定的'其他应当归共同所有的财产':(一)一方以个人财产投资取得的收益。"因此,如果王先生直接将股权赠与子女,子女若当时已婚,则子女受赠的股权为子女与其配偶的夫妻共同财产;如果王先生通过股权赠与协议将股权指定赠与子女个人,子女受赠的股权为子女的个人财产;无论子女受赠的股权是其个人财产还是其与配偶的夫妻共同财产,该股权于子女婚后产生的收益均为夫妻共同财产,股权收益将于子女离婚时进行分割。因此,股权赠与不能完全对抗受赠人的婚姻风险。

5. 受赠人的身故风险

《民法典》第1123条规定:"继承开始后,按照法定继承办理;有遗嘱的,按照遗嘱继承或者遗赠办理;有遗赠扶养协议的,按照协议办理。"第1127条规定:"遗产按照下列顺序继承:(一)第一顺序:配偶、子女、父母;(二)第二顺序:兄弟姐妹、祖父母、外祖父母。继承开始后,由第一顺序继承人继承,第二顺序继承人不继承;没有第一顺序继承人继承的,由第二顺序继承人继承。本编所称子女,包括婚生子女、非婚生子女、养子女和有扶养关系的继子女。本编所称父母,包括生父母、养父母和有扶养关系的继父母。本编所称兄弟姐妹,包括同父母的兄弟姐妹、同父异母或者同母异父的兄弟姐妹、养兄弟姐妹、有扶养关系的继兄弟姐妹。"

如果受赠人受赠股权后没有事先留下合法有效的遗嘱,那么其持有的股权在其身故后将进入法定继承。以发生法定继承为例:(1)倘若王1在获得股权后先于王先生身故,王1名下的股权将由王先生、王先生前妻、王1之妻、王1之子继承,如果王1从小是跟随王先生和王太太生活,由王先生和王太太承担其生活和教育费用,从而将王太太认定为有扶养关系的继母的,则王太太也是王1第一顺序的法定继承人,王1名下的股权就会被分割得七零八落,王先生前妻获得股权也并非王先生意愿;(2)对于王2、王3来说,正常情况下其会晚于王先生和王太太身故,倘若王2、王3身故时已婚,则其名下股权分别应由其配偶和子女继承,其配偶如若再婚,则其配偶所继承的股权所产生的收益或许会用于其配偶新的家庭,财富外流难以避免。

(二)生前赠与股权需要考虑的其他事项

1. **无人受赠或赠与股权后企业无法持续正常经营**

对于王先生的家庭情况来说,王1个人能力很强且主观上亦有承继家业的打算,但王1身体患有疾病,未来当王1身体无法再继续打理企业事务时,企业又由谁来做主?王2在大学期间主修的是计算机,且无论其所学专业与企业经营业务不存在太大关联,仅就其继承家业的主观意愿上来说,王2基本不考虑从事农副食品加工业,而是更多地准备自主创业,朝着新媒体或软件程序方面发展;王3作为家中最小的妹妹,其无打理家族企业事务的能力和主观意愿。因此,生前赠与股权可能存在无人受赠或赠与股权后企业无法持续正常经营的情况。

2. **税务成本**

《国家税务总局关于发布〈股权转让所得个人所得税管理办法(试行)〉的公告》(国家税务总局公告2014年第67号,以下简称《股权转让个人所得税办法》)第13条第2项规定:"符合下列条件之一的股权转让收入明显偏低,视为有正当理由:……(二)继承或将股权转让给其能提供具有法律效力身份关系证明的配偶、父母、子女、祖父母、外祖父母、孙子女、外孙子女、兄弟姐妹以及对转让人承担直接抚养或者赡养义务的抚养人或者赡养人。"王先生和王太太将其名下股权赠与子女,实际是无偿转让,不涉及股权转让个人所得税。

《股权转让个人所得税办法》第4条规定:"个人转让股权,以股权转让收入减除股权原值和合理费用后的余额为应纳税所得额,按'财产转让所得'缴纳个人所得税。合理费用是指股权转让时按照规定支付的有关税费。”

如果今后王先生子女将其无偿取得的股权再次转让，因其取得企业股权成本为零，因此其股权转让产生的所有收入均应按照“财产转让所得”缴纳个人所得税，税负成本很高。

（三）生前赠与股权的具体操作方法

第一步：赠与人考量个人债务。

《民法典》第538条规定：“债务人以放弃其债权、放弃债权担保、无偿转让财产等方式无偿处分财产权益，或者恶意延长其到期债权的履行期限，影响债权人的债权实现的，债权人可以请求人民法院撤销债务人的行为。”如果王先生、王太太赠与股权的行为影响到其债权人的债权实现的，王先生、王太太的赠与行为可能会被其债权人申请撤销。

第二步：书面通知其他股东。

《公司法》第71条第2款、第4款规定：“股东向股东以外的人转让股权，应当经其他股东过半数同意。股东应就其股权转让事项书面通知其他股东征求同意，其他股东自接到书面通知之日起满三十日未答复的，视为同意转让。其他股东半数以上不同意转让的，不同意的股东应当购买该转让的股权；不购买的，视为同意转让。”“公司章程对股权转让另有规定的，从其规定。”

虽然王先生公司的股东仅有其与王太太，不涉及其他第三人股东行使优先购买权的风险，但若涉及第三人股东，则应注意，赠与人赠与股权时应查阅章程对股权转让是否有特殊约定，并根据章程或法律规定就赠与事项向其他股东发送书面通知以征求其他股东意见，否则可能侵害其他股东的优先购买权并进而导致无法实施股权赠与。

第三步：签署赠与合同。

《民法典》第657条规定：“赠与合同是赠与人将自己的财产无偿给予受赠人，受赠人表示接受赠与的合同。”赠与人与受赠人双方应当共同签署赠与合同，最好约定赠与股权为受赠人个人所有。

第四步：办理赠与合同及亲属关系公证。

关于赠与合同，可以向公证机关申请进行公证，也可以不申请公证，是否申请公证都不会影响赠与合同的效力。考虑到王先生和王太太实施股权赠与行为实际是无偿转让股权，所以，为了更好地向税务机关作出说明和解释并享受税收优惠政策，最好办理亲属关系公证以备办理申报纳税使用。

第五步：申报纳税。

赠与人和受赠人共同前往税务部门办理股权转让纳税申报并缴清税款。

第六步：办理股权变更登记。

缴清税款后，赠与人和受赠人共同办理股权变更登记。

二、生前转让股权

生前转让股权和生前赠与股权均是在生前将股权直接传承给子女后代，故两种方式涉及的风险、应对策略和操作方法基本是一致的。

王先生、王太太采用生前转让股权和生前赠与股权的最大不同之处主要在于税负成本不同：采用生前转让股权的方式，王先生、王太太可以平价转让股权，王先生、王太太可不缴纳个人所得税，这与生前赠与股权是一致的；但采用生前转让股权的方式就意味着王先生、王太太的子女取得股权是有成本的，当未来子女对外转让股权时，子女应按照"收入－财产原值－合理费用"的公式计算其个人所得税，显而易见，对于王先生、王太太子女而言，生前转让股权明显比生前赠与股权产生更少的个人所得税成本。

三、遗嘱传承股权

如果王先生与王太太通过立遗嘱的方式在各自身后再将股权传承给子女，其面临的风险会有什么不同？又该如何应对？

相较于生前传承股权而言，身后遗嘱传承股权可以避免王先生、王太太在生前丧失对股权的控制权。另外，生前传承股权中股权受赠人/受让人的债务风险、婚姻风险和继承风险，对于身后遗嘱传承股权中的股权继承人而言，也同样存在。

既然是遗嘱传承股权，王先生当然需要首先设立一份合法有效的遗嘱，遗嘱的最大的作用是在王先生身后将其所持的股权按照自己的意愿定向传承给子女个人，但遗嘱传承股权也存在诸多问题。接下来，我们分析遗嘱传承股权的风险、应对策略、需要考虑的其他问题及具体操作方法。

（一）遗嘱传承股权的风险与应对策略

1. 遗嘱无效的风险

《民法典》第1134～1139条规定了遗嘱的六种形式，包括自书遗嘱、代书遗嘱、打印遗嘱、录音录像遗嘱、口头遗嘱和公证遗嘱，对于每一种遗嘱形式，法律都要求必须具备法定形式要件方为有效遗嘱。实践中，因不符合形式要件被认定为无效遗嘱的案例绝不少见，具体可参见本书第二章“财富传承详解与比较分析”第二节“财富传承的比较分析”中有关遗嘱无效的内容。

如果遗嘱被认定为无效，王先生的股权将进入法定继承，由王先生的第一顺序继承人即配偶、子女、父母来继承，假设此时仅有王先生的子女继承股权，那么主要风险在于：(1)子女继承的股权属于子女与其配偶的夫妻共同财产，当子女离婚时，其名下继承的股权面临离婚分割；(2)由于法定继承下各继承人原则上均分遗产，故各子女通过继承取得的股权比例相当，事实上产生了平均分配股权的隐患。

除此之外，《民法典》第1143条规定：“无民事行为能力人或者限制民事行为能力人所立的遗嘱无效。遗嘱必须表示遗嘱人的真实意思，受欺诈、胁迫所立的遗嘱无效。伪造的遗嘱无效。遗嘱被篡改的，篡改的内容无效。”

因此，建议王先生和王太太在身体健康的时候提前立下遗嘱，必要时可以聘请专业机构进行行为能力鉴定，避免未来在年老或身患重病时立遗嘱，因其不再具备完全民事行为能力而导致遗嘱被认定为无效。另外，王先生、王太太最好能在专业律师的帮助下立遗嘱，防止遗嘱缺乏法定形式要件而被认定为无效。

2. 遗嘱人的债务风险

《民法典》第1161条规定：“继承人以所得遗产实际价值为限清偿被继承人依法应当缴纳的税款和债务。超过遗产实际价值部分，继承人自愿偿还的不在此限。继承人放弃继承的，对被继承人依法应当缴纳的税款和债务可以不负清偿责任。”王先生如果生前尚有大额债务未完全清偿，那么子女在继承王先生遗产之前需要先在各自继承的遗产范围内用该遗产清偿王先生的债务，余下遗产才能继承，而股权作为王先生的遗产之一，也可能被列入偿债资产中。

案例3-18 何某1、林某等被继承人债务清偿纠纷案

一审法院:辽宁省沈阳市皇姑区人民法院

案号:(2021)辽0105民初7480号

二审法院:辽宁省沈阳市中级人民法院

案号:(2022)辽01民终6858号

案例主旨:被继承人生前所欠的债务应当由其获得遗产的法定继承人在各自所获遗产范围内清偿,若继承人放弃对遗产的继承权,其对被继承人生前的债务可以不负偿还责任。

法院认为,本案中,被继承人王某某生前所欠债务,应当由其可以获得遗产的法定继承人在各自所获遗产的范围内清偿,若继承人放弃对遗产的继承权,其对被继承人生前的债务可以不负偿还责任,但作为被继承人的遗产管理人,可能存在实际占有、使用、收益、处分遗产的情形,因此也应协助债权人履行。本案中,上诉人何某1主张其放弃继承不应承担偿还责任的理由,经查,一审法院认定由继承人何某1、何某2在继承王某某遗产范围内配合履行被继承人生前债务,并无不当。

因此,当王先生生前欠下的债务超过其留下的遗产价值时,其子女一般来说不会选择继承遗产,因为继承的遗产必须先清偿王先生的生前债务。王先生可能生前并没有欠下多少债务,并不影响子女顺利继承股权,但也可能在未来突然面临巨额债务,严重影响子女继承股权。当然,如果股权并非在王先生、王太太名下,其债务便与股权无关,王先生、王太太采用生前传承股权的方式,可以避免日后其债务缠身进而影响其名下股权传承,另外,可以考虑股权家族信托架构(下文将展开具体分析)。

(二)遗嘱传承股权需要考虑的其他事项

1.程序繁琐

王先生百年之后,其子女并不能单凭王先生留下的遗嘱办理股权变更登记,办理变更登记前需要法定继承人共同前往公证处办理继承权公证,如果有一个法定继承人不配合办理或不认可遗嘱分配内容,则继承权公证也无法办理,继承人只能向人民法院提起诉讼来确认遗嘱的有效性及其拥有继承权。

2. **争夺遗产、亲人反目**

遗嘱继承纠纷往往都是发生在至亲之人之间，王先生留下的遗嘱能够代表王先生的意愿，但不一定符合所有继承人的意愿，亲人争夺遗产的纠纷也不少见。

案例3－19　于某某1、于某某2等遗嘱继承纠纷案

一审法院：山东省威海市文登区人民法院

案号：(2022)鲁1003民初3256号

二审法院：山东省威海市中级人民法院

案号：(2022)鲁10民终1845号

案例主旨：案涉遗嘱因具备见证人合法签名及立遗嘱人真实意思表示等要件而被认定为有效遗嘱，也可见亲人之间很容易因遗嘱继承发生纠纷。

法院认为，关于案涉遗嘱效力，首先，订立遗嘱时，毕某、徐某与于某某1、于某某2同时在场，毕某作为代书人、徐某作为见证人均在遗嘱上签名并注明年、月、日。其次，从录像资料中可见，立遗嘱时，于某某1、于某某2并不存在表意不自由的情形，二人所立遗嘱系其真实意思表示，毕某向二人宣读遗嘱内容后，二人在遗嘱上签名、捺印并注明年、月、日。据此能够认定案涉遗嘱真实有效，于某某2、于某某3、于某某1均应遵照该遗嘱履行各自的权利义务。

可见，立遗嘱人是为了按照自己的意愿将自己生前的财富交由亲人来继承，然而立遗嘱人的意愿不一定代表所有继承人的意愿，继承人之间很容易因此产生矛盾并诉诸法院解决。

值得一提的是，家和万事兴，血脉相连的亲情是世上最珍贵的感情，相信父母立遗嘱的初衷也是为了家庭和睦，不愿看到子女为了遗产起纷争。平安、健康、快乐是每一位父母对子女最朴实的愿望，纵有家缠万贯，若纷争不断也难免心力交瘁，虽是粗茶淡饭，但内心安宁，身体康健，也是幸福。为了金钱利益，放弃骨肉亲情并非明智之举。

3. **税务成本**

遗产税是针对财产所有人去世以后遗留下来的遗产征收的一种税。国务院在2013年2月3日发布的国发〔2013〕6号文中载有“研究在适当时期开征遗产税问题”的文字。全国人大代表、全国人大财经委委员、中国税务学会会长汪康在2021年3月5～11日召开的第十三届全国人民代表大会第四次会议上提出“建议为缩小贫富差距可考虑开征遗产税等措施”①的观点。故遗产税是我国考虑的重要税种之一。如果未来开征遗产税，鉴于王先生、王太太名下股权在其百年后为其遗产，故从法理上来看，王先生、王太太身故后留下的股权应为遗产税的征税对象，遗嘱传承股权就会面临比较高的税负成本。

（三）遗嘱传承股权的具体操作方法

第一步：查阅公司章程。

《公司法》第75条规定：“自然人股东死亡后，其合法继承人可以继承股东资格；但是，公司章程另有规定的除外。”一般来说，如果公司章程没有规定股东资格不能继承，则股东资格可以继承，但若章程明确规定股权不能继承或必须经过其他股东过半数同意才可继承，则继承人可能面临无法继承股东资格的风险。因此，查阅公司章程、股东协议等相关文件，为继承人顺利继承股权提前做好安排是有必要的。

第二步：订立合法有效的遗嘱。

立遗嘱时，建议重点参阅《民法典》第1133～1143条及《继承编解释（一）》第24～29条的规定。如财产情况较为复杂、遗产所涉金额较高，建议寻找专业律师协助订立遗嘱。

第三步：可以办理遗嘱公证。

遗嘱是否公证并不影响遗嘱的效力，当然，经过公证后的遗嘱一般来说证明力更高，但也要注意《民法典》第1142条第3款的规定，“立有数份遗嘱，内容相抵触的，以最后的遗嘱为准”。也就是说，后设立的有效遗嘱依然可以推翻先设立的公证遗嘱。

第四步：完税并办理股权变更登记。

如有遗产税，一般需在缴纳股权遗嘱继承所涉遗产税后，再行办理股权遗嘱继承所涉股权变更登记。

---

① 详细内容可参见 https://view.inews.qq.com/a/20210308A09KW000? tbkt = A&uid = ，最后访问日期：2022年10月5日。

四、股权家族信托

在对比分析生前赠与股权、生前转让股权和遗嘱传承股权三种股权传承策略后发现，不管采用哪一种传承方式都存在诸多风险和问题，部分风险和问题可以通过如合理设计股权架构、充分运用同股不同权或一致行动人协议、实施激励措施、完善公司章程和股东协议、签署婚前或婚内财产协议等法律手段来解决，但部分风险和问题，如丧失控制权的风险、受赠人的债务风险、遗嘱人的债务风险、遗嘱继承程序繁琐并引发亲人反目和税务成本等问题尚不能通过法律工具很好地解决。因此，我们需要考虑结合金融工具来解决股权传承中的风险和问题，接下来，我们结合王先生的案例分析股权家族信托。

（一）股权家族信托的法律依据

信托财产的类型包括资金、动产、不动产、股权等，我国相关法律法规并未明确限制信托财产的类型，实践中运用最为广泛的是将单一资金作为信托财产来设立家族信托，从而实现对资金的保护和传承。实际上，很多高净值人群手上最具保护和传承价值的一般还包括房产和股权，而将股权作为信托财产来设立家族信托不仅在设立程序上更为繁琐，且并不是所有股权都能够成功置入信托中，诸如一些短周期性、国家不鼓励发展的行业其本身就不适合采用股权家族信托来做持续传承，加之某些企业内部存在债务和税务等隐患，很多信托公司一般也不愿意接受这类企业的股权作为信托财产。

股权家族信托与资金家族信托都属于家族信托，只是置入的信托财产类型不一样，故资金家族信托适用的如《信托法》等法律依据也适用于股权家族信托。除此之外，因为搭建股权家族信托架构还涉及设立公司、转让股权等问题，故股权家族信托涉及的法律法规较为庞杂，包括但不限于：

1.《中华人民共和国公司法》（2018 年修正）及其司法解释；

2.《中华人民共和国合伙企业法》（2006 年修正）；

3.《中华人民共和国个人所得税法》（全国人民代表大会常务委员会 2018 年修订，以下简称《个人所得税法》）；

4.《股权转让所得个人所得税管理办法（试行）》（2014 年颁布，2015 年 1 月 1 日起施行）；

5.《中华人民共和国印花税法》（2021 年颁布，2022 年 7 月 1 日起施行）。

(二)股权家族信托的架构搭建

股权家族信托需要将公司股权置入家族信托。结合王先生的案例,王先生作为委托人需要将公司股权交由信托公司来持有,信托公司可以直接也可以间接持有委托人公司股权,信托公司直接持股的架构如图 3－2 所示:

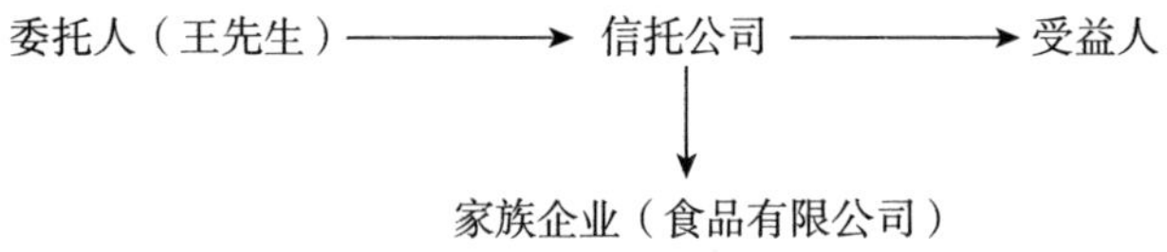

图 3－2 信托公司直接持股架构

在以上架构中,由于信托公司直接持有家族企业股权,家族企业的大股东变成信托公司,王先生及其家族成员可以担任家族企业董事、监事、总经理、财务负责人等管理人员。

实践中,信托公司直接持股的股权家族信托架构很少见,主要原因有:1. 信托公司本身主要经营的是金融业务,对家族企业的业务一般是不擅长的,基本都需要交由王先生的家族成员来处理,然而倘若王先生的家族成员对公司业务处理不当引发风险,该风险牵连最大的是大股东信托公司;2. 家族企业的股东决策需要经过信托公司自身内部比较严格和长时间的审批程序,从而导致家族企业决策迟缓。因此,信托公司基于自身风险考虑、王先生基于家族企业决策效率等方面考虑,一般不会采用信托公司直接持股的方式来设立股权家族信托,这就是为什么实践中信托公司直接持股的股权家族信托架构少见的原因。

实践中,信托公司往往采用间接持股的方式来实施股权家族信托,其基本架构如图 3－3 所示:

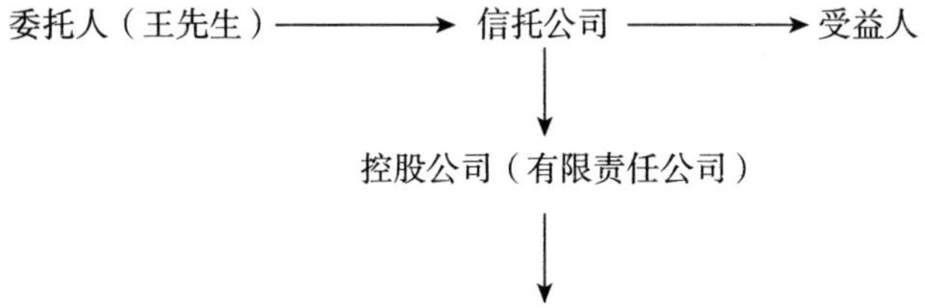

图 3－3 信托公司间接持股架构 1

在以上架构中，信托公司不直接持有家族企业股权，而是通过另行设立一家控股公司作为特殊目的公司，信托公司持有控股公司股权，再由控股公司持有家族企业股权，该架构实际上是在信托公司和家族企业之间建立控股公司作为风险隔离墙，王先生公司的债务、税务等风险一般只会牵连到控股公司，不会进一步牵连到信托公司。但该架构下，控股公司作为家族企业的股东需要履行股东义务、行使股东权利，而信托公司作为控股公司的股东，必然会牵涉其对控股公司履行对家族企业股东义务、行使家族企业股东权利进行决策，这样既不符合信托公司的利益，也不利于控股公司快速作出相关股东决议。

为进一步将信托公司从管理家族企业事务中抽离出来，减少信托公司对家族企业管理的影响、降低其管理风险和责任，同时提高家族企业运行效率，实践中，信托公司间接持股的架构多采用如图 3 -4 所示的架构：

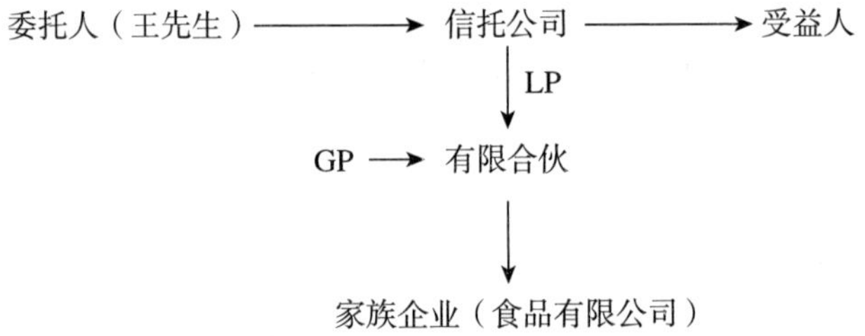

图 3 -4　信托公司间接持股架构 2

在以上架构中，信托公司不直接持有家族企业股权，而是通过另行设立一家有限合伙企业作为特殊目的企业，信托公司成为有限合伙企业的 LP 即有限合伙人，王先生及家族成员或其控制的公司成为有限合伙企业的 GP 即普通合伙人。根据《合伙企业法》第 2 条第 3 款“有限合伙企业由普通合伙人和有限合伙人组成，普通合伙人对合伙企业债务承担无限连带责任，有限合伙人以其认缴的出资额为限对合伙企业债务承担责任。”第 67 条“有限合伙企业由普通合伙人执行合伙事务。”及第 68 条第 1 款“有限合伙人不执行合伙事务，不得对外代表有限合伙企业”的规定，信托公司不仅对家族企业最终承担有限责任，最重要的是从法律角色上不再管理家族企业事务，家族企业的事务管理最终回归到王先生及其家族成员手上，这样就提高了家族企业的运行效率。

（三）股权家族信托的搭建步骤与功能

股权家族信托的核心及功能是实现了企业所有权与经营权的分离，笔者为王先生搭建了这样一个股权家族信托的架构，并通过这个架构向王先生介绍了股权家族信托在王先生股权传承中的功能。具体分析如下：

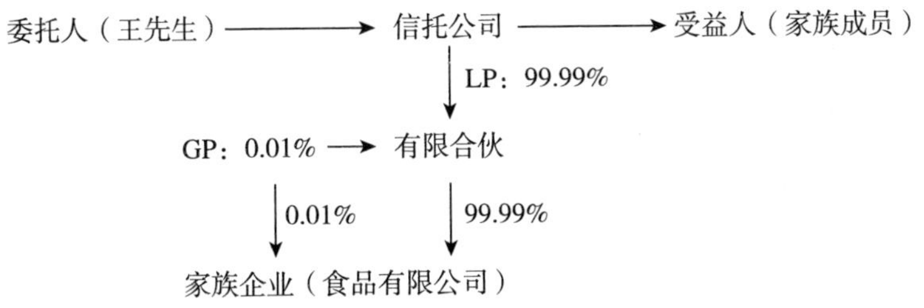

图 3－5　王先生股权家族信托架构

1. 搭建步骤

第一步：王先生作为委托人与信托公司签订家族信托合同，王先生在家族信托合同中指定将王先生自己、王太太、王 1、王 2、王 3、孙子、其他直系血亲作为受益人，然后王先生将信托资金转入信托账户中。

第二步：王先生和王太太新设一家有限责任公司 A，王先生持股 90%，王太太持股 10%。

第三步：有限责任公司 A 与信托公司合伙设立有限合伙企业，有限责任公司 A 为持有 0.01% 合伙份额的 GP，信托公司为持有 99.99% 合伙份额的 LP。

第四步：因《公司法》第 57 条第 2 款规定："本法所称一人有限责任公司，是指只有一个自然人股东或者一个法人股东的有限责任公司。"以及《民法典》第 102 条第 2 款规定："非法人组织包括个人独资企业、合伙企业、不具有法人资格的专业服务机构等。"故有限合伙企业如 100% 持有家族企业股权在合法合规和办理工商登记上存在瑕疵，因此，有限合伙企业持有家族企业 99.99% 股权、有限责任公司 A（GP）持有家族企业 0.01% 股权，有限合伙企业及有限责任公司 A 持有家族企业股权的方式需要考虑税负成本①。

2. 功能

王先生完成股权家族信托架构搭建后，当家族企业实现利润时，绝大部分利

① 如果家族企业的股权估值很高，意味着在股权转让中会产生比较高的税负成本，此时也可考虑由有限合伙企业和有限责任公司 A 另行设立一家新公司，其后将家族企业重要资产和人员置入新公司，将家族企业的业务平移至新公司，这样可降低综合成本。实际操作中需要多方细化并对比不同方案，成本低的方案才有落地实操的可能性。

润会通过有限合伙企业进入信托账户并形成信托财产，信托公司按家族信托合同约定对信托财产进行管理并向信托受益人分配信托利益。至此，股权家族信托在王先生股权传承中实现的功能主要有五点：

(1)最大程度避免亲人争夺家族企业股权

由于信托公司持有家族企业绝大部分股权，故在王先生、王太太百年后，王先生三名子女争夺家族企业股权的情形大概率不会出现。

(2)隔离子女的一系列风险

信托公司所持家族企业股权属于信托财产，不会受到王先生子女债务风险、离婚风险、身故风险的影响。

(3)股权传承的税务规划

《信托法》第 15 条规定："信托财产与委托人未设立信托的其他财产相区别。设立信托后，委托人死亡或者依法解散、被依法撤销、被宣告破产时，委托人是唯一受益人的，信托终止，信托财产作为其遗产或者清算财产；委托人不是唯一受益人的，信托存续，信托财产不作为其遗产或者清算财产；但作为共同受益人的委托人死亡或者依法解散、被依法撤销、被宣告破产时，其信托受益权作为其遗产或者清算财产。"也就是说，信托公司持有的绝大部分家族企业股权和进入信托账户的家族企业股权收益均不属于王先生的遗产，从法理上来看，其就不属于遗产税的征税对象。因此，股权家族信托在王先生的股权传承过程中可以发挥一定的税务规划功能。

(4)解决传承中的激励问题

在王先生的股权家族信托架构中，家族企业的管理者、经营者可以获得较高的报酬，故，股权家族信托既解决了三名子女及其后代的利益分配问题（三名子女及其后代作为信托受益人获得信托利益），又能对家族后代中参与家族企业经营管理的人员给予较高的经济回报（在家族企业章程中对其高级管理人员设置高额报酬），这样，可谓既有"雨露均沾"又有"多劳多得"。

(5)未被置入家族信托的有限责任公司 A 的股权具有较大的安全性

需要说明的是，在王先生的股权家族信托架构中，存在一处风险：王先生、王太太及/或其后代成为债务人的情形下，其所持有的未被置入家族信托的有限责任公司 A 的股权可能会被作为执行财产。

对此，笔者认为，虽然有限责任公司 A 的股权可能成为执行财产，但王先生的家族成员可以选择向债权人支付相当于有限责任公司 A 股权的公允价值作为对价，而有限责任公司 A 的股权价值较低（有限责任公司 A 持有家族企业股权比例极低）。因此，王先生的家族成员仅需要向债权人支付较低的有限责任公司 A 股权的公允价值作为对价，进而就可保全有限责任公司 A 的股权。从这个意义上来讲，未被置入家族信托的有限责任公司 A 的股权仍然具有较大的安全性。

第四章　携家族信托架构企业与境内 IPO

第一节　“三类股东”的“前世今生”

一、“三类股东”的诞生背景与分析

“三类股东”不是法律概念，是指在公司股东里，以契约型基金、资产管理计划和信托计划三类金融产品形式存在的股东类型。

早在 2013 年，中国证监会发布《非上市公众公司监管指引第 4 号——股东人数超过 200 人的未上市股份有限公司申请行政许可有关问题的审核指引》（以下简称《指引第 4 号》），[①]明确：“以私募股权基金、资产管理计划以及其他金融计划进行持股的，如果该金融计划是依据相关法律法规设立并规范运作，且已经接受证券监督管理机构监管的，可不进行股份还原或转为直接持股。”

2015 年 10 月 16 日，《全国中小企业股份转让系统机构业务问答（一）——关于资产管理计划、契约型私募基金投资拟挂牌公司股权有关问题》[以下简称《股转系统机构问答（一）》]明确了依法设立、规范运作、且已经在中国基金业协会登记备案并接受证券监督管理机构监管的基金子公司资产管理计划、证券公司资产管理计划、契约型私募基金，可以投资拟挂牌公司股权，在挂牌审查时可不进行股份还原，但须做好相关信息披露工作。作为新三板的重要配套制度，它曾经为新三板市场中小企业的融资产生了积极影响。此规定出台后，随着众多优质新三板企业选择“做市”交易，大量的“三类股东”出现在新三板市场。

---

① 已于 2020 年 10 月修订。

二、“三类股东”闯关 A 股历程

(一)新三板企业通过清理“三类股东”谋求上市之路

虽然《指引第 4 号》和《股转系统机构问答(一)》均对“三类股东”予以认可,但是早期证监会对于契约型基金、资产管理计划和信托计划作为拟首次公开发行股票(IPO)企业股东资格予以否定。比如奥飞数据(300738)、沃格光电(603773)和科顺股份(300737)均是完成清理“三类股东”后成功过会并且上市。但“三类股东”并不是想清理就能清理,比如“亿童文教”,[①]也曾试图整改、清理以谋求上市,然而铩羽而归。

1. 奥飞数据(300738)

奥飞数据是在向证监会递交申报材料[②]之前即 2016 年下半年便开始清理其股东——“契约型私募股权基金”(以下简称“契约型基金”),采取的方式为“契约型基金”将股份转让给相同结构的合伙企业或直接转让给自然人。

根据《招股说明书》,[③]2016 年 8 ~ 10 月,奥飞数据集中通过股转系统进行了 11 次股权转让以清理“契约型基金”[包括深圳踊跃资本投资企业(有限合伙) - 踊跃成长 1 号新三板投资基金、广东新风口投资有限公司 - 新风口定增一号基金、广东金睿和投资管理有限公司 - 金睿和新三板混合策略 3 号],涉及股份数量合计 410 万股。

奥飞数据清理“契约型基金”前,股权架构见图 4 - 1。[④]

---

① 武汉亿童文教股份有限公司。

② 奥飞数据于 2017 年 10 月向证监会申报材料。

③ 载新浪网,https://money.finance.sina.com.cn/corp/view/vISSUE_RaiseExplanationDetail.php?stockid=300738&id=2976726,最后访问日期:2020 年 10 月 6 日。

④ 根据《广东奥飞数据科技股份有限公司 2016 年半年度报告》整理。载新浪网,https://vip.stock.finance.sina.com.cn/corp/view/vCB_AllBulletinDetail.php? stockid=300738&id=3127028,最后访问日期:2022 年 10 月 6 日。

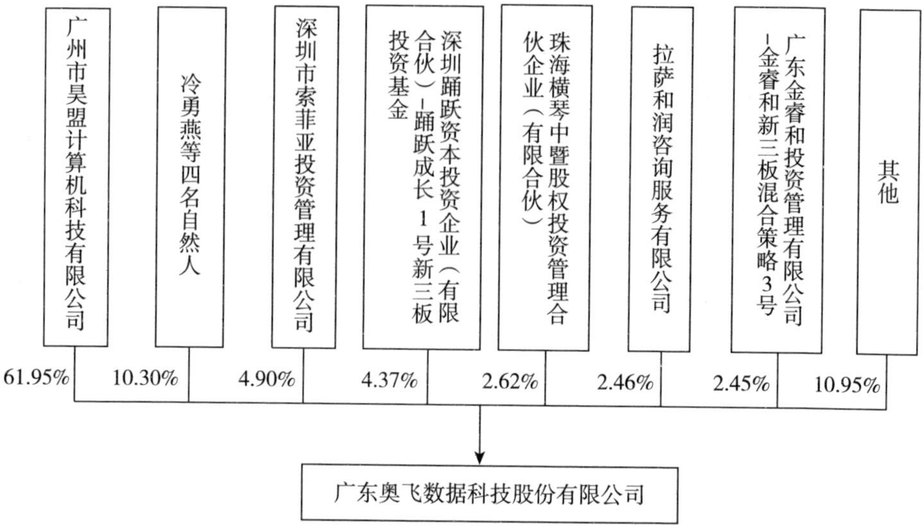

图4-1 奥飞数据清理“契约型基金”前的股权架构

清理“契约型基金”后，奥飞数据申报IPO时的股权架构见图4-2。

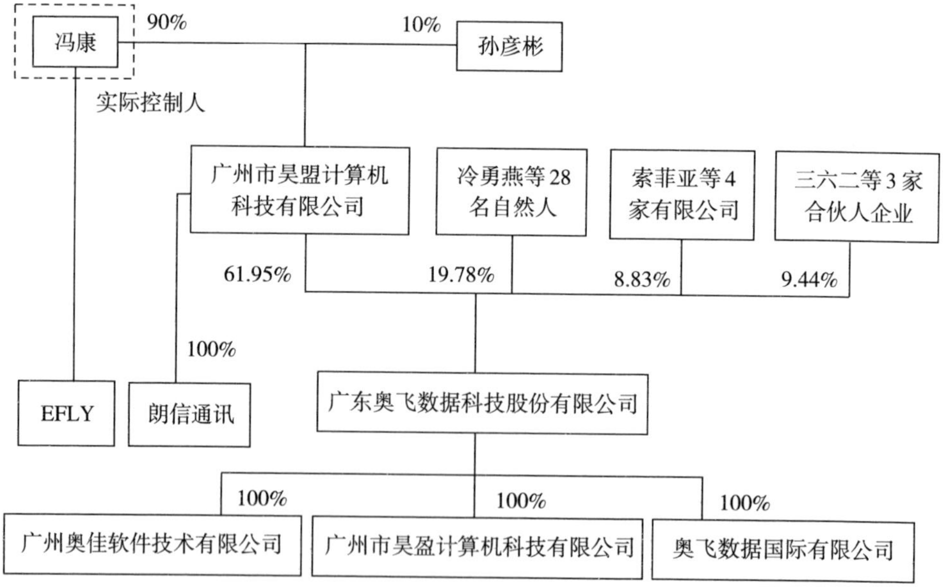

图4-2 奥飞数据清理“契约型基金”后申报IPO时的股权架构

2. **沃格光电**(603773)

2017年5月,沃格光电IPO申报材料被受理。2017年8月31日沃格光电从股转系统摘牌时,3支资产管理计划(包括金瑞1号、鑫聚宝2号、鑫聚宝4号)与深圳市富海新材股权投资基金(有限合伙)(以下简称富海新材)签署了《股份转让协议》,将其持有的沃格光电0.36%、0.27%、0.27%股权转让给富海新材。与奥飞数据不同的是,沃格光电是在申报IPO排队期间完成清理"三类股东"的工作。"三类股东"清理完成后,申报IPO时的股权架构中"其他股东65名"变为"其他股东62名"。

根据《招股说明书(申报稿)——2017.4.27报送》,[①]沃格光电清理"三类股东"之前的股权架构见图4-3。

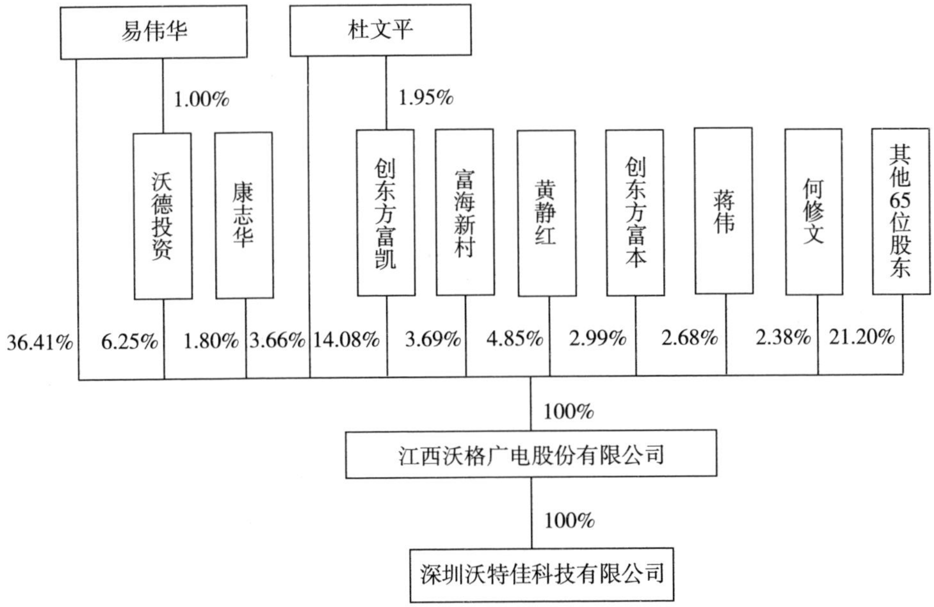

图4-3 沃格光电清理"资产管理计划"之前的股权架构

① 载新浪网,https://money.finance.sina.com.cn/corp/view/vISSUE_RaiseExplanationDetail.php?stockid=603773&id=3456664,最后访问日期:2022年10月6日。

根据《招股说明书(申报稿)——2018.1.3 报送》,[①]沃格光电完成清理"三类股东"后的股权架构见图 4-4。

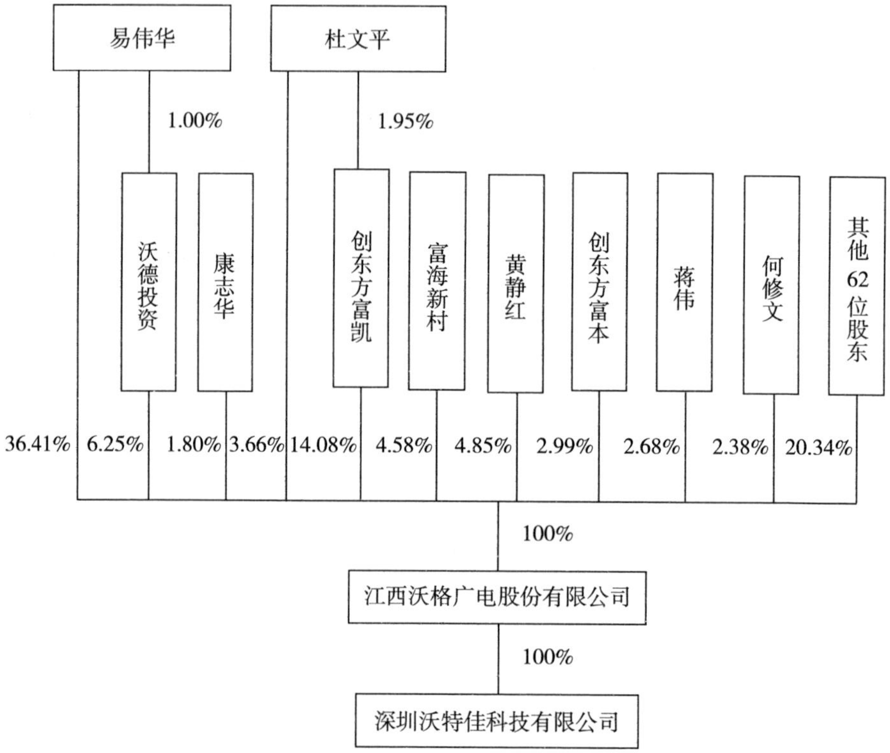

图 4-4 沃格光电清理"资产管理计划"之后的股权架构

3. **科顺股份**(300737)

科顺股份于 2015 年 10 月挂牌新三板,自 2016 年 1 月 29 日起做市,到 2017 年 3 月停牌期间交易一直非常活跃,股东人数大幅增加。2017 年 6 月 30 日,股东人数达到 393 名。然而根据《招股说明书(申报稿)——2018.1.12 报送》,[②]科顺股份在申报创业板上市时,股东人数为 383 名,其股权结构见图 4-5。

---

① 载新浪网,https://money.finance.sina.com.cn/corp/view/vISSUE_RaiseExplanationDetail.php?stockid=603773&id=4006399,最后访问日期:2022 年 10 月 6 日。

② 载新浪网,https://money.finance.sina.com.cn/corp/view/vISSUE_RaiseExplanationDetail.php?stockid=300737&id=4006755,最后访问日期:2022 年 10 月 6 日。

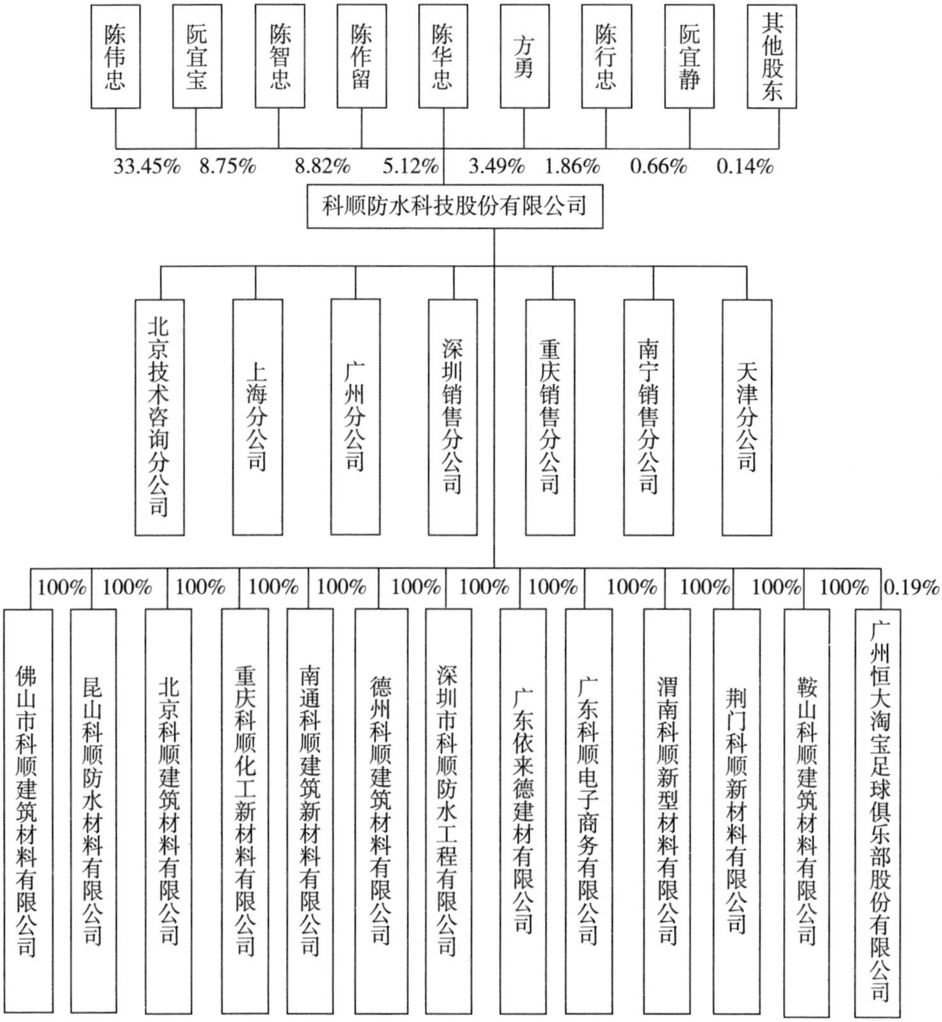

图 4－5　科顺股份申报 IPO 时的股权架构

根据《北京市中伦律师事务所对科顺股份首次公开发行股票并上市的补充法律意见书(三)》,[①]经律师核查,发行人在册的 383 名股东中不包含信托、资产管理计划、契约型基金。因此,科顺股份与奥飞数据均是在申报材料前已对其

① 载新浪网,https://vip.stock.finance.sina.com.cn/corp/view/vCB_AllBulletinDetail.php?stockid=300737&id=3992521,最后访问日期:2022 年 10 月 6 日。

“三类股东”完成清理，然而相比奥飞数据和沃格光电与其“三类股东”的“和平分手”，科顺股份清理“三类股东”可以说“命运多舛”。在协商过程中，公司控股股东与“三类股东”未能就其退出事项达成一致意见，导致控股股东将“三类股东”诉诸法院，最终通过司法裁判方式得到解决。[①] 经过调解，通过控股股东受让“三类股东”股权方式予以解决。

（二）“破冰之旅”代表——文灿股份(603348)

在文灿股份成功过会之前，存在“三类股东”问题的新三板企业均是通过清理之后才得以上市。文灿股份在 2018 年 4 月 26 日的成功上市实现了“三类股东”在 IPO 之路上的“破冰”。

根据《北京市邦盛律师事务所关于广东文灿压铸股份有限公司首次公开发行股票并上市的补充法律意见书(六)》，[②]根据监管要求，中介律师对文灿股份 6 支资产管理计划和 4 只契约型私募股权基金进行了逐层穿透核查并予以披露。

从文灿股份的顺利过会，可以大致总结当时“三类股东”在 IPO 之路的“生存土壤”：

1. 发行人的控股股东、实际控制人以及第一大股东不存在“三类股东”情形；

2. “三类股东”须依法设立并且规范运作，纳入国家金融监管部门的有效监管，并按规定履行审批、备案或者报告程序；

3. “三类股东”须做穿透式核查，并且对其存续期作出合理安排，以满足锁定期和减持要求；

4. 对“三类股东”是否存在高杠杆结构化、分级、层层嵌套等情形做核查，披露整改计划。

---

① 载搜狐网，https://www.sohu.com/a/221729939_114986，最后访问日期：2022 年 10 月 6 日。

② 载新浪网，https://vip.stock.finance.sina.com.cn/corp/view/vCB_AllBulletinDetail.php?stockid=603348&id=4196931，最后访问日期：2022 年 10 月 6 日。

（三）联赢激光（688518）的幸福之旅

虽然西部超导（688122）是第一家携"三类股东"成功闯关科创板的企业，[①]但西部超导的四名"三类股东"合计持股0.0232%的低比例参考意义并不大。相较而言，联赢激光携33名"三类股东"（合计持股6.6169%）成功上市，[②]引发广泛关注。

当然，联赢激光的成功过会是基于对其33名"三类股东"的规范运作作出《承诺》基础上，对于无法作出承诺的"三类股东"，则是通过清算打消监管层顾虑。根据《关于深圳市联赢激光股份有限公司首次公开发行股票并在科创板上市申请文件的第三轮审核问询函的回复》，[③]在"三类股东"中，有32家管理人出具了《承诺函》，就其符合《关于规范金融机构资产管理业务的指导意见》（以下简称《指导意见》）的规定事宜作出了承诺：对于尚不满足《指导意见》中硬性条件的部分，承诺将在《指导意见》规定的过渡期内妥善完成产品的整改（有3家存在需要整改的情形：2家存在份额分级、1家为开放式资产管理产品并且该等"三类股东"已制订明确的整改计划），确保产品符合监管要求。而未能提供或出具书面承诺整改计划的1家已进入清算，承诺将按照相关法律、法规及该产品清算条款的要求完成清算及退出，不再开放申购。

从"低持股三类股东"的西部超导到有着"数量多、较高持股三类股东"的联赢激光的成功上市，以"信息披露"为核心的注册制下的科创板对于"三类股东"的包容性会更强，"三类股东"问题不再是曾让诸多冲击A股的新三板企业难以逾越的障碍。

---

① 西部超导于2019年7月22日登陆科创板。

② 联赢激光于2020年6月22日登陆科创板。

③ 载新浪网，https://vip.stock.finance.sina.com.cn/corp/view/vCB_AllBulletinDetail.php?stockid=688518&id=6338776，最后访问日期：2022年10月6日。

第二节 家族信托境内 IPO 现状

一、境内家族信托持股(拟)上市公司概况

尽管在境外上市的境地企业中,家族企业股权架构模式常见家族信托持股,包括龙湖集团、融创中国、达利食品、周黑鸭等,然而在 A 股上市公司里,家族信托持股的案例并不多见。英飞拓(002528)属于屈指可数的在目前境内上市公司股权架构中存在家族信托的稀有案例,但英飞拓是在上市之后通过转让股份收益权的方式得以实现。在携家族信托共赴境内 IPO 征程之路上,前有迈瑞医疗(300760)从美股回归 A 股时撤销家族信托(2016 年 6 月 2 日,李西廷撤销 Magic Bell Trust 并受让 Magic Bell Limited 的全部股份;2016 年 7 ~ 12 月,香港投资、香港控股分别将其持有的全部公司股份转让给其他新增股东。自此,前述李西廷、徐航通过信托方式控制发行人股份的情形得到消除),[①]后有凯赛生物(688065)为谋求上市选择主动拆除家族信托架构。可以说,家族信托持股拟 IPO 企业谋求上市之路充斥阻碍。当然,这与家族信托持股属于“三类股东”之一“信托计划”持股的一种形式不无关系,随着新三板企业“三类股东”在闯关 A 股过程中经历“阵痛”到“破冰”的蜕变,再到盛美上海(688082)、振华新材(688707)和芯原股份(688521)的突破,家族信托持股拟 IPO 企业在登陆 A 股过程中逐步迎来曙光。

二、拆除家族信托架构为上市

根据《招股说明书(申报稿——2019 年 12 月 10 日)》,[②]凯赛生物于 2019 年 12 月向上海证券交易所申报 IPO 材料并且被上海证券交易所受理,其股权架构见图 4 – 6。

---

① 载金融界网,https://stock. jrj. com. cn/share,disc,2018 – 09 – 26,300760,0000000000000mhg8q. shtml,最后访问日期:2022 年 10 月 6 日。

② 参见 http://stock. jrj. com. cn/share,disc,2019 – 12 – 10,688065,0000000000000qubcp. shtml,最后访问日期:2022 年 10 月 6 日。

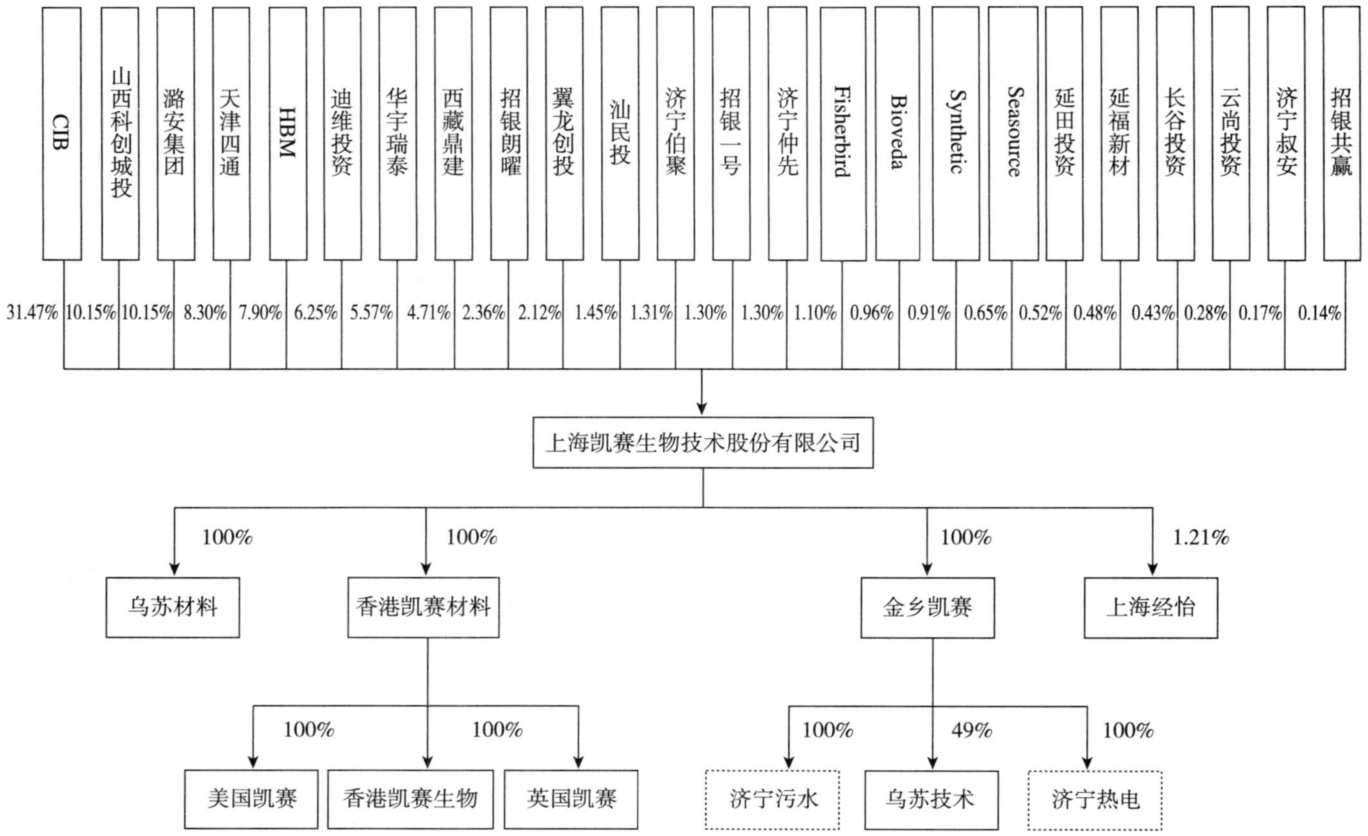

图 4–6 凯赛生物申报 IPO 时的股权架构

凯赛生物的控股股东为 CIB，持有公司 117999515 股股份，占发行前总股本的 31.47%。CIB 系持股平台，未实际经营业务。

CIB 的股权架构见图 4-7。

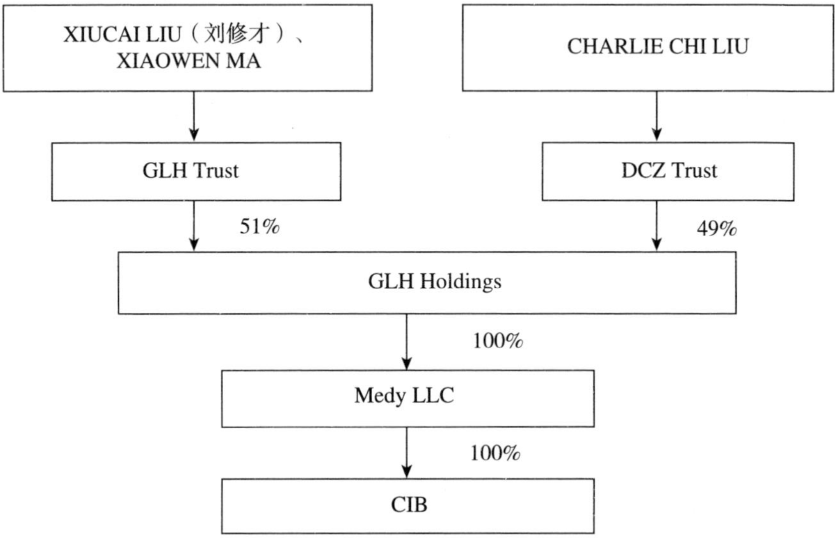

图 4-7　CIB 的股权架构

上述《招股说明书》关于凯赛生物实际控制人的认定：公司实际控制人为 XIUCAI LIU（刘修才），美国国籍。XIUCAI LIU（刘修才）与 XIAOWEN MA、CHARLIE CHI LIU 于 2019 年 10 月签署《一致行动协议》，确认 GLH Trust、GLH Holdings LLC、Medy LLC 及凯赛生物均由 XIUCAI LIU（刘修才）所实际管理和控制，XIAOWEN MA、CHARLIE CHI LIU 不可撤销的同意并承诺，在与凯赛生物相关事项中无条件与 XIUCAI LIU（刘修才）保持一致行动。

由于在向上海证券交易所申报材料时，凯赛生物携带"家族信托"股权架构，因此在一轮、二轮问询中，上海证券交易所就"家族信托"进行了详细问询。

在第一轮问询中，上海证券交易所提出如下问题：

1. 说明 XIUCAI LIU（刘修才）及其配偶、儿子通过境外信托基金间接持有发行人股份原因、是否规避境内监管，根据美国和中国相关法律，是否影响控制权清晰稳定，是否符合《科创板首次公开发行股票注册管理办法（试行）》（以下简称《注册办法》）第 12 条第 2 项以及《上海证券交易所科创板股票发行上市审核问答》(以下简称《审核问答》)第5问的相关规定。

2. 提供信托协议、一致行动协议等相关文件及其翻译件,并在《招股说明书》中披露其中的重要条款。

根据凯赛生物《关于〈上海凯赛生物技术股份有限公司首次公开发行股票并在科创板上市申请文件的审核问询函〉之回复报告》,①GLH Trust系XIUCAI LIU(刘修才)和XIAOWEN MA夫妇为委托人的家族信托,DCZ Trust系CHARLIE CHI LIU为委托人的家族信托。GLH Trust直接持有GLH Holdings LLC 51%股权,间接持有51%的CIB股权;DCZ Trust直接持有GLH Holdings LLC 49%股权,间接持有49%的CIB股权。GLH Holdings LLC的股权为GLH Trust和DCZ Trust的信托财产。

在本轮回复中,凯赛生物将XIUCAI LIU(刘修才)的配偶XIAOWEN MA及儿子CHARLIE CHI LIU补充认定为共同实际控制人。凯赛生物的实际控制人为XIUCAI LIU(刘修才)家庭。

对于XIUCAI LIU(刘修才)及其配偶、儿子通过境外信托基金间接持有发行人股份原因,凯赛生物作出的解释是"设立家族信托是美国常见的家庭财富管理方式,XIUCAI LIU(刘修才)、XIAOWEN MA及CHARLIE CHI LIU均系美国国籍,其设立家族信托是为家族财产管理、传承与税收筹划之目的"。

就上海证券交易所质疑该架构是否存在规避国内监管的问题,凯赛生物作出的回复较为简洁:"控股股东CIB此前曾考虑在境外上市,故按照境外持股的商业惯例搭建了多层持股架构,其并非为规避境内监管设置。"

在本轮回复里,凯赛生物对GLH Trust和DCZ Trust的委托人及其权力、受托人及其权力、受益人及其利益、委托人行使撤销权后的财产权属、委托人身故后的信托安排等事项进行了披露。

由于境外信托基金存在于凯赛生物的控制权条线上,因此上海证券交易所非常关注其控制权的清晰稳定性。凯赛生物在回复中援引McDonald Carano LLP律师事务所出具的关于GLH Trust的法律意见和Gilmore Rees & Carlson PC律师事务所出具的关于DCZ Trust的法律意见(以下简称信托法律意见)并

---

① 载新浪网,https://vip.stock.finance.sina.com.cn/corp/view/vCB_AllBulletinDetail.php?stockid=688065&id=6458086,最后访问日期:2022年10月6日。

表示，鉴于 XIUCAI LIU（刘修才）和 XIAOWEN MA 夫妇能够变更受托人、随时无条件撤销和修改 GLH Trust，XIUCAI LIU（刘修才）和 XIAOWEN MA 夫妇生前能够有效控制 GLH Trust 所属的财产。同时，鉴于 XIUCAI LIU（刘修才）和 XIAOWEN MA 夫妇身故后 GLH Trust 成为不可撤销信托且 CHARLIE CHI LIU 成为唯一受托人，CHARLIE CHI LIU 在 XIUCAI LIU（刘修才）和 XIAOWEN MA 夫妇身故后能够控制 GLH Trust 所属的财产。鉴于 CHARLIE CHI LIU 能够撤销、修改 DCZ Trust、解除受托人，CHARLIE CHI LIU 生前能够控制 DCZ Trust 所属的财产。同时，XIUCAI LIU（刘修才）、XIAOWEN MA、CHARLIE CHI LIU 三人已签署《一致行动协议》，明确最近 2 年 GLH Trust、GLH Holdings LLC、Medy Limited、Medy LLC 及凯赛生物均由 XIUCAI LIU（刘修才）实际管理和控制；今后在 GLH Holdings LLC、Medy LLC 及凯赛生物层面均与 XIUCAI LIU（刘修才）保持一致。因此，凯赛生物认为 XIUCAI LIU（刘修才）、XIAOWEN MA 及 CHARLIE CHI LIU 对发行人的控制清晰稳定。

同时，凯赛生物在本轮问询回复里，按照问询要求披露了 GLH Trust 和 DCZ Trust 的重要条款，包括有关委托人、受托人、受益人条款、信托目的和受托人权力、委托人的撤销权和修改权、受托人的决策机制、委托人身故后的信托安排。另外，《一致行动协议》的重要条款也被予以披露。

在凯赛生物回复上海证券交易所第一轮问询后，上海证券交易所的第二轮问询中有关家族信托仍然是围绕着控制权展开，包括如下问题：

1. GLH Holdings LLC 对 Medy LLC、Medy LLC 对 CIB、CIB 对发行人相关事宜（包括但不限于股权处置、公司治理等）的决策机制；《一致行动协议》中与发行人相关事项的具体内容。

2. GLH Trust、DCZ Trust 受托人决策机制与《一致行动协议》是否存在冲突，是否对发行人的控制权稳定存在重大不利影响。

3. 受托人之间对相关事项的决策机制，若受托人之间意见不一致时如何解决；PATRICE ANNE LIU 作为共同受托人拥有协助 CHARLIE CHI LIU 管理财产的权力，PATRICE ANNE LIU 是否能对 DCZ Trust、GLH Holdings LLC、CIB 及发行人相关事宜拥有决策权、实际控制人认定是否准确。

4. 说明 GLH Trust 或 DCZ Trust 被撤销，GLH Holdings LLC 股权的分配机制，XIUCAI LIU（刘修才）、XIAOWEN MA、CHARLIE CHI LIU 和 PATRICE

ANNE LIU 的持股比例如何计算。

5. 受托人是否依据受益人的指示行使信托所持证券的权利。

6. 受托人变更及指定共同受托人的约定是否对发行人控制权存在重大不利影响。

可以看出,上海证券交易所在第二轮问询中的问题是比较尖锐的。

需要特别说明的是,凯赛生物在第一轮问询的回复阐述的受托人的决策机制与凯赛生物披露的《一致行动协议》内容存在矛盾。

凯赛生物在第一轮问询里关于"受托人及其权力"部分的披露内容:XIUCAI LIU(刘修才)、XIAOWEN MA 和 CHARLIE CHI LIU 为 GLH Trust 的受托人,受托人以信托受益人受益为目的对 GLH Trust 信托协议下多个信托的管理、收益分配和投资拥有决定权。就受托人的决策机制而言,当受托人大于等于 2 人时,受托人根据多数表决原则进行决策。CHARLIE CHI LIU、PATRICE ANNE LIU 夫妇为 DCZ Trust 的受托人,受托人拥有投资、财产处分、收益分配等多项权力。根据信托法律意见,PATRICE ANNE LIU 作为共同受托人拥有协助 CHARLIE CHI LIU 管理财产的权力。

据此,针对 GLH Trust 信托协议下多个信托,受托人的决策机制是当受托人[XIUCAI LIU(刘修才)、XIAOWEN MA 和 CHARLIE CHI LIU]大于等于 2 人时,受托人根据多数表决原则进行决策。而根据前述《招股说明书》披露的《一致行动协议》,XIAOWEN MA、CHARLIE CHI LIU 不可撤销的同意并承诺,在与凯赛生物相关事项中无条件与 XIUCAI LIU(刘修才)保持一致行动。显然,二者存在矛盾。

因此,凯赛生物在回复上海证券交易所第二轮问询时便主动拆除了信托架构,完成股权架构调整。具体调整方式:Medy LLC 与 XIUCAI LIU(刘修才)、XIAOWEN MA 和 CHARLIE CHI LIU 于 2020 年 4 月 9 日分别签署了《股权转让协议》,Medy LLC 将其所持 50.5% 的 CIB 股权无偿转让给 XIUCAI LIU(刘修才),将其所持 0.5% 的 CIB 股权无偿转让给 XIAOWEN MA,将其所持 49% 的 CIB 股权无偿转让给 CHARLIE CHI LIU。

本次持股架构调整完成后,CIB 的股东由 Medy LLC 变更为 XIUCAI LIU(刘修才)、XIAOWEN MA 和 CHARLIE CHI LIU[三人合称 XIUCAI LIU(刘修才)家庭],持股结构见图 4-8。

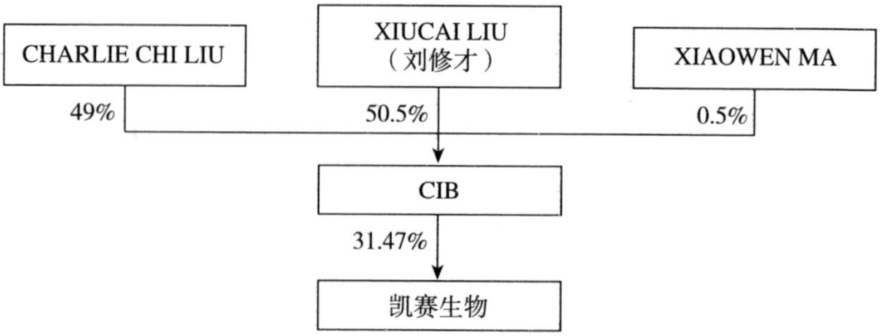

图 4 – 8　凯赛生物拆除家族信托架构后 CIB 的股权架构

凯赛生物对上海证券交易所就“受托人决策机制与一致行动协议”是否存在冲突回复时，认为“本次持股架构调整后，XIUCAI LIU（刘修才）家庭不再通过家族信托间接持有发行人股份，信托决策机制不再影响发行人实际控制人的认定，不会对发行人控制权稳定存在重大不利影响”。可以说，随着家族信托架构的拆除，针对凯赛生物控制权的质疑彻底被消除。

最终，凯赛生物在上海证券交易所的“问询重压”下通过拆除家族信托架构得以成功上市。可见，家族信托在实控人层面持股拟 IPO 企业很难被监管层认可。

根据《科创板首次公开发行股票注册管理办法（试行）》相关规定，控股股东和受控股股东、实际控制人支配的股东所持发行人的股份权属清晰，最近 2 年实际控制人没有发生变更，不存在导致控制权可能变更的重大权属纠纷。《上海证券交易所科创板股票发行上市审核问答（二）》[以下简称《审核问答（二）》]对包含“信托计划”的“三类股东”的核查和披露要求之一便是核查确认公司控股股东、实际控制人、第一大股东不属于“三类股东”。

尽管凯赛生物在第一轮问询回复里试图以“对信托财产的控制权”为突破口论证“对发行人的控制权清晰稳定”，但从上海证券交易所第二轮“火力全开”的问询看，显然并没有得到上海证券交易所的认可。特别是《审核问答(二)》明确要求发行人的控股股东、实际控制人、第一大股东不属于“三类股东”，虽然凯赛生物的控股股东、实际控制人非“三类股东”，然而其家族信托存在于“控股股东、实际控制人条线”，这种以“擦边球”之嫌的架构试探监管层的审核尺度存在风险，事实证明未能通过。

尽管拆除家族信托架构为凯赛生物上市之路清除了障碍，但是拆除架构过程可能面临的涉税问题又会成为需要解决并且披露的事项。于是，在本轮回复里，凯赛生物就为拆除家族信托架构涉及的股权转让涉及的审批和税收事宜进行了说明。

根据凯赛生物的回复，本次持股架构调整交易系发生在境外主体之间，交易标的为境外主体的股权，无须境内相关部门审批。北京天职税务师事务所有限公司上海分所出具《上海凯赛生物技术股份有限公司关于 Medy LLC 与刘氏家族相关交易是否产生纳税义务的说明》（天税业字〔2020〕297 号），CIB 是一家注册在开曼群岛的公司，由 Medy LLC 全资持有，目前 Medy LLC 将其所持有的 100% 的 CIB 股权转让给间接持有其 100% 股权的 XIUCAI LIU（刘修才）家庭；本次交易中股权受让方间接拥有股权转让方 100% 的股权且本次交易后可能再次发生的间接转让交易相比在未发生本次交易情况下的相同或类似交易，其中国所得税负担不会减少，因此，Medy LLC 将其全资持有的 CIB 股权转让给 XIUCAI LIU（刘修才）家庭无中国企业所得税纳税义务。此外，从美国税法角度，由于 GLH Trust 和 DCZ Trust 均为生前信托，在税收上被视为透明实体，GLH Holdings、Medy LLC 及 CIB 也均为美国税法上的透明实体，因此 XIUCAI LIU（刘修才）家庭将相关资产从生前信托转移至个人持股，亦不会产生美国税务问题。根据 C. G. UHLENBERG LLP 于 2020 年 4 月 29 日出具的美国税务意见，本次持股架构调整前后，CIB 的最终所有人不变，对转让方和受让方均不会产生美国税收法律下的纳税义务。

从凯赛生物携“境外家族信托”申报 IPO 到问询期间拆除架构成功上市的过程来看，“控制权的清晰稳定”是上市审核不可挑战、逾越的红线，对于家族信托出现在“控制条线”影响发行人控制权清晰、稳定情形的，不管是从《审核问答（二）》的要求还是从实际审核情况看，都很难获得监管层面认可。另外，虽然通过股权架构调整方式可以达到审核要求，但是调整过程中可能存在涉税问题。因此，拟 IPO 企业在规划上市前，需要审慎设计股权架构，避免因调整架构带来可能存在的本不必要的税收成本。

三、当前 A 股审核口径分析

（一）盛美上海（688082）

盛美上海是第一个携家族信托成功上市的案例。根据《招股说明书（申报稿）——2020 年 6 月 1 日》，[1]盛美上海在申报 IPO 时的股权架构见图 4－9。

---

① 载新浪网，https://vip.stock.finance.sina.com.cn/corp/view/vCB_AllBulletinDetail.php?stockid=688082&id=6337356，最后访问日期：2022 年 10 月 6 日。

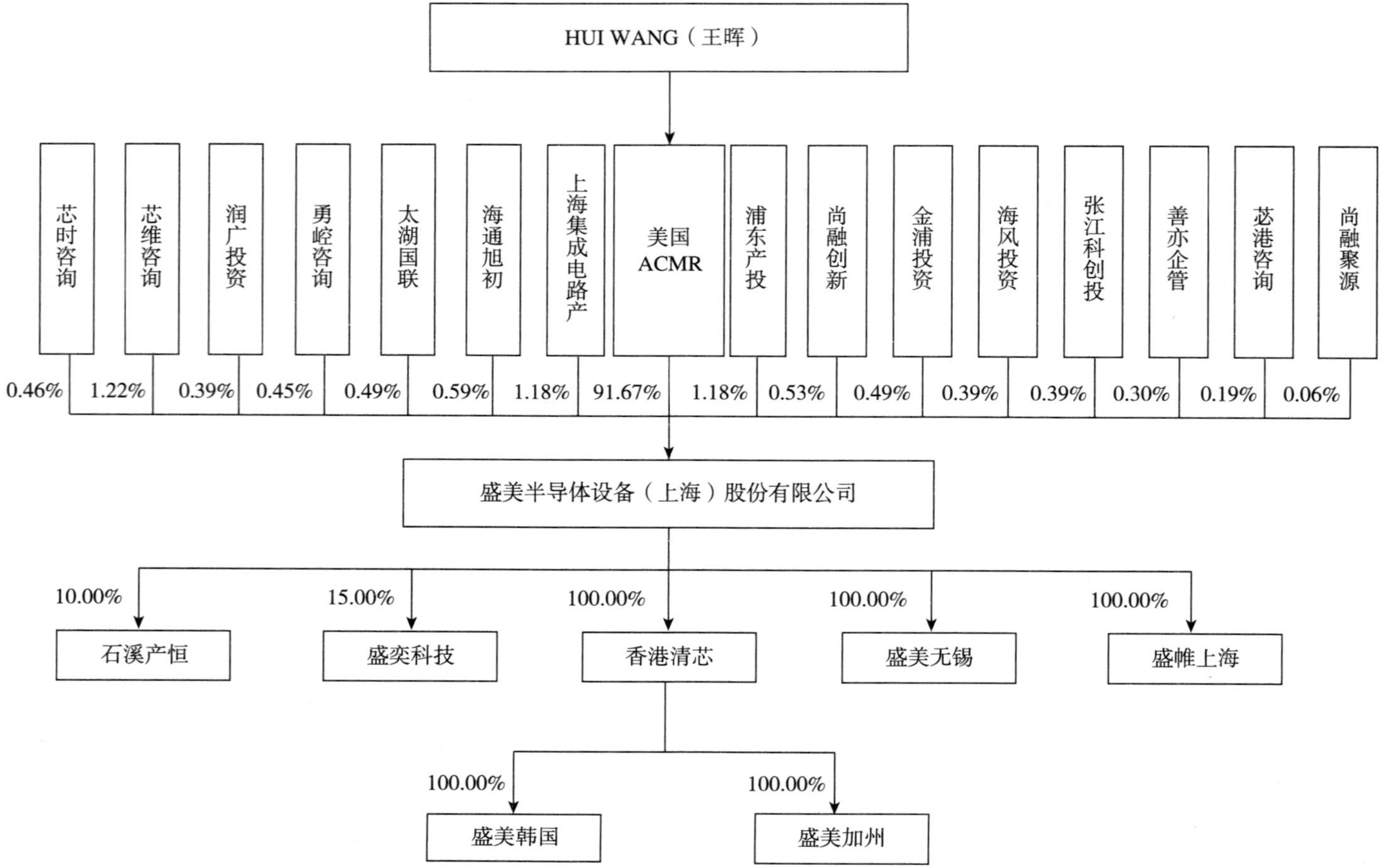

图 4–9　盛美上海申报 IPO 时的股权架构

根据前述《招股说明书》披露，境外律师出具了关于美国 ACMR 的法律意见书和美国 ACMR 的信息披露公告文件，美国 ACMR 于 1998 年 1 月在美国加利福尼亚州成立，2016 年 11 月，注册在美国特拉华州的 ACM Research，Inc.（美国 ACMR 全资子公司）重组吸收合并美国 ACMR。重组完成后，原美国加利福尼亚州公司不再存续，注册在美国特拉华州的 ACM Research，Inc. 继续存续。美国 ACMR 于 2017 年 11 月在美国 NASDAQ 股票市场上市，股票代码为 ACMR。

美国 ACMR 为控股型公司，持有盛美半导体 91.67% 的股权和 ACM Research（Cayman），Inc. 100% 的股权，美国 ACMR 除持有上述公司股权外未实际从事其他业务，ACM Research（Cayman），Inc. 未实际从事业务。

HUI WANG（王晖）及其儿子 BRIAN WANG、女儿 SOPHIA WANG 分别持有控股公司美国 ACMR 部分股权，并通过两个家族信托——David HuiWang & Jing Chen Family Living Trust 及 David HuiWang & Jing Chen Irrevocable Trust 持有控股公司美国 ACMR 部分股权，通过控股公司美国 ACMR 间接控股盛美上海。

截至 2019 年 12 月 31 日，HUI WANG（王晖）持有美国 ACMR168006 股 A 类普通股，占 A 类普通股比例为 1.04%；HUI WANG（王晖）及其妻子 JING CHEN 持有的 David Hui Wang & Jing Chen Family Living Trust 持有 206667 股 A 类普通股，David Hui Wang & Jing Chen Irrevocable Trust 持有 60000 股 A 类普通股，合计占 A 类普通股的比例为 1.65%。HUI WANG（王晖）及其妻子 JING CHEN 持有的 David Hui Wang & Jing Chen Irrevocable Trust 持有 7334 股 B 类普通股，占 B 类普通股的比例为 0.39%。持股比例见图 4－10。

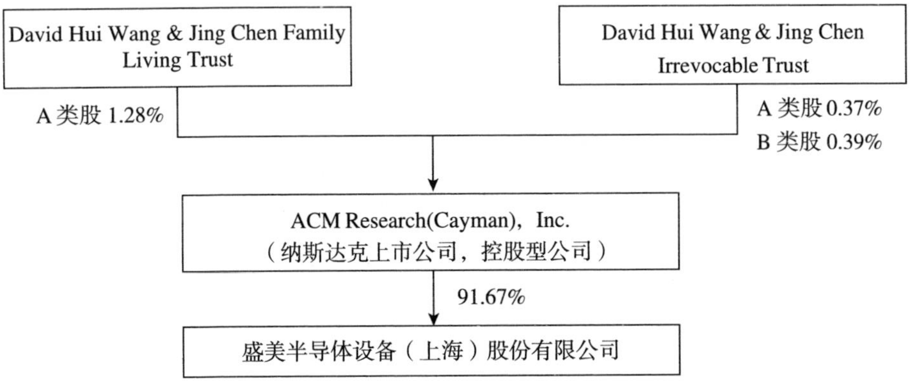

图 4－10　截至 2019 年 12 月 31 日家族信托持股盛美上海的股权架构

在第一轮和第二轮问询中，上海证券交易所就家族信托间接持股盛美上海分别提出如下问题：

1. David Hui Wang& Jing Chen Family Living Trust 及 David Hui Wang& Jing Chen Irrevocable Trust 的基本情况，包括信托基金的设立时间、具体类型、运作方式、信托期限、相关权利、义务人及权利、义务安排、设立以来的信托表决权、实际行使情况等，除上述信托基金外，美国 ACMR 层面是否存在其他信托持股情形，控股股东所持发行人的股份权属是否清晰。

2. David Hui Wang& Jing Chen Family Living Trust 及 David Hui Wang& Jing Chen Irrevocable Trust 与实际控制人 HUI WANG(王晖)是否构成一致行动关系。

在回复“控股股东所持发行人的股份权属是否清晰”时，盛美上海通过阐述境外家族信托特点、目的及该家族信托持股企业股权比例情况进行论证，同时说明相关主体的承诺事项。具体为家族信托在境外属于常见的财产处理安排与家庭财富管理方式，具有较为成熟的运作机制。实际控制人 HUI WANG(王晖)及其妻子 JING CHEN、子女 BRIAN WANG 与 SOPHIA WANG 均系美国国籍，其设立家族信托是为家族财产管理、传承与税收筹划，且该等家族信托持有的美国 ACMR 股份比例较低，上述家族信托通过控股股东美国 ACMR 间接持有发行人股份不会影响发行人股份权属清晰。同时，HUI WANG(王晖)及其妻子 JING CHEN、其子女 BRIAN WANG 与 SOPHIA WANG 就其持有美国 ACMR 股份出具了承诺：“本人所持有的美国 ACMR 股份为本人真实持有，权属清晰；除上述家族信托外，本人不存在委托持股、信托持股或其他特殊安排情形。”根据美国 ACMR 出具的声明函，美国 ACMR 所持有的发行人股份为其真实持有，权属清晰，不存在股份质押、委托持股、信托持股或其他特殊安排情形。

对于上海证券交易所就“David Hui Wang& Jing Chen Family Living Trust 及 David Hui Wang& Jing Chen Irrevocable Trust 与实际控制人 HUI WANG(王晖)是否构成一致行动关系”的问询，盛美上海在《招股说明书》[①]中作了补充披露：“David Hui Wang& Jing Chen Family Living Trust 及 David Hui Wang& Jing Chen Irrevocable Trust 与实际控制人 HUI WANG(王晖)构成一致行动关系。公司实

---

① 载新浪网，https://vip.stock.finance.sina.com.cn/corp/view/vCB_AllBulletinDetail.php?stockid=688082&id=7315940，最后访问日期：2022 年 10 月 6 日。

际控制人 HUI WANG(王晖)担任公司董事长,且 HUI WANG(王晖)与其妻子 JING CHEN 设立并由 JING CHEN 担任受托人的 David Hui Wang & Jing Chen Family Living Trust 与 David Hui Wang & Jing Chen Irrevocable Trust 通过控股股东美国 ACMR 间接持有发行人股份,根据《上市公司收购管理办法》第 83 条的规定,David Hui Wang & Jing Chen Family Living Trust、David Hui Wang & Jing Chen Irrevocable Trust 与实际控制人 HUI WANG(王晖)构成中国法律下的法定一致行动关系。"

同时,HUI WANG(王晖)的一致行动人 David Hui Wang & Jing Chen Family Living Trust、David Hui Wang & Jing Chen Irrevocable Trust 均已出具《关于股份锁定的承诺函》《关于持股意向及减持意向的承诺函》《关于未履行承诺的约束措施的承诺函》《关于避免同业竞争的承诺函》《关于规范并减少关联交易的承诺函》,上述一致行动人均已比照实际控制人 HUI WANG(王晖)出具相关承诺。

盛美上海的成功 IPO,是携带家族信托股权架构首发上市的首单成功案例,意味着监管机构原则上可以接受"家族信托出现在作为拟上市企业的持股顶层结构中"。对比凯赛生物拆除"家族信托架构"谋求上市,盛美上海的境外家族信托间接持有发行人股份比例非常低,不像凯赛生物的实控制人采取通过"家族信托"控制发行人,因此在审核过程中获得监管层认可,成功首发上市。

(二)振华新材(688707)

振华新材的成功首发上市具有里程碑意义,是首家携国内家族信托成功完成首发上市的企业。

根据《招股说明书》,①振华新材的直接股东中不存在"三类股东"情形,但是其中一名小股东苏州青域知行创业投资合伙企业(有限合伙)(以下简称青域知行)存在间接出资人系"信托计划"的情形,青域知行持有振华新材股份的比例为 1.4687%。除青域知行外,其他机构股东不存在直接或间接出资人为"三类股东"的情形。该间接出资人云南国际信托有限公司持有振华新材 0.0059% 股权,系振华新材第三层股东。这家公司是作为受托人通过"云南信托-合禧世家 008 号家族信托"来持有股权。该信托成立于 2020 年,存续期限是 10 年。

---

① 载新浪网,https://vip.stock.finance.sina.com.cn/corp/view/vCB_AllBulletinDetail.php?stockid=688707&id=7416327,最后访问日期:2022 年 10 月 6 日。

上海证券交易所在首轮问询中提出,发行人直接或间接股东中是否存在契约型基金、信托计划、资产管理计划“三类股东”的情况,出资的资金来源是否合法合规,是否存在股份代持、委托持股等情况。

根据振华新材的问询回复,发行人直接股东中不存在“三类股东”情况,间接股东中存在“三类股东”情形,青域知行持有发行人4879120股股份,占发行人股本总额的1.4687%。在青域知行的出资人中,云南国际信托有限公司系代表“云南信托-合禧世家008号家族信托”(产品备案编号:ZXD32Y202005100011982)出资,间接持有发行人股份数为1.9516万股,持股比例为0.0059%,系发行人第三层股东。股权架构见图4-11。

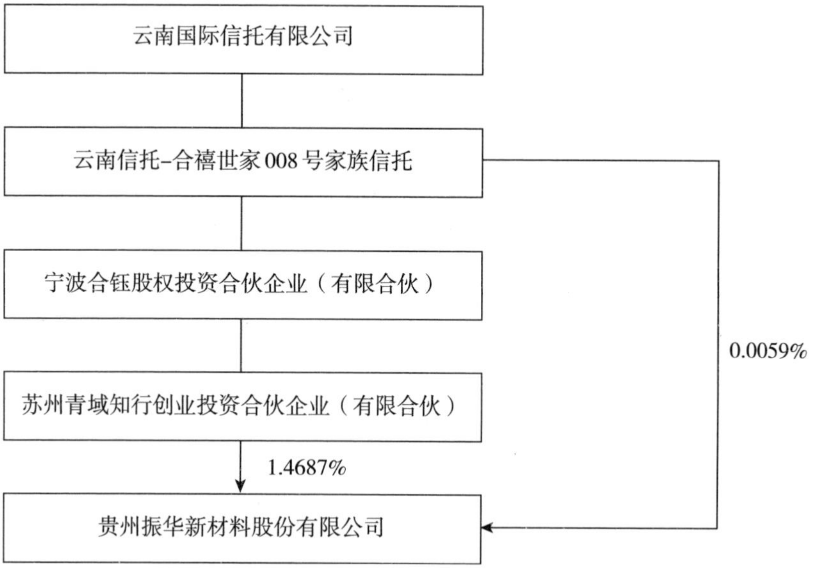

图4-11 家族信托持股振华新材的股权架构

经过首轮问询后,上海证券交易所未就“三类股东”作出其他问询,低比例持股发行人且未在实际控制人层面是振华新材获得审核通过的关键。

(三)芯原股份(688521)

根据芯原股份《招股说明书》,[①]Wayne Wei-Ming Dai的家族信托合计间接

---

① 载新浪网,https://vip.stock.finance.sina.com.cn/corp/view/vCB_AllBulletinDetail.php?stockid=688521&id=6497228,最后访问日期:2022年10月6日。

持有芯原股份1.7295%的股份。芯原股份股权分布及董事会构成均较为分散，不存在控股股东和实际控制人。尽管上海证券交易所就控股股东的认定提出问询，但芯原股份仍然坚持认定公司不存在控股股东。由于不存在控股股东、实际控制人，因此不涉及上海证券交易所问询中提及的关于“控股股东和受控股股东、实际控制人支配的股东所持发行人的股份权属清晰”的问题。

上海证券交易所在第二轮问询中，提及如下问题：

1. 结合《公司法》第216条的规定，说明未将VeriSilicon Limited认定为公司控股股东的依据是否充分。

2. 除上述项信托持股外，是否存在其他通过信托持股VeriSilicon Limited的情况，若有，请说明基本情况。

3. 说明上述信托持股是否符合《科创板首次公开发行股票注册管理办法（试行）》（以下简称《注册办法》）第12条第2项关于“控股股东和受控股股东、实际控制人支配的股东所持发行人的股份权属清晰”的规定。

根据芯原股份回复，VeriSilicon Limited在发行人的持股比例未超过50%，并且VeriSilicon Limited所持的表决权不足以对发行人股东大会的决议产生重大影响，因此未将VeriSilicon Limited认定为公司控股股东。由于发行人不存在控股股东、实际控制人，因此，发行人不涉及《注册办法》第12条第2项关于“控股股东和受控股股东、实际控制人支配的股东所持发行人的股份权属清晰”的规定。

芯原股份是一个特殊的案例，与凯赛生物、盛美上海、振华新材不同的是，芯原股份股权分散，不存在控股股东、实际控制人，并且Wayne Wei-Ming Dai的家族信托合计间接持有芯原股份的比例较低，进而顺利首发上市。

2022年4月，深圳证券交易所发布《创业板审核动态》（2022年第1期）（以下简称《审核动态》），明确了监管态度：信托持股架构具有复杂性和隐秘性，存在规避监管要求的操作空间，对股份权属清晰、控制权稳定等影响较大，审核实践中需要综合考虑、区别处理。若满足发行人控股股东、实际控制人、第一大股东不属于信托架构，信托持股具有充分的合理性，信托持股比例较小等条件，也可以获得审核认可。但若发行人控制权条线的股份存在信托持股情形，影响了对控制权相关股权清晰稳定这一发行条件的判断，则需拆除原有的信托架构。

根据前述分析的案例，结合《审核动态》的态度，笔者认为，家族信托架构在控制权条线影响控制权清晰、稳定的，无法通过审核。如果家族信托持股比例较低、不影响发行人的控制权清晰和稳定、家族信托持股具有充分合理性的，获得监管层认可而顺利 IPO 的可能性较大。

第三节　家族信托持股企业 IPO 路在何方

一、家族信托持股企业登陆 A 股矛盾点分析

家族信托业务操作过程中，委托人常常有复杂的家庭结构和私密性的诉求，家族信托的特点是私密性很强。相较于继承过程中的继承权公证，家族信托能够发挥保护隐私的功能，资产管理是以受托人名义进行的，除非特别情形，受托人不得对外披露信托财产的运营状况。

我国股票发行由核准制向注册制转变，2019 年科创板注册制落地，2020 年创业板推行注册制，“信息披露”作为注册制的核心要义，旨在消除市场参与主体的信息不对称，保护投资者利益。

《证券法》第 19 条第 1 款规定：“发行人报送的证券发行申请文件，应当充分披露投资者作出价值判断和投资决策所必需的信息，内容应当真实、准确、完整。”《证券法》第 80 条第 1 款规定了“发生可能对上市公司、股票在国务院批准的其他全国性证券交易场所交易的公司的股票交易价格产生较大影响的重大事件，投资者尚未得知时，上市公司应当立即报告”，同时列举了前述“重大事件”的范围。同时，上市公司的控股股东或者实际控制人对重大事件的发生、进展产生较大影响的，应当配合履行信息披露义务。

笔者认为，家族信托事项的信息披露一定不会是事无巨细的，因为过度信息披露只会造成信息过载，非注册制应有之义。根据《证券法》，家族信托相关事项的披露范围应以“投资者作出价值判断和投资决策所必需的信息”和“对上市公司股票交易价格产生较大影响的重大事件所涉信息”为标准。否则，损害注册制的初衷的同时也阻碍了家族信托在资本市场的发展。

从监管层的审核尺度看，上海证券交易所之所以对持股凯赛生物的家族信托相关事项提出详细的问询，源于家族信托出现在凯赛生物控制条线并且对发行人控制权产生重大影响，一方面，属于影响投资者作出价值判断和投资决策所必需的信息；另一方面，属于是否符合首发条件存疑的情形。而对于盛美上海、

振华新材，鉴于这两家公司的家族信托持有发行人股份均较低，从监管层问询看，对家族信托的信息披露要求基本属于“点到为止”。在当前家族信托“小比例间接持股”拟IPO企业被监管层认可的背景下，监管层对于家族信托的披露要求可以满足家族信托保密性的需求。

2021年6月15日，上海证券交易所科创板审核中心以及深圳证券交易所上市审核中心向保荐机构发出《关于进一步规范股东穿透核查的通知》（以下简称《通知》），表示股东穿透核查应当把握好重要性原则，避免免责式、简单化的核查。对于持股较少、不涉及违法违规“造富”等情形的，保荐机构会同发行人律师实事求是发表意见后，可不穿透核查。“持股较少”可以结合持股数量、比例等因素综合判断。原则上，直接或间接持有发行人股份数量少于10万股或持股比例低于0.01%的，可认定为持股较少。

尽管“直接或间接持有发行人股份数量少于10万股或持股比例低于0.01%的”在实务中存在的情形很少见，但是《通知》的出台在“审核形式意义”上的突破显然更值得关注。而振华新材家族信托持股发行人比例为0.0059%，低于0.01%，正符合《通知》中“可不穿透核查股东”的情形。

二、家族信托持股企业登陆A股未来展望

（一）携家族信托共赴IPO之旅

从凯赛生物“断臂求生登陆A股”到“盛美上海”“振华新材”“芯原股份”无须拆除家族信托架构陆续实现突破，监管层对“家族信托”出现在拟IPO企业顶层架构从“不接受”到“有条件接受”，体现了以“信息披露”为核心的注册制的兼容并包，同时对“家族信托”这个起源于西方的舶来品制度呈现“欢迎之意”。

根据前文案例分析，不难看出，目前监管层对“家族信托”少量、间接持有发行人股份并且不影响发行人控制权清晰、稳定的，所持态度是原则上认可，未来是否会“更进一步”，值得期待。

（二）家族信托在发行人上市后如何发挥财富传承功能

1. 上市公司股权家族信托

英飞拓（002528）于2010年12月24日登陆深圳证券交易所中小板。根据

英飞拓《招股说明书》,[1]公司申报 IPO 时的股权架构见图 4－12。

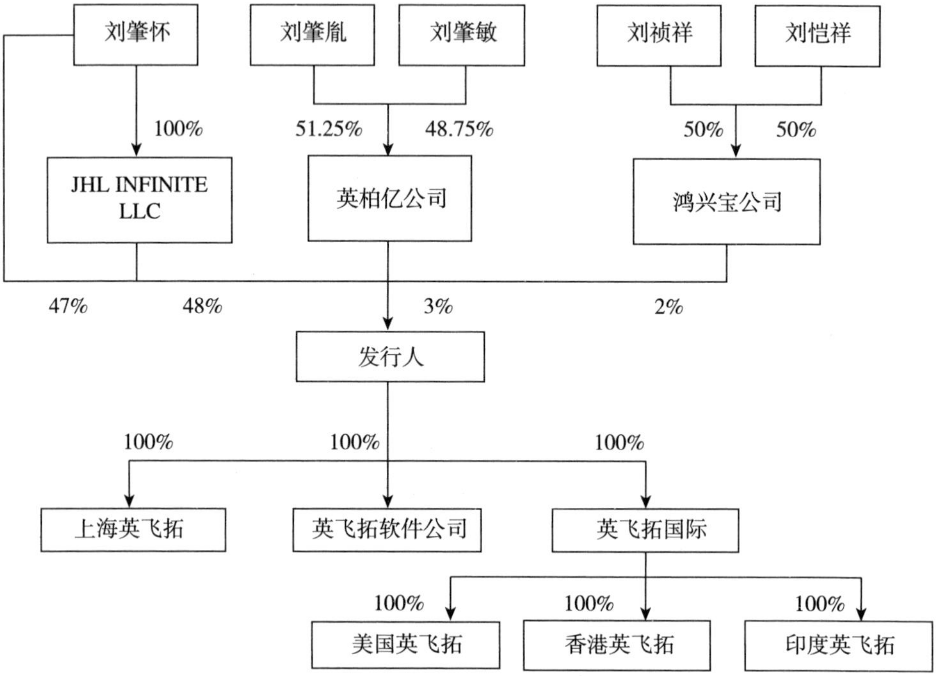

图 4－12　英飞拓申报 IPO 时的股权架构

JHL INFINITE LLC 由刘肇怀于 2007 年 6 月 15 日在美国特拉华州投资设立。美国 LLC (Limited Liability Company,有限责任公司)是一种特殊性质的公司,不是股份有限公司(Corporation)。

2015 年 2 月至 2022 年 3 月,英飞拓实际控制人刘肇怀陆续将其全资持有的英飞拓境外股东 JHL INFINITE LLC 公司的股权/股份收益权(不含投票权)转让给境外家族信托。

---

① 载新浪网, https://vip. stock. finance. sina. com. cn/corp/view/vISSUE_RaiseExplanationDetail. php? stockid =002528&id =625899,最后访问日期:2022 年 10 月 6 日。

表4-1 刘肇怀转让股权/股份收益权情况

序号	公告时间	公告内容	备注
1	2015.2.9	刘肇怀于2015年2月6日将JHL INFINITE LLC10%的股权转让给JZ LIU家族信托(#D),同时于2015年2月6日将JHL INFINITE LLC20%的股权转让给JZ LIU信托(#1)	每一次就JHL INFINITE LLC的股权/股份收益权的转让均不涉及JHL INFINITE LLC的投票权
2	2015.6.11	刘肇怀于2015年6月9日将JHL INFINITE LLC30%的股权转让给JZ LIU家族信托(#D)	
3	2015.7.20	刘肇怀于2015年7月16日将JHL INFINITE LLC10%的股权转让给JZ LIU家族信托(#D)	
4	2015.10.31	刘肇怀于2015年10月26日将JHL INFINITE LLC5%的股权转让给JZ LIU家族信托(#D)	
5	2015.11.24	JZ LIU家族信托(#D)(信托受托人Anna Liu)于2015年11月20日将JHL INFINITE LLC20%的股权转让给刘肇怀	
6	2015.12.5	刘肇怀于2015年12月2日将JHL INFINITE LLC18%的股权转让给JZ LIU家族信托(#D)	
7	2016.1.20	刘肇怀于2016年1月15日将JHL INFINITE LLC 17.00%的股份收益权转让给JZ LIU家族信托(#D)	
8	2016.1.28	刘肇怀于2016年1月28日将JHL INFINITE LLC 10.00%的股份收益权转让给JZ LIU家族信托(#D)	
9	2016.2.25	JZ LIU家族信托(#D)于2016年2月23日将JHL INFINITE LLC80.00%的股份收益权转让给刘肇怀	
10	2016.3.3	刘肇怀于2016年2月29日将JHL INFINITE LLC 20.00%的股份收益权转让给JZ LIU家族信托(#D)	
11	2016.3.9	JZ LIU家族信托(#D)于2016年3月7日将JHL INFINITE LLC20.00%的股份收益权转让给刘肇怀	
12	2016.7.20	刘肇怀于2016年7月19日将JHL INFINITE LLC 20.00%的股份收益权转让给JZHKC LIU家族信托(#E)	
13	2016.9.24	刘肇怀于2016年9月23日将JHL INFINITE LLC 20.00%的股份收益权转让给JZHKC LIU家族信托(#E)	

续表

<table>
<tr><th>序号</th><th>公告时间</th><th>公告内容</th><th>备注</th></tr>
<tr><td>14</td><td>2016.12.14</td><td>刘肇怀于2016年12月13日将JHL INFINITE LLC 20.00%的股份收益权转让给JZHKC LIU家族信托(#E)</td><td rowspan="7">每一次就JHL INFINITE LLC的股权/股份收益权的转让均不涉及JHL INFINITE LLC的投票权</td></tr>
<tr><td>15</td><td>2017.1.23</td><td>刘肇怀于2017年1月19日将JHL INFINITE LLC25.88%的股份收益权转让给JZ LIU信托(#2)</td></tr>
<tr><td>16</td><td>2017.5.22</td><td>JZ LIU信托(#1)于2017年5月18日将JHL INFINITE LLC11.73%的股份收益权转让给刘肇怀,将JHL INFINITE LLC2.39%的股份收益权转让给JZ LIU家庭信托(#1)</td></tr>
<tr><td>17</td><td>2018.5.7</td><td>JZ LIU信托(#2)于2018年5月4日将JHL INFINITE LLC14.56%的股份收益权转让给JZ LIU信托(#3)</td></tr>
<tr><td>18</td><td>2019.5.7</td><td>JZ LIU信托(#2)于2019年5月3日将JHL INFINITE LLC11.32%的股份收益权转让给JZ LIU信托(#4);JZ LIU信托(#3)于2019年5月3日将JHL INFINITE LLC5.56%的股份收益权转让给JZ LIU信托(#4)</td></tr>
<tr><td>19</td><td>2020.8.20</td><td>JZ LIU信托(#3)于2020年8月19日将其持有的JHL INFINITE LLC9.00%的股份收益权转让给刘肇怀,然后刘肇怀将相同的收益权转让给JZ LIU信托(#6);JZ LIU信托(#4)于2020年8月19日将其持有的JHL INFINITE LLC6.83%的股份收益权转让给刘肇怀,然后刘肇怀将相同的收益权转让给JZ LIU信托(#6)</td></tr>
<tr><td>20</td><td>2022.3.15</td><td>JZ LIU信托(#4)于2022年3月11日将其持有的JHL INFINITE LLC10.05%的股份收益权转让给刘肇怀,然后刘肇怀将相同的收益权转让给JZ LIU信托(#7);JZ LIU信托(#6)于2022年3月11日将其持有的JHL INFINITE LLC9.68%的股份收益权转让给刘肇怀,然后刘肇怀将相同的收益权转让给JZ LIU信托(#7)</td></tr>
</table>

截至2022年3月15日,JZHKC LIU家族信托(#E)享有JHL INFINITE LLC60%的股份收益权,JZ LIU家族信托(#7)享有JHL INFINITE LLC19.73%的股份收益权,JZ LIU信托(#6)享有JHL INFINITE LLC6.15%的股份收益权,JZ LIU家庭信托(#1)享有JHL INFINITE LLC2.39%的股份收益权。刘肇怀享有JHL INFINITE LLC11.73%的股份收益权和JHL INFINITE LLC100%的

投票权。

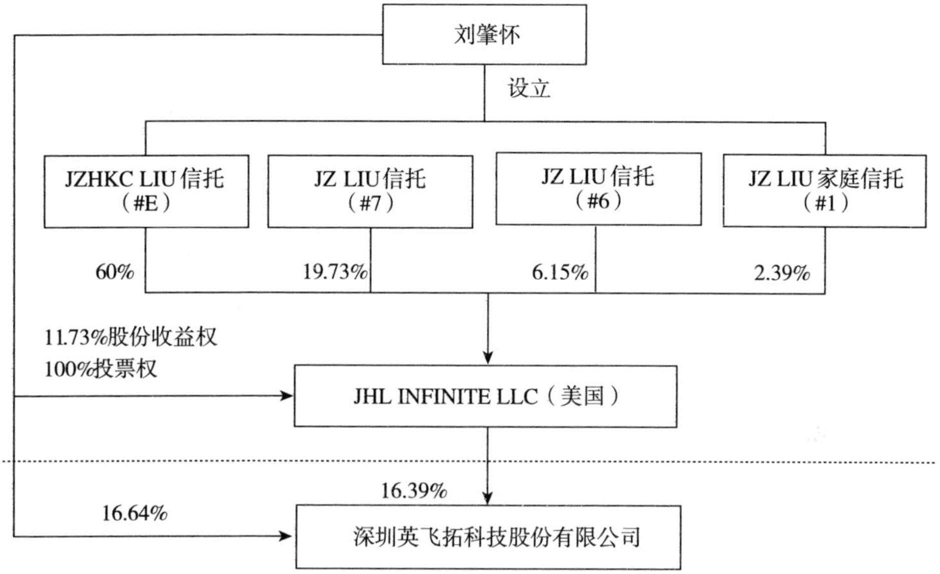

图4-13 截至2022年3月15日家族信托持有英飞拓的股权架构

通过一系列股权转让，尽管英飞拓未能实现成为家族信托控制家族企业持股的上市公司，但家族信托财富传承的目标已实现。

2. 上市公司股票家族信托

2015年4月，外贸信托设立首单上市公司民事股票信托。该信托委托人系重庆某上市公司股东，委托人将1亿资金转账至受托人外贸信托开立的信托专户“福字X1号”，受托人在合适时间，用5000万元资金以大宗交易方式购买委托人持有的上市公司3%的股票，之后受托人将过户后的股票部分卖出，获取2000万元资金。该信托财产包括7000万元资金和3000万元上市公司股票。受托人根据约定每年将股票分红收益和其他投资收益支付给信托受益人。[①]

根据建信信托官网发布的新闻，[②]建信信托在2019年将某上市公司控股股东部分存量股票置入“全权委托型”家族信托。

① 参见孙卓：《论上市公司民事股权信托的法律困局与突围》，天津大学2020年硕士学位论文。
② 参见https://www.ccbtrust.com.cn/contents/175/52221.html，最后访问日期：2022年10月6日。

第五章　企业债务传导与应对策略

第一节　企业债务传导

企业债务传导是指企业对外形成的债务,由企业的投资人或者股东以其个人或家庭财产负责清偿,由此企业债务便传导至投资人或者股东个人或家庭层面。企业债务传导会给企业的投资人或者股东的个人或家庭财产带来极大的风险。

本节中,笔者将首先分析企业债务传导的成因和后果,然后在此基础上解读企业债务传导的应对策略和工具运用。

一、企业债务传导的成因

(一)企业类型

不同的企业类型要求投资人承担的责任形式是有区别的。我国法律法规规定了投资人在企业中承担责任的形式主要有两种:一种是投资人以其对企业认缴的出资额或认购的股份为限对企业债务承担有限责任,这种责任主要是指股东对公司的有限责任;另一种是投资人对企业债务承担无限责任,如有多个投资人的,以各投资人个人财产或家庭财产对企业债务承担无限连带责任,这种责任主要是指投资人对合伙企业等非公司类企业的无限(连带)责任。从以上分析来看,投资人对企业债务承担无限(连带)责任的风险是远远高于承担有限责任的。需要特别说明的是,一人有限责任公司是一种特殊的有限责任公司,特定情形下,其投资人将对公司债务承担连带责任。

1. 一人有限责任公司债务传导的成因

当一人有限责任公司的股东为 1 名自然人时,由于没有其他股东的牵制和监督,这种类型的一人有限责任公司较容易出现经营合规风险。例如,以自然人股东的个人账户收取公司款项、将公司款项转入自然人股东个人账户不作记载、未编制财务会计报告并进行审计、将公司财产登记在自然人股东个人名下使用等,从而导致自然人股东个人财产与一人有限公司的财产不能彼此独立。对此,《公司法》第63条规定:“一人有限责任公司的股东不能证明公司财产独立于股东自己的财产的,应当对公司债务承担连带责任。”即当一人有限公司的自然人股东的个人财产与公司财产不能彼此独立时,自然人股东应对公司债务承担连带清偿责任。需要特别说明的是,由自然人股东承担证明其个人财产与一人有限公司财产相互独立的举证责任。

案例5-1 刘某、东海致远公司等合同纠纷案

一审法院:北京市海淀区人民法院

案号:(2021)京0108民初40024号

二审法院:北京市第一中级人民法院

案号:(2022)京01民终5720号

案例主旨:一人有限责任公司股东应对公司财产独立于自己个人财产承担举证责任,如未完成举证,股东应以个人财产对公司债务承担连带清偿责任。

法院认为,根据当事人的诉辩主张,本案二审的争议焦点在于刘某就案涉债务应否承担连带责任。《公司法》第63条规定:“一人有限责任公司的股东不能证明公司财产独立于股东自己的财产的,应当对公司债务承担连带责任。”本案中,刘某担任东海致远公司一人股东期间内,案涉债务已发生且持续,一审法院认为公司债务形成、存续期间担任过一人有限责任公司股东的人员属于前述条文规定的“股东”,刘某应对公司财产独立于自己财产承担举证证明责任,刘某未依法提交其任东海致远公司一人股东期间该公司经会计师事务所审计的财务会计报告系未完成举证,均无不当,法院对一审法院的相关论理予以确认。

《公司法》第62条规定:“一人有限责任公司应当在每一会计年度终了时编制财务会计报告,并经会计师事务所审计。”如果一人有限公司的自然人股东不能提供经合法审计的财务会计报告,就不能证明公司财产独立于其个人财产,法院就将认定由自然人股东承担举证不能的后果并会判决自然人股东对公司债务承担连带清偿责任。

2. 个人独资企业债务传导的成因

《个人独资企业法》(1999 年 8 月 30 日由中华人民共和国第九届全国人民代表大会常务委员会第十一次会议通过)第 18 条规定:“个人独资企业投资人在申请企业设立登记时明确以其家庭共有财产作为个人出资的,应当依法以家庭共有财产对企业债务承担无限责任。”第 31 条规定:“个人独资企业财产不足以清偿债务的,投资人应当以其个人的其他财产予以清偿。”因此,个人独资企业的投资人对于企业债务,以其个人财产或家庭共有财产承担无限责任。

案例 5 -2　陈某、陶某、名门娱乐城等合伙合同纠纷案

一审法院:广东省江门市蓬江区人民法院

案号:(2021)粤 0703 民初 3199 号

二审法院:广东省江门市中级人民法院

案号:(2022)粤 07 民终 770 号

案例主旨:发生在个人独资企业投资者变更前的债务,当企业财产不足以清偿该债务时,变更前后的两个投资人均应以其个人财产对企业债务承担清偿责任。

法院认为,根据查明的事实,悦豪娱乐城于 2019 年 4 月 12 日成立,是个人独资企业,投资者为陈某。悦豪娱乐城的名称于 2020 年 8 月 27 日变更为名门娱乐城,投资者变更为陶某,因此,名门娱乐城只是变更投资者,名称发生变更,主体并未消亡,根据《个人独资企业法》第 31 条“个人独资企业财产不足以清偿债务的,投资人应当以其个人的其他财产予以清偿”的规定,虽然案涉债务发生在名门娱乐城变更投资者前,但若名门娱乐城的财产不足以清偿债务的,作为名门娱乐城前后投资人的陈某、陶某均应以其个人的其他财产予以清偿。一审法院判决名门娱乐城的财产不足以清偿一审判决第一项名门娱乐城债务时,陶某、陈某应当以其个人的其他财产予以清偿,合法有据,并无不当。

需要提示的是,个体工商户也是活跃在市场中的重要经营主体,根据《民法典》第 56 条第 1 款“个体工商户的债务,个人经营的,以个人财产承担;家庭经营的,以家庭财产承担;无法区分的,以家庭财产承担”的规定,个体工商户经营者对于个体工商户的债务承担无限责任,这与个人独资企业类似。

3. 合伙企业债务传导的成因

《合伙企业法》第2条第2款、第3款规定:"普通合伙企业由普通合伙人组成,合伙人对合伙企业债务承担无限连带责任。本法对普通合伙人承担责任的形式有特别规定的,从其规定。有限合伙企业由普通合伙人和有限合伙人组成,普通合伙人对合伙企业债务承担无限连带责任,有限合伙人以其认缴的出资额为限对合伙企业债务承担责任。"因此,普通合伙企业的每位合伙人均应对企业债务承担无限连带责任;有限合伙企业中的普通合伙人对企业债务承担无限连带责任,有限合伙人在其认缴的出资额范围内对企业债务承担有限责任。

案例5-3 刘某、福康医院等民间借贷纠纷案

一审法院:湖南省沅江市人民法院

案号:(2021)湘0981民初1694号

二审法院:湖南省益阳市中级人民法院

案号:(2022)湘09民终612号

案例主旨:有限合伙企业中的普通合伙人应对企业债务承担连带清偿责任。

法院认为,《合伙企业法》第2条规定:"本法所称合伙企业,是指自然人、法人和其他组织依照本法在中国境内设立的普通合伙企业和有限合伙企业。普通合伙企业由普通合伙人组成,合伙人对合伙企业债务承担无限连带责任。本法对普通合伙人承担责任的形式有特别规定的,从其规定。有限合伙企业由普通合伙人和有限合伙人组成,普通合伙人对合伙企业债务承担无限连带责任,有限合伙人以其认缴的出资额为限对合伙企业债务承担责任。"本案中,福康医院系有限合伙企业,杨某1、杨某2、周某系福康医院的普通合伙人,李某系福康医院的有限合伙人。根据上述法律规定,刘某在二审中提出的杨某1、杨某2、周某作为福康医院的普通合伙人应对福康医院所负债务承担连带清偿责任的请求,法院应予支持。

合伙企业可以是普通合伙企业,也可以是有限合伙企业,普通合伙企业中的所有合伙人均应对合伙企业债务承担无限连带责任,而有限合伙企业中对合伙人类型进行了区分,只有普通合伙人应对合伙企业债务承担无限连带责任。因此,如果自然人合伙人系有限合伙人,有限合伙企业的债务传导风险就比普通合伙企业更小。实践中,很多有限合伙企业中的普通合伙人是有限责任公司,该做法是将普通合伙人的风险锁定在有限责任公司层面,进一步阻挡合伙企业债务风险无限传导至自然人股东。

综上,不同企业类型所对应的债务传导成因是有区别的,无限责任制的企业如个人独资企业、个体工商户、合伙企业等,其企业债务传导成因主要来自法律规定,债务传导风险较大;有限责任制的企业,如有限责任公司、股份有限责任公司,按照法律规定,企业债务是有限地传导至股东个人(股东在认缴出资或认缴股份范围内承担责任);对于一人有限公司,若不能证明公司财产独立于股东个人财产,自然人股东应承担连带责任;当然,若公司股东滥用权利、侵害公司债权人债权,也可能导致其承担连带责任(本内容将在后续部分展开分析)。

(二)注册资本

《公司法》(1993 年 12 月 29 日由中华人民共和国第八届全国人民代表大会常务委员会第五次会议通过,以下简称《1993 年公司法》)第 23 条规定:"有限责任公司的注册资本为在公司登记机关登记的全体股东实缴的出资额。有限责任公司的注册资本不得少于下列最低限额:(一)以生产经营为主的公司人民币五十万元;(二)以商品批发为主的公司人民币五十万元;(三)以商业零售为主的公司人民币三十万元;(四)科技开发、咨询、服务性公司人民币十万元。特定行业的有限责任公司注册资本最低限额需高于前款所定限额的,由法律、行政法规另行规定。"第 82 条第 1 款规定:"以发起设立方式设立股份有限公司的,发起人以书面认足公司章程规定发行的股份后,应即缴纳全部股款。"《1993 年公司法》采用注册资本实缴制,即有限责任公司注册资本有最低限额,且注册资本必须全部实际缴纳;发起设立的股份有限公司应在设立之初缴纳全部股款。

《公司法》(2005 年 10 月 27 日由中华人民共和国第十届全国人民代表大会常务委员会第十八次会议修订通过,以下简称《2005 年公司法》)第 26 条规定:"有限责任公司的注册资本为在公司登记机关登记的全体股东认缴的出资额。公司全体股东的首次出资额不得低于注册资本的百分之二十,也不得低于法定的注册资本最低限额,其余部分由股东自公司成立之日起两年内缴足;其中,投资公司可以在五年内缴足。有限责任公司注册资本的最低限额为人民币三万元。法律、行政法规对有限责任公司注册资本的最低限额有较高规定的,从其规定。”第 27 条第 3 款规定：“全体股东的货币出资金额不得低于有限责任公司注册资本的百分之三十。”第 84 条第 1 款规定：“以发起设立方式设立股份有限公司的，发起人应当书面认足公司章程规定其认购的股份；一次缴纳的，应即缴纳全部出资；分期缴纳的，应即缴纳首期出资。以非货币财产出资的，应当依法办理其财产权的转移手续。”《2005 年公司法》将注册资本实缴制改为了注册资本认缴制，但此时的认缴制是有限制的认缴制，即《2005 年公司法》虽然规定有限责任公司的注册资本为股东认缴的出资额，但同时对股东首次出资的最低限额、剩余部分出资的缴纳期限及货币出资的最低限额作出了要求；发起设立的股份有限公司即便采取分期缴纳股款的方式，也应先缴纳首期出资。

《公司法》（2013 年 12 月 28 日第十二届全国人民代表大会常务委员会第六次会议修订通过，以下简称《2013 年公司法》）第 26 条规定：“有限责任公司的注册资本为在公司登记机关登记的全体股东认缴的出资额。法律、行政法规以及国务院决定对有限责任公司注册资本实缴、注册资本最低限额另有规定的，从其规定。”第 80 条第 1 款规定：“股份有限公司采取发起设立方式设立的，注册资本为在公司登记机关登记的全体发起人认购的股本总额。在发起人认购的股份缴足前，不得向他人募集股份。”《2013 年公司法》的重要意义在于全面放开注册资本认缴制，其对注册资本最低限额及股东是否缴纳首期出资等均没有作明确的要求。我国现行有效的《公司法》于 2018 年修订，其维持了《2013 年公司法》对注册资本认缴制的规定。

注册资本从实缴制转为认缴制后，较多的公司股东为了彰显公司的“实力”，倾向于在设立公司时设置较高的注册资本金额。但是，这种不务实、虚高的注册资本也可能将公司股东拉入债务泥潭：当公司财产不足以清偿公司债务时，股东个人就要在虚高的认缴出资范围内承担责任了。虚高的认缴出资，实际上是拉高了公司自然人股东的债务上限。

对于出资期限未届满的股东，公司债权人能否请求公司股东在认缴出资范围内承担责任呢？对此，《公司法司法解释（三）》第 13 条第 2 款规定：“公司债权人请求未履行或者未全面履行出资义务的股东在未出资本息范围内对公司债务不能清偿的部分承担补充赔偿责任的，人民法院应予支持；未履行或者未全面履行出资义务的股东已经承担上述责任，其他债权人提出相同请求的，人民法院不予支持。”因此，股东如果未履行或未全面履行出资义务，债权人可以要求其对公司债务承担补充赔偿责任，但是一般不可要求出资期限未届满的股东承担清偿公司未清偿债务的责任。

案例5－4 王某、杨某、绿易行公司等合同纠纷案

一审法院：辽宁省大连市西岗区人民法院

案号：(2021)辽0203民初3903号

二审法院：辽宁省大连市中级人民法院

案号：(2022)辽02民终4141号

案例主旨：出资期限未届满的股东尚未完全缴纳其出资额不应认定为未履行或未全面履行出资义务，债权人不能以此要求股东“加速出资”以清偿公司尚未清偿的债务。

法院认为，本案中，绿易行公司原股东杨某等4人的认缴出资期限截止到2047年12月10日。《公司法》第28条规定：“股东应当按期足额缴纳公司章程中规定的各自所认缴的出资额。”股东享有出资的“期限利益”，公司债权人在与公司进行交易时有机会在审查公司股东出资时间等信用信息的基础上综合考察是否与公司进行交易，债权人决定交易即应受股东出资时间的约束。《公司法司法解释(三)》第13条第2款规定的“未履行或者未全面履行出资义务”应当理解为“未缴纳或未足额缴纳出资”，出资期限未届满的股东尚未完全缴纳其出资份额不应认定为“未履行或者未全面履行出资义务”。本案中，杨某等4人转让全部股权时，所认缴股权的出资期限尚未届满，不构成《公司法司法解释(三)》第13条第2款、第18条规定的“未履行或者未全面履行出资义务即转让股权”的情形，且王某并未举证证明其基于杨某等4人的意思表示或实际行为并对上述股东的特定出资期限产生确认或信赖，又基于上述确认或信赖与绿易行公司产生债权债务关系。故王某主张杨某等4人在未出资本息范围内对绿易行公司债务不能清偿的部分承担补充赔偿责任的实质是主张杨某等4人的出资“加速到期”，该主张缺乏法律依据，一审判决未予支持，并无不当，法院予以维持。

一般情形下，法院认可注册资本认缴制下股东出资的期限利益。《最高人民法院关于民事执行中变更、追加当事人若干问题的规定》第17条规定:"作为被执行人的营利法人,财产不足以清偿生效法律文书确定的债务,申请执行人申请变更、追加未缴纳或未足额缴纳出资的股东、出资人或依公司法规定对该出资承担连带责任的发起人为被执行人,在尚未缴纳出资的范围内依法承担责任的,人民法院应予支持。"根据该规定,进入执行阶段后,公司作为被执行人,如果其财产不足以清偿债务的,申请执行人只能申请追加未缴纳或未足额缴纳出资的股东在尚未缴纳出资范围内承担责任。从以上案件可以看出,如果公司股东出资期限尚未届满,其不符合"未缴纳或未足额缴纳出资"的情形。

但是,特定情形下,股东出资的期限利益不会得到保护。例如,《企业破产法》(2006年8月27日由中华人民共和国第十届全国人民代表大会常务委员会第二十三次会议通过)第35条规定:"人民法院受理破产申请后,债务人的出资人尚未完全履行出资义务的,管理人应当要求该出资人缴纳所认缴的出资,而不受出资期限的限制。"《最高人民法院关于适用〈中华人民共和国公司法〉若干问题的规定(二)》(2020年12月23日最高人民法院审判委员会第1823次会议通过)第22条规定:"公司解散时,股东尚未缴纳的出资均应作为清算财产。股东尚未缴纳的出资,包括到期应缴未缴的出资,以及依照公司法第二十六条和第八十条的规定分期缴纳尚未届满缴纳期限的出资。公司财产不足以清偿债务时,债权人主张未缴出资股东,以及公司设立时的其他股东或者发起人在未缴出资范围内对公司债务承担连带清偿责任的,人民法院应依法予以支持。"所以,在公司破产清算程序和解散清算程序中,股东出资会"加速到期"。

案例5-5　关某、标配运公司等追收未缴出资纠纷案

一审法院:广东省广州市白云区人民法院

案号:(2021)粤0111民初30134号

二审法院:广东省广州市中级人民法院

案号:(2022)粤01民终14472号

案例主旨:法院受理破产申请后,股东出资义务应加速到期,不再受章程规定的出资期限的限制。

法院认为,《企业破产法》第35条规定:"人民法院受理破产申请后,债务人的出资人尚未完全履行出资义务的，管理人应当要求该出资人缴纳所认缴的出资，而不受出资期限的限制。”本案中，关某是标配运公司的股东，应按章程规定的期限认缴出资，虽然章程规定的认缴出资期限为2026年12月31日，但法院已于2020年8月24日受理对标配运公司的破产清算申请，关某缴纳所认缴的出资不受出资期限的限制。因此，一审法院对标配运公司要求关某缴纳出资3111000元予以支持有事实和法律依据，法院予以维持。

对于非破产与解散情形下股东出资能否“加速到期”的问题，《九民纪要》第6条规定：“在注册资本认缴制下，股东依法享有期限利益。债权人以公司不能清偿到期债务为由，请求未届出资期限的股东在未出资范围内对公司不能清偿的债务承担补充赔偿责任的，人民法院不予支持。但是，下列情形除外：(1)公司作为被执行人的案件，人民法院穷尽执行措施无财产可供执行，已具备破产原因，但不申请破产的；(2)在公司债务产生后，公司股东(大)会决议或以其他方式延长股东出资期限的。”因此，即使公司股东的出资期限未到期，但人民法院穷尽执行措施后公司仍然无财产可供执行、公司具备破产原因又不申请破产时，公司股东出资会“加速到期”；另外，如果在公司债务产生后，公司股东滥用权力延长其出资期限的，该延长出资期限无效。

案例5－6　马某、李某、科天公司等追加被执行人异议之诉纠纷案

一审法院：辽宁省沈阳市于洪区人民法院

案号：(2021)辽0114民初17829号

二审法院：辽宁省沈阳市中级人民法院

案号：(2022)辽01民终7188号

案例主旨：法院在执行程序中穷尽执行措施后仍未发现被执行人有可供执行的财产，被执行人也未举证证明公司有足额偿债能力，加之债务发生在股东会延长股东出资期限决议之前，故股东出资义务应“加速到期”。

法院认为，《九民纪要》规定：“在注册资本认缴制下，股东依法享有期限利益。债权人以公司不能清偿到期债务为由，请求未届出资期限的股东在未出资范围内对公司不能清偿的债务承担补充赔偿责任的，人民法院不予支持。但是，下列情形除外：(1)公司作为被执行人的案件，人民法院穷尽执行措施无财产可供执行，已具备破产原因，但不申请破产的；(2)在公司债务产生后，公司股东(大)会决议或以其他方式延长股东出资期限的。”本案中，一审法院在执行程序中穷尽财产调查措施后未发现被执行人科天公司有可供执行的财产而裁定终结本次执行程序，上诉人马某亦未提供证据证明该公司仍有可供执行的财产，故在被执行人科天公司不能清偿到期债务的情况下，上诉人并未举证证明该公司仍有足以清偿全部债务的财产或者仍明显具备清偿能力。此外，被上诉人李某与被执行人科天公司之间产生本案债权债务关系的基本法律事实发生在被执行人科天公司股东会延长股东出资期限的决议之前。因此，本案情形符合股东出资“加速到期”的上述规定。

也就是说，除了进入破产清算程序和公司解散时可以加速股东出资义务外，进入执行阶段或股东恶意延长出资期限逃避债务的，仍可以加速股东出资义务。

不过也有法院①将债权人利益放在首位，认为《公司法》采用认缴制的初衷是允许股东分期出资、让股东享受延期缴纳出资的期限利益，但前提是公司尚未陷入不能偿债的情况下，当公司负有巨额债务不能支付时，有必要加速股东出资义务到期，不能让认缴制成为个别股东逃避法律责任的借口。对此，笔者认为，认缴制下股东享有的延期缴纳出资的期限利益是法律赋予的，要打破这种规定应该是基于法律法规的明确例外规定，而不应该在个案中随意打破，从而模糊公民对法律赋予权利的预期，只有在公司进入破产清算、解散清算、执行程序以及股东恶意延长出资期限逃避债务或有其他法律法规规定的情形下，才能够将股东出资义务“加速到期”。综上，虽然认缴制下法律保护股东出资期限利益，但是当公司进入破产、解散程序，特别是公司被申请强制执行、公司无财产可供执行且未申请破产时，仍会加速股东出资义务，从实质上来讲，公司股东将最终在认缴出资范围内对公司债务承担偿还责任。因此，自然人股东在公司债务无法清偿时，需要按照注册资本在认缴出资范围内承担清偿责任，设置虚高注册资本无疑将会导致公司债务传导至个人的风险加大。

(三)家企人格混同

家企人格混同在以血缘关系进行企业内部管理的家族型民营企业中体现得

---

① 广东省珠海市中级人民法院民事判决书，(2016)粤04民终2599号。上海市普陀区人民法院民事判决书，(2014)普民二(商)初字第5182号。

尤为明显,家族企业由于没有外部股东的牵制,其内部管理,尤其是财务往来可能是随意混乱的,如账务不清晰、公账私账不分、股东个人与企业频繁资金往来但不作记载等。《民法典》第83条第2款规定:“营利法人的出资人不得滥用法人独立地位和出资人有限责任损害法人债权人的利益;滥用法人独立地位和出资人有限责任,逃避债务,严重损害法人债权人的利益的,应当对法人债务承担连带责任。”《公司法》第20条第3款规定:“公司股东滥用公司法人独立地位和股东有限责任,逃避债务,严重损害公司债权人利益的,应当对公司债务承担连带责任。”家企人格混同发生在有限责任制企业中,当个人和企业人格发生混同侵害到债权人利益时,法律将不再保护躲在企业背后承担有限责任的股东,而是让股东对企业债务承担连带责任。因此,股东滥用权利导致家企人格混同是企业债务传导至股东个人的成因。

案例5-7　尚某、陈某、远德公司等合同纠纷案

一审法院:辽宁省抚顺市顺城区人民法院

案号:(2022)辽0411民初1110号

二审法院:辽宁省抚顺市中级人民法院

案号:(2022)辽04民终1307号

案例主旨:以关联公司或股东个人账户收款且不作财务记载,在无法判定公司具有独立意思和独立财产且无法对公司与股东个人财产进行区分时,公司与股东个人存在人格混同,股东个人应对公司债务承担连带责任。

法院认为,本案中,在收取学员学费的过程中,存在远德公司的关联公司“抚顺远德有限公司”“抚顺远德公司顺城分公司”“择食营养主义餐厅”等单位和个人陈某收取学费的事实,虽然被上诉人远德公司称上述公司和个人收取的学费已入远德公司财务账目,但其提交的证据材料并未佐证其事实主张,故在其未提供充分证据证明关联公司和陈某个人收取的学费已入远德公司财务账目情况下,作为远德公司股东的尚某和陈某存在股东无偿使用公司资金和将远德公司的资金供关联公司无偿使用,且不作财务记载的情形,因此法院无法判定远德公司具有独立意思和独立财产,也无法对远德公司的财产与尚某、陈某的个人财产进行区分。法院认定远德公司人格与股东尚某、陈某人格存在混同,尚某和陈某应对公司债务承担连带责任。

实践中,财产混同是最为常见的家企人格混同的情形。当然,家企人格混同的情形有若干种,对此,《九民纪要》列举了家企人格混同的情形。《九民纪要》第10条第1款规定:"认定公司人格与股东人格是否存在混同,最根本的判断标准是公司是否具有独立意思和独立财产,最主要的表现是公司的财产与股东的财产是否混同且无法区分。在认定是否构成人格混同时,应当综合考虑以下因素:(1)股东无偿使用公司资金或者财产,不作财务记载的;(2)股东用公司的资金偿还股东的债务,或者将公司的资金供关联公司无偿使用,不作财务记载的;(3)公司账簿与股东账簿不分,致使公司财产与股东财产无法区分的;(4)股东自身收益与公司盈利不加区分,致使双方利益不清的;(5)公司的财产记载于股东名下,由股东占有、使用的;(6)人格混同的其他情形。"

案例5-8 吴某、广泰公司等买卖合同纠纷案

一审法院:广东省广州市花都区人民法院

案号:(2021)粤0114民初14047号

二审法院:广东省广州市中级人民法院

案号:(2022)粤01民终1535号

案例主旨:股东以个人账户收取公司款项或将个人账户借给公司作为公司经常性的经营账户使用的,该行为本身构成股东个人财产与公司财产混同,股东个人应当对公司债务承担连带清偿责任。

法院认为,首先,公司作为法人,具有独立的法人人格,包括独立的法人财产权利。因此,公司借用个人银行账户在法律上应当给予否定评价。本案中,吴某主张其将个人银行账户用于广泰公司使用,该银行账户的收入和支出都是由公司财务操作,且相应支出也全部用于广泰公司,其个人并未使用该账户。对此法院认为,无论吴某主张的事实是否属实,个人银行账户的权属都只能是该银行账户所登记的个人,相应款项应当视为个人名下的财产,而不能当然直接地等同于公司的财产,否则就违反了公司财产独立性的法律原则,架空了公司法人人格独立的制度设计。其次,吴某将其个人银行账户作为公司经常性的经营账户,该行为本身就构成了其个人财产与广泰公司财产的混同,与吴某个人是否使用或支配该银行账户无关。吴某个人银行账户收取的广泰公司的款项应当返还给广泰公司;吴某个人银行账户代广泰公司的支出可基于相应的法律事实向广泰公司主张相关权利。两者之间是否做到收支平衡并不影响本案对上述财产混同的认定,故案涉吴某个人银行账户的审计于本案处理并无必要。综上,因吴某个人财产与广泰公司财产构成混同,一审法院判令其对广泰公司的案涉债务承担连带清偿责任并无不当。

以个人账户代收公司收入是实践中很常见且极易被认定为财产混同的情形,实际上,这一行为不仅是债务传导的成因,还给个人和公司埋下了税务隐患的“定时炸弹”。

(四)股东担保

企业资本主要来源于股东投入、经营收入和对外借款。在对外借款中,不管是企业向银行、其他金融机构借款或是民间借款,实践中出借方普遍会要求企业股东提供保证担保,特别是要求企业的大股东或实际控制人及其配偶作为保证人提供连带保证担保。一旦企业无法清偿债务,出借方可以同时要求企业、企业股东及其配偶承担偿债责任,对于企业股东及其配偶而言,其个人财产及夫妻共同财产将成为清偿企业债务的偿债资产。因此,股东担保是导致企业债务传导至个人的成因,在很多时候,为了实现企业融资,股东及其配偶只能签下连带保证担保协议,风险就此产生。

《民法典》第 681 条规定:“保证合同是为保障债权的实现,保证人和债权人约定,当债务人不履行到期债务或者发生当事人约定的情形时,保证人履行债务或者承担责任的合同。”第 686 条规定:“保证的方式包括一般保证和连带责任保证。当事人在保证合同中对保证方式没有约定或者约定不明确的,按照一般保证承担保证责任。”第 687 条规定:“当事人在保证合同中约定,债务人不能履行债务时,由保证人承担保证责任的,为一般保证。一般保证的保证人在主合同纠纷未经审判或者仲裁,并就债务人财产依法强制执行仍不能履行债务前,有权拒绝向债权人承担保证责任,但是有下列情形之一的除外:(一)债务人下落不明,且无财产可供执行;(二)人民法院已经受理债务人破产案件;(三)债权人有证据证明债务人的财产不足以履行全部债务或者丧失履行债务能力;(四)保证人书面表示放弃本款规定的权利。”第 688 条规定:“当事人在保证合同中约定保证人和债务人对债务承担连带责任的,为连带责任保证。连带责任保证的债务人不履行到期债务或者发生当事人约定的情形时,债权人可以请求债务人履行债务,也可以请求保证人在其保证范围内承担保证责任。”

保证的方式有一般保证和连带责任保证,从法律规定来看,在一般保证中,除规定的例外情形外,债务人负有首先清偿债务的义务,只有当债务人财产被强制执行后仍不能清偿债务的前提下,债权人才能要求保证人清偿债务;在连带责任保证中,债权人可以不分先后顺序要求债务人或保证人或两者共同清偿债务。因此,连带责任保证对企业股东的风险更大,反过来讲,资金出借方一般会明确要求企业股东对于企业借款承担连带责任保证。

案例 5-9　王某、某银行股份有限公司、天灌公司等金融借款合同纠纷案

一审法院:河南省范县人民法院

案号:(2021)豫 0926 民初 2184 号

二审法院:河南省濮阳市中级人民法院

案号:(2021)豫 09 民终 3170 号

案例主旨:个人作为连带责任保证人为公司借款提供担保后,当公司无法清偿债务时,债权人有权要求连带责任保证人在约定的担保范围内承担清偿责任。

法院认为,本案争议焦点为王某等 7 人是否应对案涉债务承担连带保证责任。案涉《流动资金保证借款合同》《保证函》关于借款、保证等约定,是各方当事人的真实意思表示,未违反法律法规强制性规定,合法有效,当事人应按照协议约定全面履行合同义务,本案中各保证人与债权人没有约定保证份额,应认定为连带共同保证。另结合 2016 年 8 月 26 日、2018 年 6 月 29 日该银行股份有限公司《贷款催收通知书》,可知该银行股份有限公司向保证人天灌公司催收贷款,且该催收通知书上有天灌公司及其法定代表人王某签字盖章,该催收效力及于其他连带保证人,故一审法院判决王某等 7 人对案涉债务本金 2000000 元及利息承担连带保证责任符合法律规定。

更为常见的是,为了防止企业股东配偶对企业股东承担连带责任保证的偿债财产范围提出异议,出借方普遍会要求企业股东及其配偶同时签署连带责任保证协议,企业债务会由此传导至企业股东及其配偶的个人财产和夫妻共同财产。《民法典》第 691 条规定:“保证的范围包括主债权及其利息、违约金、损害赔偿金和实现债权的费用。当事人另有约定的,按照其约定。”因此,股东及其配偶需要以个人财产和家庭共同财产对保证范围内的主债务及其衍生财产权益承担清偿责任。如果企业举债数额巨大，股东个人或家庭财产将面临极大的风险。

（五）股东对赌

实践中，上市（IPO）能增加企业融资、规范企业经营、树立企业品牌、增加股东投资回报，故上市对于较多民营企业而言具有很大吸引力。在企业上市过程中，战略投资人既能增加企业资金实力，有利于企业规模化发展并在上市申报时提供“好看”的财务报表，战略投资人一般还具有行业资源整合能力，能够给企业整合优质资源。所以，企业在上市规划中，引进战略投资人往往很普遍。战略投资人对企业进行股权投资，其目的在于企业上市后退出获取超额回报。所以，战略投资人一般会在股权投资时与目标公司大股东或实际控制人签署对赌协议，约定当公司未能如期上市时，其股权投资将以目标公司大股东或实际控制人回购的方式而实现退出。

《九民纪要》规定：“实践中俗称的对赌协议，又称估值调整协议，是指投资方与融资方在达成股权性融资协议时，为解决交易双方对目标公司未来发展的不确定性、信息不对称以及代理成本而设计的包含了股权回购、金钱补偿等对未来目标公司的估值进行调整的协议。从订立对赌协议的主体来看，有投资方与目标公司的股东或者实际控制人对赌、投资方与目标公司对赌、投资方与目标公司的股东、目标公司对赌等形式……对于投资方与目标公司的股东或者实际控制人订立的对赌协议，如无其他无效事由，认定有效并支持实际履行，实践中并无争议。”

当企业的股东或实际控制人作为对赌协议的主体时，一旦对赌失败，股东或实际控制人将面临以个人财产履行股权回购或金钱补偿等义务。因此，股东对赌是企业债务传导至个人的成因。实践中，投资人往往要求拟上市公司的股东、实际控制人及其配偶共同签署对赌协议，股东对赌将进一步导致企业债务传导至企业股东、实际控制人及其配偶的个人财产和夫妻共同财产。上市或许美好，但上市存在巨大的风险，一旦企业未能成功上市，企业的股东、实际控制人及其配偶将可能掉入巨额债务的深渊。

案例 5－10　金某与某股权投资基金公司合同纠纷案

二审法院：北京市高级人民法院

案号：(2018)京民终 18 号

再审法院：最高人民法院

案号：(2020)最高法民申 2195 号

案例主旨：夫妻一方签署对赌协议后因对赌失败负有股权回购义务，如果有证据证明夫妻另一方深度参与了目标公司生产经营、投资行为等，综合各项证据可以认定该股权回购产生的金钱债务属于夫妻共同债务。

法院认为，根据已经查明的事实，2011 年 3 月 22 日，李某 3 人作为甲方、A 公司(B 公司的前身)作为乙方、某股权投资基金公司作为丙方(投资方)，签订了案涉《投资补充协议》，其中第 7.1 条约定，甲方和 A 公司同意，若 A 公司未能在 2013 年 12 月 31 日之前实现合格上市，则投资方均有权在 2013 年 12 月 31 日后的任何时间，在符合当时法律要求的情况下，要求 A 公司、甲方或甲方任一方一次性收购其所持有的公司股权。该条款明确了李某承担股权回购义务的直接责任，金某主张李某的回购义务是一种担保责任，与合同约定不符。从该条约定可知，股权回购义务成就的条件是 A 公司未能在 2013 年 12 月 31 日之前上市，也即自 2013 年 12 月 31 日起，李某 3 人作为甲方应承担相应的股权回购义务，至于某股权投资基金公司何时发出通知，并不影响李某等人的责任承担。金某主张支付股权收购款不是金某与李某夫妻关系存续期间的债务，依据不足。关于案涉债务是否用于夫妻共同生产经营的问题，B 公司的前身 A 公司设立于 2007 年，金某既是法定代表人，又是股东。此后，金某深度参与了该公司的一系列生产经营和投资行为。对此，二审判决在查明的一系列事实基础上已予以充分论述。2014 年 1 月 27 日，B 公司的法定代表人变更为金某，其在股东大会上的简历载明："1995 年开始，作为 A 公司和 B 公司创始人之一，早期参与公司的创建和经营，后作为李某董事长的智囊，为决策献计献策。"金某亦通过另案诉讼确认了包括公司股权在内的所有经营收益为夫妻共同财产。二审判决综合全部案件情况，认定案涉债务为夫妻共同债务，并无不当。

二、企业债务传导的后果

(一)偿债资产的范围

《民事诉讼法》第 249 条第 1 款规定:“被执行人未按执行通知履行法律文书确定的义务,人民法院有权向有关单位查询被执行人的存款、债券、股票、基金份额等财产情况。人民法院有权根据不同情形扣押、冻结、划拨、变价被执行人的财产。人民法院查询、扣押、冻结、划拨、变价的财产不得超出被执行人应当履行义务的范围。”第 257 条第 1 款规定:“强制迁出房屋或者强制退出土地,由院长签发公告,责令被执行人在指定期间履行。被执行人逾期不履行的,由执行员强制执行。”因此,被执行人名下的存款、债券、股票、基金份额等金融性资产以及被执行人名下的房屋或土地使用权都是偿债资产。

《最高人民法院关于人民法院强制执行股权若干问题的规定》第 1 条规定:“本规定所称股权,包括有限责任公司股权、股份有限公司股份……”第 9 条第 1 款规定:“人民法院冻结被执行人基于股权享有的股息、红利等收益……”因此,被执行人持有的有限责任公司股权、股份有限公司股份及基于股权或股份产生的股息、红利等收益是偿债资产。

根据《最高人民法院关于人民法院民事执行中查封、扣押、冻结财产的规定》(2020 年 12 月 23 日最高人民法院审判委员会第 1823 次会议通过,以下简称《查封、扣押、冻结财产规定》),法院可以查封、扣押、冻结的被执行人的财产情况如下:

(1)总体来说,被执行人的动产、不动产及其他财产权都是被执行的范围;

(2)动产以被执行人占有的为准,不动产、特定动产及其他财产权以登记在被执行人名下为准,对于未登记的建筑物或土地使用权,如果依据其他文件确定其权属为被执行人的,即使未登记也可以被执行;

(3)对于第三人占有或登记在第三人名下的财产,如果第三人书面确认该财产属于被执行人的,该财产也可以被执行;

(4)被执行人与其他人共有的财产可以被执行;

(5)被执行人将其财产出卖给第三人,第三人已经支付部分价款并实际占有该财产,但根据合同约定被执行人保留所有权的,该财产可以被执行;

(6)被执行人将需要办理过户登记的财产出卖给第三人,第三人已经支付部分或全部价款并实际占有该财产，但尚未办理产权过户登记的，该财产可以被执行；

（7）被执行人购买第三人的财产，已经支付部分价款并实际占有该财产，第三人依合同约定保留所有权的，该财产可以被执行；

（8）被执行人购买需要办理过户登记的第三人的财产，已经支付部分或全部价款并实际占有该财产，虽未办理产权过户登记，但申请执行人已向第三人支付剩余价款或第三人同意剩余价款从该财产变价款中优先支付的，该财产可以被执行；

（9）被执行的财产的从物和天然孳息也属于被执行的范围；

（10）如果被执行的财产灭失或毁损，该财产的替代物、赔偿款属于被执行的范围；

（11）被执行人设定最高额抵押权的抵押物也属于被执行的范围。

1. 个人唯一住房能否被执行？

《最高人民法院关于人民法院办理执行异议和复议案件若干问题的规定》（2020年12月23日最高人民法院审判委员会第1823次会议通过，以下简称《办理执行异议和复议案件规定》）第20条规定："金钱债权执行中，符合下列情形之一，被执行人以执行标的系本人及所扶养家属维持生活必需的居住房屋为由提出异议的，人民法院不予支持：（一）对被执行人有扶养义务的人名下有其他能够维持生活必需的居住房屋的；（二）执行依据生效后，被执行人为逃避债务转让其名下其他房屋的；（三）申请执行人按照当地廉租住房保障面积标准为被执行人及所扶养家属提供居住房屋，或者同意参照当地房屋租赁市场平均租金标准从该房屋的变价款中扣除五至八年租金的。执行依据确定被执行人交付居住的房屋，自执行通知送达之日起，已经给予三个月的宽限期，被执行人以该房屋系本人及所扶养家属维持生活的必需品为由提出异议的，人民法院不予支持。"根据该规定，如果个人唯一住房属于可被执行的情形，该住房仍然可能被执行。

案例5－11 王某、张某等金融借款合同纠纷执行复议纠纷案

执行裁定法院：辽宁省大连市中级人民法院

案号：（2021）辽02执异1192号

复议法院:辽宁省高级人民法院

案号:(2022)辽执复84号

案例主旨:个人唯一住房在满足法律规定的情形下可以被执行。

法院认为,复议申请人张某、王某主张其名下其他房屋已经抵押给银行,现房屋均已经进行拍卖,除案涉房屋外无其他房屋居住,但复议申请人没有提供相应证据。即使如复议申请人所述案涉房屋为其唯一住房,按照《办理执行异议和复议案件规定》第20条第1款第3项的规定,金钱债权执行中,符合下列情形之一,被执行人以执行标的系本人及所扶养家属维持生活必需的居住房屋为由提出异议的,人民法院不予支持:申请执行人按照当地廉租住房保障面积标准为被执行人及所扶养家属提供居住房屋,或者同意参照当地房屋租赁市场平均租金标准从该房屋的变价款中扣除5~8年租金的。满足上述条件唯一居住房屋也是可以执行的。综上,王某、张某的复议理由不能成立,法院不予支持,大连市中级人民法院异议裁定应予维持。

2. 个人债务会否导致夫妻共同财产被执行?

《查封、扣押、冻结财产规定》第12条规定:“对被执行人与其他人共有的财产,人民法院可以查封、扣押、冻结,并及时通知共有人。共有人协议分割共有财产,并经债权人认可的,人民法院可以认定有效。查封、扣押、冻结的效力及于协议分割后被执行人享有份额内的财产;对其他共有人享有份额内的财产的查封、扣押、冻结,人民法院应当裁定予以解除。共有人提起析产诉讼或者申请执行人代位提起析产诉讼的,人民法院应当准许。诉讼期间中止对该财产的执行。”执行法院有权对被执行人与其他人共有的财产依法查封、扣押、冻结。因此,个人债务可导致夫妻共同财产被执行。

综上,企业债务传导将导致企业股东及/或其配偶个人财产及/或夫妻共同财产作为偿债资产,而偿债资产的范围非常广泛,动产、不动产及其他财产权都是被执行的对象。

(二)偿债资产的执行

《民事诉讼法》第231条规定:“发生法律效力的民事判决、裁定,以及刑事判决、裁定中的财产部分,由第一审人民法院或者与第一审人民法院同级的被执行的财产所在地人民法院执行。法律规定由人民法院执行的其他法律文书，由被执行人住所地或者被执行的财产所在地人民法院执行。”法院依据当事人的申请，根据生效法律文书对偿债资产予以执行。

第二节　企业债务传导的应对策略

基于企业债务传导的成因及偿债资产的范围分析，我们可以重点从企业层面和家庭层面采取措施来阻断或降低企业债务传导的风险，从而保护个人及家庭财产不受牵连和影响。

一、企业层面的应对策略

（一）企业类型

就企业类型而言，建议采用有限责任制的企业，有限责任制的企业主要是有限责任公司和股份有限公司两种形式。除非出现法定情形（如家企人格混同、股东担保、股东对赌），公司债务会锁定在公司层面，公司股东以认缴出资额或认缴股份为限承担有限责任。

需要说明的是，鉴于前已述及一人有限公司债务传导的成因，笔者建议，尽量不采用一人有限责任公司形式；如果确实只有1名自然人股东，要做好自然人股东财产与公司财产相互独立的准备和证明工作。例如，(1)不以股东个人账户代收公司收入；(2)避免股东个人与公司频繁的资金往来并对资金往来情况做好财务记载；(3)避免将股东个人财产和公司财产混合使用；(4)每年编制财务会计报告并进行审计；(5)保留所有能够证明公司财产独立于股东个人财产的证据。

个人独资企业、个体工商户更适用于如药店、眼镜店、餐饮店、网吧、奶茶店、咖啡厅、工作室等小型的经营型主体，这类形式的经营主体虽然要求投资人以其个人或家庭财产对企业债务承担无限责任，但因其管理的灵活性、税务规划等优势仍被广泛使用。对此，笔者建议，谨慎从事与企业财产量不相符合的业务，避免业务失败产生大额债务牵连至个人或家庭。

合伙企业是无限连带责任制的企业，但在合伙企业的类型中区分了普通合伙企业和有限合伙企业,有限合伙企业因其独特的投资管理、税务规划等优势被广泛运用。例如,利用有限合伙企业作为股权激励持股平台、利用合伙企业搭建股权家族信托架构等。笔者建议:(1)如果采用合伙企业这种企业形式,尽量选择有限合伙企业;(2)如果采用有限合伙企业这种经营形式,可考虑让有限责任公司担任普通合伙人,这样,可降低有限合伙企业债务传导至自然人普通合伙人的风险;(3)如果采用普通合伙企业这种经营形式,要特别谨慎从事与企业财产量不相符合的业务,避免业务失败产生大额债务牵连至合伙人个人。

(二)注册资本

就注册资本而言,对于设立之初的公司,应综合考量经营模式、业务大小、未来发展方向、股东资本和偿债能力等因素确定一个合理的数额,不要无理由地设置虚高的注册资本。对于前期无须大量现金流的公司来说,股东可以采用分期缴纳出资的方式。当公司财产无法完全清偿对外债务时,除符合法律规定的加速股东出资义务的情形外,股东可以充分运用法律赋予的延期缴纳出资的期限利益保护自身权利。对于已经设立的公司来说,可以考虑履行法定程序减少注册资本,以降低未来股东个人的偿债风险。

(三)家企人格混同

就家企人格混同而言,在企业层面上应做好股东个人和企业在人员、业务、财产等方面的严格区分。笔者建议:(1)不以股东个人账户代收企业收入;(2)避免股东个人与企业频繁的资金往来,并对资金往来情况做好财务记载;(3)避免将股东个人财产和企业财产混合使用;(4)规范企业财务操作,依法编制会计账簿、进行会计核算,有条件的情况下,可以每年聘请具有资质的、无利害关系的第三方机构对财务会计报告进行审计;(5)规范企业治理结构,完善企业内部控制,规范股东个人签名和企业印章的使用,在应当加盖企业印章的文件上避免使用股东个人签名,保证企业业务独立;(6)尽可能避免与其他企业共用员工,保证企业人员独立;(7)保留所有能够证明家企人格未发生混同的证据。

二、家庭层面的应对策略

前已述及,因企业类型、注册资本、家企人格混同传导的企业债务风险可以在企业层面上采取一定措施予以降低。但即便如此,仍然存在诸多问题。例如,对于采用无限责任制的企业,一旦风险发生,企业债务和个人或家庭财产之间完全没有阻隔的工具,企业债务牵连个人和家庭财产的风险仍然处于一个比较高的等级。另外,对于因股东担保、股东对赌传导的企业债务风险,事实上在企业融资、企业上市过程中,企业股东几乎没有选择的权利而只能接受股东担保、股东对赌的系统性风险,因此,当企业债务无法清偿或上市失败时,股东个人或家庭财产将作为担保财产或履行对赌失败义务财产用于清偿债务或履行回购义务,企业融资和上市失败的债务就会完全由股东个人或家庭财产来承担。

企业债务传导最终会危及股东的个人或其家庭财产,所以笔者建议,最好的方法是在企业债务与企业股东个人或家庭财产之间建立起“隔离防火墙”,这样才能更加有效和深入地解决问题。下文将详细分析可作为“隔离防火墙”的资产隔离工具及其运用。

第三节 资产隔离工具及其运用

前已述及,被执行人名下的财产或财产权基本都可被执行,故资产隔离工具的存在价值是实现“非偿债财产”,即将财产与被执行人“脱钩”,如此,被执行人的债务就不会牵累非被执行人所有的财产。下文将分析不同资产隔离工具的功能及其运用。

一、赠与

《民法典》第657条规定:“赠与合同是赠与人将自己的财产无偿给予受赠人,受赠人表示接受赠与的合同。”当赠与人通过赠与行为将赠与物的所有权转移给受赠人后,该赠与物便不属于赠与人的财产,赠与物当然就不再属于赠与人的偿债资产。所以,赠与是一种资产隔离工具。

需要特别说明的是,如果赠与人的赠与行为侵害了其债权人的合法债权,债权人有权申请撤销赠与。《民法典》第538条规定:“债务人以放弃其债权、放弃债权担保、无偿转让财产等方式无偿处分财产权益,或者恶意延长其到期债权的履行期限,影响债权人的债权实现的,债权人可以请求人民法院撤销债务人的行为。”赠与人的赠与行为会导致自身偿债能力下降,如果影响到赠与人债权人的债权实现，债权人可以申请撤销该赠与。

案例5－12　罗某1、罗某2、某银行分行等债权人撤销权纠纷案

一审法院：河南省许昌市魏都区人民法院

案号：(2021)豫1002民初6122号

二审法院：河南省许昌市中级人民法院

案号：(2022)豫10民终877号

案例主旨：赠与人在负有现时应当履行的担保债务时，将其名下房产无偿赠与或以明显不合理低价等方式转让给第三方，该行为影响到债权人的债权实现，债权人可以主张撤销该赠与及转让行为，让案涉房产重新恢复登记到赠与人名下。

法院认为，根据双方的陈述与答辩，确定本案的争议焦点为被上诉人某银行分行主张行使债权人撤销权是否具有相应的事实和法律依据。《民法典》第538条规定："债务人以放弃其债权、放弃债权担保、无偿转让财产等方式无偿处分财产权益，或者恶意延长其到期债权的履行期限，影响债权人的债权实现的，债权人可以请求人民法院撤销债务人的行为。"第539条规定："债务人以明显不合理的低价转让财产、以明显不合理的高价受让他人财产或者为他人的债务提供担保，影响债权人的债权实现，债务人的相对人知道或者应当知道该情形的，债权人可以请求人民法院撤销债务人的行为。"案涉三处房产原均登记在罗某1名下，罗某1为他人的贷款提供担保，在贷款逾期后，罗某1作为担保人应当承担相应的担保责任。在此情况下罗某1将其名下的三处房产以无偿赠与、明显不合理低价等方式予以转让，其中转让给罗某2的房产，现有证据不能证明罗某2支付对价，三个交易行为均对被上诉人某银行分行到期债权的实现产生影响，案涉房产应当重新恢复登记到罗某1名下，被上诉人某银行分行主张行使债权人的撤销权具有相应的事实及法律依据。

赠与产生资产隔离功能的前提条件是赠与不得侵害赠与人债权人的合法债权。对于赠与发生之前产生的赠与人债务，赠与是否会导致侵害债权人合法债权是赠与是否合法有效的认定关键。对于赠与发生之后产生的赠与人债务，因赠与行为发生在债务产生之前，故赠与能产生资产隔离功能。另外，在考虑采用赠与来进行资产隔离时，还需要注意以下事项：

1. 赠与协议签署，并不意味着资产隔离。如果赠与人在签署赠与协议后，未将赠与财产交付或更名至受赠人，则赠与财产仍然系赠与人所有的资产，其构成赠与人的偿债资产。

2. 赠与可能导致丧失财产控制权。赠与的使用场景中，多为亲属之间，主要是在财富传承中，赠与人通过赠与的方式既实现了提前传承财富，又实现了赠与财产免遭受赠与人未来债务影响之功能。但赠与财产后，赠与人不再是赠与财产的所有权人，不再控制财产。受赠人如挥霍财产、对财产进行不当投资，赠与人也只能徒呼奈何。

3. 赠与的资产隔离功能并非绝对。如果受赠人成为债务人，赠与财产就成了受赠人的偿债资产，所以，赠与的资产隔离功能是相对而非绝对的。

4. 赠与要考虑受赠人的婚姻风险。《民法典》第 1062 条第 1 款第 4 项规定："夫妻在婚姻关系存续期间所得的下列财产，为夫妻的共同财产，归夫妻共同所有：……（四）继承或者受赠的财产，但是本法第一千零六十三条第三项规定的除外。"第 1063 条第 1 款第 3 项规定："下列财产为夫妻一方的个人财产：……（三）遗嘱或者赠与合同中确定只归一方的财产。"如果赠与合同未指定赠与财产是受赠人个人财产，那么赠与财产就变成了受赠人（如赠与发生时已婚）与其配偶的夫妻共同财产。当受赠人离婚，赠与财产就面临离婚分割。因此，在采用赠与进行财富传承时，最好能在赠与合同中约定赠与财产为受赠人个人财产，这样才能够避免赠与财产被认定为受赠人的夫妻共同财产，才能确保受赠人离婚不分割赠与财产。

笔者建议，赠与人在考虑采用赠与时，应综合思考各项因素。第一，赠与人应评估自己的债务风险，最好是在财富健康的时候进行赠与，要防止赠与被认定为转移资产逃避债务；第二，要及时履行赠与合同，将赠与财产交付或更名至受赠人，这样才能起到资产隔离的功能；第三，在赠与合同中最好能约定清楚赠与财产用途，避免对赠与财产彻底失控；第四，如果采用赠与方式进行财富传承，建议在赠与合同中约定赠与财产为受赠人个人财产，排除赠与财产成为受赠人与其配偶夫妻共同财产，避免受赠人离婚分割赠与财产的风险。

二、代持

我国法律没有对"代持"进行定义。从代持的形成来看，代持是指被代持人将其名下财产转移到代持人名下并由代持人帮忙持有的状态。从明面上来看，因代持财产由代持人享有所有权，因此，代持财产也就不再是被代持人的偿债资产。

代持本身是一种法律状态，可能被代持人当初实施代持行为并无逃债恶意（或许出于低调），但当被代持人无力偿债时，代持财产实质上是不具备资产隔离功能的。其一，如果代持被揭穿，根据《民法典》第 146 条第 1 款"行为人与相对人以虚假的意思表示实施的民事法律行为无效"之规定，代持财产本质上还是被代持人的财产，其构成被代持人的偿债资产，不具有资产隔离功能；其二，如果代持的目的是逃避债务，根据《民法典》第 153 条第 2 款"违背公序良俗的民事法律行为无效"和第 154 条"行为人与相对人恶意串通，损害他人合法权益的民事法律行为无效"之规定，代持行为无效，代持财产仍然构成被代持人的偿债资产，不具有资产隔离功能。

除此之外，代持行为本身存在诸多风险。例如，(1)代持人自身的道德风险。如代持人不承认代持的事实，被代持人怎么办？(2)代持人的债务风险。如果代持人成为债务人，明面上，代持财产就成了代持人的偿债资产，代持财产就会受代持人债务状况的影响，对此，被代持人怎么办？(3)代持人的婚姻风险。如代持人发生离婚纠纷，其名下的代持财产可能会被作为代持人的夫妻共同财产进行分割，对此，被代持人怎么办？(4)代持人的继承风险。如代持人在代持过程中离世，代持财产可能会被作为代持人的遗产发生继承，对此，被代持人怎么办？当发生这些风险时，如被代持人不能证明代持的过程和性质，其可能面临财富损失。

另外，即使被代持人能证明代持的性质，其也有可能遭遇财富风险。例如，如果代持人擅自将代持财产进行处分，被代持人只能依据代持协议要求代持人赔偿损失，而代持人此时可能已经不具备赔偿能力，甚至代持人有可能下落不明。另外，在股权代持纠纷中，即使法院认定股权代持关系，被代持人仍然有可能难以恢复股东身份，相关案例可参见本书第三章案例 3-15。

笔者建议，如果考虑采用代持应注意：(1)选择值得信赖的人作为代持人。父母、子女、兄弟姐妹等亲属，往往具有较高的信赖度，另外，应综合考量代持人的征信情况、婚姻关系的稳定性及所从事行业的危险性，尽可能避免选择道德风险、债务风险、婚姻风险和因从事高危行业导致意外身故风险高的人作为代持人。(2)签署代持协议,确认代持财产及代持财产产生收益的归属,必要时可约定违约金。代持协议不仅由被代持人与代持人签署,最好由代持人的配偶及/或法定继承人签署,最大限度避免代持人离婚、身故导致争产纠纷。(3)被代持人最好能保留代持财产转移凭证或出资凭证,以进一步证明代持事实。对于资金代持,如代持资金转移至代持人银行账户的,最好让代持人另行开立新的账户保管该代持资金,避免与代持人其他资金发生混同,最好由被代持人保管银行卡和交易密码。(4)如实施股权代持,最好与公司其他股东签署协议,确保被代持人未来解除代持、恢复股东身份无障碍。

三、人身保险

人身保险主要分为保障型保险和理财型保险。保障型保险主要分为重疾险、医疗险、伤残险,保障型保险主要用于对冲保险事故发生的损失和费用;理财型保险主要分为年金险、身故险,年金险主要用于保障生前稳健现金流,身故险主要分为定额终身寿险、增额终身寿险,主要用于财富传承。人身保险的债务隔离功能主要体现于身故险中。

(一)人身保险的资产隔离功能

《民法典》第1161条规定:“继承人以所得遗产实际价值为限清偿被继承人依法应当缴纳的税款和债务。超过遗产实际价值部分,继承人自愿偿还的不在此限。继承人放弃继承的,对被继承人依法应当缴纳的税款和债务可以不负清偿责任。”《保险法》第42条规定:“被保险人死亡后,有下列情形之一的,保险金作为被保险人的遗产,由保险人依照《中华人民共和国继承法》的规定履行给付保险金的义务:(一)没有指定受益人,或者受益人指定不明无法确定的;(二)受益人先于被保险人死亡,没有其他受益人的;(三)受益人依法丧失受益权或者放弃受益权,没有其他受益人的。受益人与被保险人在同一事件中死亡,且不能确定死亡先后顺序的,推定受益人死亡在先。”在身故险中,当被保险人死亡,只要还存在受益人,身故保险金就不会被认定为被保险人的遗产,不被认定为遗产的身故保险金将由受益人领取,而不被用于清偿被保险人的生前债务,此谓人身保险的资产隔离功能。

(二)人身保险资产隔离功能的局限性

在被保险人身故前,保险单依然有效。如果此时人身保险的投保人系债务人，其所拥有的保险单能否被执行用于偿还债务呢？如果是，保险单被执行用于偿还投保人债务的方式是怎样的呢？

第一，《保险法》第47条规定："投保人解除合同的，保险人应当自收到解除合同通知之日起三十日内，按照合同约定退还保险单的现金价值。"《最高人民法院关于适用〈中华人民共和国保险法〉若干问题的解释（三）》（2020年12月23日最高人民法院审判委员会第1823次会议修正）第16条第1款规定："保险合同解除时，投保人与被保险人、受益人为不同主体，被保险人或者受益人要求退还保险单的现金价值的，人民法院不予支持，但保险合同另有约定的除外。"可见，保险单有现金价值，是一种财产权。保险单的现金价值属于投保人所有。

第二，《查封、扣押、冻结财产规定》并未将保险单的现金价值排除在不得执行的财产范围之外，这意味着保险单作为一种财产权，其可以作为被执行财产。

第三，关于保险单能否被强制执行，虽然最高人民法院并未出台全国统一性的书面司法解释，但根据各地法院的司法规定，保险单的现金价值是可能被冻结和执行的。

1. 2015年浙江省高级人民法院发布的《关于加强和规范对被执行人拥有的人身保险产品财产利益执行的通知》（浙高法执〔2015〕8号，以下简称《浙江高院通知》）规定："投保人购买传统型、分红型、投资连接型、万能型人身保险产品、依保单约定可获得的生存保险金、或以现金方式支付的保单红利、或退保后保单的现金价值，均属于投保人、被保险人或受益人的财产权。当投保人、被保险人或受益人作为被执行人时，该财产权属于责任财产，人民法院可以执行。"

2. 2018年江苏省高级人民法院发布的《关于加强和规范被执行人所有的人身保险产品财产性权益执行的通知》（以下简称《江苏高院通知》）规定："保险合同存续期间，人身保险产品财产性权益依照法律、法规规定，或依照保险合同约定归属于被执行人的，人民法院可以执行。人身保险产品财产性权益包括依保险合同约定可领取的生存保险金、现金红利、退保可获得的现金价值（账户价值、未到期保费），依保险合同可确认但尚未完成支付的保险金及其他权属明确的财产性权益。"

3. 2021年11月18日上海市高级人民法院与八大保险机构达成的《关于建立被执行人人身保险产品财产利益协助执行机制的会议纪要》（以下简称《上海

高院纪要》)规定:“被执行人为投保人的,可冻结或扣划归属于投保人的现金价值、红利等保单权益。被执行人为被保险人的,可冻结或扣划归属于被保险人的生存金等保险权益。被执行人为受益人的,可冻结或扣划归属于受益人的生存金等保险权益。”

第四,保险单现金价值被执行的方式是人民法院要求投保人退保,如投保人拒绝退保则要求保险人强制退保,最终将退保后的现金价值予以执行扣划。

1.《浙江高院通知》规定:“人民法院要求保险机构协助扣划保险产品退保后可得财产利益时,一般应提供投保人签署的退保申请书,但被执行人下落不明,或者拒绝签署退保申请书的,执行法院可以向保险机构发出执行裁定书、协助执行通知书要求协助扣划保险产品退保后可得财产利益,保险机构负有协助义务。”

2.《江苏高院通知》规定:“被保险人、受益人未向人民法院交付相当于退保后保单现金价值财产的,人民法院可以要求投保人签署退保申请书,并向保险公司出具协助扣划通知书。投保人下落不明或者拒绝签署退保申请书的,人民法院可以直接向保险公司发出执行裁定书、协助执行通知书,要求保险公司解除保险合同,并协助扣划保险产品退保后的可得财产性权益,保险公司负有协助义务。”

3.《上海高院纪要》规定:“1. 冻结或扣划投保人(被执行人)的现金价值、红利等保单权益,投保人、被保险人或受益人均为被执行人同一人时,人民法院可直接冻结或扣划。2. 冻结或扣划投保人(被执行人)的现金价值、红利等保单权益,投保人(被执行人)与被保险人或受益人不一致时,人民法院应秉承审慎原则,保障被保险人或受益人相关赎买保单的权益。人民法院冻结上述保单权益后,应给予不少于15日赎买期限。保险机构在办理协助冻结后,联系投保人(被执行人)、被保险人或受益人,告知赎买权益、行使期限以及不赎买时保单将被强制执行的事项。相关人员联系人民法院的,人民法院应向上述人员告知投保人(被执行人)保单被强制执行的相关情况。被保险人或者受益人赎买支付相当于保单现金价值的款项的,由赎买人直接交予人民法院。人民法院应提取该赎买款项,不得再继续执行该保单的现金价值、红利等权益。但赎买期届满后无人赎买或者被保险人、受益人明确表示不赎买的,人民法院可以强制执行投保人(被执行人)对该保单的现金价值、红利等权益。”

案例 5－13　曹某等保险单现金价值执行裁定案

执行法院：北京市昌平区人民法院

案号：(2021)京 0114 执 14419 号

案例主旨：保险单的现金价值可被执行。

法院认为，法院依法向被执行人发出执行通知书，责令被执行人履行生效法律文书确定的义务。经查，被执行人曹某名下有少量银行存款，无房屋，无住房公积金，无证券登记信息。因被执行人曹某未履行生效法律文书确定的给付义务，法院依法扣划被执行人曹某银行账户内存款 926 元，并冻结曹某银行账户，依法扣划曹某名下保单的现金价值 70349.48 元。依法将随案移送车辆变价 24100 元。依法查封被执行人曹某名下车辆，未实际控制，无法进行处置。依法将被执行人曹某列入失信被执行人名单并采取了限制高消费的措施。

事实上，全国较多地方法院在审理执行案件过程中，均认可查询并执行被执行人保险单的现金价值。①

第五，虽然最高人民法院没有出具统一的书面司法解释，确认保险单现金价值可被执行，但出于维护交易安全、保护债权人的政策下，最高人民法院已有案例表明其对执行保险单现金价值持开放态度。

案例 5－14　邓某、许某、兴铁企业等合伙企业财产份额转让执行纠纷案

执行法院：江西省高级人民法院

案号：(2019)赣执异 26 号

复议法院：最高人民法院

案号：(2020)最高法执复 71 号

案例主旨：人身保险产品具有财产权益属性，其既不具有人身依附性的专属性，也不是被执行人及其所扶养家属所必需的生活物品和生活费，法院可以对保

---

① 宁夏回族自治区平罗县人民法院执行裁定书，(2022)宁 0221 执 616 号之三。新疆维吾尔自治区克拉玛依市克拉玛依区人民法院执行裁定书，(2022)新 0203 执 820 号之一。甘肃省天水市秦州区人民法院执行裁定书，(2022)甘 0502 执 807 号。山东省威海市文登区人民法院执行裁定书，(2022)鲁 1003 执 853 号。天津市南开区人民法院执行裁定书，(2022)津 0104 执恢 929 号。重庆市江津区人民法院执行裁定书，(2022)渝 0116 执 4053 号。

单的现金价值及利息等财产性权益予以冻结并强制扣划，对于人身保险产品现金价值的执行，法院可以代替投保人强制解除保险合同。

法院认为，本案的争议焦点问题：(1)能否强制执行本案人身保险产品的现金价值；(2)对人身保险产品的现金价值应如何执行。结合邓某所提复议理由，一并分析如下：

（一）关于能否强制执行本案人身保险产品的现金价值问题

《民事诉讼法》第241条[①]规定，被执行人未按执行通知履行法律文书确定的义务，应当报告当前以及收到执行通知之日前一年的财产情况。《最高人民法院关于适用〈中华人民共和国民事诉讼法〉执行程序若干问题的解释》第32条规定，被执行人财产报告义务的对象包括"债权、股权、投资权益、基金、知识产权等财产性权利"。《查封、扣押、冻结财产规定》第2条第1款规定，人民法院可以查封、扣押、冻结登记在被执行人名下的不动产、特定动产及其他财产权。商业保险产品属于前述法律规定的其他财产权的范围。意外伤害、残疾保障类人身保险产品虽然具有一定的人身保障功能，但其根本目的和功能是经济补偿，其本质上属于一项财产性权益，具有一定的储蓄性和有价性，除《民事诉讼法》第244条及《查封、扣押、冻结财产规定》第5条规定的被执行人及其所扶养家属的生活必需品等豁免财产外，人民法院有权对该项财产利益进行强制执行。人身保险的保单现金价值系投保人交纳的，为了支付后年度风险之用的费用，与保险事项发生后，保险公司应当支付的保险金不同，并不具有人身依附性的专属性，也不是被执行人及其所扶养家属所必需的生活物品和生活费用。根据许某与该保险公司签订的两全保险和附加意外伤害住院定额给付医疗险保险合同的内容，以及《保险法》第15条的规定，在保险金给付之前，投保人许某对该保险现金价值享有确定的物权所有权。江西省高级人民法院对该保单的现金价值及利息等财产性权益予以冻结并强制扣划并无不当。

（二）对人身保险产品的现金价值应如何执行的问题

江西省高级人民法院(2019)赣执47号之四协助执行通知书，要求该保险公司协助的内容是冻结被执行人许某及邓某名下的保险产品的现金价值、红利及利息等财产性权益，并将上述两项财产性权益用现金转账形式扣划至该院。首

---

① 现为第248条。

先,人民法院可以强制解除保险合同。根据《最高人民法院关于限制被执行人高消费及有关消费的若干规定》第3条第1款第8项关于被执行人为自然人的,不得支付高额保费购买保险理财产品的规定精神,如被执行人拒不执行生效法律文书确定的义务,在其可以单方面行使保险合同解除权而未行使,致使债权人的债权得不到清偿,人民法院在此情形下可以强制被执行人予以行使,代替投保人行使强制解除所购的保险合同。其次,由于江西省高级人民法院执行裁定未明确强制要求保险公司解除保险合同,投保人也可以继续与保险公司协商,由符合条件的第三人行使介入权。至于邓某提出保单的现金价值相对于本案债权等实现价值较低,难以切实有效保障债权人债权的理由。经查,许某及邓某作为案件被执行人以投保人身份为双方购买了多份保险产品,保单现金价值的总额数万元,不属于现金价值较低的情形,且债权人强烈主张予以执行,仅以此理由不足以阻却执行,邓某该复议理由不能成立。

需要说明的是,以上最高人民法院案例(含针对同一被执行人多份保险单现金价值的执行,其中不少保险单为保障型保险单)对于保障型保险单的现金价值的执行持开放态度,但是,《上海高院纪要》[①]对于保障型保险单的现金价值的执行持谨慎态度,在这一点上存在一定争议。

总体而言,当人身保险的投保人为债务人时,其所投保的人身保险保险单的现金价值被执行的可能性较大。从这个角度来说,人身保险的资产隔离功能并非绝对。

(三)对于人身保险资产隔离功能的局限性的应对策略

鉴于保险单的现金价值并非不可执行,且在司法实践中,无论是各地各级法院的规定、案例还是最高人民法院的案例,均表明保险单现金价值被执行逐渐为法院所接受。故笔者建议,在将人身保险作为财富传承工具的时候,应充分考虑投保人的债务风险,具体来说,需要考虑以下安排:

---

① 《上海高院纪要》规定:“鉴于重大疾病保险、意外伤残保险、医疗费用保险等产品人身专属性较强、保单现金价值低,但潜在可能获得的保障大,人民法院应秉承比例原则,对该类保单一般不作扣划。保险机构认为涉案保单不适宜扣划的,可通过本纪要第六条确定联络人沟通反馈,但应在回执中予以说明。”

1. 谨慎选择投保人。如果投保人是债务风险系数较高的人员,建议不作为投保人;或者在债务发生之前,提前变更投保人为债务风险系数较低的人员。

2. 谨慎选择保险产品。如果投保人不能避开债务风险系数较高的人员,建议选择现金价值相对较低的保险产品。当未来投保人发生债务风险时,新的投保人可以以较低的价格(保险单的现金价值)购买保险单,从而起到保全保险单的作用,各地人民法院对于保全保险单已有规定。[①]

四、家族信托

《信托法》第2条规定:“本法所称信托,是指委托人基于对受托人的信任,将其财产权委托给受托人,由受托人按委托人的意愿以自己的名义,为受益人的利益或者特定目的,进行管理或者处分的行为。”第7条规定:“设立信托,必须有确定的信托财产,并且该信托财产必须是委托人合法所有的财产。本法所称财产包括合法的财产权利。”

家族信托中,信托财产可以包括资金、财产权(如保险单所有权、保险金请求权)、股权、房地产、特定物(如古玩、字画、珠宝、黄金、艺术品)。在国内,资金家族信托大量存在,也是最普遍的家族信托类型;另外,还存在大量的保险金信托,国内的保险金信托的模式主要是将保险金请求权置入信托,保险单所有权置入信托运用较少;鉴于国内股权、房地产更名事由中尚无家族信托,故国内的股权家族信托、房地产家族信托是以交易方式完成将股权、房地产置入信托名下,因涉及较高的税负成本,故实操案例不常见;特定物因涉及真伪鉴定、保管、拍卖等专业领域,故将特定物置入家族信托也不多见。

(一)家族信托的资产隔离功能

1. 资产隔离功能的原理和规定

家族信托中,委托人将自己名下的财产转移到受托人名下作为信托财产,信

① 《江苏高院通知》规定:“投保人为被执行人,且投保人与被保险人、受益人不一致的,人民法院扣划保险产品退保后可得财产利益时,应当通知被保险人、受益人。被保险人、受益人同意承受投保人的合同地位、维系保险合同的效力,并向人民法院交付了相当于退保后保单现金价值的财产替代履行的,人民法院不得再执行保单的现金价值。”《上海高院纪要》规定:“被保险人或者受益人赎买支付相当于保单现金价值的款项的,由赎买人直接交予人民法院。人民法院应提取该赎买款项,不得再继续执行该保单的现金价值、红利等权益。”

托财产属于受托人名下资产而非委托人的财产，也就不再属于委托人的偿债资产。所以，从这个角度来看，家族信托是一种资产隔离工具。

《信托法》第 17 条规定："除因下列情形之一外，对信托财产不得强制执行：(一)设立信托前债权人已对该信托财产享有优先受偿的权利，并依法行使该权利的；(二)受托人处理信托事务所产生债务，债权人要求清偿该债务的；(三)信托财产本身应担负的税款；(四)法律规定的其他情形。对于违反前款规定而强制执行信托财产，委托人、受托人或者受益人有权向人民法院提出异议。"因此，根据《信托法》，除非出现第 17 条所规定的例外情形，信托财产不得被强制执行。

《九民纪要》第 95 条规定："信托财产在信托存续期间独立于委托人、受托人、受益人各自的固有财产。委托人将其财产委托给受托人进行管理，在信托依法设立后，该信托财产即独立于委托人未设立信托的其他固有财产。受托人因承诺信托而取得的信托财产，以及通过对信托财产的管理、运用、处分等方式取得的财产，均独立于受托人的固有财产。受益人对信托财产享有的权利表现为信托受益权，信托财产并非受益人的责任财产。因此，当事人因其与委托人、受托人或者受益人之间的纠纷申请对存管银行或者信托公司专门账户中的信托资金采取保全措施的，除符合《信托法》第 17 条规定的情形外，人民法院不应当准许。已经采取保全措施的，存管银行或者信托公司能够提供证据证明该账户为信托账户的，应当立即解除保全措施。对信托公司管理的其他信托财产的保全，也应当根据前述规则办理。当事人申请对受益人的受益权采取保全措施的，人民法院应当根据《信托法》第 47 条①的规定进行审查，决定是否采取保全措施。决定采取保全措施的，应当将保全裁定送达受托人和受益人。"

《九民纪要》对信托财产的独立性进行了确认，即信托财产不仅独立于委托人的固有财产，也独立于受托人和受益人的固有财产。因此，信托财产非委托人、受托人和受益人的偿债资产。《九民纪要》对信托财产能否被强制执行进行了明确，即"当事人因其与委托人、受托人或者受益人之间的纠纷申请对存管银行或者信托公司专门账户中的信托资金采取保全措施的，除符合《信托法》第 17

---

① 《信托法》第 47 条规定："受益人不能清偿到期债务的，其信托受益权可以用于清偿债务，但法律、行政法规以及信托文件有限制性规定的除外。"

条规定的情形外，人民法院不应当准许。已经采取保全措施的，存管银行或者信托公司能够提供证据证明该账户为信托账户的，应当立即解除保全措施”。因此，信托财产具有非偿债资产属性，家族信托具有资产隔离功能。

2. 资产隔离功能的长期性

《信托法》第15条规定：“信托财产与委托人未设立信托的其他财产相区别。设立信托后，委托人死亡或者依法解散、被依法撤销、被宣告破产时，委托人是唯一受益人的，信托终止，信托财产作为其遗产或者清算财产；委托人不是唯一受益人的，信托存续，信托财产不作为其遗产或者清算财产；但作为共同受益人的委托人死亡或者依法解散、被依法撤销、被宣告破产时，其信托受益权作为其遗产或者清算财产。”

家族信托架构中，只要委托人不是唯一受益人，委托人身故后，家族信托会基于信托受益人利益而存续，因此，家族信托财产的资产隔离功能会长期存在。

（二）家族信托资产隔离功能的例外

1. 关于侵害债权人利益

《信托法》第12条规定：“委托人设立信托损害其债权人利益的，债权人有权申请人民法院撤销该信托。人民法院依照前款规定撤销信托的，不影响善意受益人已经取得的信托利益。本条第一款规定的申请权，自债权人知道或者应当知道撤销原因之日起一年内不行使的，归于消灭。”结合《信托法》第17条所列举的信托财产可被强制执行的情形，如委托人设立家族信托的主要目的是逃避债务，或者事实上其将名下财产转移至受托人后导致其偿债资产减少并因此损害其债权人利益，其设立的家族信托无资产隔离功能。

家族信托并非委托人逃避债务的“不法之地”，以逃债或恶意转移资产为目的设立的信托在未来存在被债权人挑战的可能性。对此，笔者建议，在设置家族信托时，委托人要盘点自己的资产规模、债权与债务，委托人置入家族信托的财产应控制在其净资产（净资产 = 总资产 － 总负债）范围内，且做好证据保全工作（如通过公证留痕），为未来家族信托可能遇到挑战做好准备，这样才能向法院证明其设置家族信托时具备善意且未损害债权人利益，家族信托才能真正发挥其资产隔离功能。

2. 关于信托受益权

根据《九民纪要》第95条及《信托法》第47条，除非信托文件（包括但不限于家族信托合同）有限制性规定，否则家族信托的受益人的信托受益权可被执行。

对此，笔者建议，在设置家族信托时，应充分考虑信托受益人未来成为债务人的可能性，并有针对性地设置限制性规定，排除信托受益人的信托受益权被执行。考虑到就算信托文件规定了信托受益权不得被执行，但基于信托受益权产生的分配至信托受益人的信托利益因属于信托受益人的财产，已分配的信托利益仍然是偿债资产，故实践中，信托文件中一般会规定附条件丧失信托受益权的条款。例如，当信托受益人为债务人，其丧失信托受益权而不再是信托受益人，这样可从根本上防止信托财产所衍生的信托受益权及所对应的信托利益被执行。

3. 关于保险金信托

实践中，保险金信托有两类：一类是将保险金请求权置入信托而成立保险金信托；另一类是将保险单所有权置入信托而成立保险金信托。对于将保险金请求权置入信托而设立的保险金信托架构，信托财产是保险金请求权。如果保险单的投保人为债务人，其所拥有的保险单的现金价值有较大可能被执行。进而，如果投保人的保险单的现金价值被执行，保险单所对应的保险金请求权就会归于消灭，家族信托财产就会缺位，保险金信托也就不复存在了。

对此，笔者建议，如采用将保险金请求权置入信托的方式设立保险金信托，最好选择债务风险系数较低的人员作为投保人，另外，可考虑将保险单所有权置入信托（保险单的投保人为信托公司而非自然人），在没有侵害债权人利益的前提下，保险单所有权置入信托就避免了自然人投保人的债务风险。

第三篇

税务篇（境内税与跨境税）

第六章　税务改革下，高净值人群的涉税风险与财富规划策略

《2021年中国私人财富报告》①显示，2021年，财富安全和财富传承成为高净值人群最为关注的两大领域。

在财富安全层面，我国近些年实施减税降费政策的同时也在加大税收稽查力度。2022年7月14日，《最高人民法院关于为加快建设全国统一大市场提供司法服务和保障的意见》提出加大对利用"阴阳合同"逃税、文娱领域高净值人群逃税等行为的惩处力度。鉴于金税三期、银税联网下税务监管力度不断加强，金税四期的建设正在有条不紊地推进，高净值人群的涉税风险已然成为财富安全无法绕开的首要风险地带。

在财富传承层面，自2020年新冠疫情暴发，全球经济受挫，高净值人群对创造财富的热度有所降低，随着大量创富一代的年龄已逾"知天命"，他们更加关注财富传承。作为财富传承的重要工具，家族信托在英美等发达国家发展已非常成熟，但在我国尚需配套制度支持，尤其是税收制度。

笔者将对我国税务改革进行梳理，在此基础上分析高净值人群的各种涉税风险，最后针对高净值人群在财富取得、财富持有和财富转移三个阶段分析其财富规划策略，力求客观、全面、深入分析当下税务制度、高净值人群的涉税风险及财富规划策略。

---

① 由招商银行股份有限公司和Bain Capital联合发布。

第一节 税务改革

一、税制改革

(一)税制改革历程

我国税制改革经历了三个阶段:1978~1993年的有计划的商品经济时期的税制改革、1994~2011年的社会主义市场经济时期的税制改革、2012年以来全面深化改革时期的税制改革。

1. 1978~1993年的有计划的商品经济时期的税制改革

1980~1981年,第五届全国人民代表大会先后通过并公布了《中外合资经营企业所得税法》、《个人所得税法》和《外国企业所得税法》。同时,对中外合资企业、外国企业和外国人继续征收工商统一税、城市房地产税和车船使用牌照税。

1983年,国务院决定在全国试行国有企业利改税,将新中国成立之后实行了30多年的国有企业向国家上缴利润的制度改为缴纳企业所得税。

从1984年10月开始,在全国实施第二步利改税和工商税制改革,发布了关于国有企业所得税、国有企业调节税、产品税、增值税、营业税、盐税、资源税等一系列行政法规,这是我国改革开放之后第一次大规模的税制改革。

1991年,第七届全国人民代表大会第四次会议将《中外合资经营企业所得税法》与《外国企业所得税法》合并为《外商投资企业和外国企业所得税法》。

2. 1994~2011年的社会主义市场经济时期的税制改革

1994年,进一步实施工商税制改革,全面改革流转税,对内资企业实行统一的企业所得税,统一个人所得税,取消原个人收入调节税和城乡个体工商户所得税,调整、撤并和开征资源税、城市维护建设税等一些税种,初步形成以流转税和所得税为支撑的"双主体"税制体系。这是新中国成立以来规模最大、范围最广、内容最深刻、力度最强的税制结构性改革。

2001年,车辆购置税开征。2000年10月22日国务院颁布了《车辆购置税暂行条例》,自2001年1月1日起在全国范围内征收。车辆购置税开征的同时,取消了车辆购置附加费。

2004 年开始实施增值税转型，解决机器设备所含增值税税款不能抵扣的问题。2004 年 7 月 1 日起，在东北老工业基地选择装备制造业等 8 个行业启动试点。2007 年 7 月 1 日起，试点扩大到中部 6 省 26 个城市。2008 年 7 月 1 日起，扩大至内蒙古东部和汶川地震灾区。2009 年起全国推广。

2006 年全面取消农业税。2005 年 12 月 29 日第十届全国人民代表大会常务委员会第十九次会议通过了从 2006 年 1 月 1 日起废止农业税条例的草案。2006 年 3 月 14 日第十届全国人民代表大会第四次会议通过决议，宣布在全国范围内取消农业税。

2006 年开始统一内外税制。2006 年年底，国务院重新修订颁布了《城镇土地使用税暂行条例》和《车船税暂行条例》，自 2007 年起实现了城镇土地使用税和车船税的内外税制统一。2007 年第十届全国人民代表大会第五次会议审议通过了《企业所得税法》，自 2008 年起正式实施，结束了多年来内外有别的企业所得税制，实现了企业所得税的内外税制统一。2008 年年底，国务院发布了第 546 号令，规定自 2009 年起废止《城市房地产税暂行条例》，外资企业和个人统一适用《房产税暂行条例》，实现了房产税的内外税制统一。2010 年 10 月 18 日，国务院明确自 2010 年 12 月 1 日起对外商投资企业和外国企业及外籍个人开征城市维护建设税、教育费附加，并发布了《国务院关于统一内外资企业和个人城市维护建设税和教育费附加制度的通知》（国发〔2010〕35 号）。

3. 2012 年以来全面深化改革时期的税制改革

实施增值税改革。2012 年 1 月 1 日起，率先在上海市交通运输业和 6 个现代服务业实行营改增试点。2013 年 8 月 1 日起，将广播影视服务业纳入试点范围，并将试点推广到全国。2014 年在全国范围开展营改增“3 + 7”试点。2016 年 5 月 1 日起，将建筑业、房地产业、金融业、生活服务业一次性纳入试点范围，实现增值税对货物和服务的全覆盖。2017 年 7 月 1 日起，简并增值税税率结构，由四档变为三档，取消 13% 的增值税税率。2018 年 5 月 1 日起，降低增值税税率并统一小规模纳税人标准。

持续推进消费税改革。一是调整成品油和卷烟消费税税率。2014 年 11 月至 2015 年 1 月连续三次提高成品油消费税税率；2015 年 5 月 10 日起，将卷烟批发环节消费税税率由 5% 提高至 11%，并按 0.005 元/支加征从量税。二是调整电池、涂料类产品消费税税率。2015年2月1日起，对电池、涂料产品征收消费税，税率为4%。同时，对无汞原电池等符合国家产业政策的环保型产品免征消费税，铅蓄电池暂缓至2016年1月1日起征收消费税。三是完善化妆品类消费税税目和税率。2016年10月1日起，取消对普通美容、修饰类化妆品征收消费税；将“化妆品”税目名称更名为“高档化妆品”，税率调整为15%。四是对超豪华小汽车加征消费税。2016年12月1日起，对超豪华小汽车在零售环节加征消费税，税率为10%。征收范围为每辆零售价格130万元（不含增值税）及以上的乘用车和中轻型商用客车。

不断深化资源税改革。2014年12月1日起，煤炭资源税由从量计征改为从价计征，同时全面清理涉煤收费基金。2015年5月1日起，稀土、钨、钼资源税由从量计征改为从价计征。2016年7月1日起，全面实施资源税从价计征改革，同时清理相关收费基金。2016年7月1日起，在河北省率先实施水资源税改革试点。2017年12月1日，在北京等9个省（自治区、直辖市）扩大水资源税改革试点，由征收水资源费改为征收水资源税。

开展环境保护税费改革。2016年12月25日，第十二届全国人民代表大会常务委员会第十五次会议表决通过《中华人民共和国环境保护税法》，自2018年1月1日起实施。2017年12月25日，国务院审议通过《中华人民共和国环境保护税法实施条例》。

有序提升税收立法层级。2017年12月27日，第十二届全国人民代表大会常务委员会第三十一次会议表决通过了《中华人民共和国烟叶税法》和《中华人民共和国船舶吨税法》，自2018年7月1日起实施，同时废止《中华人民共和国烟叶税暂行条例》和《中华人民共和国船舶吨税暂行条例》。2018年12月29日，第十三届全国人民代表大会常务委员会第七次会议通过了《中华人民共和国车辆购置税法》和《中华人民共和国耕地占用税法》，分别自2019年7月1日、2019年9月1日起施行，同时废止《中华人民共和国车辆购置税暂行条例》《中华人民共和国耕地占用税暂行条例》。2019年8月26日，第十三届全国人民代表大会常务委员会第十二次会议通过《中华人民共和国资源税法》，自2020年9月1日起施行，同时废止《中华人民共和国资源税暂行条例》。2020年8月11日，第十三届全国人民代表大会常务委员会第二十一次会议通过了《中华人民共和国城市维护建设税法》和《中华人民共和国契税法》，自2021年9月1日起施行，同时废止《中华人民共和国城市维护建设税暂行条例》《中华人民共和国契税暂行条例》。2021 年 6 月 10 日，第十三届全国人民代表大会常务委员会第二十九次会议通过《中华人民共和国印花税法》，自 2022 年 7 月 1 日起施行，同时废止《中华人民共和国印花税暂行条例》。

（二）税种概况

1978～1993 年是我国税制建设的恢复时期和税制改革的准备、起步时期，截至 1991 年一共设有 37 个种税。1992 年以后，我国进入了建立社会主义市场经济体制时期，经过 1994～2013 年的税制改革，截至 2013 年，我国的税制一共设有 18 个种税。

1. 当前开征的税种

截至目前，按征税对象分类，我国当前开征了 18 个税种：

流转税：增值税、消费税、关税。

所得税：企业所得税、个人所得税。

资源税：资源税。

特定目的税：城市维护建设税、耕地占用税、土地增值税、环境保护税、城镇土地使用税。

财产和行为税：房产税、车船税、印花税、契税、车辆购置税、烟叶税、船舶吨税。

2. 未来可能增加的税种

房地产税。房地产税是向地产物业征收的一种财产税。2021 年 10 月 23 日，第十三届全国人民代表大会常务委员会第三十一次会议作出决定，授权国务院在部分地区开展房地产税改革试点工作。有关负责人表示，财政部、税务总局将依照全国人民代表大会常务委员会的授权，起草房地产税试点办法（草案），按程序做好试点各项准备工作。①

遗产税。遗产税是以被继承人去世后所遗留的财产为征税对象，向遗产的继承人和受遗赠人征收的一种财产税。我国早在 1940 年 7 月 1 日正式开征过遗产税。新中国成立后，1950 年通过的《全国税政实施要则》将遗产税作为拟开

---

① 载新华网，http://m.news.cn/2021－10/23/c_1127988516.htm，最后访问日期：2022 年 10 月 6 日。

征的税种之一,但限于当时的条件未予开征。1994 年的新税制改革将遗产税列为国家可能开征的税种之一。1996 年全国人民代表大会批准了《国民经济和社会发展“九五”计划和 2010 年远景目标纲要》,纲要中提出“逐步开征遗产税和赠与税”。2013 年 2 月 3 日,《国务院批转发展改革委等部门关于深化收入分配制度改革若干意见的通知》提出“研究在适当时期开征遗产税问题”。

3. **税种结构变化趋势**

从收入结构的角度,我国税种结构分为:1950 ~ 1977 年,流转税占绝对主体地位;1978 ~ 1993 年,初期形成了流转税与所得税的双主体结构,后期又转变成流转税为主体;1994 ~ 2011 年,初期以流转税为主体,开始出现流转税占比下降、所得税占比提高的趋势;2012 年至今,流转税占比下降、所得税占比提高。

2021 年 3 月,《国民经济和社会发展第十四个五年规划和二〇三五年远景目标纲要》明确提出“完善现代税收制度”的任务要求,并强调了“优化税制结构,健全直接税体系,适当提高直接税比重”。

二、税收征管体制改革

(一)国税地税合并

2018 年 3 月 13 日,第十三届全国人民代表大会第一次会议在北京人民大会堂举行第四次全体会议。受国务院委托,国务委员王勇向第十三届全国人民代表大会第一次会议作关于国务院机构改革方案的说明。该说明第 2 点第 11 条明确指出:“改革国税地税征管体制。将省级和省级以下国税地税机构合并,具体承担所辖区域内的各项税收、非税收入征管等职责。国税地税机构合并后,实行以国家税务总局为主与省(区、市)人民政府双重领导管理体制。”

国地税合并具有深远的意义,主要体现:

一是构建优化高效统一的税收征管体系。国税、地税合并后,实行以国家税务总局为主与省(自治区、直辖市)人民政府双重领导管理体制。管理链条缩短,税费收入的规范性和执行上更加刚性,为未来税费制度改革,统一政府收入体系、规范收入分配秩序创造条件。

二是提升纳税人办税便利。国税、地税合并,从根本上解决税收征收上的“两头跑”“两头查”问题,维护纳税人和缴费人的合法权益,减轻办税和缴费负担，促进优化营商环境。

三是提升税收征管效率。国税、地税合并之后，垂直管理体制将在很大程度上规避地税征收率低的问题，征收率的提升会缩小法定税率和实际税率的差异，同时明确企业对纳税程度的预期，也有利于未来减税政策能够落到实处。

四是有助于新时代税收征管流程再造。国税、地税征管体制改革，不只是国税、地税机构的合并，也是税务部门领导体制、运行机制、管理方式、职能职责的一场深刻变革，更是执法和服务标准、业务流程等方面的集成创新。

（二）金税工程

金税工程的目的是利用计算机网络，建立一个覆盖全国税务机关的增值税专用发票和企业增值税监控体系。最早的金税工程是1994年实行的金税一期，时值增值税专票刚刚推行，税务机关缺乏相应监管手段，金税工程应运而生。然而不到2年，金税一期就停止运行，主要原因是手工采集数据成本太高、错误率太高。1998～2003年，金税二期开始实施。这一阶段的主要成果是在全国范围推广了增值税交叉稽查系统和发票协查系统，发票也进入了防伪控税时代。自2003年4月1日起，手写发票一律不得作为增值税的扣税凭证。2008年金税三期启动。接下来，笔者重点介绍已实施的金税三期和将要实施的金税四期。

1. 金税三期

金税三期的全称是金税工程三期。2008年，金税三期启动，覆盖所有税种和所有工作环节，这也是全国地税、国税征管系统首次得以统一。从技术迭代，到用以解决新发现的问题，可以说金税工程一直伴随我国税务征收、监管走向成熟。从金税一期的人工核查，到金税二期的电子防伪，再到金税三期的联网、打通信息，我们可以很清楚地看到，国家税务机关的目的始终是让税务监察这件事更严密、更安全、更可靠、更敏锐、更全面。

2019年，国税地税合并后的“金三”系统正式上线。实现了对税务总局、国税、地税各级机关和其他政府部门的网络互联，“金三”系统囊括了社保缴费系统、增值税发票风险全链条快反监管系统、税源监管系统、税务稽查指挥管理应用系统。金税三期实现了“一个平台、两级处理、三个覆盖、四个系统”：

一个平台：包括网络硬件和基础软件的统一的技术基础平台。

两级处理：依托统一的技术基础平台，逐步实现数据信息在总局和省局集中处理。

三个覆盖：覆盖所有税种，覆盖所有工作环节，覆盖各级税务机关并与相关部门联网。

四个系统：以征管业务为主，包括行政管理、外部信息和决策支持在内的四大应用系统软件。

金税三期系统切实拥有了强大的信息采集、处理、分析、预警能力，全国所有企业的数百项数据，都处在这个系统之中。

2. **金税四期**

据悉，金税四期建设的顶层设计已完成，形成了征管方式从“收税”到“报税”再到“算税”、征管流程从“上机”到“上网”再到“上云”、征管效能从“经验管税”到“以票管税”再到“以数治税”的智慧税务。

金税三期实现了对国税、地税数据的合并及统一，其功能是对税务系统业务流程的全监控。而金税四期，不仅是税务方面，还会纳入“非税”业务，实现对业务更全面的监控。

税局搭建了各部委、人民银行、银行等参与机构之间信息共享和核查的通道，实现企业相关人员手机号码、企业纳税状态、企业登记注册信息核查三大功能。金税四期主要有以下特点：

“非税”业务：业务更全面的监控。

“云化”打通：“税费”全数据全业务全流程，进而为智慧监管、智能办税提供条件和基础。

信息共享：建立各部委、人民银行以及银行等参与机构之间通道。

信息核查：企业相关人员手机号、纳税状态、登记注册信息核查。

金税四期的实施标志着“以数治税”进入新的更高的台阶。

（三）税务稽查体系改革

2021 年 3 月 24 日，中共中央办公厅、国务院办公厅印发了《关于进一步深化税收征管改革的意见》，明确了“十四五”时期税收工作的蓝图框架，同时为当前和今后一个时期的稽查工作提供了总指导、总遵循。该文件从顶层设计上，为税务稽查新格局的构建提供了道路。根据该文件，新时期的税务稽查工作，必须以大数据为依托，以“信用 + 风险”为基础，以服务经济社会发展大局为导向，推进科技稽查、精准稽查、协同稽查，积极构建大稽查格局，打击违法犯罪，维护市场公平。

新型稽查体系主要有以下特点：

提层级：实施跨区域稽查机构设置，打破现有的行政区划，将稽查机构适当向上提升，破除现有的利益藩篱，保证执法的独立公正，实现机构扁平化、资源集约化、职责清晰化、运行高效化的目标。

壮筋骨：加强有关税改业务学习以及打击虚开发票、骗取出口退税的实务学习，注重实战练兵，帮助税务干部更快、更好地适应新的工作要求。按照素质高、能力强、作风硬的要求，以懂征管、熟政策、通法律、能查账、善执法为标准，打造一支文武兼备、能打胜仗的稽查队伍。

促联动：切实加强与公安、海关、人民银行、检察院、法院等部门的联系协作，在案件查办、资金查询、信息互通、工作互助等方面争取更多支持，形成打击涉税违法犯罪的合力，优化税收工作外部环境。

新型稽查体系一是加强重点领域的风险防控与监管。对于经常发生逃税问题的行业、地区和人群，根据税收风险情况适当提高"双随机、一公开"抽查比例。加强对隐瞒收入、虚列成本、转移利润以及利用"税收洼地"、"阴阳合同"、关联交易等手段逃避缴纳税款行为的防范，强化防范机制建设，强化依法防控和监督检查。二是依法严厉打击各种涉税违法犯罪行为。完善违法案件查处机制，充分依托国家"互联网+监管"系统的多元数据汇聚功能，对"假企业"虚开发票、"假出口"骗取退税、"假申报"骗取税费优惠等行为进行精准有效的打击，确保国家税收安全。依法严厉查处重大涉税违法犯罪案件，曝光一批典型案例，将企业和个人的信用记录纳入国家信用信息平台。

（四）取消税收管理员

2022年1月1日起，全面取消税收管理员固定管户关系，管户变成管事。所有税费事项一律按"自主遵从、自享权利、自负责任"原则进行。

（五）社保入税

2019年起，社保费统一转由税务部门进行征收。养老保险、工伤、失业、医疗、生育等保险由税务局全面负责。社保费转由税务部门征收，未来社保费征收将趋严，主要表现在：

一是税务部门的稽查系统、大数据系统十分强大，尤其随着金税四期到来，在各种数据交叉对比分析之下，任何社保违法都极易被发现。

二是税务部门基本能够掌握企业真实的员工工资情况，那些不按员工实际工资，而按最低基数申报缴纳社保的企业，很容易被发现。

三是社保全面入税后，税务机关可以将社保与财务报表中列支的工资薪金、个税申报的工资薪金比对稽查。企业再想不缴或少缴社保，已经行不通了。

第二节　高净值人群的涉税风险

一、增值税的涉税风险

增值税作为我国非常重要的流转税，一直是税务机关监管的重点，增值税违规主要包括销售收入未完整入账（通过现金、个人账户、微信或者支付宝等收取货款），从而构成偷逃税款行为。另外，抵扣凭证不合规（如买卖增值税专用发票即虚开增值税专用发票用于进项税额抵扣销项税额，达到少缴增值税目的），也会构成偷逃税款行为，如果达到涉刑标准，还会构成非法购买增值税专用发票罪，须承担刑事责任。

（一）收入不入企业账户

案例 6－1

根据国家税务总局佛山市税务局第一稽查局于 2022 年 4 月 12 日作出的佛税一稽罚〔2022〕40 号行政处罚决定，佛山市某食品有限公司（以下简称食品公司）在 2014 年 8 月 21 日至 2021 年 5 月 31 日，通过法定代表人妻子林某某账户及林某某微信、支付宝收取货款 8660581.31 元。前述销售收入未入账、未开具发票，未进行申报纳税。

食品公司通过私人账户、微信和支付宝收取货款不入账、不开票、不进行纳税申报的行为系偷税，税务机关处以少缴税款 948472.88 元 0.6 倍的罚款共计 569083.78 元。

《税收征收管理法》（全国人民代表大会常务委员会 2015 年修正）第 63 条

第1款规定："纳税人伪造、变造、隐匿、擅自销毁帐簿、记帐凭证，或者在帐簿上多列支出或者不列、少列收入，或者经税务机关通知申报而拒不申报或者进行虚假的纳税申报，不缴或者少缴应纳税款的，是偷税。对纳税人偷税的，由税务机关追缴其不缴或者少缴的税款、滞纳金，并处不缴或者少缴的税款百分之五十以上五倍以下的罚款；构成犯罪的，依法追究刑事责任。"

笔者认为，金税三期监管下的银税联网功能让存有侥幸心理通过"体外循环"隐藏收入、逃避缴纳税款的行为存在着极高税务风险，应予以避免。否则当事人将会因为违反《税收征收管理法》第63条第1款的规定而被认定为属于偷税行为，除须补缴少缴的税款并且缴纳滞纳金外，还会被税务机关处以不缴或者少缴税款50%以上5倍以下的行政罚款，得不偿失。

案例6－2

根据国家税务总局无锡市税务局第二稽查局于2022年5月26日作出的锡税二稽罚〔2022〕86号行政处罚决定，江阴某材料有限公司（以下简称材料公司）2021年5～9月共发生边角废料销售重量40964千克，合计金额660446元（含税价），均未开具发票，也未作收入来进行会计处理和纳税申报。2021年10～12月，材料公司边角废料通过等重退换的方式从原料厂商换取原料，其中10月2568千克，金额57731.21元（含税价）；11月2619千克，金额19122.00元（含税价）；12月6595千克，金额19264.80元（含税价），均未开具发票，也未作收入来进行会计处理和纳税申报。另外，材料公司将取得的边角废料销售款132830.00元通过龚某个人银行卡转给公司另一股东张某某个人银行卡上，截至检查日，未见张某某将该款项返还给材料公司，也未代扣代缴个人所得税。

根据《税收征收管理法》第63条第1款之规定，材料公司在账簿上不列、少列收入，不缴或少缴应纳税款的，是偷税行为，税务机关对前述偷税行为处少缴增值税、城市维护建设税税款50%的罚款共计54075.10元。

根据《税收征收管理法》第30条之规定，材料公司未扣缴股东分红个人所得税的行为，属扣缴义务人未按照法律、行政法规规定履行代扣、代收税款义务；根据《税收征收管理法》第69条之规定，对材料公司处应扣未扣税款50%的罚款共计13283.00元。

本案例中,材料公司遭到税务机关处罚的违法行为包括两方面:一方面,材料公司将本应计入公司收入的边角废料销售所得未申报纳税,系偷税行为,违反《税收征收管理法》第63条第1款之规定;另一方面,材料公司的边角废料的销售所得进入公司股东个人账户,截至税务机关检查之日,仍然未进公司账户,被税务机关视为分红,应按该股东的“股息、红利”所得缴纳个人所得税,材料公司应代扣代缴该股东个人所得税而未履行该代扣代缴义务,违反《税收征收管理法》第30条规定。

案例6-3

根据国家税务总局中山市税务局稽查局于2021年4月26日发布的中山税稽罚〔2021〕2号行政处罚决定,中山市某照明设计公司(以下简称照明公司)在2016~2017年经营期间,采用收入不入账、开具送货单的方式销售灯具给北京某照明工程有限公司、深圳市原某餐饮有限公司、成都某运业有限公司、中山市某牌馆4家客户,取得销售收入990391元(含税),通过银行转账方式收讫前述全部款项,相应的成本费用已全部税前列支,但未开具对应的销售发票,未申报纳税。2016年少申报销售收入12000元(含税),少缴增值税1743.59元,2017年少申报销售收入978391元(含税),少缴增值税142159.38元。该公司应按补缴的增值税额补缴2016年城市维护建设税合计87.18元,补缴2017年城市维护建设税合计7107.97元。对照明公司偷税的违法行为处以少缴税款50%的罚款共计179561.3元。

本案例中,尽管照明公司的销售款进入公司账户,但是并未开具发票,在账簿上也未列收入,未如实申报纳税,违反《税收征收管理法》第63条第1款之规定,系偷税行为,除须补缴应缴少缴的增值税外,还面临缴纳滞纳金和承担行政罚款责任。

综上,企业通过个人账户、支付宝、微信或者现金收取货款,不入企业账,隐匿企业收入,相应收入不做纳税申报,以达到不缴或者少缴税款目的,系偷税行为,将因违反《税收征收管理法》第63条第1款之规定面临被税务机关稽查的风险。特别是,如果本应进公司账户的款项进入股东账户、一直未返还至公司账户超过1年,并且未用于公司经营,股东将会被税务机关按股东“股息、红利”所得征收个人所得税,公司将因未履行代扣代缴股东应纳个人所得税的义务而被处以罚款。

实践中,部分企业存在侥幸心理,不通过企业股东或其关联方个人账户,而是通过企业财务人员、业务人员或者其关联方个人账户、微信、支付宝等方式收取销售款。鉴于金税三期下银税联网,个人账户、微信、支付宝进出款项信息均被税务机关掌握,如果应当进企业账户的销售收入款进其他关联公司或者个人账户,存在税务风险。如果当事人心存侥幸,往往得不偿失。

(二)买卖发票

案例 6-4

根据国家税务总局泰州市税务局第一稽查局于2022年7月14日作出的泰税一稽罚〔2022〕57号行政处罚决定,江苏某电气有限公司法定代表人陶某在没有真实交易的情况下,以票面金额7.5%的价格向张某某购买增值税专用发票6份,金额合计337047.69元、税额合计57298.11元,价税合计394345.8元,认定公司恶意接收虚开发票,不允许税前列支,追缴相应税款。公司违反《发票管理办法》(中华人民共和国国务院2019年修订)第37条、第22条规定,对虚开发票行为处5万元罚款。

《发票管理办法》第37条规定:违反第22条第2款①的规定虚开发票的,由税务机关没收违法所得;虚开金额在1万元以下的,可以并处5万元以下的罚款;虚开金额超过1万元的,并处5万元以上50万元以下的罚款;构成犯罪的,依法追究刑事责任。②

本案例中,陶某在公司未发生真实交易的背景下,为了税前列支抵扣增值税销项税额,购买增值税专用发票,以达到少缴增值税目的。虽然虚开税款数额

---

① 《发票管理办法》第22条第2款规定:"任何单位和个人不得有下列虚开发票行为:(1)为他人、为自己开具与实际经营业务情况不符的发票;(2)让他人为自己开具与实际经营业务情况不符的发票;(3)介绍他人开具与实际经营业务情况不符的发票。"

② 《刑法》第205条第3款规定:"虚开增值税专用发票或者虚开用于骗取出口退税、抵扣税款的其他发票,是指有为他人虚开、为自己虚开、让他人为自己虚开、介绍他人虚开行为之一的。"

57298.11元在10万元以下，尚未达到涉刑标准，[①]但由于违反《发票管理办法》的相关规定，追缴税款的同时，税务机关对公司处以罚款。

案例6－5

根据国家税务总局肇庆市税务局第一稽查局于2021年11月30日作出的肇税一稽税通〔2021〕82号税务事项通知书，莫某某在经营肇庆市某液压五金厂（以下简称五金厂）取得广东某金属有限公司开具的6份增值税专用发票和广东某投资有限公司开具的48份增值税专用发票，经广州市国家税务局北区稽查局《已证实虚开通知单》（案件名称及文号：脉源金属虚开案244010520160000118，协查编号：644019900170296）和广州市国家税务局北区稽查局《已证实虚开通知单》（案件名称及文号：脉源投资虚开案244010520160000117，协查编号：644019900170668）证实，上述54份增值税专用发票是虚开的增值税专用发票。

五金厂取得上述54份不符合规定的发票，不得在个人所得税税前扣除。责令莫某某于自收到本通知之日起15日内到主管税务机关如实办理纳税申报。

根据《税收征收管理法》第52条规定，因税务机关的责任，致使纳税人、扣缴义务人未缴或者少缴税款的，税务机关在3年内可以要求纳税人、扣缴义务人补缴税款，但是不得加收滞纳金。因纳税人、扣缴义务人计算错误等失误，未缴或者少缴税款的，税务机关在3年内可以追征税款、滞纳金；有特殊情况的，追征期可以延长到5年。对偷税、抗税、骗税的，税务机关追征其未缴或者少缴的税款、滞纳金或者所骗取的税款，不受前款规定期限的限制。

需要注意的是，如果纳税人存在偷税、抗税、骗税行为的，税务机关追征税款不存在期限限制。本案中，五金厂虽然已于2017年10月25日注销，但是五金厂存在偷税行为，税务机关仍然有权追征莫某某少缴的税款。

案例6－6

根据河南省尉氏县人民法院于2022年6月29日作出的（2021）豫0223刑

---

① 《关于印发〈最高人民检察院　公安部关于公安机关管辖的刑事案件立案追诉标准的规定（二）〉的通知（2022）》第56条规定："虚开增值税专用发票或者虚开用于骗取出口退税、抵扣税款的其他发票，虚开的税款数额在10万元以上或者造成国家税款损失数额在5万元以上的，应予立案追诉。"

初964号刑事判决书,2016年4~5月,实际经营尉氏县某机配公司的被告人黄某某,多次从个人处购进货物但没有取得进项增值税专用发票,为弥补进项增值税专用发票不足,黄某某以价款6.5%的价格,从黄某2(在逃)处购买了安徽某资源有限公司开具的增值税专用发票93份,票面金额10704856元,在尉氏县国税局抵扣税款1555406.36元。被告人黄某某非法购买增值税专用发票93份,票面额累计10704856元,其行为已构成非法购买增值税专用发票罪。

《刑法》第208条第1款规定:非法购买增值税专用发票或者购买伪造的增值税专用发票的,处5年以下有期徒刑或者拘役,并处或者单处2万元以上20万元以下罚金。

2022年4月6日发布的《最高人民检察院、公安部关于公安机关管辖的刑事案件立案追诉标准的规定(二)》[以下简称《立案追诉标准(二)》]第60条规定:非法购买增值税专用发票或者购买伪造的增值税专用发票,涉嫌下列情形之一的,应予立案追溯:(1)非法购买增值税专用发票或者购买伪造的增值税专用发票20份以上且票面税额在10万元以上的;(2)票面税额累计在20万元以上的。

根据前述规定,非法购买增值税专用发票或者购买伪造的增值税专用发票的立案追溯标准有两个,满足其中任一条件即符合:其中一个是数量和金额同时符合的标准,即非法购买的增值税专用发票或者购买伪造的发票数量达到20份以上并且票面税额达到10万元以上;另一个是金额符合标准,即不论数量是否达到20份以上,只要票面税额累计达到20万元以上便应予立案追溯。

综上,买卖发票一般涉及两方面风险:第一,虚开发票的行政责任和刑事责任,即如果违反《发票管理办法》规定虚开发票,税务机关将没收违法所得并处罚款,如果达到刑事立案标准,则构成虚开增值税专用发票、用于骗取出口退税、抵扣税款发票罪以及非法购买增值税专用发票罪;第二,偷逃税款的行政责任和刑事责任,即如果违反《税收征收管理法》规定并构成偷税,税务机关将追缴不缴或者少缴的税款、滞纳金并处罚款,如果达到刑事立案标准,则构成逃税罪。[①]

---

① 《刑法》第201条第1款规定:纳税人采取欺骗、隐瞒手段进行虚假纳税申报或者不申报,逃避缴纳税款数额较大并且占应纳税额10%以上的,处3年以下有期徒刑或者拘役,并处罚金;数额巨大并且占应纳税额30%以上的,处3年以上7年以下有期徒刑,并处罚金。

二、企业所得税的涉税风险

企业在经营过程中涉及企业所得税的常见税务风险行为主要包括设置"内外账"、"买卖发票"、通过虚列人员等方式虚列成本费用以增加税前扣除项，以及本属于企业的收入款进企业股东账户和个人或者家庭支出计入企业账等"家企不分"、财产混同行为等。此外，近些年"阴阳合同"成为高发税务风险点，股权转让交易双方以虚假的交易价格作为申报纳税依据，以少缴或者不缴税款的行为已被纳入税务机关重点关注领域。

（一）设两套账

"内外两套账"是指企业设置的内部管理账和外部账。内部管理账能够真实反映企业经营状况，供企业负责人查阅，不向外部公开。外部账，是经过企业"加工"形成的账目，用于向工商、税务等外部机构、部门或者向投资者公开。外部账从形式上看往往符合企业会计准则的要求，但未反映企业的真实财务状况。外部账会根据报送对象不同呈现不同虚假状态，如果报送对象是税务机关，外部账往往会隐匿收入、虚列支出，以达到少缴或者不缴税款的目的；如果报送对象是投资者，外部账往往虚增收入、利润，以达到吸引投资者的目的。

通常情况下，少缴或者不缴税款往往成为企业设置外部账的动因。原因是在对企业所得税的征收管理过程中，主要是以企业自主申报为主、税务机关稽查为辅，税务机关与纳税人之间存在信息不对称，税务机关无法完全掌握纳税人的全部经济行为。于是，一些企业铤而走险，采取以虚假的外部账向税务部门报税逃避缴纳税款。随着金税工程的不断完善和建设，未来金税四期将实现对"非税业务更为全面的监控"，届时，税务监管将更严厉、更全面。

尽管税务机关目前无法完全掌握纳税人全部经济行为，但从企业的纳税申报资料里经数据比对后显示的异常信息，"内外两套账"仍然面临着被税务机关稽查的税务风险，一旦企业被稽查存在逃税行为，除了需要补缴税款、缴纳滞纳金，承担行政责任，还可能面临着隐匿、故意销毁会计凭证、会计账簿、财务会计报告罪，逃税罪及其他经济类犯罪的刑事责任的承担。

案例 6 – 7

根据国家税务总局江门市税务局稽查局于 2022 年 3 月 25 日作出的江税稽

罚〔2022〕1号行政处罚决定，台山市某石油化工有限公司（以下简称化工公司）在2019年至2021年6月，存在采取设立内外两套账的手段，少申报销售收入12814794.01元，少缴税款的偷税行为。根据调账取得的公司内账资料和申报资料，公司2019年实现销售收入（含税）13724347.30元，折不含税销售额12074720.49元，实际申报销售额6469354.98元，少报销售额5605365.51元；2020年实现销售收入（含税）11123804.90元，折不含税销售额9844075.14元，实际申报销售额5365651.95元，少报销售额4478423.19元；2021年上半年实现销售收入（含税）5784327.03元，折不含税销售额5118873.48元，实际申报销售额2387868.16元，少报销售额2731005.32元。前述行为导致公司少缴增值税及附加、企业所得税，系偷税行为，处少缴税款50%的罚款905560.62元。

化工公司系实践中通过设置内外两套账隐匿企业真实收入，逃避缴纳税款被税务机关给予行政处罚的典型案例。通过关注企业报税的税负率、虚开发票等行为，税务局很容易查实企业“内外账”行为。另外，如果企业设置内外两套账，往往存在大量账户流水往来，包括公对私、私对公、私对私转账，金税三期下银税联网会让企业“内账”行为无所遁形，因此，此类税务不合规行为存在很高的税务风险。

案例6-8

根据国家税务总局吉林市税务局稽查局于2021年11月10日作出的吉市税稽罚告〔2021〕17号行政处罚决定，吉林省某股份有限公司森华木业分公司（以下简称森华木业）通过设立两套账的方式隐匿“内账”收入，逃避缴纳相应税费。具体表现：为方便处理不合规收入、支出及逃避缴纳税款设立两套账，一套是核算正常经营的账簿及记账凭证，已按规定申报缴纳相应税费；另一套是记载企业销售产品未开具发票、收购木材未取得发票、相关支出未取得发票的账簿，第二套账资金往来通过前后两任出纳员费某某和孙某某个人名下的银行卡内进行流转。通过设置两套账隐匿收入，让他人为自己开具与实际经营不符的发票虚增成本，抵扣进项税款，造成2011~2018年少缴税款16402785.78元。

依据《税收征收管理法》第63条第1款之规定，应定性为偷税。参照《吉林省税务行政处罚裁量基准》的规定，对少缴税款16402785.78元拟处1倍的罚款。利用虚开专用发票进行骗取出口退税,依据《税收征收管理法》第66条第1款之规定,对骗取出口退税4602524.27元拟处4倍的罚款,拟罚款18410097.08元。

本案例中,虽然森华木业存在的偷税行为在5年内未被发现,《税收征收管理法》第86条规定:"违反税收法律、行政法规应当给予行政处罚的行为,在五年内未被发现的,不再给予行政处罚",但根据《行政处罚法》的相关规定,[①]违法行为有连续状态的,违法行为终了之日起计算发现期限。由于森华木业设置内外两套账,违法行为呈现连续状态,所以税务机关对其2011~2018年少缴税款均有权给予处罚。

案例6-9

根据湖南省岳阳县人民法院于2018年12月20日作出的(2018)湘0621刑初319号刑事判决书,2016年5月开始,陈某升为逃避相关部门对公司的监管,安排宋某等人将公司账目做成内外两套账。内账以公司开具的《岳阳市某有限公司砂石销售记录》销售凭证作为收入,反映了公司真实的采砂销售收入和公司股东利润分配等情况;外账以公司开具的《岳阳市河道砂石采运凭单》销售凭证作为收入,以相对应的工程船采挖款及运营管理费等作为支出,以逃避政府相关部门的监管和缴税。被告人胡某某作为岳阳市某有限公司的实际控制人,在公安机关依法调取该公司的会计凭证、会计账簿、财务会计报告时,指使他人隐匿和销毁该公司2016年4月至10月应当保存的部分会计凭证、会计账簿、财务会计报告,账面金额3亿多元,情节严重,其行为触犯刑法,构成隐匿、销毁会计凭证、会计账簿、财务会计报告罪。

《刑法》第162条第2款规定:"隐匿或者故意销毁依法应当保存的会计凭证、会计帐簿、财务会计报告,情节严重的,处五年以下有期徒刑或者拘役,并处或者单处二万元以上二十万元以下罚金。单位犯前款罪的,对单位判处罚金,并

① 《行政处罚法》第36条第1款规定:违法行为在2年内未被发现的,不再给予行政处罚;涉及公民生命健康安全、金融安全且有危害后果的,上述期限延长至5年。法律另有规定的除外。第2款规定:前款规定的期限,从违法行为发生之日起计算;违法行为有连续或者继续状态的,从行为终了之日起计算。

对其直接负责的主管人员和其他直接责任人员,依照前款的规定处罚。”

《立案追诉标准(二)》第8条规定:“隐匿或者故意销毁依法应当保存的会计凭证、会计帐簿、财务会计报告,涉嫌下列情形之一的,应予立案追诉:(一)隐匿、故意销毁的会计凭证、会计帐簿、财务会计报告涉及金额在五十万元以上的;(二)依法应当向监察机关、司法机关、行政机关、有关主管部门等提供而隐匿、故意销毁或者拒不交出会计凭证、会计帐簿、财务会计报告的;(三)其他情节严重的情形。”

根据前述规定,立案追诉标准包括行为标准和金额标准,隐匿、故意销毁的会计凭证、会计账簿、财务会计报告涉及金额在50万元以上系金额标准,对于应当依法向有关部门提供会计凭证、会计账簿、财务会计报告却存在隐匿、故意销毁或者拒不交出行为系行为标准,存在前述任何一种情形的,即达到立案追诉标准。除此之外,《立案追诉标准》规定了兜底条款“其他情节严重的情形”。

在本案中,胡某某作为公司的实际控制人,指使他人隐匿和销毁该公司部分会计凭证、会计账簿、财务会计报告,账面金额高达3亿多元,属于情节严重的行为,构成隐匿、销毁会计凭证、会计账簿、财务会计报告罪。

（二）购买普通发票用于税前扣除

实践中,存在一些企业误认为虚开发票被税务机关稽查只涉及增值税专用发票,殊不知,虚开增值税普通发票同样面临被税务稽查的风险,因为虚开增值税普通发票用于虚列税前扣除成本行为,将导致虚增税前扣除成本、少缴企业所得税,系偷(逃)税行为。如果达到涉刑标准,还须承担刑事责任。

案例6-10

根据国家税务总局惠州市税务局第一稽查局于2022年8月23日发布的惠税一稽罚〔2022〕105号行政处罚决定,惠州市某建设工程有限公司在收到供应商胜培公司货物及发票后将材料款500000.00元通过现金的方式进行支付(临时交易,未提供收款收据),发票涉及的业务已作账务处理,于2018年4月登记入账列支成本500000.00元,在2018年度企业所得税申报中税前扣除。根据检查结果,胜培公司开具的上述5份增值税普通发票是虚开发票。税务检查中暂未发现存在资金回流和支付手续费购买发票的行为。

该公司违反《税收征收管理法》第64条第1款规定,鉴于公司在税务机关责令限期届满后30日内对2018年度企业所得税作更正申报并补缴了税款及滞纳金，违法程度一般。根据《广东省税务系统税务行政处罚裁量基准》第38项“违法程度一般：编造虚假计税依据金额在5万元以上（不含本数）30万元以下，或者在责令限期届满后30日内改正的。处1万元以上3万元以下罚款”之规定，处罚款10000.00元。

本案例中，惠州市某建设工程有限公司以胜培公司开具的虚假增值税普通发票在税前列支成本属于虚增企业成本行为，以达到少缴企业所得税目的。鉴于公司在税务机关责令期限届满30日内及时完成更正申报，并且补缴了税款，缴纳了滞纳金，被税务机关认定违法程度一般，给予罚款1万元的行政处罚。

案例6－11

根据江西省南昌市东湖区人民法院于2019年9月12日作出的（2019）赣0102刑初797号刑事判决书，南昌南铃化学工业有限公司（以下简称南铃化工）及公司法定代表人被告人莫某某在没有任何实际业务往来的情况下，联系江西星才人力资源有限公司（以下简称星才人力）法定代表人陈某买卖增值税普通发票并约定2个点的购票费用。后双方公司签订了3份虚假劳务派遣合同，劳务费用共计115.3万元，服务费标准为劳务工资总额的2%。同年3月7日星才人力向南铃化工开具3张增值税普通发票，价税合计115.3万元。另查明，南铃化工未实际使用上述3张虚开的增值税普通发票。

南铃化工及法定代表人莫某某在未发生真实劳务派遣业务的情形下，向他人购买3张增值税普通发票，价税合计人民币115.3万元，情节严重，行为已构成虚开发票罪。

《刑法》（全国人民代表大会2020年修订）第205条规定了虚开增值税专用发票、用于骗取出口退税、抵扣税款发票罪，对于虚开第205条所规定之外的其他发票的，构成“虚开发票罪”。本案例中，南铃化工未实际使用虚开的增值税发票用于抵扣税款，构成《刑法》第205条规定之外的“虚开发票罪”。涉刑的虚开发票并不是只有虚开增值税专用发票，虚开增值税普通发票也可能会涉刑，因为在《刑法》中规定了就虚开除增值税专用发票、用于骗取出口退税、抵扣税款发票罪之外兜底的“虚开发票罪”。

(三)虚列成本费用

虚列成本费用是指没有真实业务,以虚增材料、人工、支出等方式虚增成本费用,增加税前扣除。

案例 6 – 12

根据国家税务总局重庆市税务局第七稽查局于 2022 年 3 月 7 日作出的渝税七稽罚〔2022〕13 号行政处罚决定,重庆某营销策划有限公司(以下简称策划公司)伪造工资表,虚列成本费用,且无法提供真实的成本核算依据。2018 年 10 月策划公司冒用身份 47 人,伪造工资表金额 212500 元,2018 年 11 月冒用身份 47 人,伪造工资表金额 212500 元,2018 年 12 月冒用身份 90 人,伪造工资表金额 400833 元 – 277060 元 = 123773 元,合计 548773 元。策划公司取得外省广告发票,无法提供证明其广告真实业务发生的任何成本、费用资料,为其开具广告费的公司均已走逃失联或被列为非正常户,2018 年虚列广告费用 664002 元,2019 年虚列广告费用 470000 元。税务机关对该公司账簿上多列支出造成少缴税款的偷税行为处以少缴税款 1 倍的罚款即 60237.78 元。

本案例中,策划公司采取虚列人员、伪造工资表的方式虚列员工工资费用和虚列广告费用的方式多列支出以达少缴税款的目的,违反《税收征收管理法》第 63 条第 1 款规定,系偷税行为,因此税务机关对其处以少缴税款 1 倍的罚款。

案例 6 – 13

根据国家税务总局齐齐哈尔市税务局第三稽查局于 2022 年 6 月 17 日作出的齐税稽罚〔2022〕3 号行政处罚决定,齐齐哈尔市某通讯器材维修有限公司(以下简称器材公司)2020 年 11 月用与手机维修无关的手机配件列支维修成本,虚列主营业务成本维修费成本 585460.19 元,2020 年 12 月以同样手段虚列主营业务成本维修费成本 1006753.80 元,2020 年共计虚列成本 1592213.99 元。经过对器材公司取得的发票以及维修手机的工单表核对,该单位提供手机维修业务中真实发生的成本包括手机膜、电池、胶等共计 558917.38 元,该单位 2020 年实际虚列成本 1033296.61 元,2020 年企业所得税应调增应纳税所得额 1033296.61

元,应补缴企业所得税68872.84元,该单位在账簿上多列支出造成少缴企业所得税的行为是偷税。根据相关规定对器材公司处罚款3.444万元。

本案例中,器材公司将本不属于维修成本的手机配件成本列支进去,系虚列成本,以虚增成本,增加税前扣除项,以达到少缴税款的目的,违反了《税收征收管理法》第63条第1款规定,系偷税行为,因此受到了税务机关的行政处罚。

(四)家企不分

一些民营企业,特别是中小民营企业的运营中,企业实际控制人会认为"我的是企业的,企业的是我的",导致家庭财产与企业资产混同,存在极大的税务风险。比如,公司销售收入款进个人账户、个人和家庭开销走企业报销、企业资金用于家庭消费等行为,涉及增值税、企业所得税、个人所得税的漏缴,面临偷(逃)税、漏税的查处风险,不仅需要补缴税款,还面临滞纳金、罚款,如果达到涉刑标准,还会构成犯罪。

案例6-14

根据国家税务总局淮安市税务局稽查局于2022年4月20日作出的淮税稽罚〔2022〕16号行政处罚决定,淮安市淮宁某机动车驾驶培训学校(以下简称驾培学校)取得一张从淮安经济技术开发区某汽车维修中心购买烟酒的收据,实为股东个人消费报账,金额为87000元,根据规定,应代扣代缴个人所得税(利息、股息、红利所得)17400元而未代扣代缴。根据《税收征收管理法》第69条①规定,对驾培学校少代扣代缴个人所得税的行为处少代扣代缴个人所得税50%的罚款,即8700元。

本案例中,驾培学校股东将个人消费报账,视同分红,不仅该股东将面临补缴个税,驾培学校由于未履行代扣代缴义务而须承担未依法履行代扣代缴义务的行政罚款责任。

---

① 《税收征收管理法》第69条规定:扣缴义务人应扣未扣、应收而不收税款的,由税务机关向纳税人追缴税款,对扣缴义务人处应扣未扣、应收未收税款50%以上3倍以下的罚款。

案例 6－15

根据海宁市地方税务局作出的宁地税稽罚〔2016〕60002 号行政处罚决定，海宁市某塑胶有限公司（以下简称塑胶公司）2015 年 7 月 48#记账凭证反映购买西门子洗衣机一台金额 4299.15 元，价税金额合计 5030 元，计入“固定资产”，并已当月全额计提折旧 4299.15 元。经检查核实，该洗衣机实际是用于塑胶公司股东沈某家庭。按规定应视为塑胶公司对个人投资者的红利分配并应代扣代缴个人所得税，而塑胶公司未扣缴，造成少扣缴个人所得税 1006 元；同时，计提的折旧应调整增加所得额。2015 年 12 月由法定代表人沈某经手，销售给流动废品收购户残次品价税合计 83700 元（销售收入 71538.46 元）未入账，未通过仓库进出，出售残次品所取得的款项已用于股东沈某个人消费，应视同对个人投资者的红利分配代扣代缴个人所得税，而塑胶公司未扣，造成应扣未扣个人所得税 16740 元。同时，由于塑胶公司上述收入 71538.46 元未并计所属年度收入，应调整并计。根据《税收征收管理法》第 63 条第 1 款的规定，以上少缴企业所得税的行为属偷税。

本案例属于典型的“家企不分”行为被税务机关稽查情形。将本归属于公司的资产用于公司股东家庭之用，将本应计入公司的经营收入款用于个人消费，都会产生公司应纳税所得额的减少，从而造成少缴企业所得税的偷税结果，必然面临被税务机关稽查的风险。

（五）“阴阳合同”

“阴阳合同”是通俗称谓，意指合同当事人就相同事项签订两份或者两份以上内容不相同的合同。对外部公开的合同被称为“阳合同”，另外由合同当事人自己保管未对外部披露的合同称为“阴合同”。通常情况下，对外披露的合同并非合同当事人的真实意思表示，而是用于向主管机关备案登记、纳税；未对外部披露的合同才是合同当事人的真实意思表示。在股权转让领域，如果当事人基于逃税目的而签订“阴阳合同”，很可能会成为税务机关税务稽查的目标对象。

案例 6－16

根据国家税务总局肇庆市税务局稽查局于 2021 年 12 月 27 日作出的肇税稽罚〔2021〕9 号行政处罚决定，德庆县某运输有限公司（以下简称运输公司）

2019年8月以55849600.00元作价向武宣某矿业有限公司(以下简称矿业公司)出售55%、向肇庆市某信息咨询有限公司(以下简称咨询公司)出售5%、向南宁市某科技有限责任公司(以下简称科技公司)出售2%,合计出售平南罗洪公司(以下简称罗洪公司)62%的股权。运输公司通过签订"阴阳合同"的方式,虚假作价罗洪公司股权总价值12500000.00元,运输公司出售62%股权,虚假申报收入7750000.00元,其中,出售给矿业公司的收入6875000.00元,出售给咨询公司的收入625000.00元,出售给科技公司的收入250000.00元。运输公司出售罗洪公司62%股权的股权成本为3100000.00元,向税务机关虚假申报投资收益4650000.00元。运输公司账户收取股权转让收入7750000.00元后,另外通过莫某某个人银行账户收取股权转让收入合计40831500.00元,未依法向税务机关进行纳税申报。运输公司2019年少申报投资收益40831500.00元。

2019年1月1日至2019年12月31日出售罗洪公司股权,运输公司通过签订"阴阳合同"、利用个人银行账户收款的方式隐瞒股权转让收入,少列收入,少缴企业所得税10470396.16元的行为是偷税。对运输公司偷税造成2019年度少缴企业所得税10470396.16元予以追缴入库,并处少缴税款50%的罚款,罚款金额5235198.08元。

根据《税收征收管理法》第69条、《个人所得税扣缴申报管理办法(试行)》(国家税务总局公告2018年第61号)第19条、国家税务总局广东省税务局关于修订《广东省税务系统规范税务行政处罚裁量权实施办法》的公告(2021年第2号)第6条、《广东省税务系统税务行政处罚裁量基准》第37栏的规定,对运输公司应扣未扣个人所得税8166300.00元,处以应扣未扣税款50%的罚款,罚款金额4083150.00元。

本案例中,运输公司通过签订"阴阳合同"的方式隐瞒罗洪公司62%股权的真实作价金额55849600.00元,以虚假总交易金额7750000元(12500000元×62%)将持有罗洪公司55%、5%和2%的股权分别转让给矿业公司、咨询公司和科技公司,虚假申报投资收益4650000.00元,违反《税收征收管理法》第63条第1款之规定,系偷税行为。

通过莫某某个人银行账户收取股权转让收入合计40831500.00元,未进入运输公司账户,视同"股息、红利所得"应当对莫某某征收个人所得税,运输公司应当履行而未履行代扣代缴个人所得税的义务，根据《税收征收管理法》第69条“对扣缴义务人处应扣未扣、应收未收税款百分之五十以上三倍以下的罚款”之规定，对运输公司处以未扣税款50%的罚款。

三、个人所得税的涉税风险

案例6－17

国家税务总局上海市税务局在2021年4月初依法受理郑某偷逃税的举报后，就郑某利用“阴阳合同”涉嫌偷逃税问题组织开展调查。经查，郑某于2019年主演电视剧《倩女幽魂》，与制片人约定片酬为1.6亿元，实际取得1.56亿元，未依法如实进行纳税申报，偷税4302.7万元，其他少缴税款1617.78万元。同时查明，郑某另有其他演艺收入3507万元，偷税224.26万元，其他少缴税款1034.29万元。以上合计，郑某2019～2020年未依法申报个人收入1.91亿元，偷税4526.96万元，其他少缴税款2652.07万元。[①]

上海市税务局第一稽查局依据相关法律法规，对郑某追缴税款、加收滞纳金并处罚款共计2.99亿元。

实践中，签订“阴阳合同”隐匿个人收入、通过离岸公司完成股权转让虚报投资收益等行为已成为税务机关普遍关注的高净值人群税务风险领域，此外，采取股东借款长期挂账或者以企业资金为股东或者相关人员购买房产、车辆等行为，前述挂账款或者资产未用于企业生产经营，将视为“股息、红利所得”须缴纳个人所得税。

（一）“阴阳合同”

文娱行业是税务机关稽查的重点行业。在2018年和2021年，我国分别两次对文娱行业开展税务大检查。2018年税务机关对范某某偷逃税案追缴税款、罚款等超8亿元，紧随其后启动一轮影视行业纳税人自查自纠行动。2021年，中央宣传部印发《关于开展文娱领域综合治理工作的通知》（以下简称《文娱领

① 载国家税务总局上海市税务局网，http://shanghai.chinatax.gov.cn/xwdt/swxw/202108/t459996.html，最后访问日期：2022年10月6日。

域治理工作通知》)并提出,要定期开展税收风险分析,要结合2020年度个人所得税汇算清缴办理情况,对存在涉税风险的明星艺人、网络主播进行一对一风险提示和督促整改,对2021年年底前能够主动报告并及时纠正涉税问题的,可以依法从轻、减轻或者免予处罚。《文娱领域治理工作通知》的出台,源于2021年4月国家税务总局上海市税务局受理郑某偷逃税举报,由此引发文娱行业又一波补税潮。

2022年7月14日,《最高人民法院关于为加快建设全国统一大市场提供司法服务和保障的意见》(法发〔2022〕22号)第23条指出加大对利用“阴阳合同”逃税、文娱领域高净值人群逃税等行为的惩处力度。这是继2018年、2021年对文娱行业偷逃税行为严厉查处之后,在司法层面首次出台相关意见,可以预见的是未来对文娱行业偷逃税行为的严监管将成为趋势。

(二)离岸股权转让架构①

案例6-18

D公司是国内一家餐饮集团公司,业务经营良好,贾某是D公司的控股股东(持股100%)。2017年9月10日,贾某将D公司全部股权转让给中国香港H公司,转让价格为48915124.45美元。2017年9月30日,境外非居民企业G公司将其持有N公司90%股权转让给F公司(国际私募基金C公司设立,C公司注册于开曼群岛),转让价格为104084489.81元。互联网信息显示,欧洲最大私募股权基金C公司宣布收购中国境内D公司。

第一次股权转让如图6-1和图6-2所示。

① 参见苏洁:《高净值人群个人所得税税收遵从研究》,中南财经大学2020年硕士学位论文。

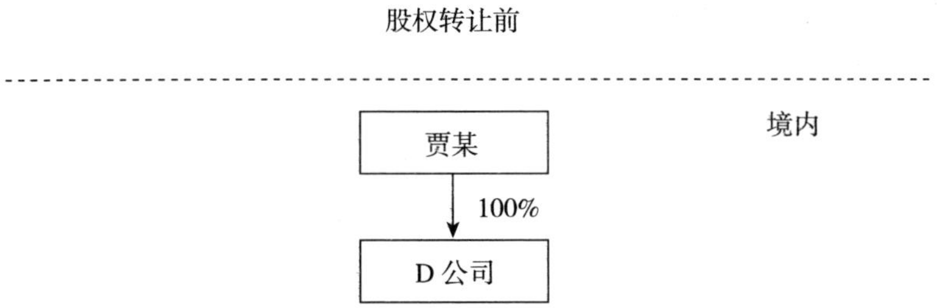

图6-1 第一次股权转让前

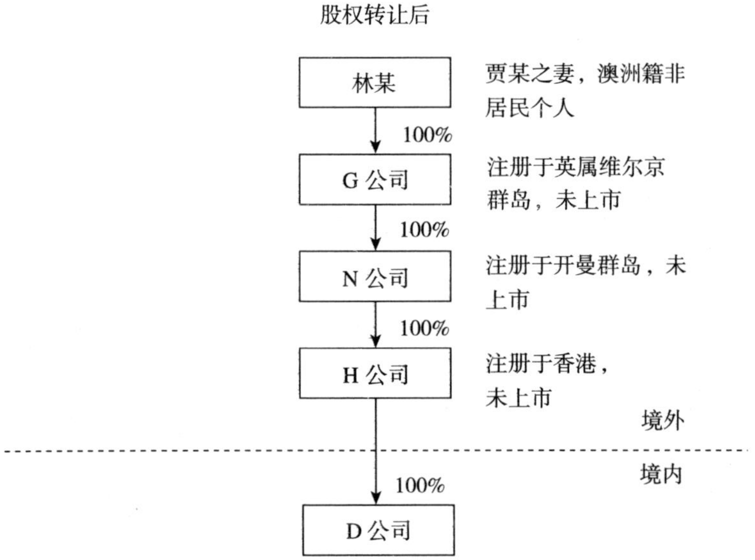

图6-2 第一次股权转让后

第二次股权转让如图6-3所示。

第二次股权转让后,D公司的实际控制人为C公司,而C公司注册地是国际上知名的避税地。贾某通过与其妻子林某构建的离岸公司架构、交易安排,向C公司转移了D公司的股权。在此交易安排下,D公司股权转让涉及的税负成本远远小于贾某直接进行股权转让产生的税负成本。

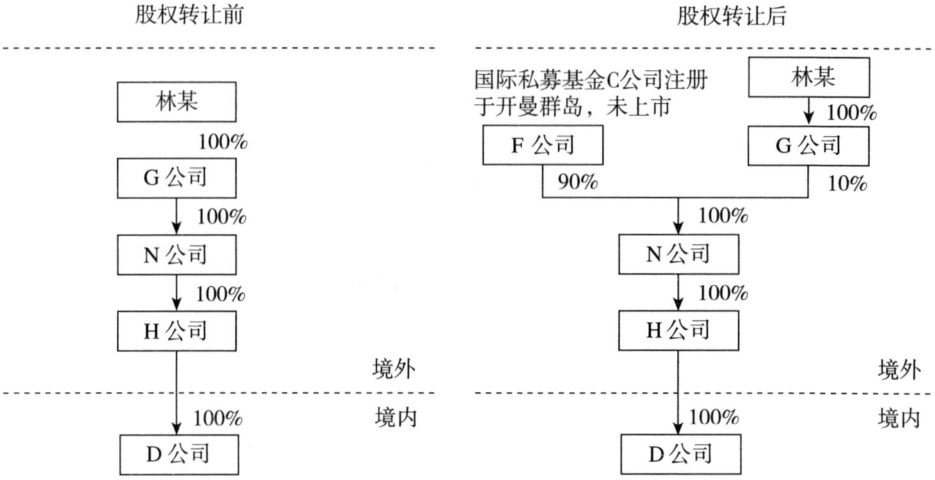

图 6－3　第二次股权转让

两次股权转让均发生在 9 月，但是第二次股权转让价格明显高于第一次股权转让价格。税务机关约谈贾某，以期了解其商业目的。根据约谈内容以及纳税人提供的涉税资料，税务机关取得了在 2017 年 3 月 C 公司收购 D 公司的董事会决议和 5 月签署的《股权转让协议》。经核实，两次针对 D 公司的股权转让实质是贾某为了降低税负成本，将本应是一次转让行为人为地划分为两次股权转让。

根据国税函〔2009〕698 号、国家税务总局公告 2011 年第 24 号、国家税务总局公告 2015 年第 7 号等文件，贾某夫妇第二次股权转让不具有合理商业目的，应当重新定性为直接转让中国居民企业股权，并且就第一次股权转让涉及的个人所得税进行核定处理。最终，贾某承认，两次股权转让确实存在避税目的，补征个人所得税 81374481.31 元，暂不征收滞纳金。

本案例是通过离岸公司完成股权转让交易安排以期达到避税目的非常典型的一种情形，然而伴随着 CRS 的进一步推行，加之“穿透原则”“溯及既往”等规定的实施，该种操作的逃税行为被税务稽查的风险将变得更高。

（三）视为“企业分红所得”行为

1. 个人消费性和财产性支出在公司列支

根据《财政部、国家税务总局关于规范个人投资者个人所得税征收管理的通知》(财税〔2003〕158 号),除个人独资企业、合伙企业以外的其他企业的个人投资者,以企业资金为本人、家庭成员及其相关人员支付与企业生产经营无关的消费性支出及购买汽车、住房等财产性支出,视为企业对个人投资者的红利分配,依照“利息、股息、红利所得”项目计征个人所得税。

根据《财政部、国家税务总局关于企业为个人购买房屋或其他财产征收个人所得税问题的批复》(财税〔2008〕83 号),根据《个人所得税法》和《财政部、国家税务总局关于规范个人投资者个人所得税征收管理的通知》(财税〔2003〕158 号)的有关规定,符合以下情形的房屋或其他财产,无论所有权人是否将财产无偿或有偿交付企业使用,其实质均为企业对个人进行了实物性质的分配,应依法计征个人所得税:企业出资购买房屋及其他财产,将所有权登记为投资者个人、投资者家庭成员或企业其他人员的;企业投资者个人、投资者家庭成员或企业其他人员向企业借款用于购买房屋及其他财产,将所有权登记为投资者、投资者家庭成员或企业其他人员,且借款年度终了后未归还借款的。

2. 股东向企业借款,未用于企业生产经营,超过 1 年

如果企业股东向企业“借款”,长期挂账不予归还超过 1 年并且未用于企业生产经营的,存在涉税风险,将可能被税务机关视为企业对股东分红,按照“分红所得”向企业股东征收个人所得税。

案例 6 – 19

根据瑞安市地税局于 2018 年 4 月 10 日作出的瑞地税稽罚[2018]9 号决定,2017 年 8 月 24 日至 2018 年 1 月 9 日对瑞安市某房地产评估有限公司 2015 年 1 月 1 日至 2016 年 12 月 31 日的个人所得税代扣代缴情况进行定向检查,并对企业所得税缴纳情况进行了延伸检查,企业存在违法事实如下:2016 年 11 月,企业以借款给个人股东陈某某的名义分配股东分红 600000 元,计入“其他应收款 – 陈某某”科目,红利分配时未作会计处理,应扣未扣“利息、股息、红利所得”个人所得税 120000 元。

2016 年 11 月,瑞安市某房地产评估有限公司以借款给个人股东陈某某的名义分配股东分红 600000 元,应扣未扣“利息、股息、红利所得”个人所得税 120000 元。

根据《财政部、国家税务总局关于规范个人投资者个人所得税征收管理的通知》(财税〔2003〕158号),纳税年度内个人投资者从其投资企业(个人独资企业、合伙企业除外)借款,在该纳税年度终了后既不归还,又未用于企业生产经营的,其未归还的借款可视为企业对个人投资者的红利分配,依照“利息、股息、红利所得”项目计征个人所得税。

根据《国家税务总局关于印发〈个人所得税管理办法〉的通知》(国税发〔2005〕120号),各级税务机关应强化对个体工商户、个人独资企业和合伙企业投资者以及独立从事劳务活动的个人的个人所得税征管。加强个人投资者从其投资企业借款的管理,对期限超过1年又未用于企业生产经营的借款,严格按照有关规定征税。

如果股东向企业借款,需要关注两方面问题:一是借款用途与企业经营是否相关;二是借款时间是否超过1年。否则,税务机关一般会认定为企业对个人投资者的红利分配,按照“利息、股息、红利所得”项目计征个人所得税。

四、“社保入税”的涉税风险

“社保入税”之所以被给予较高社会关注,源于虽然社保缴纳一直以来是国家的强制性要求,但是在实际执行过程中,存在企业不为员工缴纳社会保险或者未按照规定足额缴纳社保的情形。究其原因,既有企业为降低用工成本的因素,也存在员工希望到手工资金额高的考虑,但鉴于足额缴纳社保是国家强制性规定,不缴或者未足额缴纳社保势必存在风险。笔者注意到,海底捞在2018年9月12日向香港联交所提交全球发售文件时,披露公司存在未及时为员工缴纳社会保险和住房公积金的情形,就未缴纳部分补计提合计人民币10990万元(分别为2015年2360万元、2016年3620万元、2017年2820万元和2018年1~6月2190万元)。[①]

在“社保入税”前,企业为员工缴纳的社保由社会保险经办部门管理,税务机关不能获取企业为员工缴纳社会保险金额信息。在“社保入税”后,税务机关将直接掌握企业为员工缴纳社保的信息,通过企业申报纳税资料的工资额进行

① 载披露易网,https://www1.hkexnews.hk/search/titlesearch.xhtml,最后访问日期:2022年10月6日。

比对,加上银税联网下税务机关能够掌握企业发放工资额信息,综合前述信息,税务机关对企业缴纳社保的合规性将有清晰的判断。如果企业未按照规定为员工缴纳社保,存在被税务部门稽查的重大风险。

《社会保险法》(全国人民代表大会常务委员会 2018 年修订)第 86 条规定:“用人单位未按时足额缴纳社会保险费的,由社会保险费征收机构责令限期缴纳或者补足,并自欠缴之日起,按日加收万分之五的滞纳金;逾期仍不缴纳的,由有关行政部门处欠缴数额一倍以上三倍以下的罚款。”

案例 6－20

北京市大兴区人力资源和社会保障局于 2022 年 6 月 7 日公布对北京某基金管理公司的行政处罚决定(京兴人社劳监罚字〔2022〕79 号),违法事实为“用人单位未按时足额缴纳社会保险费,经催缴后逾期仍未缴纳”。该公司因前述违法事实被处“警告并处罚款人民币 302835 元”。[①]

随着“社保入税”,企业未及时、足额为员工缴纳社会保险将面临着比过去更高的税务风险,企业需要根据用工性质,合法、合规为员工缴纳社会保险。

五、滥用“税收优惠政策”的涉税风险

(一)滥用税收洼地优惠政策

实践中,存在高净值人群滥用税收洼地税收优惠政策,设立企业通过享受核定征税以达到少缴税款目的情形。如果只是为了少缴纳税款而并无实际经营,将面临着被税务机关稽查的风险。

根据《财政部、国家税务总局关于新疆喀什霍尔果斯两个特殊经济开发区企业所得税优惠政策的通知》(财税〔2011〕112 号),2010 年 1 月 1 日至 2020 年 12 月 31 日,对在新疆喀什、霍尔果斯两个特殊经济开发区内新办的属于《新疆困难地区重点鼓励发展产业企业所得税优惠目录》(以下简称《目录》)范围内的

---

① 载北京市大兴区人民政府官网的信用中国(北京大兴),https://credit.bjdx.gov.cn/xxgs/show/b62adf3d291745de849997fb56eba012/57e75dcc4f4a492da2dfe07c93cd533f(2022 年 10 月 6 日),最后访问日期:2022 年 10 月 6 日。

企业,自取得第一笔生产经营收入所属纳税年度起,5 年内免征企业所得税。

税收洼地如前述税收优惠政策里提及的霍尔果斯,本是为了吸引优质企业入驻,但存在企业滥用优惠政策以期达到逃税目的。税务部门针对没有实际开展业务,利用优惠政策转移收入至注册在税收洼地的公司的情形趋向于严监管。

案例 6 – 21

根据国家税务总局深圳市税务局稽查局作出的深税稽处〔2020〕242 号行政处罚决定,深圳 A 公司在霍尔果斯设立了全资子公司 B,经查,A 公司和 B 公司从事业务相同,两家公司的业务也均由 C 控股集团整合营销部完成。B 公司仅设置 2 名财务人员,并无实际业务人员从事与主营业务相关的工作,其业务主要由 C 集团员工完成。对 A、B 两家公司的共同客户深圳 D 公司的协查证实,A 公司将收入、利润转移至 B 公司,实现享受税收优惠的目的。

于是,税务机关将 B 公司 2015 ~ 2017 年的累计收入 661540755.15 元调整至 A 公司,调整后 A 公司 2015 ~ 2017 年的累计收入为 700251641.44 元。

由于 A、B 公司账目混乱,都存在成本费用与收入不匹配的问题,无法实现查账,因此税务机关对 A 公司按照 30% 的应税所得率核定企业所得税。税务机关追缴 A 公司 2015 ~ 2017 年企业所得税合计 52470177.34 元,并从滞纳税款之日按日加收 5‰的滞纳金。

企业在利用相关税收优惠政策时,需要识别业务行为是否存在涉税风险,是否满足享受税收优惠政策要求的条件。根据相关规定,享受新疆困难地区及喀什、霍尔果斯两个特殊经济开发区企业所得税优惠政策的企业,需注册在新疆困难地区和喀什、霍尔果斯两个特殊经济开发区并且实质性运营。本案例中的企业仅在霍尔果斯设立公司,仅为该公司配备 2 名财务人员,并未实际运营公司,并不满足享受税收优惠的条件。

根据《关于新疆困难地区及喀什、霍尔果斯两个特殊经济开发区新办企业所得税优惠政策的通知》(财税〔2021〕27 号),2021 年 1 月 1 日至 2030 年 12 月 31 日,对在新疆喀什、霍尔果斯两个特殊经济开发区内新办的属于《目录》范围内的企业,自取得第一笔生产经营收入所属纳税年度起,5 年内免征企业所得税。属于《目录》范围内的企业是指以《目录》中规定的产业项目为主营业务,其主营业务收入占企业收入总额60%以上的企业。据此,前述“财税〔2011〕112号”的税收优惠政策得到延续。

(二)滥用个人独资企业税收政策

根据《国务院关于个人独资企业和合伙企业征收所得税问题的通知》(国发〔2000〕16号),为公平税负,支持和鼓励个人投资兴办企业,促进国民经济持续、快速、健康发展,国务院决定,自2000年1月1日起,对个人独资企业和合伙企业停止征收企业所得税,其投资者的生产经营所得,比照个体工商户的生产、经营所得征收个人所得税。

根据《关于个人独资企业和合伙企业投资者征收个人所得税的规定》(财税〔2000〕91号)相关规定:有下列情形之一的,主管税务机关应采取核定征收方式征收个人所得税:(1)企业依照国家有关规定应当设置但未设置账簿的;(2)企业虽设置账簿,但账目混乱或者成本资料、收入凭证、费用凭证残缺不全,难以查账的;(3)纳税人发生纳税义务,未按照规定的期限办理纳税申报,经税务机关责令限期申报,逾期仍不申报的。核定征收方式包括定额征收、核定应税所得率征收以及其他合理的征收方式。

据此,个人独资企业不需要缴纳企业所得税,按照经营所得超额累进税率5%~35%来缴纳个人所得税。而经营所得的最高税率低于综合所得的最高税率。加之,不少地区存在个人独资企业的经营所得可以采用核定征收方式的税收政策,实践中,往往导致采取核定征收方式的个人独资企业的个人所得税税率远低于工资薪金所得和劳务报酬所得额的超额累进税率。① 因此,设立个人独资企业,“拆分收入、转换收入性质”、利用部分地区税收核定政策以降低个人所得税税负、逃避缴纳税款一度成为文娱、电商等行业常见违法税务筹划行为,近年来已经受到税务机关的关注,系网络主播等高净值人群的税务风险高发地。

需要提示的是,2021年9月18日,国家税务总局办公厅发布《加强文娱领域从业人员税收管理》(以下简称《通知》)的通知,要求进一步加强文娱领域从业人员税收管理。②《通知》针对的对象包括明星艺人、网络主播成立的个人工

① 根据《个人所得税法》,工资薪金所得和劳务报酬所得额的超额累进税率为“3%~45%”。

② 载国家税务总局网,http://www.chinatax.gov.cn/chinatax/n810219/n810724/c5169204/content.html,最后访问日期:2022年10月6日。

作室和企业。《通知》要求辅导其依法依规建账建制，并采用查账征收方式申报纳税。

案例 6－22①

浙江省杭州市税务部门经税收大数据分析发现网络主播黄某涉嫌偷逃税款，在相关税务机关协作配合下，依法对其开展了全面深入的税务检查。经查，黄某在 2019～2020 年，通过隐匿个人收入、虚构业务转换收入性质虚假申报等方式偷逃税款 6.43 亿元，其他少缴税款 0.6 亿元。

国家税务总局杭州市税务局稽查局依据《个人所得税法》《税收征收管理法》《行政处罚法》等相关法律法规规定，综合“黄某配合并主动补缴税款 5 亿元，同时主动报告税务机关尚未掌握的涉税违法行为”情况，按照《浙江省税务行政处罚裁量基准》，对黄某追缴税款、加收滞纳金并处罚款，共计 13.41 亿元。其中，对隐匿收入偷税但主动补缴的 5 亿元和主动报告的少缴税款 0.31 亿元，处 0.6 倍罚款计 3.19 亿元；对隐匿收入偷税但未主动补缴的 0.27 亿元，处 4 倍罚款计 1.09 亿元；对虚构业务转换收入性质偷税少缴的 1.16 亿元，处 1 倍罚款计 1.16 亿元。

从违法行为性质看，黄某的违法行为包括隐匿个人收入和虚构业务转换收入性质。

我国自 2019 年 1 月 1 日起施行的《电子商务法》(全国人民代表大会常务委员会 2018 年发布)第 11 条规定：“电子商务经营者应当依法履行纳税义务，并依法享受税收优惠。依照前条规定不需要办理市场主体登记的电子商务经营者在首次纳税义务发生后，应当依照税收征收管理法律、行政法规的规定申请办理税务登记，并如实申报纳税。”《电子商务法》的颁布，让税务机关就带货主播行为偷逃税款行为进行税务稽查有了法律依据。因此，黄某隐匿个人劳务报酬收入，未如实申报纳税，属于偷逃税款行为。

根据《个人所得税法》，黄某直播带货收入属于个人劳务报酬所得，应当按

① 载国家税务总局浙江省税务局网，http://zhejiang.chinatax.gov.cn/art/2021/12/20/art_11930_529583.html，最后访问日期：2022 年 10 月 6 日。

照“综合所得”，适用“百分之三至百分之四十五的超额累进税率”缴纳个人所得税。按照黄某的收入状况，应当按照最高45%税率缴纳个人所得税。

根据自2019年1月1日起施行的《个人所得税法实施条例》(中华人民共和国国务院2018年修订)，个人独资企业投资人来源于境内注册的个人独资企业生产、经营的所得属于《个人所得税法》规定的个人“经营”所得的范围，按照《个人所得税法》规定应当适用“百分之五至百分之三十五的超额累进税率”缴纳个人所得税。黄某设立个人独资企业，将原本的“劳务报酬所得”转换为“经营所得”，这一转换直接降低了申报缴纳税款的应税税率。需要进一步说明的是，在对个人独资企业采用核定征税政策时，实际产生的税负成本一般会远远低于“经营所得”税负成本。这样，黄某实质上通过转换收入性质，让其收入所对应的税收成本大大降低。

实质课税乃税法的基本原则之一，对纳税人的纳税义务进行认定时，需要根据业务实质进行判断。根据《个人所得税法》第8条第1款第3项“个人实施其他不具有合理商业目的的安排而获取不当税收利益”之规定，税务机关有权按照合理方法进行纳税调整。这是在2018年《个人所得税法》修订时新引入的反避税条款，为税务机关就纳税人不具有合理商业目的的避税行为的查处提供法律依据。黄某将本应作为“劳务报酬所得”的收入转换为个人独资企业的“经营所得”，并进一步通过核定征收政策降低“经营所得”纳税，整个过程除了降低税负成本这一目的，并无合理商业目的，因此，税务机关对其进行纳税调整并给予行政处罚。

电商带货主播隐匿收入/虚构业务、转换收入性质的行为在近2年被查处的偷税案频发。部分带货主播除了隐匿个人劳务报酬所得收入外，由于劳务报酬的综合所得最高税率高于个人独资企业投资人经营所得最高税率，带货主播设立个人独资企业，将原本的“劳务报酬收入”转换为“经营所得收入”，通过这种转换收入性质的方式逃避缴纳税款。从近2年税务机关的监管看，此类行为已经被列为税务稽查的重点领域。

2022年6月，厦门市税务稽查局依法对网络主播范某某偷逃税案件进行处理。通过税收大数据分析，稽查局发现网络主播范某某涉嫌偷逃税款，在2017年7月至2021年12月，以直播带货方式取得收入，未依法办理纳税申报少缴个人所得税167.89万元，少缴其他税费100.56万元。厦门市税务稽查局对范某某追缴税款、加收滞纳金并处罚款共计 649.5 万元。

从杭州市税务局对电商带货“头部主播”黄某的税务稽查到厦门市税务局对范某某的偷逃税款行为的查处，税务机关对电商行业纳税合规性的关注上升到了新的高度，过去通过设立“个人独资企业”偷逃税款的行为将纳入税务机关严监管范围。

个人独资企业税收政策不仅被电商行业主播滥用进而违法避税，文娱行业明星艺人也常常滥用，同样也面临着被稽查的税务风险。

案例 6 - 23

国家税务总局上海市税务局第四稽查局 2022 年 3 月发布对邓某偷逃税案件进行处理的通知，①经查，邓某在 2019 ~ 2020 年，通过虚构业务转换收入性质进行虚假申报，偷逃个人所得税 4765.82 万元，其他少缴个人所得税 1399.32 万元。

在税务检查过程中，邓某能够积极配合检查并主动补缴税款 4455.03 万元，同时主动报告税务机关尚未掌握的涉税违法行为。综合考虑上述情况，上海市税务局第四稽查局依据《个人所得税法》《税收征收管理法》《行政处罚法》等相关法律法规规定，按照《上海市税务行政处罚裁量基准》，对邓某追缴税款、加收滞纳金并处罚款，共计 1.06 亿元。其中，对其虚构业务转换收入性质虚假申报偷税但主动自查补缴的 4455.03 万元，处 0.5 倍罚款计 2227.52 万元；对其虚构业务转换收入性质虚假申报偷税但未主动自查补缴的 310.79 万元，处 4 倍罚款计 1243.16 万元。

根据上海市税务局第四稽查局的检查结果，邓某名下设有的两家影视文化工作室系个人独资企业，邓某通过虚构业务转换收入性质虚假申报纳税、偷逃税的操作方式与电商主播黄某如出一辙。过去文娱行业、电商行业普遍采取的违法避税方式已被税务机关重点关注，如果不及时整改，将面临极高税务风险。

---

① 载国家税务总局上海市税务局网，http://shanghai.chinatax.gov.cn/xwdt/swxw/202203/t462378.html，最后访问日期：2022 年 10 月 6 日。

（三）滥用疫情期间税收优惠政策

案例6－24

根据国家税务总局深圳市税务局稽查局于2022年3月3日作出的深税稽处〔2022〕117号行政处罚决定，经过对深圳市某教培中心（以下简称教培中心）2018年1月1日至2020年12月31日经营及纳税情况进行检查，2019年9～12月，公司将部分应税收入延迟到2020年申报，享受新冠疫情期间增值税免税政策，造成少计增值税应税收入16093339.1元。

教培中心违反了《增值税暂行条例》（中华人民共和国国务院2017年修订）第19条第1款第1项、《增值税暂行条例实施细则》（中华人民共和国财政部2011年修订）第38条第1款第6项的规定。教培中心将部分2019年的应税收入延迟2020年开票享受免税优惠，造成少缴增值税及附加税费后果的行为系偷税。根据《税收征收管理法》第63条第1款的规定，追缴教培中心2019年9～12月少申报缴纳的增值税482800.16元，并依法加收滞纳金。同时追缴教培中心2019年9～12月少申报缴纳的城市维护建设税33796元、追缴教培中心2019年少申报缴纳的教育费附加14484元、追缴公司2019年少申报缴纳的地方教育附加9656元。前述应补缴税款合计516596.16元、教育费附加14484元、地方教育附加9656元。

2020年新冠疫情暴发给我国企业特别是中小民营企业的经营带来了较大的负面影响，基于助企纾困，国家出台了系列税收优惠政策扶持，但存在部分企业滥用税收优惠政策以达逃税目的。本案例中，教培中心违反规定，将本应在2019年申报纳税的收入递延到2020年，享受2020年新冠疫情期间税收优惠，系偷税行为，应当按照规定补缴税款。

六、个人房产交易及持有的涉税风险

（一）个人房产交易的涉税风险

个人房产交易的涉税风险，往往来自签订房屋买卖“阴阳合同”。

案例 6 – 25

根据国家税务总局湛江市税务局第一稽查局于2022年3月9日作出的湛税一稽罚〔2022〕4号行政处罚决定,2019年1月8日,叶某与受让方林某某签订《二手房买卖合同》,出售位于湛江市某区房产1314房和1315房,交易价格合计1500000元。受让方通过转账1450000元和现金50000元完成款项支付。同年1月16日,叶某与林某某签订了用于向湛江市房屋管理局备案的《广东省房地产买卖合同》,金额分别为490000元和270000元,合计760000元,并据此进行虚假纳税申报,缴纳个人所得税0元。应补缴税款所属期为2019年1月16日的个人所得税142295.67元。

本案例中,叶某与受让方签订虚假房产交易合同,以此虚假交易合同向湛江市房屋管理局备案,并且用于向税务机关进行申报纳税,隐瞒真实交易金额,缴纳个税0元,以达到偷税目的,后被税务机关稽查补缴税款。

在房产交易实践中,通过签订阴阳房产交易合同的形式以降低成交金额,属于在房产交易过程中为达到少缴甚至不缴税款目的而采取的违法行为,存在税务风险,应当予以避免,合法、合规纳税。

案例 6 – 26

王某委托A房地产中介公司将其一处别墅以2300万元价格出售并代办缴税事宜,约定本次成交后出售方承担的所有税费(包含佣金)不超过100万元。A房地产中介公司工作人员持委托书、成交价为700万元的房地产买卖合同等虚假资料向税务机关申报纳税,该交易实际缴纳税款仅1万余元。当地税务机关从该房产明显低价交易情况查实王某存在偷税行为,对其补征税款170万余元,加收滞纳金57万余元,并处以罚款82万余元。

本案中,王某因签订房屋买卖"阴阳合同",隐瞒真实交易价格,以明显低于市场交易的价格申报纳税,被税务机关稽查补税、缴纳滞纳金并处以罚款。对于王某这样的高净值人士而言,房产市值通常比较高,如果采取前述违法行为逃避缴纳税款,将面临较高的税务风险。

（二）个人房产持有的涉税风险

个人持有房产，会产生诸多税负成本。在笔者与众多高净值人群沟通过程中，笔者了解到很多高净值客户并不清楚其名下持有的房产应当缴纳的税种及如何缴纳。所以，笔者将个人持有房产所涉主要税种及缴纳方式阐述如下，高净值客户需要关注名下房产的税种并及时申报纳税，避免被税务部门稽查处罚。

1. 增值税及城建税、教育费附加和地方教育费附加

根据《国家税务总局关于发布〈纳税人提供不动产经营租赁服务增值税征收管理暂行办法〉的公告》（国家税务总局公告 2016 年第 16 号），其他个人出租不动产（不含住房），按照 5% 的征收率计算应纳税额，向不动产所在地主管地税机关申报纳税。其他个人出租住房，按照 5% 的征收率减按 1.5% 计算应纳税额，向不动产所在地主管地税机关申报纳税。

（1）个人出租非住房应缴纳增值税

应纳税款 = 含税销售额 ÷（1 + 5%）× 5%

（2）个人出租住房应缴纳增值税

应纳税款 = 含税销售额 ÷（1 + 5%）× 1.5%

根据《国家税务总局关于小规模纳税人免征增值税征管问题的公告》（国家税务总局公告 2021 年第 5 号）第 4 条、《增值税暂行条例实施细则》第 9 条所称的其他个人，采取一次性收取租金形式出租不动产取得的租金收入，可在对应的租赁期内平均分摊，分摊后的月租金收入未超过 15 万元的，免征增值税。

纳税人将根据不同情形下应缴纳的增值税（如须）相应缴纳城建税、教育费附加和地方教育费附加。

2. 房产税

根据《房产税暂行条例》，房产税由产权所有人缴纳。房产出租的，以房产租金收入为房产税的计税依据。房产税的税率，依照房产余值计算缴纳的，税率为 1.2%；依照房产租金收入计算缴纳的，税率为 12%。据此，房产税是以房屋为征税对象，以房产的计税余值或者租金收入为计税依据，向房产的所有权人征收的一种财产税。

个人在出租房产时会涉及缴纳房产税。如果个人出租住房，根据《关于完善住房租赁有关税收政策的公告》（财政部、税务总局、住房城乡建设部公告

2021年第24号),对企事业单位、社会团体以及其他组织向个人、专业化规模化住房租赁企业出租住房的,减按4%的税率征收房产税。如果个人出租的是非住房如厂房,则须按照12%税率缴纳房产税。

3. 城镇土地使用税

根据《城镇土地使用税暂行条例》,在城市、县城、建制镇、工矿区范围内使用土地的单位和个人,为城镇土地使用税的纳税人,应当依照规定缴纳城镇土地使用税。单位包括国有企业、集体企业、私营企业、股份制企业、外商投资企业、外国企业以及其他企业和事业单位、社会团体、国家机关、军队以及其他单位;个人包括个体工商户以及其他个人。

根据《财政部、国家税务总局关于廉租住房经济适用住房和住房租赁有关税收政策的通知》(财税〔2008〕24号),对个人出租住房,免征城镇土地使用税。

个人如果出租的是非住房,根据《城镇土地使用税暂行条例》,土地使用税以纳税人实际占用的土地面积为计税依据,依照规定税额计算征收。依据城市规模,区分大城市、中等城市、小城市和县城、建制镇、工矿区的不同按照每平方米规定了不同的年税额。

4. 个人所得税

个人出租房产,根据《个人所得税法》,按照"财产租赁所得"适用20%比例缴纳个人所得税。如果出租的是住房,根据《财政部、国家税务总局关于廉租住房经济适用住房和住房租赁有关税收政策的通知》(财税〔2008〕24号),租赁所得减按10%的税率缴纳个人所得税。

5. 印花税

个人出租住房签订的租赁合同,根据《财政部、国家税务总局关于廉租住房经济适用住房和住房租赁有关税收政策的通知》(财税〔2008〕24号),免缴印花税。个人出租非住房签订的租赁合同,须按照租赁金额的1‰缴纳印花税。

七、逃税的刑事责任

如果纳税人逃避缴纳税款数额达到应纳税额10%以上,将达到涉刑标准,须承担刑事责任。如果纳税人收到税务机关下达的追缴税款通知后,能够及时补缴税款、缴纳滞纳金,受到行政处罚的,不予追究刑事责任。如果存在5年内因逃避缴纳税款受过刑事处罚或者被税务机关给予二次以上行政处罚情形，即使纳税人已经补缴税款、缴纳滞纳金并且受到行政处罚，仍须承担刑事责任。

案例 6-27

根据内蒙古自治区察哈尔右翼前旗人民法院于2021年1月28日作出的(2020)内0926刑初71号刑事判决书，2012～2015年，内蒙古某矿业有限公司法定代表人及实际经营负责人李某某在公司正常经营且有生产销售收入的情况下，隐瞒公司正常经营且有生产销售收入的事实，欺骗高某谎称公司无法生产且没有销售收入，同时按月为高某提供虚假的记账凭证，让高某按时向税务机关长期进行"零申报""少申报"。4年间，李某某通过"账外账"、"两套账"、隐匿真实经营销售收入的方式，逃避缴纳税款共计1251207.5元(其中增值税604127.96元)。税务机关在下达行政处罚决定书后，李某某仍未向税务部门进行税款缴纳，其行为已触犯《刑法》第201条的规定，构成逃税罪。

《刑法》第201条第1款规定：纳税人采取欺骗、隐瞒手段进行虚假纳税申报或者不申报，逃避缴纳税款数额较大并且占应纳税额10%以上的，处3年以下有期徒刑或者拘役，并处罚金；数额巨大并且占应纳税额30%以上的，处3年以上7年以下有期徒刑，并处罚金。

《刑法》第201条第4款规定：经税务机关依法下达追缴通知后，补缴应纳税款，缴纳滞纳金，已受行政处罚的，不予追究刑事责任；但是，5年内因逃避缴纳税款受过刑事处罚或者被税务机关给予二次以上行政处罚的除外。

如果纳税人逃避缴纳税款数额达到应纳税额10%以上，即达到涉刑标准。本案例中，内蒙古某矿业有限公司偷逃税款金额已达涉刑标准，在税务机关下达行政处罚决定书后，李某某仍未向税务部门进行税款缴纳，构成逃税罪。

案例 6-28

根据四川省南部县人民法院于2020年12月28日作出的(2020)川1321刑初193号刑事判决书，南部县新环节能建材有限公司(以下简称新环节能)2013年度至2014年上半年从四川某房地产开发有限公司取得销售收入410万元以及向阆中人民医院二期开具的两张金额共计为1.475万元的发货单均未计销售收入,未进行申报纳税,造成少缴税款546275.62元。2017年3月7日南部县国税局向周某某送达税务处理决定书、行政处罚决定书,要求补缴税款546275.62元及滞纳金,并处罚款546275.62元。2015年3月27日,新环节能补缴了税款10万元。

法院认为,新环节能违反国家税收管理法规,采取欺骗、隐瞒手段,不申报纳税,其虽在税务机关作出税务处理决定前补缴了税款10万元,但其逃避缴纳税款数额仍属较大,未纳税额占应纳税额10%以上,经税务机关依法下达追缴通知后,仍不补缴应纳税款、不缴纳滞纳金、不接受行政处罚,其行为已构成逃税罪。

本案例中,虽然新环节能在税务机关作出税务处理决定前,补缴了税款10万元,但由于并未足额缴纳,逃避缴纳税款金额较大,占应纳税额10%以上,经税务机关追缴后仍未缴纳完毕税款、滞纳金和罚款,按照《刑法》第201条的规定,构成逃税罪。

2021年4月,国家税务总局将高收入人群的股权转让涉税行为纳入监管重点领域。广州、天津、广西、深圳、北京、广东、湖南等地税务局和市场监督管理局联合陆续发布"持个人转让股权完税凭证办理股权变更登记",将股东缴纳股权转让过程中涉及的个人所得税作为办理股权变更登记的前置程序。即在办理股权变更登记之前须向税务机关申报纳税,在申报纳税过程中,税务机关会要求纳税人提供股权转让合同。实践中,存在股东通过签订"阴阳合同"的方式以逃避缴纳税款被追究刑事责任的情形。

案例6-29

根据安徽省淮南市中级人民法院于2021年4月28日作出的(2021)皖04刑终102号刑事判决书,2017年1月17日,某药业公司股东鲍某某、李某与殷某签订《股权转让协议》,将公司51.09%的股权(其中李某持股40%,鲍某某持股11.09%)转让给殷某,转让价格7000万元。2017年1~3月,殷某分六次转账给鲍某某5356万元。2017年1月,殷某一次性转账给李某1644万元。

2017年2月15日,鲍某某与殷某到淮南市经开区工商局办理股权转让登记时,被告人鲍某某提供虚假《股权转让协议》进行虚假纳税申报,51.09%股份仅作价326.0506万元，与实际情况不符。

2017年9~11月，淮南市税务局第一稽查局对鲍某某、李某涉税情况进行检查，查明鲍某某少缴税款2552650.19元，李某少缴税款9202191.24元。

截至公诉机关指控时，鲍某某所欠税款已还清，李某仍欠税款5102191.24元，但两人均未缴纳滞纳金和行政罚款。由于李某在该药业公司持股40%系帮助鲍某某代持，鲍某某应作为实际纳税人缴纳李某所欠税款。

公诉机关认为，被告人鲍某某采取欺骗、隐瞒手段进行虚假纳税申报，逃避缴纳税款数额合计6976683.44元，逃避缴纳税款数额巨大并且占应纳税额30%以上，其行为已触犯《刑法》第201条第1款之规定，应当以逃税罪追究其刑事责任。

如果鲍某某系初犯，并且在税务机关下达追缴通知后，补缴应纳税款，缴纳滞纳金，已受行政处罚的，不予追究刑事责任。本案中，鲍某某未足额补缴税款，并且未缴纳滞纳金和行政罚款，依照我国《刑法》的相关规定须承担刑事责任。

本案例中，鲍某某通过签订“阴阳合同”逃避缴纳税款，除承担行政责任外，由于其逃避缴纳税款金额巨大且占应纳税额30%以上，并且未足额补缴税款、缴纳滞纳金和行政罚款，因此需要承担刑事责任。

第三节 高净值人群的财富规划策略

一、财富取得阶段的规划策略

（一）增值税

1.纳税人身份选择

根据《增值税暂行条例》和《增值税暂行条例实施细则》的规定，我国增值税纳税人分为一般纳税人和小规模纳税人。对一般纳税人实行增值税专用发票抵扣税款制度，进项税额可以予以抵扣，针对一般纳税人的会计核算水平要求比较高；对小规模纳税人实行简易征收方法，进项税额不可以抵扣。一般纳税人适用的增值税率为13%、9%和6%，小规模纳税人适用的征收率为3%。

根据《财政部、税务总局关于统一增值税小规模纳税人标准的通知》(财税〔2018〕33号),增值税小规模纳税人标准为年应征增值税销售额500万元及以下。同时,根据最新的税收优惠政策,2022年4月1日至12月31日,增值税小规模纳税人适用3%征收率的应税销售收入,免征增值税;适用3%预征率的预缴增值税项目,暂停预缴增值税。

根据前述规定,满足小规模纳税人认定标准的企业可以选择以小规模纳税人身份申报缴纳增值税,可以享受相关增值税优惠政策。

值得注意的是,如果纳税人销售额超过小规模纳税人标准但未申请办理一般纳税人认定的,在按照增值税率计算应纳税额的同时,不得抵扣进项税额,也无法使用增值税专用发票。

当企业符合小规模纳税人认定标准时,如果企业会计核算是健全的,并且能够提供准确税务资料的,可以向主管税务机关办理登记为一般纳税人,不作为小规模纳税人。也就是说,小规模纳税人可以转化为一般纳税人,具有税务规划空间。例如,企业可以通过进销差价率判定法进行选择。在不考虑其他条件情形时,作出如下测算:

假设企业含税销售额为M,含税进价为N,以13%增值税率为例,如果企业选择一般纳税人身份时应纳增值税为$(M-N)\div(1+13\%)\times13\%$,如果企业选择小规模纳税人身份时应纳增值税为$M\div(1+3\%)\times3\%$。

由$(M-N)\div(1+13\%)\times13\%=M\div(1+3\%)\times3\%$

得出进销差价率$(M-N)\div M=25.32\%$

由此可以看出,当企业的进销差价率等于25.32%时,无论是选择一般纳税人还是选择小规模纳税人身份,增值税税负是相等的。当企业进销差价率大于25.32%时,企业作为一般纳税人的增值税税负将大于作为小规模纳税人的增值税税负。

2. 合理选择供应商

对增值税纳税身份的选择不仅会对自身的税负承担产生影响,同时也会给采购自身产品的企业的增值税负担带来差异,因为从一般纳税人处采购货物的纳税人可以抵扣进项税。如果小规模纳税人向一般纳税人销售货物或应税劳务,购货方要求销货方提供增值税专用发票时,税务机关可以为其代开增值税专用发票或者由小规模纳税人申请自行开具增值税专用发票(自2020年2月1日起，小规模纳税人可以自行开具增值税专用发票）。

一般纳税人在选择供应商时，往往面临着到底是从一般纳税人处采购货物还是从小规模纳税人处采购货物的选择问题。仅考虑采购企业的增值税税负条件下，现区分两种情形予以分析。

（1）供应商为一般纳税人 VS 仅提供增值税普通发票的小规模纳税人

假设一般纳税人含税报价为 M，可以开具 13% 的增值税专用发票；小规模纳税人仅提供增值税普通发票，含税报价为 N。那么，

由 $M \div (1+13\%) = N$

得出 $M = 1.13N$

当小规模纳税人供应商仅提供增值税普通发票，一般纳税人供应商的含税报价是小规模纳税人供应商含税报价的 1.13 倍时，无论是从小规模纳税人供应商还是从一般纳税人供应商处采购，所导致的采购企业的增值税税负是相等的。当一般纳税人供应商的含税报价大于小规模纳税人供应商含税报价的 1.13 倍时，从小规模纳税人供应商处采购的税负成本更低。反之，从一般纳税人供应商处采购的税负成本更低。

（2）供应商为一般纳税人 VS 可以自行开具或者由税务局代开增值税专用发票的小规模纳税人

假设一般纳税人含税报价为 M，可以开具 13% 的增值税专用发票；小规模纳税人可以开具或者由税务局代开具 3% 的增值税专用发票，含税报价为 N。那么，

由 $M \div (1+13\%) = N \div (1+3\%)$

得出 $M = 1.1N$

当小规模纳税人供应商可以提供增值税专用发票，一般纳税人供应商的含税报价为小规模纳税人供应商含税报价的 1.1 倍时，无论是从小规模纳税人供应商还是从一般纳税人供应商处采购，所导致的采购企业的增值税税负是相等的。当一般纳税人供应商的含税报价大于小规模纳税人供应商含税报价的 1.1 倍时，从小规模纳税人供应商处采购的税负成本更低。反之，从一般纳税人供应商处采购的税负成本更低。

3. 兼营与混合销售

《增值税暂行条例》第 3 条规定："纳税人兼营不同税率的项目，应当分别核算不同税率项目的销售额；未分别核算销售额的，从高适用税率。"

在企业发展壮大的过程中,越来越多的企业会选择多元化经营,这时要特别注意不同业务适用的增值税税率是不相同的,需要分别进行核算,否则根据《增值税暂行条例》的相关规定将需要从高适用税率,给企业带来不必要的经济损失。企业需要规范会计核算,分别核算不同经营项目的销售额,按照各自适用的税率分别计算应纳增值税额。

《增值税暂行条例实施细则》第 5 条第 1 款规定:"一项销售行为如果既涉及货物又涉及非增值税应税劳务,为混合销售行为。"混合销售行为成立的标准有两点,一是其销售行为必须是一项;二是该行为既涉及货物销售,又涉及应税服务。

那么如何核算应缴纳的增值税呢?原则是以主营业务为判断依据。《营业税改征增值税试点实施办法》第 40 条规定:"一项销售行为如果既涉及服务又涉及货物,为混合销售。从事货物的生产、批发或者零售的单位和个体工商户的混合销售行为,按照销售货物缴纳增值税;其他单位和个体工商户的混合销售行为,按照销售服务缴纳增值税。"

需要说明的是,混合销售行为依照《增值税暂行条例实施细则》第 5 条规定应当缴纳增值税的,其销售额为货物的销售额与劳务营业额的合计。

案例 6-30

某经营机械设备公司为增值税一般纳税人,公司销售设备并负责安装,2021 年销售设备(包括安装)不含税收入 8200 万元(其中设备销售收入为 8000 万元,设备安装收入为 200 万元)设备采购取得进项税额 650 万元,安装用耗材进项税额为 10 万元。2021 年公司缴纳的增值税:

(8000+200)×13%-650-10=406(万元)

规划方案:公司经营的业务在税法上是按照混合销售认定,需要合并纳税。如果公司将设备安装业务分拆出来,另外设立一家设备安装公司,该设备安装公司符合小规模纳税人认定标准,按照 1%(原 3% 征收率按照税收优惠减按 1%)缴纳增值税。

机械设备公司:8000×13%-650=390(万元)

设备安装公司:200×1%=2(万元)

缴纳的增值税合计为 390 + 2 = 392（万元）

规划后节税金额为 406 - 392 = 14（万元）

4. “加计抵减”政策

根据《财政部、税务总局、海关总署关于深化增值税改革有关政策的公告》（财政部、税务总局、海关总署公告2019年第39号），2019年4月1日至2021年12月31日，允许生产、生活性服务业纳税人按照当期可抵扣进项税额加计10%，抵减应纳税额。

根据《关于明确生活性服务业增值税加计抵减政策的公告》（财政部、税务总局公告2019年第87号），2019年10月1日至2021年12月31日，允许生活性服务业纳税人按照当期可抵扣进项税额加计15%，抵减应纳税额。

根据《关于促进服务业领域困难行业纾困发展有关增值税政策的公告》、《财政部、税务总局、海关总署关于深化增值税改革有关政策的公告》（财政部、税务总局、海关总署公告2019年第39号）第7条和《财政部、税务总局关于明确生活性服务业增值税加计抵减政策的公告》（财政部、税务总局公告2019年第87号）规定的生产、生活性服务业增值税加计抵减政策，执行期限延长至2022年12月31日。

“增值税加计抵减”是近些年国家出台的一项减税降费措施，但加计抵减税额将会增加企业所得税应纳税所得额。根据《财政部、国家税务总局关于专项用途财政性资金企业所得税处理问题的通知》（财税〔2011〕70号），企业从县级以上各级人民政府财政部门及其他部门取得的应计入收入总额的财政性资金，凡同时符合以下条件的，可以作为不征税收入，在计算应纳税所得额时从收入总额中减除：（1）企业能够提供规定资金专项用途的资金拨付文件；（2）财政部门或其他拨付资金的政府部门对该资金有专门的资金管理办法或具体管理要求；（3）企业对该资金以及以该资金发生的支出单独进行核算。企业纳税人取得的直接减免的增值税属于财政性资金，除非满足不征税收入相关规定，其均应当计入企业所得税应纳税所得额。因此，前述因享受“增值税进项税额加计抵减政策”计入“其他收益”的抵减税额不满足不征税收入条件，应作为应税收入计入应纳税所得额，按规定缴纳企业所得税。那么，这项增值税抵减优惠政策是否可以为企业带来节税效应，需要具体进行测算再决定是否选择享受该项优惠政策。

案例 6－31

信哲公司系一家生产、生活性服务业提供商,2021 年 12 月账面确认的增值税销项税额为 400 万元,进项税额为 170 万元,期初留抵进项税额为 80 万元。2021 年度应纳税所得额为 290 万元(满足小型微利企业认定条件①)。

选择方案一:享受加计抵减政策

信哲公司当期应纳增值税:

400－170－80－17＝133(万元)

信哲公司当期应纳企业所得税:

(290＋17)×25%＝76.75(万元)

信哲公司当期应缴纳的增值税与企业所得税合计税额:

133＋76.75＝209.75(万元)

选择方案二:放弃享受加计抵减政策

信哲公司当期应纳增值税:

400－170－80＝150(万元)

信哲公司当期应纳企业所得税:

100×2.5%＋190×10%＝21.5(万元)

信哲公司当期应缴纳的增值税与企业所得税合计税额:

150＋21.5＝171.5(万元)

结论:

方案一比方案二多缴税金额＝209.75－171.5＝38.25(万元)

本案例中,由于选择享受了增值税加计抵减政策(17 万元计入“其他收益”后作为应税收入计入应纳税所得额),信哲公司的应纳税所额变为 307 万元,导致信哲公司不满足小型微利企业认定条件,不能享受小型微利企业的企业所得税税收优惠政策,按照 25% 缴纳企业所得税,因此导致选择享受增值税加计抵减政策后缴纳的增值税和企业所得税额大于放弃享受该项增值税优惠政策缴纳的税额。这时,不宜选择享受“增值税加计抵减政策”。

---

① 符合条件的小型微利企业是指从事国家非限制和禁止行业,且同时符合年度应纳税所得额不超过 300 万元、从业人数不超过 300 人、资产总额不超过 5000 万元三个条件的企业。

案例 6 -32

信哲公司系一家生活服务业提供商,2021 年 12 月账面确认的增值税销项税额为 550 万元,进项税额为 250 万元,期初留抵进项税额为 120 万元。2021 年度应纳税所得额为 400 万元。

选择方案一:享受加计抵减政策

信哲公司当期应纳增值税:

550 -250 -120 -25 =155(万元)

信哲公司当期应纳企业所得税:

(400 +25) ×25% =106.25(万元)

信哲公司当期应缴纳的增值税与企业所得税合计税额:

155 +106.25 =261.25(万元)

选择方案二:放弃享受加计抵减政策

信哲公司当期应纳增值税:

550 -250 -120 =180(万元)

信哲公司当期应纳企业所得税:

400 ×25% =100(万元)

信哲公司当期应缴纳的增值税与企业所得税合计税额:

180 +100 =280(万元)

结论:方案一比方案二少缴税 280 -261.25 =18.75(万元)

本案例中,选择享受增值税加计抵减政策将比放弃该项税收优惠政策节税 18.75 万元。这时,应选择享受“增值税加计抵减政策”。因此,对税收优惠政策的选择需要结合企业实际情况予以测算后再行决策。

需要注意的是,财政部、税务总局、海关总署 2019 年 39 号公告明确,生产、生活性服务业纳税人,是指提供邮政服务、电信服务、现代服务、生活服务取得的销售额占全部销售额的比重超过 50% 的纳税人。财政部、税务总局 2019 年第 87 号公告明确,生活性服务业纳税人,是指提供生活服务取得的销售额占全部销售额的比重超过 50% 的纳税人。生活服务的具体范围按照《销售服务、无形资产、不动产注释》(财税〔2016〕36 号印发)执行。

需要说明的是,纳税人如果选择享受增值税加计抵减税收政策,需要确保

“加计抵减”计提基数正确，由于加计抵减额与进项税额相关，如果进项税额发生变化，需要相应调整加计抵减额。由于加计抵减额独立于进项税额，因此不会形成留抵税额，不能享受留抵退税政策。

5. “加计扣除”政策

企业所得税的“加计扣除”政策对许多企业来说并不陌生，鲜有所知的是，在增值税里也有农产品“加计扣除”政策。

根据《关于深化增值税改革有关政策的公告》（财政部、税务总局、海关总署公告2019年第39号），纳税人购进农产品，原适用10%扣除率的，扣除率调整为9%。纳税人购进用于生产或者委托加工13%税率货物的农产品，按照10%的扣除率计算进项税额。也就是说，一般规定是9%的扣除率，如果购进的农产品是用于生产或委托加工税率为13%税率货物，则按照10%扣除率计算进项税额，即加计1%的扣除率。

6. 技术成果入股

技术成果入股实质包含转让技术成果即销售无形资产和投资两个行为。根据《财政部、国家税务总局关于全面推开营业税改征增值税试点的通知》（财税〔2016〕36号），“纳税人提供技术转让、技术开发和与之相关的技术咨询、技术服务”免征增值税。

需要注意的是，纳税人在申请免征增值税时，须持技术转让的书面合同，到纳税人所在地省级科技主管部门进行认定，并持有关的书面合同和科技主管部门审核意见证明文件报主管税务机关备查。

（二）企业所得税

1. 分公司、子公司设立

企业在扩大经营规模时，通常会面临“分公司”或者“子公司”两种不同组织形式的选择问题，由于两种方式在企业所得税上的处理方式存在差异，因此企业需要结合自身业务来选择合适的组织形式。子公司具有独立的法人资格，在纳税方面，作为独立纳税主体独立核算、独立申报纳税并承担纳税义务。而分公司则相反，分公司并不具备独立法人资格，不具有独立申报纳税资格，分公司需要汇总到总公司合并纳税，因此，分公司如果发生亏损，其亏损额可以抵销总公司的应纳税所得额，从而降低总公司整体应纳税所得额。

如果分公司设立之初，需要大量投资，往往是亏损的，但随着经营渐渐扭亏为盈时，可以成立全资子公司，接收分公司业务，注销分公司，将产生节税效果。

案例 6－33

A 公司在 2019 年考虑业务扩张时预计该业务 2020～2023 年应纳税所得额分别为－150 万元、－50 万元、180 万元、320 万元。

规划方案：由于公司预计该业务设立后，前期亏损，后期盈利，因此可以考虑业务之初设立分公司，第三年设立全资子公司用以接收分公司业务，注销分公司。2020 年、2021 年该分公司的亏损可以对冲总公司的应纳税所得，总公司在 2020 年、2021 年将分别节税 37.5 万元和 12.5 万元。在第三年设立全资子公司，接收分公司业务并注销分公司，子公司独立申报缴纳企业所得税。

根据国家税务总局于 2021 年 8 月 2 日发布的《减税降费政策操作指南（二）——小型微利企业减征企业所得税政策》，2021 年 1 月 1 日至 2022 年 12 月 31 日，对小型微利企业年应纳税所得额不超过 100 万元的部分，减按 12.5% 计入应纳税所得额，按 20% 的税率缴纳企业所得税。

根据国家税务总局于 2022 年 5 月 26 日发布的《退税减税降费政策操作指南（四）——小型微利企业再减半征收企业所得税政策》，2022 年 1 月 1 日至 2024 年 12 月 31 日，对年应纳税所得额超过 100 万元但不超过 300 万元的部分，减按 25% 计入应纳税所得额，按 20% 的税率缴纳企业所得税。

据此，设立子公司后（假设子公司符合小型微利企业认定标准），2022 年子公司缴纳的企业所得税：$100 \times 2.5\% + 80 \times 5\% = 6.5$（万元）。

2023 年，子公司由于应纳税所得额超过 300 万元，不符合小型微利企业的认定标准，需缴纳的企业所得税：$320 \times 25\% = 80$（万元）。

2. 投资有“道”

企业在选择投资兴办实业时，往往面临着产业、地域的选择。如果投资国家扶持产业、扶持区域，满足特定条件，将可以享受税收优惠政策。

根据《企业所得税法》（全国人民代表大会常务委员会 2018 年修订）第 28 条第 2 款规定，“国家需要重点扶持的高新技术企业，减按 15% 的税率征收企业所得税”。国家重点扶持的高新技术企业是指拥有核心自主知识产权，并且同时符合下列条件的企业：产品（服务）属于《国家重点支持的高新技术领域》规定的范围；研究开发费用占销售收入比例不低于规定比例；高新技术产品（服务）收入占企业总销售收入比例不低于规定比例；企业科技人员占员工总数比例不低于规定比例；《高新技术企业认定管理办法》规定的其他条件。

根据2008年9月23日发布的《财政部、国家税务总局关于执行公共基础设施项目企业所得税优惠目录有关问题的通知》，企业从事《公共基础设施项目企业所得税优惠目录》内符合相关条件和技术标准及国家投资管理相关规定、于2008年1月1日后经批准的公共基础设施项目，其投资经营所得，自该项目取得第一笔生产经营收入所属纳税年度起，第一年至第三年免征企业所得税，第四年至第六年减半征收企业所得税。

根据2012年1月5日发布的《财政部、国家税务总局关于公共基础设施项目和环境保护节能节水项目企业所得税优惠政策问题的通知》，企业从事符合《公共基础设施项目企业所得税优惠目录》规定、于2007年12月31日前已经批准的公共基础设施项目投资经营的所得，以及从事符合《环境保护、节能节水项目企业所得税优惠目录》规定、于2007年12月31日前已经批准的环境保护、节能节水项目的所得，可在该项目取得第一笔生产经营收入所属纳税年度起，按新税法规定计算的企业所得税“三免三减半”优惠期间内，自2008年1月1日起享受其剩余年限的减免企业所得税优惠。

目前国家软件产业和集成电路产业现行有效的主要税收优惠政策见表6-1。

表6-1　税收优惠政策内容

序号	税收优惠政策	主要内容
1	《关于进一步鼓励软件产业和集成电路产业发展企业所得税政策的通知》（财税〔2012〕27号）	集成电路线宽小于0.8微米（含）的集成电路生产企业，经认定后，在2017年12月31日前自获利年度起计算优惠期，第一年至第二年免征企业所得税，第三年至第五年按照25%的法定税率减半征收企业所得税，并享受至期满为止
		集成电路线宽小于0.25微米或投资额超过80亿元的集成电路生产企业，经认定后，减按15%的税率征收企业所得税，其中经营期在15年以上的，在2017年12月31日前自获利年度起计算优惠期，第一年至第五年免征企业所得税，第六年至第十年按照25%的法定税率减半征收企业所得税，并享受至期满为止

续表

序号	税收优惠政策	主要内容
1	《关于进一步鼓励软件产业和集成电路产业发展企业所得税政策的通知》(财税〔2012〕27 号)	我国境内新办的集成电路设计企业和符合条件的软件企业,经认定后,在 2017 年 12 月 31 日前自获利年度起计算优惠期,第一年至第二年免征企业所得税,第三年至第五年按照 25% 的法定税率减半征收企业所得税,并享受至期满为止
		符合条件的软件企业按照《财政部　国家税务总局关于软件产品增值税政策的通知》(财税〔2011〕100 号)规定取得的即征即退增值税款,由企业专项用于软件产品研发和扩大再生产并单独进行核算,可以作为不征税收入,在计算应纳税所得额时从收入总额中减除
		集成电路设计企业和符合条件软件企业的职工培训费用,应单独进行核算并按实际发生额在计算应纳税所得额时扣除
		企业外购的软件,凡符合固定资产或无形资产确认条件的,可以按照固定资产或无形资产进行核算,其折旧或摊销年限可以适当缩短,最短可为 2 年(含)
		集成电路生产企业的生产设备,其折旧年限可以适当缩短,最短可为 3 年(含)
2	《关于进一步鼓励集成电路产业发展企业所得税政策的通知》(财税〔2015〕6 号)	符合条件的集成电路封装、测试企业以及集成电路关键专用材料生产企业、集成电路专用设备生产企业,在 2017 年(含 2017 年)前实现获利的,自获利年度起,第一年至第二年免征企业所得税,第三年至第五年按照 25% 的法定税率减半征收企业所得税,并享受至期满为止;2017 年前未实现获利的,自 2017 年起计算优惠期,享受至期满为止
3	《关于集成电路生产企业有关企业所得税政策问题的通知》(财税〔2018〕27 号)	2018 年 1 月 1 日后投资新设的集成电路线宽小于 130 纳米,且经营期在 10 年以上的集成电路生产企业或项目,第一年至第二年免征企业所得税,第三年至第五年按照 25% 的法定税率减半征收企业所得税,并享受至期满为止
		2018 年 1 月 1 日后投资新设的集成电路线宽小于 65 纳米或投资额超过 150 亿元,且经营期在 15 年以上的集成电路生产企业或项目,第一年至第五年免征企业所得税,第六年至第十年按照 25% 的法定税率减半征收企业所得税,并享受至期满为止
		2017 年 12 月 31 日前设立但未获利的集成电路线宽小于 0.25 微米或投资额超过 80 亿元,且经营期在 15 年以上的集成电路生产企业,自获利年度起第一年至第五年免征企业所得税,第六年至第十年按照 25% 的法定税率减半征收企业所得税,并享受至期满为止

续表

序号	税收优惠政策	主要内容
3	《关于集成电路生产企业有关企业所得税政策问题的通知》(财税〔2018〕27号)	2017年12月31日前设立但未获利的集成电路线宽小于0.8微米(含)的集成电路生产企业,自获利年度起第一年至第二年免征企业所得税,第三年至第五年按照25%的法定税率减半征收企业所得税,并享受至期满为止
4	《关于集成电路设计和软件产业企业所得税政策的公告》(财政部、税务总局公告2019年第68号)	依法成立且符合条件的集成电路设计企业和软件企业,在2018年12月31日前自获利年度起计算优惠期,第一年至第二年免征企业所得税,第三年至第五年按照25%的法定税率减半征收企业所得税,并享受至期满为止
5	《关于集成电路设计企业和软件企业2019年度企业所得税汇算清缴适用政策的公告》(财政部、税务总局公告2020年第29号)	依法成立且符合条件的集成电路设计企业和软件企业,在2019年12月31日前自获利年度起计算优惠期,第一年至第二年免征企业所得税,第三年至第五年按照25%的法定税率减半征收企业所得税,并享受至期满为止
6	《关于促进集成电路产业和软件产业高质量发展企业所得税政策的公告》(财政部、税务总局、发展改革委、工业和信息化部公告2020年第45号)	国家鼓励的集成电路线宽小于28纳米(含),且经营期在15年以上的集成电路生产企业或项目,第一年至第十年免征企业所得税;国家鼓励的集成电路线宽小于65纳米(含),且经营期在15年以上的集成电路生产企业或项目,第一年至第五年免征企业所得税,第六年至第十年按照25%的法定税率减半征收企业所得税;国家鼓励的集成电路线宽小于130纳米(含),且经营期在10年以上的集成电路生产企业或项目,第一年至第二年免征企业所得税,第三年至第五年按照25%的法定税率减半征收企业所得税
		国家鼓励的线宽小于130纳米(含)的集成电路生产企业,属于国家鼓励的集成电路生产企业清单年度之前5个纳税年度发生的尚未弥补完的亏损,准予向以后年度结转,总结转年限最长不得超过10年
		国家鼓励的集成电路设计、装备、材料、封装、测试企业和软件企业,自获利年度起,第一年至第二年免征企业所得税,第三年至第五年按照25%的法定税率减半征收企业所得税

续表

序号	税收优惠政策	主要内容
6	《关于促进集成电路产业和软件产业高质量发展企业所得税政策的公告》（财政部、税务总局、发展改革委、工业和信息化部公告2020年第45号）	国家鼓励的重点集成电路设计企业和软件企业，自获利年度起，第一年至第五年免征企业所得税，接续年度减按10%的税率征收企业所得税

除了需要考虑投资的产业内容，地区也是非常重要的投资考量因素。目前地区性的税收优惠政策主要包括西部地区和经济特区。目前现行有效的主要税收优惠政策如表6－2所示。

表6－2　现行有效的主要税收优惠政策

序号	税收优惠政策	主要内容
1	《关于延续西部大开发企业所得税政策的公告》（财政部、税务总局、国家发展改革委公告2020年第23号）	2021年1月1日至2030年12月31日，对设在西部地区的鼓励类产业企业减按15%的税率征收企业所得税。本条所称鼓励类产业企业是指以《西部地区鼓励类产业目录》中规定的产业项目为主营业务，且其主营业务收入占企业收入总额60%以上的企业
2	《关于新疆困难地区及喀什、霍尔果斯两个特殊经济开发区新办企业所得税优惠政策的通知》（财税〔2021〕27号）	2021年1月1日至2030年12月31日，对在新疆困难地区新办的属于《新疆困难地区重点鼓励发展产业企业所得税优惠目录》范围内的企业，自取得第一笔生产经营收入所属纳税年度起，第一年至第二年免征企业所得税，第三年至第五年减半征收企业所得税
		2021年1月1日至2030年12月31日，对在新疆喀什、霍尔果斯两个特殊经济开发区内新办的属于《新疆困难地区重点鼓励发展产业企业所得税优惠目录》范围内的企业，自取得第一笔生产经营收入所属纳税年度起，5年内免征企业所得税

续表

序号	税收优惠政策	主要内容
3	《关于海南自由贸易港企业所得税优惠政策的通知》(财税〔2020〕31号)	对注册在海南自由贸易港并实质性运营的鼓励类产业企业,减按15%的税率征收企业所得税
		对在海南自由贸易港设立的旅游业、现代服务业、高新技术产业企业新增境外直接投资取得的所得,免征企业所得税
		对在海南自由贸易港设立的企业,新购置(含自建、自行开发)固定资产或无形资产,单位价值不超过500万元(含)的,允许一次性计入当期成本费用在计算应纳税所得额时扣除,不再分年度计算折旧和摊销;新购置(含自建、自行开发)固定资产或无形资产,单位价值超过500万元的,可以缩短折旧、摊销年限或采取加速折旧、摊销的方法

在这里,需要特别注意,投资于特定地区享受税收优惠政策的前提是需要实质性经营并且执行查账征收缴纳企业所得税,以海南自由贸易港为例,2021年3月,根据国家税务总局海南省税务局、省财政厅、省市场监督管理局联合发布的《关于海南自由贸易港鼓励类产业企业实质性运营有关问题的公告》(国家税务总局海南省税务局、海南省财政厅、海南省市场监督管理局公告2021年第1号),对"实质性运营"有关问题区分以下三种情形作出了明确的界定,即(1)注册在自贸港的居民企业,从事鼓励类产业项目,并且在自贸港之外未设立分支机构的,其生产经营、人员、账务、资产等在自贸港;(2)注册在自贸港的居民企业,从事鼓励类产业项目,在自贸港之外设立分支机构的,该居民企业对各分支机构的生产经营、人员、账务、资产等实施实质性全面管理和控制;(3)注册在自贸港之外的居民企业在自贸港设立分支机构的,或者非居民企业在自贸港设立机构、场所的,该分支机构或机构、场所具备生产经营职能,并具备与其生产经营职能相匹配的营业收入、职工薪酬和资产总额。

除了投资于特定产业、特定区域存在税收优惠政策,《企业所得税法》第31条规定:"创业投资企业从事国家需要重点扶持和鼓励的创业投资,可以按投资额的一定比例抵扣应纳税所得额。"

《企业所得税法实施条例》(中华人民共和国国务院2019年修订)第97条规定:"应纳税所得额,是指创业投资企业采取股权投资方式投资于未上市的中小高新技术企业2年以上的,可以按照其投资额的70%在股权持有满2年的当年抵扣该创业投资企业的应纳税所得额；当年不足抵扣的，可以在以后纳税年度结转抵扣。”

根据《关于创业投资企业和天使投资个人有关税收政策的通知》（财税〔2018〕55号），公司制创业投资企业采取股权投资方式直接投资于种子期、初创期科技型企业（以下简称初创科技型企业）满2年（24个月，下同）的，可以按照投资额的70%在股权持有满2年的当年抵扣该公司制创业投资企业的应纳税所得额；当年不足抵扣的，可以在以后纳税年度结转抵扣。

有限合伙制创业投资企业（以下简称合伙创投企业）采取股权投资方式直接投资于初创科技型企业满2年的，该合伙创投企业的合伙人分别按以下方式处理：法人合伙人可以按照对初创科技型企业投资额的70%抵扣法人合伙人从合伙创投企业分得的所得；当年不足抵扣的，可以在以后纳税年度结转抵扣。

3.“加计扣除”

“加计扣除”是在原来实际发生数额的扣除基础上再加成一定比例，作为计算应纳税所得额时的扣除数额的一种税收优惠政策。在企业所得税里，存在“加计扣除”的税收优惠政策，可以为企业规划使用。

《企业所得税法》第30条规定：“企业的下列支出，可以在计算应纳税所得额时加计扣除：（1）开发新技术、新产品、新工艺发生的研究开发费用；（2）安置残疾人员及国家鼓励安置的其他就业人员所支付的工资。”

企业如果招聘国家鼓励人员如《企业所得税法》中规定的“残疾人员”，在据实扣除的基础上，可以按照支付给残疾职工工资的100%加计扣除。

根据国家税务总局于2021年7月30日发布的《减税降费政策操作指南（五）——研发费用加计扣除政策》，除制造业、住宿和餐饮业、批发和零售业、房地产业、租赁和商务服务业、娱乐业以外的企业，开展研发活动中实际发生的研发费用，未形成无形资产计入当期损益的，2018年1月1日至2023年12月31日，在按规定据实扣除的基础上，再按照实际发生额的75%在税前加计扣除；形成无形资产的，在上述期间按照无形资产成本的175%在税前摊销。除烟草制造业以外的制造业企业开展研发活动中实际发生的研发费用，未形成无形资产计入当期损益的，在按规定据实扣除的基础上，自2021年1月1日起，再按照实际发生额的100%在税前加计扣除；形成无形资产的，自2021年1月1日起，按照无形资产成本的200%在税前摊销。

根据《关于进一步提高科技型中小企业研发费用税前加计扣除比例的公告》(财政部、税务总局、科技部公告 2022 年第 16 号),科技型中小企业开展研发活动中实际发生的研发费用,未形成无形资产计入当期损益的,在按规定据实扣除的基础上,自 2022 年 1 月 1 日起,再按照实际发生额的 100% 在税前加计扣除;形成无形资产的,自 2022 年 1 月 1 日起,按照无形资产成本的 200% 在税前摊销。

(三)个人所得税

1. 个人所得

《个人所得税法》第 6 条第 1 款第 1 项规定:"居民个人的综合所得,以每一纳税年度的收入额减除费用六万元以及专项扣除、专项附加扣除和依法确定的其他扣除后的余额,为应纳税所得额。"

《个人所得税法》第 6 条第 4 款规定:"专项扣除,包括居民个人按照国家规定的范围和标准缴纳的基本养老保险、基本医疗保险、失业保险等社会保险费和住房公积金等;专项附加扣除,包括子女教育、继续教育、大病医疗、住房贷款利息或者住房租金、赡养老人等支出。"

其中,子女教育是指纳税人的子女接受全日制学历教育的相关支出,按照每个子女每月 1000 元的标准定额扣除。

继续教育支出是指纳税人在我国境内接受学历(学位)继续教育的支出,在接受前述教育期间按照每月 400 元定额扣除。同一学历(学位)继续教育的扣除期限不能超过 48 个月。

住房贷款利息支出是指纳税人本人或者配偶单独或共同使用商业银行或者住房公积金住房贷款为本人或者其配偶购买的我国境内住房,发生的首套住房贷款利息支出,在实际发生贷款利息年度,按照每月 1000 元标准定额扣除,扣除期限最长不超过 240 个月。

赡养老人支出是指纳税人赡养一位及以上被赡养人的赡养支出,统一按照如下标准定额扣除。纳税人为独生子女的,按照每月 2000 元标准定额扣除;纳税人为非独生子女的,由其与兄弟姐妹分摊每月 2000 元的扣除额度,每人分摊的额度不能超过每月 1000 元。被赡养人是指年满 60 岁的父母以及子女均去世的年满 60 岁的祖父母、外祖父母。

其他扣除包括个人缴付符合国家规定的企业年金、职业年金，个人购买符合国家规定的商业健康保险、税收递延型商业保险的支出，以及国务院规定可以扣除的其他项目。

除了《个人所得税法》的相关规定外，部分区域存在个人所得税优惠政策。比如《财政部、税务总局关于海南自由贸易港高端紧缺人才个人所得税政策的通知》（财税〔2020〕32 号）明确，自 2020 年 1 月 1 日起至 2024 年 12 月 31 日止，对在海南自由贸易港工作的高端人才和紧缺人才，其个人所得税实际税负超过 15% 的部分，予以免征。受上述优惠政策的所得包括来源于海南自由贸易港的综合所得（包括工资薪金、劳务报酬、稿酬、特许权使用费四项所得）、经营所得以及经海南省认定的人才补贴性所得。

再如《财政部、税务总局关于粤港澳大湾区个人所得税优惠政策的通知》（财税〔2019〕31 号）明确，自 2019 年 1 月 1 日起至 2023 年 12 月 31 日止，广东省、深圳市按内地与香港个人所得税税负差额，对在大湾区工作的境外（含港澳台，下同）高端人才和紧缺人才给予补贴，该补贴免征个人所得税。

2. 个人技术成果入股

根据《关于完善股权激励和技术入股有关所得税政策的通知》（财税〔2016〕101 号），个人以技术成果投资入股到境内居民企业，被投资企业支付的对价全部为股票（权）的，企业或个人可选择继续按现行有关税收政策执行，也可选择适用递延纳税优惠政策。选择技术成果投资入股递延纳税政策的，经向主管税务机关备案，投资入股当期可暂不纳税，允许递延至转让股权时，按股权转让收入减去技术成果原值和合理税费后的差额计算缴纳所得税。

技术成果是指专利技术（含国防专利）、计算机软件著作权、集成电路布图设计专有权、植物新品种权、生物医药新品种，以及科技部、财政部、国家税务总局确定的其他技术成果。

根据《关于个人非货币性资产投资有关个人所得税政策的通知》（财税〔2015〕41 号），个人以非货币性资产投资，应于非货币性资产转让、取得被投资企业股权时，确认非货币性资产转让收入的实现。在发生前述应税行为的次月 15 日内向主管税务机关申报纳税。纳税人一次性缴税有困难的，可合理确定分期缴纳计划并报主管税务机关备案后，自发生上述应税行为之日起不超过 5 个公历年度内（含）分期缴纳个人所得税。

纳税人需要注意,满足递延纳税的前提是需要在规定期限内到主管税务机关办理备案手续,并且技术入股的企业必须是实行查账征收的企业。

如果纳税人选择5年分期缴纳,需要自行制订纳税计划并且向主管税务机关报送纳税人身份证明文件、投资入股协议、非货币性资产评估价格的证明材料、能够证明非货币性资产原值及合理税费的相关材料和《非货币性资产投资分期缴纳个人所得税备案表》。

取得技术入股的投资人技术成果的被投资企业是纳税人个人所得税扣缴义务人,在递延纳税期间,应在每个纳税年度终了向主管税务机关报告递延纳税相关情况。每年进行企业所得税汇算清缴时,需要向主管税务机关报送《非货币性资产投资递延纳税调整明细表》。

二、财富持有阶段的规划策略

(一)权益性投资

1. 个人独资企业、合伙企业权益性投资

根据《关于创业投资企业和天使投资个人有关税收政策的通知》(财税〔2018〕55号),有限合伙制创业投资企业采取股权投资方式直接投资于初创科技型企业满2年的,法人合伙人可以按照对初创科技型企业投资额的70%抵扣法人合伙人从合伙创投企业分得的所得;当年不足抵扣的,可以在以后纳税年度结转抵扣。个人合伙人可以按照对初创科技型企业投资额的70%抵扣个人合伙人从合伙创投企业分得的经营所得;当年不足抵扣的,可以在以后纳税年度结转抵扣。

天使投资个人采取股权投资方式直接投资于初创科技型企业满2年的,可以按照投资额的70%抵扣转让该初创科技型企业股权取得的应纳税所得额;当期不足抵扣的,可以在以后取得转让该初创科技型企业股权的应纳税所得额时结转抵扣。天使投资个人投资多个初创科技型企业的,对其中办理注销清算的初创科技型企业,天使投资个人对其投资额的70%尚未抵扣完的,可自注销清算之日起36个月内抵扣天使投资个人转让其他初创科技型企业股权取得的应纳税所得额。

因此,创投企业合伙人和天使投资个人可以充分利用前述科技类初创公司

投资额抵扣额度和适用税率的优惠政策，以降低个人所得税税负。

根据《关于创业投资企业个人合伙人所得税政策问题的通知》(财税〔2019〕8号)，自2019年1月1日起，对依法备案的创投企业，选择按单一投资基金核算的，其个人合伙人从该基金应分得的股权转让所得和股息红利所得，按照20%税率计算缴纳个人所得税。创投企业选择按年度所得整体核算的，其个人合伙人应从创投企业取得的所得，按照"经营所得"项目、5%～35%的超额累进税率计算缴纳个人所得税。该政策实施期限为5年。

需要注意，该通知所称创投企业，是指符合《创业投资企业管理暂行办法》(发展改革委等10部门令第39号)或者《私募投资基金监督管理暂行办法》(证监会令第105号)关于创业投资企业(基金)的有关规定，并按照上述规定完成备案且规范运作的合伙制创业投资企业(基金)。创投企业选择按单一投资基金核算或按创投企业年度所得整体核算后，3年内不能变更。

那么创投企业在面临核算方式的选择时，是选择单一投资基金核算还是按年度所得整体核算？这里结合具体案例进行测算。

案例6-34

假设某创投企业(以下简称予芯)专注于生物医药行业的初创企业投资，有4位合伙人，实行有限合伙制。经过考察、尽职调查与内部决策，2020年投资三个项目，投资额合计3000万元。投资期满2年后，予芯实现利润总额4000万元，由4位合伙人平均分配经营利润。如何为其作税务规划。

分析：

根据财税〔2019〕8号文，予芯既可以按照单一投资基金核算，也可以按照年度所得整体核算。现区分两种情形分别进行测算。

按照单一投资基金核算，即选择按照股权转让方式计算缴纳个人所得税，计算得出每位合伙人的投资经营所得：

应纳税所得额＝4000－3000×70%＝1900(万元)

应纳个人所得税＝1900×20%＝380(万元)

每位合伙人净投资经营所得＝(4000－380)÷4＝905(万元)

按照年度所得整体核算，即按照"先分后税"适用35%税率计算每位合伙人投资经营所得：

每位合伙人应纳税所得额 =（4000 - 3000 ×70%）÷4 =475（万元）

每位合伙人应纳个人所得税额 =475 ×35% -6.55 =159.7（万元）

每位合伙人净投资所得 =4000 ÷4 -159.7 =840.3（万元）

结论：本案例中，按照单一投资基金的股权转让方式计算合伙人的个人所得税负相对更低，每位合伙人节税 64.7 万元（159.7 -380 ÷4）。

自 2022 年 1 月 1 日起，财政部、税务总局发布的《关于权益性投资经营所得个人所得税征收管理的公告》（财政部、税务总局公告 2021 年第 41 号）正式施行，持有股权、股票、合伙企业财产份额等权益性投资的个人独资企业、合伙企业，一律适用查账征收方式计征个人所得税。

权益性投资是指为了获得其他企业权益或净资产而进行的投资。前述公告仅针对持有权益性投资的个人独资企业、合伙企业，尽管对于持有非权益性投资的个人独资企业、合伙企业仍然可以申请采取核定征收的方式缴纳个人所得税，但是从趋势来看，税务机关对核定征税方式的选择会趋于谨慎。

根据我国税法，对于未设置会计账目或者账目混乱难以查账的企业，税务机关有权核定应纳税额，采取核定应税所得率是通常核定征税方式。过往依赖于个人申报的方式，存在税收流失风险，而采用查账征收的方式，则有利于堵住税收流失漏洞。

2. 股权激励

根据《2021 年中国私人财富报告》，高净值人群中董事、监事、高级管理人员、职业经理人（非董事、监事、高级管理人员）、专业人士的群体规模持续上升，占全部高净值人群的比例由 2019 年的 36% 上升至 2021 年的 43%，规模首次超越创富一代企业家群体。这与自 2019 年科创板注册制的落地及创业板、北京证券交易所的推行不无关系。由于许多拟上市企业，特别是技术驱动型行业的企业，在企业申报首次公开发行股票并上市（以下简称 IPO）前，会完成企业内部股权激励安排，加之注册制的推行，较过去审核制加快了上市进程，随着企业上市，也催生出更多高净值人士。

除了拟上市企业，很多非上市企业为了激发员工积极性，也会进行股权激励，虽然这些企业的股权不像上市企业拥有公允价值，但是鉴于这类企业往往有融资历史，在一定程度上可以参考风投企业、私募机构的估值确定股权价值，因此股权激励被许多暂未有IPO计划的非上市企业广泛关注并实践。

根据《关于完善股权激励和技术入股有关所得税政策的通知》(财税〔2016〕101号)的规定,非上市公司授予本公司员工的股票期权、股权期权、限制性股票和股权奖励,符合规定条件的,经向主管税务机关备案,可实行递延纳税政策。即员工在取得股权激励时可暂不纳税,递延至转让该股权时纳税;股权转让时,按照股权转让收入减除股权取得成本以及合理税费后的差额,适用“财产转让所得”项目,按照20%的税率计算缴纳个人所得税。

国家税务总局于2021年10月12日印发《关于进一步深化税务领域“放管服”改革培育和激发市场主体活力若干措施的通知》(税总征科发〔2021〕69号),其中第10条提到“加强股权激励个人所得税管理”。明确实施股权激励的企业应当在决定实施股权激励的次月15日内,向主管税务机关报送《股权激励情况报告表》,并按照财税〔2005〕35号、财税〔2016〕101号等现行规定向主管税务机关报送相关资料。股权激励计划已实施但尚未执行完毕的,于2021年年底前向主管税务机关补充报送《股权激励情况报告表》和相关资料。境内企业以境外企业股权为标的对员工进行股权激励的,应当按照工资、薪金所得扣缴个人所得税,并执行上述规定。

(二)金融投资理财

根据《个人所得税法》,国债和国家发行的金融债券利息、保险赔款免征个人所得税。

根据《财政部、国家税务总局关于证券投资基金税收问题的通知》,对个人投资者买卖基金单位获得的差价收入,在对个人买卖股票的差价收入未恢复征收个人所得税以前,暂不征收个人所得税;对企业投资者买卖基金单位获得的差价收入,应并入企业的应纳税所得额,征收企业所得税。对投资者从基金分配中获得的国债利息、储蓄存款利息以及买卖股票价差收入,在国债利息收入、个人储蓄存款利息收入以及个人买卖股票差价收入未恢复征收所得税以前,暂不征收所得税。对个人投资者从基金分配中获得的企业债券差价收入,应按税法规定对个人投资者征收个人所得税,税款由基金在分配时依法代扣代缴;对企业投资者从基金分配中获得的债券差价收入,暂不征收企业所得税。

根据《关于基础设施领域不动产投资信托基金(REITs)试点税收政策的公告》,设立基础设施REITs前,原始权益人向项目公司划转基础设施资产相应取得项目公司股权，适用特殊性税务处理，即项目公司取得基础设施资产的计税基础，以基础设施资产的原计税基础确定；原始权益人取得项目公司股权的计税基础，以基础设施资产的原计税基础确定。原始权益人和项目公司不确认所得，不征收企业所得税。

基础设施 REITs 设立阶段，原始权益人向基础设施 REITs 转让项目公司股权实现的资产转让评估增值，当期可暂不缴纳企业所得税，允许递延至基础设施 REITs 完成募资并支付股权转让价款后缴纳。其中，对原始权益人按照战略配售要求自持的基础设施 REITs 份额对应的资产转让评估增值，允许递延至实际转让时缴纳企业所得税。

（三）不动产投资

在房产购买阶段，房产买受人需要根据房产面积按照相应税率承担缴纳契税义务。

在房产持有阶段，房产持有人将面临房产税的缴纳义务。根据《房产税暂行条例》，房产税由产权所有人缴纳。房产税依照房产原值一次减除 10% ~ 30% 后的余值计算缴纳。房产出租的，以房产租金收入为房产税的计税依据。同时，出租房产还须按照“财产租赁所得”缴纳个人所得税。

在房产出售阶段，房产持有人是否需要缴纳增值税将视房产的持有年限而定，个人所得税的缴纳与否也与个人持有房产年限相关；如果房产系工业用地，还会涉及土地增值税的缴纳。

房地产流转过程中除了涉及前述税种外，前些年被关注的房地产税在 2021 年被财政部财税司司长王建凡再次提及。4 月 7 日，王建凡表示，健全地方税、直接税体系是完善我国现代税收制度的重要内容。我国直接税比重由 2011 年的 28.4% 提高到 2020 年的 34.9%。要逐步提高直接税的比重，健全以所得税、财产税为主体的直接税体系。积极稳妥推进房地产税立法和改革。①

房地产税立法和改革要追溯至 2011 年 1 月，当时上海、重庆两地开始试点房地产税，分别发布《上海市开展对部分个人住房征收房产税试点的暂行办法》和《重庆市关于开展对部分个人住房征收房产税改革试点的暂行办法》，两地在征税对象上有所区别。上海征税对象是居民或者非居民家庭新购住房，重庆则

---

① 载证券时报网，http://kuaixun.stcn.com/cj/202104/t20210407_3007202.html，最后访问日期：2022 年 10 月 6 日。

是以高档住宅或者别墅为侧重点征税。在税基上，上海和重庆均以房地产现值为计税依据。其后，关于房地产税改革的实践未有突破，直到 2021 年 10 月 23 日第十三届全国人民代表大会常务委员会第三十一次会议决定授权国务院在部分地区开展房地产税改革试点工作：试点地区的房地产税征税对象为居住用和非居住用等各类房地产，不包括依法拥有的农村宅基地及其上住宅；土地使用权人、房屋所有权人为房地产税的纳税人；授权的试点期限为 5 年。

2022 年 3 月 16 日，财政部有关负责人就房地产税改革试点问题答记者问时表示，房地产税改革试点依照全国人民代表大会常务委员会的授权进行，一些城市开展了调查摸底和初步研究，但综合考虑各方面情况，2022 年不具备扩大房地产税改革试点城市的条件。因此，房地产税扩大改革试点被暂缓，这主要是受到 2020 年新冠疫情暴发以来国内外经济大环境变化影响。然而，房地产税扩大改革试点工作并未取消，结合国家税务改革趋势仍然是提高直接税比重，房地产税扩大改革试点未来仍然在工作计划之中。

从房产各个流转环节来看，房产系高税负资产。从税务规划出发，在持有阶段，如果将房产出租，可以利用目前既有税收优惠政策。根据《国务院办公厅关于加快培育和发展住房租赁市场的若干意见》（国办发〔2016〕39 号），对个人出租住房的，由按照 5% 的征收率减按 1.5% 计算缴纳增值税；对个人出租住房所得，减半征收个人所得税。除了利用目前的税收政策，在租赁住房时，如果承租人租赁时间久，可以与承租人约定由承租人购置住房配套设施待租赁期结束以约定的价格确定方法回收（部分）配套设备，如此可以适当降低租金，进而降低所需缴纳房产税的计税基础。

三、财富转移阶段的规划策略

（一）财富横向转移

2021 年 8 月 17 日，中央财经委第十次会议主题是“研究扎实促进共同富裕问题，研究防范化解重大金融风险、做好金融稳定发展工作问题”，提出“构建初次分配、再分配、三次分配协调配套的基础性制度安排，加大税收、社保、转移支付等调节力度”。以税为基础实现共同富裕成为共识。

三次分配区别于初次分配和再分配，主要由高收入人群基于自愿，以募集、捐赠和资助等慈善公益方式对社会资源和社会财富进行分配，是对初次分配和再分配的补充,有利于实现缩小贫富差距、促进社会公平的目的。鼓励优势人群积极投身慈善事业能够使先富群体的财富更多向横向转移转化,梯度推进实现共同富裕。

为了鼓励高收入人群从事慈善事业,我国在税收政策方面给予一定支持。除了《企业所得税法》和《个人所得税法》对“捐赠额税前一定比例扣除”政策有所规定外,还存在“捐赠额全额扣除”的规定。目前涉及“捐赠额税前全额扣除”现行有效的主要优惠政策见表6-3。

表6-3 涉及“捐赠额税前金额扣除”现行有效的优惠政策

序号	税收优惠政策名称	主要内容
1	《财政部、国家税务总局关于对青少年活动场所、电子游戏厅有关所得税和营业税政策问题的通知》(财税〔2000〕21号)	对企事业单位、社会团体和个人等社会力量,通过非营利性的社会团体和国家机关对公益性青少年活动场所(其中包括新建)的捐赠,在缴纳企业所得税和个人所得税前准予全额扣除
2	《财政部、国家税务总局关于企业等社会力量向红十字会事业捐赠有关问题的通知》(财税〔2001〕28号)	县级以上(含县级)红十字会的管理体制及办事机构、编制经同级编制部门核定,由同级政府领导联系者为完全具有受赠者、转赠者资格的红十字会。捐赠给这些红十字会及其“红十字事业”,捐赠者准予享受在计算缴纳企业所得税和个人所得税时全额扣除的优惠政策
		由政府某部门代管或挂靠在政府某一部门的县级以上(含县级)红十字会为部门具有受赠者、转赠者资格的红十字会。这些红十字会及其“红十字事业”,只有在中国红十字会总会号召开展重大活动(以总会文件为准)时接受的捐赠和转赠,捐赠者方可享受在计算缴纳企业所得税和个人所得税时全额扣除的优惠政策。除此之外,接受定向捐赠或转赠,必须经中国红十字会总会认可,捐赠者方可享受在计算缴纳企业所得税和个人所得税时全额扣除的优惠政策
3	《财政部、国家税务总局关于教育税收政策的通知》(财税〔2004〕39号)	纳税人通过中国境内非营利的社会团体、国家机关向教育事业的捐赠,准予在企业所得税和个人所得税前全额扣除

续表

序号	税收优惠政策名称	主要内容
4	《民政部、发展改革委、教育部等关于鼓励民间资本参与养老服务业发展的实施意见》(民发〔2015〕33号)	对个人通过非营利性的社会团体和政府部门向福利性、非营利性的民办养老机构的捐赠，在缴纳个人所得税前准予全额扣除
5	《财政部、税务总局、国务院扶贫办关于企业扶贫捐赠所得税税前扣除政策的公告》(财政部、税务总局、国务院扶贫办公告2019年第49号)	2019年1月1日至2022年12月31日，企业通过公益性社会组织或者县级(含县级)以上人民政府及其组成部门和直属机构，用于目标脱贫地区的扶贫捐赠支出，准予在计算企业所得税应纳税所得额时据实扣除。在政策执行期限内，目标脱贫地区实现脱贫的，可继续适用上述政策
		企业同时发生扶贫捐赠支出和其他公益性捐赠支出，在计算公益性捐赠支出年度扣除限额时，符合上述条件的扶贫捐赠支出不计算在内
6	《财政部、税务总局、国务院扶贫办关于扶贫货物捐赠免征增值税政策的公告》(财政部、税务总局、国务院扶贫办公告2019年第55号)	2019年1月1日至2022年12月31日，对单位或者个体工商户将自产、委托加工或购买的货物通过公益性社会组织、县级及以上人民政府及其组成部门和直属机构，或直接无偿捐赠给目标脱贫地区的单位和个人，免征增值税。在政策执行期限内，目标脱贫地区实现脱贫的，可继续适用上述政策
7	《财政部、税务总局、民政部关于公益性捐赠税前扣除有关事项的公告》(财政部、税务总局、民政部公告2020年第27号)	企业或个人通过公益性社会组织、县级以上人民政府及其部门等国家机关，用于符合法律规定的公益慈善事业捐赠支出，准予按税法规定在计算应纳税所得额时扣除
8	《财政部、税务总局关于通过公益性群众团体的公益性捐赠税前扣除有关事项的公告》(财政部、税务总局公告2021年第20号)	公益性群众团体在接受捐赠时，应按照行政管理级次分别使用由财政部或省、自治区、直辖市财政部门监(印)制的公益事业捐赠票据，并加盖本单位的印章；对个人索取捐赠票据的，应予以开具。企业或个人将符合条件的公益性捐赠支出进行税前扣除，应当留存相关票据备查

《公益事业捐赠法》(全国人民代表大会常务委员会1999年发布)第3条规定："公益事业是指非营利的下列事项：(一)救助灾害、救济贫困、扶助残疾人等困难的社会群体和个人的活动；(二)教育、科学、文化、卫生、体育事业；(三)环

境保护、社会公共设施建设;(四)促进社会发展和进步的其他社会公共和福利事业。”其他赞助支出不得税前扣除。所谓赞助支出是指企业发生的与生产经营活动无关的各种非广告性支出。

值得注意的是,公益捐赠对于捐赠的渠道有明确的规定,即捐赠需要通过“公益性社会组织、县级以上人民政府及其部门等国家机关”,且公益性社会组织应当依法取得公益性捐赠税前扣除资格。不符合规定的将不会被认定为公益捐赠,进而无法在计算应纳税所得额时扣除。

1. 企业捐赠

《企业所得税法》第 9 条规定:“企业发生的公益性捐赠支出,在年度利润总额 12% 以内的部分,准予在计算应纳税所得额时扣除;超过年度利润总额 12% 的部分,准予结转以后三年内在计算应纳税所得额时扣除。”

承接案例 6 - 33:

A 公司于最初设立的分公司在 2022 年转为子公司后,假设 2023 年应纳税所得额为 320 万元,超过小型微利企业的认定标准,此时如果该子公司作出一笔公益捐赠 21 万元后,由于捐赠款 21 万元未超过当年应纳税所得额的 12% [320 × 12% = 38.4(万元)],可以在 2023 年全额扣除,因此 2023 年该公司应纳税所得额为 299 万元,当年可以按照小型微利企业所得税率缴纳企业所得税。

未选择公益捐赠时缴纳的企业所得税:320 × 25% = 80(万元)

选择公益捐赠 21 万元后缴纳的企业所得税:100 × 2.5% + (299 - 100) × 5% = 12.45(万元)

节税金额 = 80 - (12.45 + 21) = 46.55(万元)

企业公益性捐赠支出未在当年税前扣除的部分,准予向以后年度结转扣除,但是结转年限从捐赠发生年度次年起最长不超过 3 年。企业在对公益性捐赠支出计算扣除时,应先扣除以前年度结转的捐赠支出,再扣除当年实际发生的捐赠支出。

2. 个人捐赠

《个人所得税法》第 6 条第 3 款规定:“个人将其所得对教育、扶贫、济困等公益慈善事业进行捐赠,捐赠额未超过纳税人申报的应纳税所得额百分之三十的部分,可以从其应纳税所得额中扣除;国务院规定对公益慈善事业捐赠实行全额税前扣除的，从其规定。”

虽然我国尚未实行遗产税制度，但是近些年我国关于出台遗产税的讨论之声不断涌现。2021 年“两会”期间，全国人大代表、全国人大财经委委员、中国税务学会会长汪康建议：加快收入分配制度的改革，提高劳动报酬在初次分配中的比重，提高居民消费指数在 GDP 中的比重；进一步提高离退休人员待遇，加大对困难群体的扶持力度；将幼儿园教育纳入义务教育；建议为缩小贫富差距可考虑开征遗产税等措施。①

从国外已征收遗产税的国家（地区）看，对慈善捐赠设计了可抵扣制度。比如根据美国征收遗产税经验看，美国遗产税制度与个人所得税制度配合，对于符合条件的慈善捐赠，可以抵扣个人应税遗产，促进个人慈善捐赠的热情，因此，遗产税起到“反向倒逼”效应：如果不选择捐赠，将面临大额遗产税承担；而个人所得税则起到“正面激励”效果：通过捐赠实现税前扣除，可以降低个人税负。可以说，在这样一种“正反”配合效应的共同作用下，美国大量富人将财产捐赠给慈善组织。

未来如果我国开征遗产税，从实现“共同富裕”目标、“三次分配”鼓励慈善捐赠角度，预测有可能会伴随相应的捐赠抵扣制度的设计。这类制度设计在一定程度上将推动我国慈善事业的发展，促进三次分配。

（二）财富纵向转移

根据《2015 年中国民生发展报告》，我国最富裕的 1% 家庭拥有的财产总额占全国财产总额比重为 33%，最贫穷的 25% 家庭拥有财产总额占全国财产总额比重仅为 1%。随着我国经济发展、贫富差距扩大，近些年关于遗产税开征的呼声不绝于耳。

历史上，在民国时期，国民政府短暂征收过遗产税。在新中国时期，2013 年 2 月，国务院批转国家发展改革委等《关于深化收入分配制度改革的若干意见》，首次提出“研究在适当时期开征遗产税问题”。在 2018 年“两会”期间，九三学社《关于促进房地产市场平稳健康发展的建议》的提案中，提出研究修订和完善《继承法》，适时适度试点开征遗产税。

2021 年“两会”期间，全国人大代表、全国人大财经委委员、中国税务学会会

① 载腾讯网，https://new.qq.com/rain/a/FIN2021031000675315，最后访问日期：2022 年 10 月 6 日。

长汪康建议:加快收入分配制度的改革,提高劳动报酬在初次分配中的比重,提高居民消费指数在 GDP 中的比重;进一步提高离退休人员待遇,加大对困难群体的扶持力度;将幼儿园教育纳入义务教育,建议为缩小贫富差距可考虑开征遗产税等措施。

遗产税作为调节收入分配,缩小贫富差距的重要税收调节手段,已被国际上许多国家使用。虽然关于遗产税的存废之争在国际上一直争论不断,但多数国家仍选择保留遗产税制度,如英国、美国、日本、韩国等。

当开征遗产税的呼声不断涌现,高净值人群对于财富传承的需求也在逐渐凸显。人身保险和家族信托作为财富传承的重要工具越来越受到高净值人群的广泛关注。

1. **人身保险**

《个人所得税法》规定"保险赔款免征个人所得税",因此,保险公司支付给受益人的身故保险金不需要缴纳个人所得税。

《保险法》(全国人民代表大会常务委员会 2015 年修订)第 42 条第 1 款规定:"被保险人死亡后,有下列情形之一的,保险金作为被保险人的遗产,由保险人依照《中华人民共和国继承法》的规定履行给付保险金的义务:(一)没有指定受益人,或者受益人指定不明无法确定的;(二)受益人先于被保险人死亡,没有其他受益人的;(三)受益人依法丧失受益权或者放弃受益权,没有其他受益人的。"因此,如果没有受益人,身故保险金将会作为被保险人的遗产处理;但是,只要还存在受益人,身故保险金就不会被认定为遗产,那么,作为非遗产的身故保险金从法理上就不应属于遗产税的征税对象。

需要特别说明的是,当存在受益人时,身故保险金是从保险公司的公账支付,所以,身故保险金理应不属于个人遗产。

2. **家族信托**

《信托法》第 15 条规定:"信托财产与委托人未设立信托的其他财产相区别。设立信托后,委托人死亡或者依法解散、被依法撤销、被宣告破产时,委托人是唯一受益人的,信托终止,信托财产作为其遗产或者清算财产;委托人不是唯一受益人的,信托存续,信托财产不作为其遗产或者清算财产;但作为共同受益人的委托人死亡或者依法解散、被依法撤销、被宣告破产时,其信托受益权作为其遗产或者清算财产。”

因此，家族信托成立后，只要委托人不是唯一受益人，当委托人百年后，家族信托存续，信托财产将不会作为委托人的遗产。那么，作为非遗产的信托财产从法理上就不应属于遗产税的征税对象。

需要说明的是，我国目前的税法体系并未有与信托制度相配套的税收制度，比如纳税主体、征税客体、征管原则等问题均不明确，导致家族信托所得税课税领域存在空白。

美国家族信托的所得税纳税表现在信托设立阶段不征收所得税，在信托存续阶段，采取以“信托导管理论”为主、“信托实体理论”为辅，所得税纳税义务的承担者是受托人和受益人。信托导管理论认为，信托是委托人经由受托人向受益人输送财产的管道。基于信托行为而产生的税收客体（信托所得），原则上应归属于受益人，对受益人课税。即信托只是委托人将财产转移给受益人的一个管道。信托实体理论认为，信托是独立的纳税实体，将信托所得直接归属于信托本体，于信托所得发生时对信托课税，由受托人代表信托履行纳税义务。如果受托人仅承担一部分纳税义务，那么另外一部分收益将由受益人承担纳税义务，如此，以分配减免方式确定受益人应纳税所得额的方式则避免了繁琐的税收返还程序。①

日本税法明确规定信托财产的所有权自设立时属于受益人，日本信托税制采取信托导管原则，由受益人承担纳税义务。在信托设立阶段，不征收所得税。存续阶段，由受益人作为最终纳税义务人缴纳所得税。只有当受益人不存在或者无法确定时，才由委托人承担纳税义务，公益信托除外。②

实务中，目前我国主要以银行存款、财产权（如保险金请求权）设立家族信托，税负成本较低。但在高净值人群的财产组合中，股权和不动产是非常重要的资产，特别是股权，随着我国注册制的推进，家族信托能否在资本市场立足甚至绽放，离不开坚实的信托理论和完备的信托制度特别是税收制度的支持。

（1）股权家族信托

如果将目标公司股权置入家族信托，目前涉及的税种主要包含个人所得税、

---

① 参见何佳赟：《我国家族信托税收法律制度研究》，兰州财经大学 2021 年硕士学位论文。

② 参见何佳赟：《我国家族信托税收法律制度研究》，兰州财经大学 2021 年硕士学位论文。

印花税。国内股权信托架构中,一般是以交易的方式将目标公司股权置入信托,因此,往往会产生高额的股权交易所涉个人所得税。这成为国内股权家族信托普及的巨大障碍。

笔者认为,股权家族信托架构中,委托人将目标公司股权以交易方式置入信托,目的是利用信托隔离股权,实现目标公司利润能通过信托向家庭成员进行长期分配,其本身并非普通意义上的股权转让行为,更类似于股权传承安排,性质与长辈将其所持家族公司股权继承或转让给晚辈直系血亲类似。根据《国家税务总局关于发布〈股权转让所得个人所得税管理办法(试行)〉的公告》(国家税务总局公告2014年第67号),国内长辈将其所持家族公司股权转让给晚辈直系血亲时平价转让股权,税务局一般持允许态度。因此,笔者建议出台专门针对股权家族信托的税收优惠政策,允许委托人将其持有的目标公司股权平价转让给信托,从而方便千千万万优质民营企业家使用股权家族信托架构实现股权传承和财富交接班,造福中国经济。

需要说明的是,如果未来能出台专门针对股权置入家族信托的股权变更程序,并规定该股权变更非交易性质,就能从根本上解决股权以交易方式置入家族信托所产生的个人所得税税负成本问题。

另外,在股权家族信托架构中,对于信托将其所持股的目标公司利润向信托受益人(个人)进行信托利益分配所涉个人所得税问题,目前我国并无针对性规定。对此,关键是确认信托受益人所获得的信托利益的性质,笔者认为,股权信托架构中,目标公司利润通过信托分配给信托受益人,而信托受益人为委托人家庭成员(个人),本着实质重于形式之原则,可考虑参考公司股东分红的20%个税税率,对信托受益人征税,征税环节为信托受益人取得来源于目标公司利润之信托利益分配环节。

(2)不动产家族信托

不动产家族信托架构从原理上还是采用股权家族信托架构,其实质是股权家族信托架构中目标公司的资产是不动产。除了前述之股权家族信托的税负成本之外,不动产家族信托还涉及不动产过户的相关税负成本,如增值税、城建税、教育费附加及地方教育费附加、土地增值税、个人所得税、契税、印花税等。实践中,由于税负较重,不动产家族信托少之又少。

笔者认为,在不动产家族信托中,将不动产置入信托并非普通意义上的不动产交易行为,实质是将不动产置入信托用于隔离资产并实现财富传承。因此,笔者建议出台专门针对不动产置入家族信托的税收优惠政策,降低不动产置入信托的税负成本。

需要说明的是,如果未来能出台专门针对不动产置入家族信托的产权变更程序,并规定该产权变更非交易性质,就能从根本上解决不动产置入家族信托所产生的税负成本问题。

第七章　高净值人士跨境税务风险解析

税收是某国家及地区的主要财政收入来源、社会财富再分配的主要手段、调控宏观经济的重要杠杆。世界主要发达国家以及我国[①]对私人财富取得、持有及转移阶段(以下简称私人财富三阶段)的税收征管方式基本都是对税务居民的全球财富征税(以下简称全球征税),主要涉及个人所得税、赠与税及遗产税。

"税"字的英文"tax",其词源"taxare"意为"接触、评估",逐渐演变为"别碰、一碰就疼"。基于趋利避害的天然心理,许多高净值人士把收入或资产转移至开曼群岛、英属维尔京群岛(British Virgin Islands,BVI)等低税率或零税率的"避税天堂"。为了打击利用"避税天堂"偷逃税、增加财税收入,近年来国家之间不断加强税收监管国际合作,相互建立了双边或多边税收监管合作机制,例如《多边税收征管互助公约》《税务目的下欧盟非合作司法管辖区名单》、CRS、FATCA、税基侵蚀和利润转移行动计划以及全球最低税率。

随着我国高净值人士移民海外及海外资产配置的数量增加,其全球资产及收入也成为其移民身份所在国与我国的重点税收监管对象,从而面临全球资产及收入透明化、税负增加、涉嫌偷逃税等风险。

本章将着重介绍《税务目的下欧盟非合作司法管辖区名单》、CRS、FATCA以及我国与资产跨境流动相关的法律规定,并结合目前我国高净值人士私人财富跨境流动的主要模式,旨在解读高净值人士的重点跨境税务风险并为高净值人士跨境财富提供规划思路。

---

① 由于中国内地(大陆)、中国香港特别行政区、中国澳门特别行政区及中国台湾地区是不同的税务管辖区,因此除特别说明外,本章所称的"我国"或"中国"是指中国内地(大陆),不包括中国香港特别行政区、中国澳门特别行政区及中国台湾地区。

第一节　《税务目的下欧盟非合作司法管辖区名单》

一、背景

目前世界上存在大量的国际"避税天堂"，以安圭拉、百慕大、BVI、巴哈马群岛、开曼群岛、泽西岛等国家或地区最为著名。为了吸引企业和个人将资产及收入转移至这些国家避税，它们都有着共同的特点：金融业、旅游业发达；低税负或零税负；注册企业的法律程序简便。这对其他国家产生了税基侵蚀、反洗钱和税收征管障碍、税务居民海外收入不透明等影响。2016 年 4 月，国际调查记者联盟公布被称为"巴拿马文件"的调查报告。该报告通过德国《南德意志报》获取的 1100 多万份机密文件，揭露了巴拿马某机构如何协助客户洗钱、避税。[①] 2017 年 11 月，国际调查记者联盟又公布被称为"天堂文件"的调查报告。该报告通过德国《南德意志报》获取的 1340 多万份机密文件，揭露了百慕大某机构如何协助客户洗钱、避税。[②] 为了继续从洗钱、避税服务中赚取高额利润，"避税天堂"们对参与国际税收情报交换，包括对 CRS 采取消极态度。

在这样的背景下，欧盟制定了《税务目的下欧盟非合作司法管辖区名单》（*The Europe Union List of Non-Cooperative Jurisdictions for Tax Purposes*）（以下简称《名单》），以敦促避税天堂提高税收透明度、积极参与国际税收情报交换。

二、详解

由于大量欧洲企业和个人通过在低税率或零税率国家设立离岸公司转移收入、隐匿资产，甚至洗钱，早在 1997 年 12 月 1 日，欧盟理事会（Council of the European Union）（以下简称理事会）和欧盟成员国代表共同制定了《商业税务行

---

① 参见 http://www.81.cn/ty/2016 - 04/05/content_6990751.htm，最后访问日期：2022 年 9 月 24 日。

② 参见 http://qnck.cyol.com/html/2017 - 11/22/nw.D110000qnck_20171122_1 - 07.htm，最后访问日期：2022 年 9 月 24 日。

为准则》(*Code of Conduct for Business Taxation*)(以下简称《准则》),并成立了《商业税务行为准则》执行组(Code of Conduct Group for Business Taxation)(以下简称《准则》执行组),旨在首先解决欧盟成员国之间因税收制度、政策所导致的不公平税收竞争,避免欧盟成员国之间利用低税率或零税率吸引企业和个人设立离岸公司,并协助其避税、洗钱。《准则》后被适用于非欧盟成员国中的“避税天堂”。

2016 年 11 月,理事会决定,针对“避税天堂”制定名单,并以“是否遵循税收透明化原则”、“是否遵循公平税收原则”以及“是否实施反税基侵蚀和利润转移[①]措施”三项标准(以下简称标准)确定应当将哪些“避税天堂”纳入名单。“榜上有名”的国家或地区将面临欧盟税收或其他领域的反制措施。

2017 年,《准则》执行组根据标准对“避税天堂”的税务制度进行了详细评估。2017 年 10 月理事会以正式信件将评估结果通知了相关国家或地区,邀请不符合标准的国家或地区通过外交途径解决与名单相关的纠纷。接到信件的大多数国家或地区选择与欧盟对话、承诺积极改善税务制度。2017 年 12 月 5 日,欧盟正式将未承诺积极改善税务制度,或虽已承诺但未积极付诸实施的国家或地区[②]列入了《名单》,包括美属萨摩亚、巴林、巴巴多斯、格林纳达、关岛、韩国、中国澳门、[③]马绍尔群岛、蒙古、纳米比亚、帕劳、巴拿马、圣卢西亚、特立尼达和多巴哥、突尼斯、阿联酋等。[④] 根据标准,它们的税务制度仍然存在巨大的“瑕疵”(见表 7 -1)。

---

① 税基侵蚀和利润转移,英文名为 Tax Base Erosion and Profit Shifting(BEPS),是指利用不同税收管辖区的税制差异和规则错配进行税收筹划的策略,其目的是人为造成应税利润“消失”或将利润转移到没有或几乎没有实质经营活动的低税负国家(地区),从而达到不缴或少缴企业所得税的目的。

② 某些地区虽然不是主权国家但却是单独的税务管辖区,例如中国澳门的主权属于中国,因此《名单》不是针对主权国家而是税务管辖区。

③ 除特别说明外,本章所称“中国澳门”为中国澳门特别行政区。

④ 参见欧盟理事会官方网站,https://www.consilium.europa.eu/en/press/press-releases/2017/12/05/taxation-council-publishes-an-eu-list-of-non-cooperative-jurisdictions/,最后访问日期:2022 年 9 月 24 日;参见欧盟理事会官方网站,https://www.consilium.europa.eu/media/31945/st15429en17.pdf,最后访问日期:2022 年 9 月 24 日。

表 7 -1　欧盟认为相关国家或地区的税务制度"瑕疵"①

国家或地区	税务制度"瑕疵"
美属萨摩亚	尚未签署、批准实施《多边税收征管互助公约》
	尚未实施《金融账户信息自动交换标准》
	尚未实施《税基侵蚀和利润转移行动计划》的最低标准
	尚未正式承诺于 2018 年 12 月 31 日之前有效解决上述"瑕疵"
巴林	仍在境内允许他国税务居民通过离岸公司或架构转移利润
	尚未签署、批准实施《多边税收征管互助公约》
	尚未与全部欧盟成员国签署双边协议实施《金融账户信息自动交换标准》
	尚未实施《税基侵蚀和利润转移行动计划》的最低标准
	尚未正式承诺于 2018 年 12 月 31 日之前有效解决上述"瑕疵"
巴巴多斯	仍在境内实施不公平的税收优惠制度
	尚未明确承诺于 2018 年 12 月 31 日之前修改或废除不公平的税收优惠制度
格林纳达	尚未签署、批准实施《多边税收征管互助公约》
	尚未明确承诺于 2018 年 12 月 31 日之前签署、批准实施《多边税收征管互助公约》
关岛	尚未签署、批准实施《多边税收征管互助公约》
	尚未实施《金融账户信息自动交换标准》
	尚未实施《税基侵蚀和利润转移行动计划》的最低标准
	尚未正式承诺于 2018 年 12 月 31 日之前有效解决上述"瑕疵"
韩国	仍在境内实施不公平的税收优惠制度
	尚未承诺于 2018 年 12 月 31 日之前修改或废除不公平的税收优惠制度
中国澳门	尚未签署、批准实施《多边税收征管互助公约》
	尚未承诺于 2018 年 12 月 31 日之前签署、批准实施《多边税收征管互助公约》

① 参见欧盟理事会官方网站，https://data.consilium.europa.eu/doc/document/ST - 15429 - 2017 - INIT/en/pdf，最后访问日期：2022 年 9 月 24 日。

续表

国家或地区	税务制度"瑕疵"
马绍尔群岛	仍在境内允许他国税务居民通过离岸公司或架构转移利润
	尚未实施《税基侵蚀和利润转移行动计划》的最低标准
	尚未正式承诺于2018年12月31日之前有效解决上述"瑕疵"
蒙古	尚未签署、批准实施《多边税收征管互助公约》
	尚未实施《税基侵蚀和利润转移行动计划》的最低标准
	尚未正式承诺于2019年12月31日之前有效解决上述"瑕疵"
纳米比亚	仍在境内实施不公平的税收优惠制度,并尚未正式承诺于2018年12月31日之前修改或废除不公平的税收优惠制度
	尚未签署、批准实施《多边税收征管互助公约》
	尚未实施《税基侵蚀和利润转移行动计划》的最低标准
	尚未正式承诺于2019年12月31日之前签署、批准实施《多边税收征管互助公约》;实施《税基侵蚀和利润转移行动计划》的最低标准
帕劳	仍在境内允许他国税务居民通过离岸公司或架构转移利润
	拒绝通过外交对话机制解决上述"瑕疵"
巴拿马	仍在境内实施不公平的税收优惠制度
	尚未明确承诺于2018年12月31日之前修改或废除不公平的税收优惠制度
圣卢西亚	仍在境内实施不公平的税收优惠制度
	尚未实施《税基侵蚀和利润转移行动计划》的最低标准
	尚未明确承诺于2018年12月31日之前有效解决上述"瑕疵"
特立尼达和多巴哥	仍在境内实施不公平的税收优惠制度
	尚未签署、批准实施《多边税收征管互助公约》
	尚未承诺于2018年12月31日之前有效解决上述"瑕疵"
突尼斯	仍在境内实施不公平的税收优惠制度
	尚未承诺于2018年12月31日之前修改或废除不公平的税收优惠制度
阿联酋	尚未实施《税基侵蚀和利润转移行动计划》的最低标准
	尚未承诺于2018年12月31日之前实施《税基侵蚀和利润转移行动计划》的最低标准

理事会自2017年12月5日首次发布了名单后,分别于2018年1月23日、2018年3月13日、2018年5月25日、2018年10月2日、2018年11月6日、2019年3月12日、2019年5月17日、2019年6月14日、2019年10月10日、2019年11月8日、2020年2月18日、2020年10月6日、2021年2月22日、2021年10月5日、2022年2月24日对名单进行了数次更新。截至目前,美属萨摩亚、斐济、关岛、帕劳、巴拿马、萨摩亚、特立尼达和多巴哥、美属维京群岛,以及瓦鲁阿图位列《名单》中,仍旧被欧盟视为“避税天堂”。[①]

三、解读

自CRS发布以来,表面上它只是国际税收情报交换“遥不可及的理想”,因涉及复杂的国际政治、经济关系而难以最终落地实施。但从《名单》的发布背景、“上榜”标准、“上榜”国家或地区的税收制度特征以及欧盟对“上榜”国家或地区的后续措施来看,《名单》旨在促进税收透明化、公平税收以及反税基侵蚀和利润转移,打击通过将收入或资产隐匿在“避税天堂”逃税。《名单》显示了欧盟利用政治手段要求“避税天堂”参与跨境税务监管合作的强势态度,从客观上促进了“避税天堂”主动实施CRS,推动了CRS的落地实施。

第二节 CRS

一、CRS概述

2014年6月,经济合作与发展组织发布了《金融账户涉税信息自动交换标准》(*Standard for Automatic Exchange of Financial Account Information in Tax Matters*)(以下简称《交换标准》),《交换标准》包含《共同申报准则》(*Common Reporting Standard*, CRS),CRS是根据《交换标准》实施非税务居民金融账户涉

---

① 参见欧盟理事会官方网站,https://www.consilium.europa.eu/en/press/press-releases/2022/02/24/taxation-council-reviews-list-of-non-cooperative-countries-for-tax-purposes/,最后访问日期:2022年9月24日。

税信息自动交换(以下简称自动交换)的核心构成。自动交换实施国或地区[①]将要求其金融机构根据 CRS 规定的尽职调查程序和内容收集该机构中非税务居民金融账户的涉税信息(以下简称涉税信息),在上报给该自动交换实施国或地区的主管机构后由后者定期与该非税务居民的税务居民身份所在国或地区互换。

以中国税务居民 L 先生为例(见图 7-1):L 先生经常投资海外股票、基金和房产,并在 BVI 某银行(以下简称 BVI 银行)开设了存款账户用于支付投资款和收取投资收益。BVI 与中国建立了自动交换伙伴关系后,BVI 银行将向 BVI 税务机关上报 L 先生的银行账户涉税信息,并由 BVI 税务机关交换至中国税务机关。

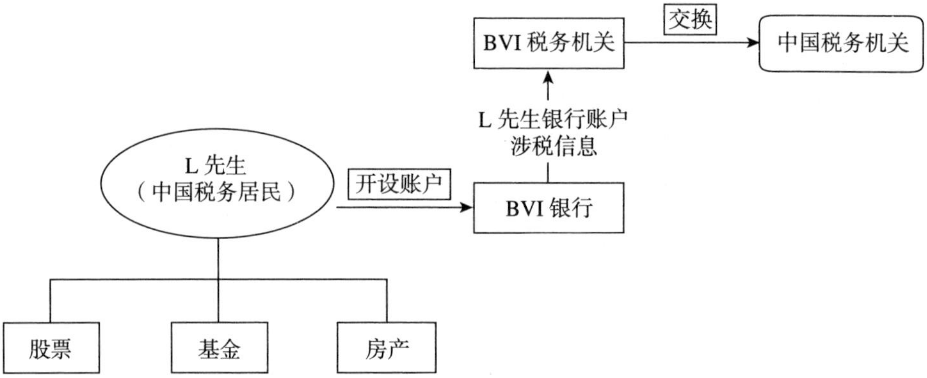

图 7-1

(一)CRS 的运行机制[②]

首先,自动交换实施国或地区通过签订《主管当局间协定》(*Competent Authority Agreement*, CAA)作为自动交换的国际法律基础,从而成为自动交换伙伴成员。这些国家或地区根据其自动交换的需求,采用以下三种模式签订 CAA:

---

① 某些地区虽然不是主权国家但却是单独的税务管辖区,例如中国澳门的主权属于中国,因此自动交换不是针对主权国家而是税务管辖区。

② 由于 CRS 是自动交换的核心构成,因此除特别说明外,本章所称的"CRS 的运行机制"是指自动交换的运行机制。

1. 多边互换模式

《多边税收征管互助公约》(*The Multilateral Convention on Mutual Administrative Assistance in Tax Matters*)(以下简称《公约》)的成员方需要签订《多边主管当局间协定》(*Multilateral Competent Authority Agreement*, MCAA)以作为多边、相互自动交换的国际法律基础。

2. 双边互换模式

已签订双边税收协定或税收情报交换协定的非《公约》成员方,签订双边CAA作为自动交换的国际法律基础。

3. 双边非互换模式

首先,已签订双边税收协定或税收情报交换协定、不需要互相自动交换的非《公约》成员方,签订双边非互换CAA作为自动交换的国际法律基础。

其次,自动交换伙伴成员将CRS的内容转化为其本国或本地区的法律。

最后,自动交换伙伴成员的金融机构将根据CRS规定的尽职调查程序和内容收集该机构中非税务居民金融账户的涉税信息,在上报给该自动交换伙伴成员的主管机构后由后者定期与该非税务居民的税务身份所在自动交换伙伴成员互换。

(二)CRS的实施现状①

截至目前,全球已有109个国家和地区承诺实施自动交换,其具体承诺实施的年份如表7-2、表7-3、表7-4、表7-5及表7-6所示。

表7-2②

承诺于2017年进行首次信息交换的国家或地区(共49个)				
安圭拉	阿根廷	比利时	百慕大	
保加利亚	开曼群岛	哥伦比亚	克罗地亚	塞浦路斯
捷克	丹麦	爱沙尼亚	法罗群岛	芬兰

① 由于CRS是自动交换的核心构成,因此除特别说明外,本章所称的"CRS的实施现状"是指自动交换的实施现状。

② 参见经济合作与发展组织官方网站,https://www.oecd-ilibrary.org/sites/90bac5f5-en/1/3/1/index.html?itemId=/content/publication/90bac5f5-en&_csp_=aa2f356dd6bbbe404b61173af3f1c85c&itemIGO=oecd&itemContentType=book#back-tabnote-d1e2349,最后访问日期:2022年9月24日。

续表

法国	德国	直布罗陀	希腊	格恩西岛
匈牙利	冰岛	印度	爱尔兰	马恩岛
意大利	泽西岛	韩国	拉脱维亚	列支敦士登
立陶宛	卢森堡	马耳他	墨西哥	蒙塞拉特岛
荷兰	挪威	波兰	葡萄牙	罗马尼亚
圣马力诺	塞舌尔	斯洛伐克	斯洛文尼亚	南非
西班牙	瑞典	特克斯和凯科斯群岛	英国	

表 7-3①

承诺于 2018 年进行首次信息交换的国家或地区(共 51 个)				
安道尔	安提瓜和巴布达	阿鲁巴	澳大利亚	奥地利
阿塞拜疆	巴哈马群岛	巴林	巴巴多斯	伯利兹
巴西	文莱	加拿大	智利	中国
库克群岛	哥斯达黎加	库拉索	多米尼加	格林兰
格林纳达	中国香港②	印度尼西亚	以色列	日本
黎巴嫩	马绍尔群岛	中国澳门	马来西亚	毛里求斯
摩洛哥	瑙鲁	新西兰	纽埃	巴基斯坦
巴拿马	卡塔尔	俄罗斯	圣基茨和尼维斯	萨摩亚
圣卢西亚	圣文森特和格林纳丁斯	沙特阿拉伯	新加坡	圣马丁岛
瑞士	特里立达和多巴哥	土耳其	阿联酋	乌拉圭
瓦鲁阿图				

① 参见经济合作与发展组织官方网站，https://www.oecd-ilibrary.org/sites/90bac5f5-en/1/3/1/index.html?itemId=/content/publication/90bac5f5-en&_csp_=aa2f356dd6bbbe404b61173af3f1c85c&itemIGO=oecd&itemContentType=book#back-tabnote-d1e2349，最后访问日期：2022 年 9 月 24 日。

② 本章所称的“中国香港”是指中华人民共和国香港特别行政区。

表 7 - 4①

承诺于 2019 年进行首次信息交换的国家或地区(共 2 个)	
加纳	科威特

表 7 - 5②

承诺于 2020 年进行首次信息交换的国家或地区(共 4 个)			
尼日利亚	阿曼	秘鲁	新喀里多尼亚

表 7 - 6③

承诺于 2021 年进行首次信息交换的国家或地区(共 3 个)		
阿尔巴尼亚	厄瓜多尔	哈萨克斯坦

除圣马丁岛、特立尼达和多巴哥、纽埃之外,上述 109 个国家和地区于 2021 年已将其收集的 2020 年涉税信息交换到了其他自动交换伙伴成员,部分自动交换伙伴成员的自动交换情况如表 7 - 7 所示,其中包括中国、中国香港、中国澳门及部分发达国家、典型"避税天堂"国家或地区。

表 7 - 7④

部分已承诺实施自动交换国家和地区 2021 年涉税信息交换情况	
国家或地区	已接受涉税信息的自动交换伙伴成员数量(个)
澳大利亚	72
百慕大	64

① 参见经济合作与发展组织官方网站,https://www.oecd-ilibrary.org/sites/90bac5f5 - en/1/3/1/index.html? itemId =/content/publication/90bac5f5 - en&_csp_ = aa2f356dd6bbbe404b61173af3f1c85c&itemIGO = oecd&itemContentType = book#back-tabnote-d1e2349,最后访问日期:2022 年 9 月 24 日。

② 参见经济合作与发展组织官方网站,https://www.oecd-ilibrary.org/sites/90bac5f5 - en/1/3/1/index.html? itemId =/content/publication/90bac5f5 - en&_csp_ = aa2f356dd6bbbe404b61173af3f1c85c&itemIGO = oecd&itemContentType = book#back-tabnote-d1e2349,最后访问日期:2022 年 9 月 24 日。

③ 参见经济合作与发展组织官方网站,https://www.oecd-ilibrary.org/sites/90bac5f5 - en/1/3/1/index.html? itemId =/content/publication/90bac5f5 - en&_csp_ = aa2f356dd6bbbe404b61173af3f1c85c&itemIGO = oecd&itemContentType = book#back-tabnote-d1e2349,最后访问日期:2022 年 9 月 24 日。

④ 参见经济合作与发展组织官方网站,https://www.oecd-ilibrary.org/sites/90bac5f5 - en/1/3/1/index.html? itemId =/content/publication/90bac5f5 - en&_csp_ = aa2f356dd6bbbe404b61173af3f1c85c&itemIGO = oecd&itemContentType = book#back-tabnote-d1e2349,最后访问日期:2022 年 9 月 24 日。

续表

国家或地区	已接受涉税信息的自动交换伙伴成员数量(个)
英属维尔京群岛	65
加拿大	66
开曼群岛	73
中国	75
库克群岛	68
塞浦路斯	74
中国香港	67
泽西岛	72
卢森堡	77
中国澳门	67
马耳他	73
新西兰	73
葡萄牙	76
圣基茨和尼维斯	59
新加坡	70
瑞士	72
英国	72
瓦鲁阿图	52

二、CRS 核心概念详解

CRS 是自动交换的核心构成,规定了自动交换伙伴成员收集涉税信息的尽职调查程序以及涉税信息的范畴。为了能穿透复杂的避税架构以获取全面、准确的涉税信息,使自动交换的涉税信息有利于税收监管国际合作,涉税信息包括金融账户持有人身份信息、金融账户识别信息、金融账户财务信息等,并对这些信息的相关概念进行了详细定义,本部分将着重介绍“申报金融机构”“金融账户”“金融资产”“金融账户持有人”“金融账户持有人身份信息”“积极非金融机构”“消极非金融机构”这些核心概念。

(一)申报金融机构

CRS 将实体[①]分为金融机构和非金融机构。金融机构包括申报金融机构和豁免金融机构;非金融机构分为积极非金融机构和消极非金融机构。申报金融机构是指存款机构、托管机构、特殊保险公司以及投资机构这四类经济实体,是收集涉税信息并上报给其所在自动交换伙伴成员税务主管部门的主体(以下简称 CRS 实施主体)。CRS 对实体的分类如图 7 –2 所示。

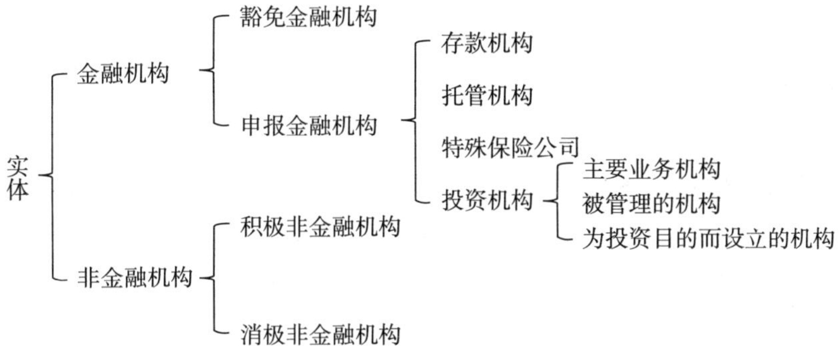

图 7 –2　CRS 对实体的分类

申报金融机构主要包括:

1. 存款机构,是指在日常银行业务或类似银行业务活动中吸收存款的机构,如银行、信用合作社等。

2. 托管机构,是指为客户持有金融资产并以此作为大部分收入来源的机构。若某金融机构在以下期间内总收入的 20% 以上来源于为客户持有金融资产和提供相关金融服务,则满足"大部分收入"测试,属于 CRS 所定义的托管机构。

(1)近三个会计年度;

(2)该机构的存续期间。

3. 特殊保险公司,是指为客户提供具有现金价值保险合同或者年金合同,并根据这些合同承担向客户付款义务的保险公司或保险公司的控股公司。

4. 投资机构。CRS 所定义的"投资机构"由主要业务机构、被管理的机构、为投资目的而设立的机构三大类构成。

---

① 实体,是指自然人之外从事经济活动的机构,下同。

(1)主要业务机构,是指在近三个会计年度内(成立不满3年的机构按其存续期间计算)总收入的50%以上来源于从事以下一项或多项业务活动的机构:

①买卖支票、票据、存单、衍生工具等货币市场工具;

②外汇交易、汇率、指数工具交易、可转让证券交易或商品期货交易;

③个人和集合类投资组合管理;

④代表客户投资和管理金融资产或资金。

(2)被管理的机构,是指由主要业务机构所管理的机构。若某机构同时满足以下两个条件,则属于被管理的机构:

①该机构在近三个会计年度内总收入的50%来源于投资、再投资或买卖金融资产。

②该机构被CRS所定义的四类金融机构,即存款机构、托管机构、特殊保险公司以及投资机构中的任何一类管理,由这些金融机构直接代表或者通过第三方间接代表管理进行上述(1)所列举的一项或多项业务活动。

(3)为投资目的而设立的机构,是指由共同基金、私募基金、对冲基金等为投资目的而设立的机构。

(二)金融账户

CRS所定义的金融账户是指上述申报金融机构中的以下四类账户:

1. 存款机构的存款账户,如商业账户、支票账户、储蓄账户;存款、投资、债务的凭证以及其他类似存入现金的投资工具;保险公司依据担保投资协议或其他类似协议所持有的、用以支付或计入利息等款项的账户。

2. 托管机构中为他人利益而持有一项或多项金融资产的托管账户。

3. 特殊保险公司的、具有现金价值保险合同或年金合同。

4. 投资机构的股权权益或债权权益。

(三)金融资产

CRS所定义的金融资产,是指以下六类:

1. 证券,如非上市公司的股权或股份权益、上市公司股票、上市合伙企业或信托的合伙人权益或受益权、债券或其他债券凭证;

2. 合伙人权益;

3. 大宗商品;

4. 掉期,如利率掉期、外汇掉期、利息差基准掉期等;

5. 保险合同或者年金合同;

6. 以上五类金融资产中的权益,包括期货、远期合同或者期权。

(四)金融账户持有人

CRS所定义的金融账户持有人,是指管理某金融账户的金融机构列示或识别出的该账户的持有者,包括自然人持有者和实体持有者。

(五)金融账户持有人身份信息

根据CRS的规定,若金融账户持有人为自然人,其身份信息包括姓名、地址、税务居民所在国或地区、纳税人识别号、出生日期及出生地;若金融账户持有人为实体,其身份信息包括名称、地址、税务居民所在国或地区以及纳税人识别号。

(六)积极非金融机构

CRS所定义的积极非金融机构,是指满足以下任一条件的非金融机构以及满足条件2的非金融机构的关联机构。

1. 在上一个公历年度或其他申报期内,所持有能产生消极收入的资产少于总资产的50%、所取得的消极收入少于总收入的50%;

2. 在被认可的证券市场经常性交易;

3. 政府机构、国际组织、中央银行、国际组织或完全属于这些机构的其他机构;

4. 非金融集团中的控股非金融机构;

5. 成立不足24个月,并且此前没有从事或现在尚未开展任何经营业务、目前正投入资金计划从事金融机构业务以外的其他业务活动;

6. 正处于清算或者重组过程中,并且过去5年内不属于任何一类金融机构;

7. 非金融集团中的财务中心;

8. 非营利性。

(七)消极非金融机构

CRS对消极非金融机构的定义采取了积极非金融机构排除法,即不满足积极非金融机构条件的实体都是消极非金融机构。除此之外,设立在非自动交换伙伴成员的投资机构[①]被视为消极非金融机构。

综上，根据CRS的核心概念，若某实体同时满足以下条件，该实体应当收集所管理账户的涉税信息并上报给其所在自动交换伙伴成员的税务主管部门：

1. 该实体属于申报金融机构；

2. 该实体所管理的账户属于CRS定义的金融账户；

3. 该实体所管理的账户拥有CRS定义的金融资产；

4. 该实体所管理账户的持有人为该实体所在自动交换伙伴的非税务居民。

(八) 特别说明事项

1. "申报金融机构不报申报金融机构"原则

若某申报金融机构在另一家申报金融机构中持有金融账户，那么由于这两家机构都是CRS实施主体，为避免重复收集、上报涉税信息导致CRS实施混乱，CRS施行"申报金融机构不报申报金融机构"的原则，即后者不收集、上报前者的涉税信息。

例如，A为澳大利亚个人非税务居民，B为设立在澳大利亚的特殊目的保险公司，C为设立在加拿大的银行。A在B公司购买了具有现金价值的保险合同，B公司在C银行持有存款账户。尽管B公司为加拿大非税务居民且在C银行持有金融账户，但由于二者均为申报金融机构，因此C银行不收集、上报B公司的涉税信息，而B公司需要收集、上报A的涉税信息。

2. "穿透"消极非金融机构

消极非金融机构虽然不是CRS实施主体，但当某实体同时满足以下条件时，那么在收集和上报涉税信息时将"穿透"该消极非金融机构获取其实际控制人的身份信息，即涉税信息包括消极非金融机构和其实际控制人的身份信息。

(1) 该实体属于申报金融机构；

(2) 该实体所管理的账户属于CRS定义的金融账户；

(3) 该实体所管理的账户拥有CRS定义的金融资产；

(4) 该实体所管理账户的持有人为该实体所在自动交换伙伴成员的非税务居民；

---

① 即CRS所定义的、属于四种申报金融机构之一的投资机构。

(5)该实体所管理账户的持有人为消极非金融机构;

(6)该实体所管理账户的持有人的实际控制人为该实体所在自动交换伙伴成员的非税务居民。

以中国税务居民W先生为例(见图7-3):W先生是泰国某投资公司(以下简称泰国公司)的实际控制人,通过泰国公司经常投资海外股票、基金和房产;泰国公司在开曼某银行(以下简称开曼银行)开设了存款账户用于支付投资款和收取投资收益。由于泰国没有根据CRS实施自动交换,泰国公司被视为消极非金融机构,在开曼与中国建立了自动交换伙伴关系后,泰国公司将被“击穿”,开曼银行将向开曼税务机关上报泰国公司及W先生的银行账户涉税信息,并由开曼税务机关交换至中国税务机关。

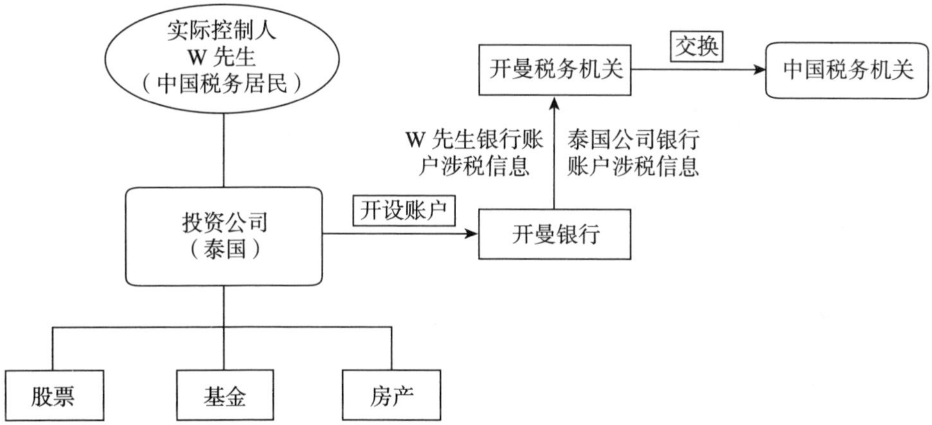

图7-3

三、CRS的落地实施[①]

随着我国高净值人士移民海外及海外资产配置的数量增加,其全球资产及收入也成为其移民身份所在国与我国的重点税收监管对象,从而面临全球资产及收入透明化、税负增加、涉嫌偷逃税等风险。

因美国没有参与以CRS为核心的自动交换,本章介绍除美国之外的我国高

---

① 由于CRS是自动交换的核心构成,因此除特别说明外,本章所称的“CRS的落地实施”是指自动交换的落地实施状况。

净值人士主要移民目的国或地区通过制定国内法律具体实施 CRS 的情况。

(一)加拿大

加拿大承诺于 2018 年开始首次进行自动交换(见表 7 – 3)。截至 2021 年 10 月,[①]加拿大已与多个国家或地区签署了 CAA 作为实施自动交换的国际法律基础。其中,通过 MCAA 或双边 CAA 与 68 个国家或地区建立了向它们提供涉税信息的伙伴关系(见图 7 – 4),与 91 个国家或地区建立了从他们接收涉税信息的伙伴关系(见图 7 – 5)。

根据加拿大税务局官方网站公开的信息,加拿大于 2016 年 12 月 15 日在其所得税法(Income Tax Act)中加入了第 19 章《共同报告标准》(*Common Reporting Standard*),[②]将 CRS 的内容转化为国内法,并于 2017 年 7 月 1 开始实施。[③]

From jurisdiction :	Canada (68)
To jurisdiction :	Select All

From jurisdiction	To jurisdiction	Legal instrument
Canada	Andorra	CRS MCAA activated - Effective for taxable periods starting on or after 01 January 2017
Canada	Antigua and Barbuda	CRS MCAA activated - Effective for taxable periods starting on or after 01 January 2020
Canada	Argentina	CRS MCAA activated
Canada	Australia	CRS MCAA activated
Canada	Austria	CRS MCAA activated
Canada	Azerbaijan	CRS MCAA activated
Canada	Barbados	CRS MCAA activated - Effective for taxable periods starting on or after 01 January 2017
Canada	Belgium	CRS MCAA activated
Canada	Brazil	CRS MCAA activated - Effective for taxable periods starting on or after 01 January 2017
Canada	Chile	CRS MCAA activated - Effective for taxable periods starting on or after 01 January 2017

1 2 3 4 5 6 7

图 7 – 4[④]

① 该日期为截至本章出版日经济合作与发展组织官方网站的最后数据更新日期。

② 参见加拿大税务局官方网站,https://www.canada.ca/en/revenue-agency/services/tax/international-non-residents/enhanced-financial-account-information-reporting/reporting-sharing-financial-account-information-other-jurisdictions.html,最后访问日期:2022 年 9 月 24 日。

③ 参见加拿大税务局官方网站,https://www.parl.ca/DocumentViewer/en/42 – 1/bill/C – 29/royal-assent,最后访问日期:2022 年 9 月 24 日。

④ 参见经济合作与发展组织官方网站,https://www.oecd.org/tax/automatic-exchange/international-framework-for-the-crs/exchange-relationships/,最后访问日期:2022 年 9 月 24 日。

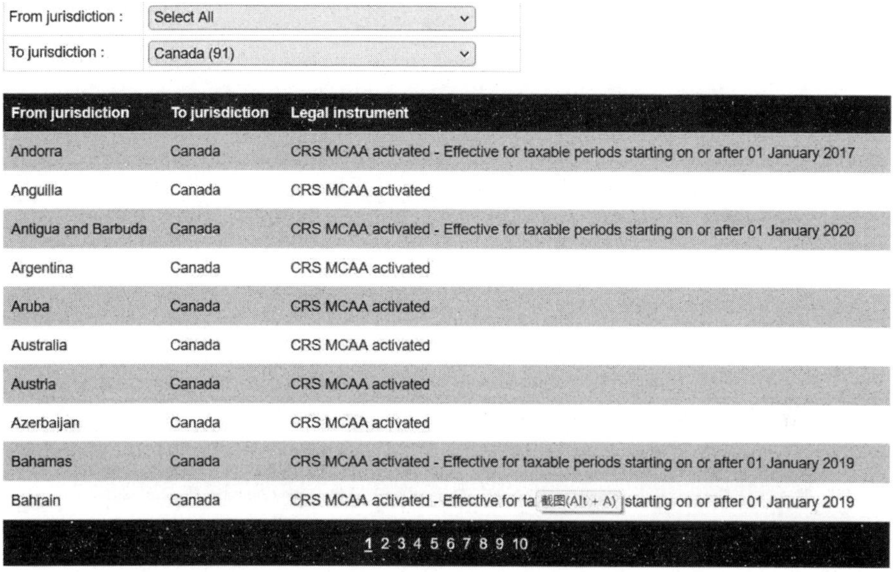

From jurisdiction :	Select All
To jurisdiction :	Canada (91)

From jurisdiction	To jurisdiction	Legal instrument
Andorra	Canada	CRS MCAA activated - Effective for taxable periods starting on or after 01 January 2017
Anguilla	Canada	CRS MCAA activated
Antigua and Barbuda	Canada	CRS MCAA activated - Effective for taxable periods starting on or after 01 January 2020
Argentina	Canada	CRS MCAA activated
Aruba	Canada	CRS MCAA activated
Australia	Canada	CRS MCAA activated
Austria	Canada	CRS MCAA activated
Azerbaijan	Canada	CRS MCAA activated
Bahamas	Canada	CRS MCAA activated - Effective for taxable periods starting on or after 01 January 2019
Bahrain	Canada	CRS MCAA activated - Effective for ta 截图(Alt + A) starting on or after 01 January 2019

1 2 3 4 5 6 7 8 9 10

图 7－5①

（二）澳大利亚

澳大利亚承诺于2018年开始首次进行自动交换（见表7－3）。截至2021年10月，②澳大利亚已与多个国家或地区签署了CAA作为实施自动交换的国际法律基础。其中，通过MCAA或双边CAA与79个国家或地区建立了向它们提供涉税信息的伙伴关系（见图7－6），与108个国家或地区建立了从它们接收涉税信息的伙伴关系（见图7－7）。

根据澳大利亚税务局官方网站公开的信息，澳大利亚于2016年3月18日通过了关于CRS的国内立法，并于2017年7月1日开始实施。③

① 参见经济合作与发展组织官方网站，https://www.oecd.org/tax/automatic-exchange/international-framework-for-the-crs/exchange-relationships/，最后访问日期：2022年9月24日。

② 该日期为截至本章出版日经济合作与发展组织官方网站的最后数据更新日期。

③ 参见澳大利亚税务局官方网站，https://www.ato.gov.au/General/International-tax-agreements/In-detail/Common-Reporting-Standard/#Legislation，最后访问日期：2022年9月24日。

From jurisdiction :	Australia (79)
To jurisdiction :	Select All

From jurisdiction	To jurisdiction	Legal instrument
Australia	Albania	CRS MCAA activated
Australia	Andorra	CRS MCAA activated - Effective for taxable periods starting on or after 01 January 2017 (DTY)
Australia	Antigua and Barbuda	CRS MCAA activated
Australia	Argentina	CRS MCAA activated
Australia	Austria	CRS MCAA activated
Australia	Azerbaijan	CRS MCAA activated
Australia	Barbados	CRS MCAA activated
Australia	Belgium	CRS MCAA activated
Australia	Brazil	CRS MCAA activated
Australia	Canada	CRS MCAA activated

1 2 3 4 5 6 7 8

图 7－6①

From jurisdiction :	Select All
To jurisdiction :	Australia (108)

From jurisdiction	To jurisdiction	Legal instrument
Albania	Australia	CRS MCAA activated
Andorra	Australia	CRS MCAA activated - Effective for taxable periods starting on or after 01 January 2017 (DTY)
Anguilla	Australia	CRS MCAA activated
Antigua and Barbuda	Australia	CRS MCAA activated
Argentina	Australia	CRS MCAA activated
Aruba	Australia	CRS MCAA activated
Austria	Australia	CRS MCAA activated
Azerbaijan	Australia	CRS MCAA activated
Bahamas	Australia	CRS MCAA activated
Bahrain	Australia	CRS MCAA activated

1 2 3 4 5 6 7 8 9 10 ...

图 7－7②

① 参见经济合作与发展组织官方网站，https://www.oecd.org/tax/automatic-exchange/international-framework-for-the-crs/exchange-relationships/，最后访问日期：2022 年 9 月 24 日。

② 参见经济合作与发展组织官方网站，https://www.oecd.org/tax/automatic-exchange/international-framework-for-the-crs/exchange-relationships/，最后访问日期：2022 年 9 月 24 日。

（三）新西兰

新西兰承诺于2018年开始首次进行自动交换（见表7－3）。截至2021年10月，[①]新西兰已与多个国家或地区签署了CAA作为实施自动交换的国际法律基础。其中，通过MCAA或双边CAA与79个国家或地区建立了向它们提供涉税信息的伙伴关系（见图7－8），与107个国家或地区建立了从它们接收涉税信息的伙伴关系（见图7－9）。

新西兰于2017年2月21日通过了《2017年第3号法案》（*Public Act* 2017 No 3）。[②]该法案将CRS纳入了国内法律，并规定新西兰的申报金融机构从2017年7月1日开始对涉税信息进行尽职调查。[③]

From jurisdiction :	New Zealand (79)
To jurisdiction :	Select All

From jurisdiction	To jurisdiction	Legal instrument
New Zealand	Albania	CRS MCAA activated
New Zealand	Andorra	CRS MCAA activated - Effective for taxable periods starting on or after 01 January 2017 (DTY)
New Zealand	Antigua and Barbuda	CRS MCAA activated
New Zealand	Argentina	CRS MCAA activated
New Zealand	Australia	CRS MCAA activated
New Zealand	Austria	CRS MCAA activated
New Zealand	Azerbaijan	CRS MCAA activated
New Zealand	Barbados	CRS MCAA activated
New Zealand	Belgium	CRS MCAA activated
New Zealand	Brazil	CRS MCAA activated

1 2 3 4 5 6 7 8

图7－8[④]

① 该日期为截至本章出版日经济合作与发展组织官方网站的最后数据更新日期。

② 参见新西兰税务局官方网站，https://www.legislation.govt.nz/act/public/2017/0003/latest/DLM6912415.html，最后访问日期：2022年9月24日。

③ 参见新西兰税务局官方网站，https://www.legislation.govt.nz/regulation/public/2017/0122/latest/whole.html#DLM7270821，最后访问日期：2022年9月24日。

④ 参见经济合作与发展组织官方网站，https://www.oecd.org/tax/automatic-exchange/international-framework-for-the-crs/exchange-relationships/，最后访问日期：2022年9月24日。

From jurisdiction :	Select All
To jurisdiction :	New Zealand (107)

From jurisdiction	To jurisdiction	Legal instrument
Albania	New Zealand	CRS MCAA activated
Andorra	New Zealand	CRS MCAA activated - Effective for taxable periods starting on or after 01 January 2017 (DTY)
Anguilla	New Zealand	CRS MCAA activated
Antigua and Barbuda	New Zealand	CRS MCAA activated
Argentina	New Zealand	CRS MCAA activated
Aruba	New Zealand	CRS MCAA activated
Australia	New Zealand	CRS MCAA activated
Austria	New Zealand	CRS MCAA activated
Azerbaijan	New Zealand	CRS MCAA activated
Bahamas	New Zealand	CRS MCAA activated

1 2 3 4 5 6 7 8 9 10 ...

图 7 – 9①

(四)新加坡

新加坡承诺于2018年开始首次进行自动交换(见表7–3)。截至2021年10月,②新加坡已与多个国家或地区签署了CAA作为实施自动交换的国际法律基础。其中,通过MCAA或双边CAA与78个国家或地区建立了向它们提供涉税信息的伙伴关系(见图7–10),与104个国家或地区建立了从它们接收涉税信息的伙伴关系(见图7–11)。

新加坡于2016年12月2日通过了《2016年所得税〈国际税务合规协议〉(共同申报标准)规则》[*Income Tax* (*International Tax Compliance Agreements*) (*Common Reporting Standard*) *Regulations* 2016)],将CRS纳入了国内法律并于2017年1月1日开始实施。③

---

① 参见经济合作与发展组织官方网站,https://www.oecd.org/tax/automatic-exchange/international-framework-for-the-crs/exchange-relationships/,最后访问日期:2022年9月24日。

② 该日期为截至本章出版日经济合作与发展组织官方网站的最后数据更新日期。

③ 参见新加坡税务局官方网站,https://sso.agc.gov.sg/SL/ITA1947–S621–2016#top,最后访问日期:2022年9月24日。

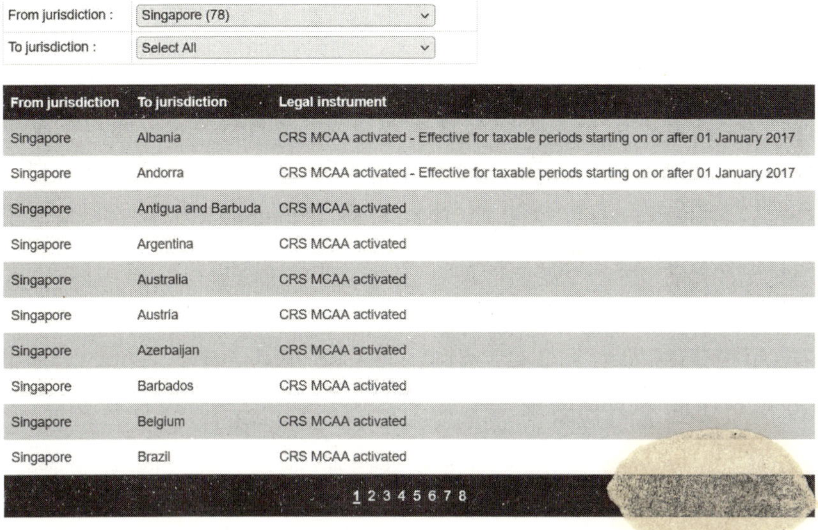

From jurisdiction : Singapore (78)
To jurisdiction : Select All

From jurisdiction	To jurisdiction	Legal instrument
Singapore	Albania	CRS MCAA activated - Effective for taxable periods starting on or after 01 January 2017
Singapore	Andorra	CRS MCAA activated - Effective for taxable periods starting on or after 01 January 2017
Singapore	Antigua and Barbuda	CRS MCAA activated
Singapore	Argentina	CRS MCAA activated
Singapore	Australia	CRS MCAA activated
Singapore	Austria	CRS MCAA activated
Singapore	Azerbaijan	CRS MCAA activated
Singapore	Barbados	CRS MCAA activated
Singapore	Belgium	CRS MCAA activated
Singapore	Brazil	CRS MCAA activated

1 2 3 4 5 6 7 8

图 7－10①

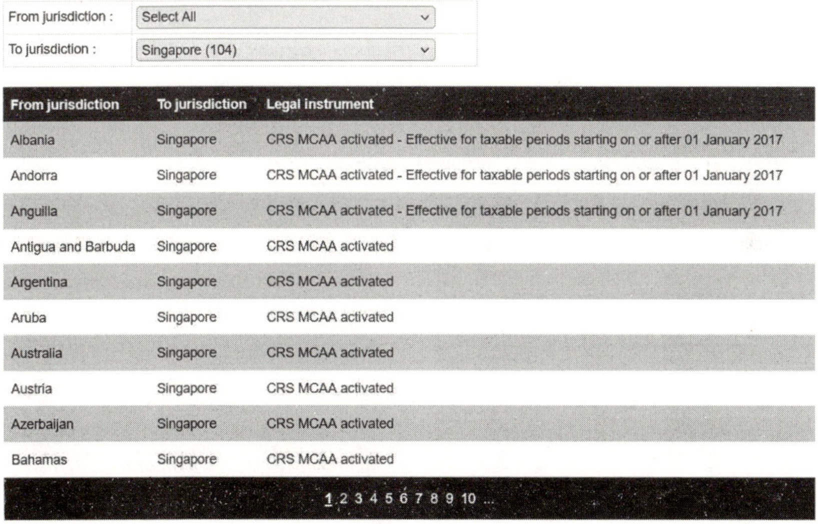

From jurisdiction : Select All
To jurisdiction : Singapore (104)

From jurisdiction	To jurisdiction	Legal instrument
Albania	Singapore	CRS MCAA activated - Effective for taxable periods starting on or after 01 January 2017
Andorra	Singapore	CRS MCAA activated - Effective for taxable periods starting on or after 01 January 2017
Anguilla	Singapore	CRS MCAA activated - Effective for taxable periods starting on or after 01 January 2017
Antigua and Barbuda	Singapore	CRS MCAA activated
Argentina	Singapore	CRS MCAA activated
Aruba	Singapore	CRS MCAA activated
Australia	Singapore	CRS MCAA activated
Austria	Singapore	CRS MCAA activated
Azerbaijan	Singapore	CRS MCAA activated
Bahamas	Singapore	CRS MCAA activated

1 2 3 4 5 6 7 8 9 10 ...

图 7－11②

① 参见经济合作与发展组织官方网站，https://www.oecd.org/tax/automatic-exchange/international-framework-for-the-crs/exchange-relationships/，最后访问日期：2022 年 9 月 24 日。

② 参见经济合作与发展组织官方网站，https://www.oecd.org/tax/automatic-exchange/international-framework-for-the-crs/exchange-relationships/，最后访问日期：2022 年 9 月 24 日。

（五）中国香港

中国香港承诺于2018年开始首次进行自动交换（见表7－3）。截至2021年10月[①]，中国香港已与多个国家或地区签署了CAA作为实施自动交换的国际法律基础。其中，通过MCAA或双边CAA与73个国家或地区建立了向它们提供涉税信息的伙伴关系（见图7－12），与88个国家或地区建立了从它们接收涉税信息的伙伴关系（见图7－13）。

根据香港税务局官方网站的公开信息，中国香港于2016年6月22日通过了《2016年税务（修订）（第3号）条例》，将CRS纳入了中国香港的法律框架并于2016年6月30日开始实施。[②]

From jurisdiction :	Select All
To jurisdiction :	Hong Kong, China (88)

From jurisdiction	To jurisdiction	Legal instrument
Albania	Hong Kong, China	CRS MCAA activated - Effective for taxable periods starting on or after 01 January 2019 (DTY)
Andorra	Hong Kong, China	CRS MCAA activated - Effective for taxable periods starting on or after 01 January 2019 (DTY)
Antigua and Barbuda	Hong Kong, China	CRS MCAA activated
Argentina	Hong Kong, China	CRS MCAA activated
Australia	Hong Kong, China	CRS MCAA activated
Austria	Hong Kong, China	CRS MCAA activated
Azerbaijan	Hong Kong, China	CRS MCAA activated
Bahamas	Hong Kong, China	CRS MCAA activated
Belgium	Hong Kong, China	CRS MCAA activated

图7－12[③]

---

① 该日期为截至本章出版日经济合作与发展组织官方网站的最后数据更新日期。

② 参见香港税务局官方网站，https://www.ird.gov.hk/chi/tax/dta_aeoi.htm，最后访问日期：2022年9月24日。

③ 参见经济合作与发展组织官方网站，https://www.oecd.org/tax/automatic-exchange/international-framework-for-the-crs/exchange-relationships/，最后访问日期：2022年9月24日。

From jurisdiction :	Hong Kong, China (73)
To jurisdiction :	Select All

From jurisdiction	To jurisdiction	Legal instrument
Hong Kong, China	Albania	CRS MCAA activated - Effective for taxable periods starting on or after 01 January 2019 (DTY)
Hong Kong, China	Andorra	CRS MCAA activated - Effective for taxable periods starting on or after 01 January 2019 (DTY)
Hong Kong, China	Antigua and Barbuda	CRS MCAA activated
Hong Kong, China	Argentina	CRS MCAA activated
Hong Kong, China	Australia	CRS MCAA activated
Hong Kong, China	Austria	CRS MCAA activated
Hong Kong, China	Azerbaijan	CRS MCAA activated
Hong Kong, China	Belgium	CRS MCAA activated
Hong Kong, China	Brazil	CRS MCAA activated
Hong Kong, China	Canada	Bilateral CAA - First exchange in 2018

1 2 3 4 5 6 7 8

图 7－13[①]

(六)中国澳门

中国澳门承诺于2018年开始首次进行自动交换(见表7－3)。截至2021年10月,[②]中国澳门已与多个国家或地区签署了CAA作为实施自动交换的国际法律基础。其中,通过MCAA或双边CAA与72个国家或地区建立了向它们提供涉税信息的伙伴关系(见图7－14),但尚未与其他国家或地区建立从它们接收涉税信息的伙伴关系(见图7－15)。

中国澳门于2017年5月31日通过了《税务信息交换法律制度》,将CRS纳入了中国澳门的法律框架。[③] 该法律于2017年6月3日开始生效,[④]并且中国

---

① 参见经济合作与发展组织官方网站,https://www.oecd.org/tax/automatic-exchange/international-framework-for-the-crs/exchange-relationships/,最后访问日期:2022年9月24日。

② 该日期为截至本章出版日经济合作与发展组织官方网站的最后数据更新日期。

③ 参见经济合作与发展组织官方网站,https://www.oecd.org/tax/automatic-exchange/crs-implementation-and-assistance/crs-by-jurisdiction/legislation/Macao-PrimaryLegislation.pdf,最后访问日期:2022年9月24日。

④ 参见经济合作与发展组织官方网站,https://www.oecd.org/tax/automatic-exchange/crs-implementation-and-assistance/crs-by-jurisdiction/legislation/Macao-PrimaryLegislation.pdf,最后访问日期:2022年9月24日。

澳门的申报金融机构从2017年7月1日开始对涉税信息进行尽职调查。①

From jurisdiction :	Macau, China (72)
To jurisdiction :	Select All

From jurisdiction	To jurisdiction	Legal instrument
Macau, China	Albania	CRS MCAA activated - Effective for taxable periods starting on or after 01 January 2019
Macau, China	Argentina	CRS MCAA activated
Macau, China	Australia	CRS MCAA activated
Macau, China	Austria	CRS MCAA activated
Macau, China	Azerbaijan	CRS MCAA activated
Macau, China	Belgium	CRS MCAA activated
Macau, China	Brazil	CRS MCAA activated
Macau, China	Canada	CRS MCAA activated - Effective for taxable periods starting on or after 01 January 2019
Macau, China	Chile	CRS MCAA activated - Effective for taxable periods starting on or after 01 January 2019
Macau, China	Colombia	CRS MCAA activated

1 2 3 4 5 6 7 8

图7－14②

From jurisdiction :	Select All
To jurisdiction :	Macau, China (0)

No result found for these jurisdictions...

图7－15③

① 参见经济合作与发展组织官方网站，https://www.oecd.org/tax/automatic-exchange/crs-implementation-and-assistance/crs-by-jurisdiction/legislation/Macao-SecondaryLegislation.pdf，最后访问日期：2022年9月24日。

② 参见经济合作与发展组织官方网站，https://www.oecd.org/tax/automatic-exchange/international-framework-for-the-crs/exchange-relationships/，最后访问日期：2022年9月24日。

③ 参见经济合作与发展组织官方网站，https://www.oecd.org/tax/automatic-exchange/international-framework-for-the-crs/exchange-relationships/，最后访问日期：2022年9月24日。

四、中国

（一）《非居民金融账户涉税信息尽职调查管理办法》

我国是自动交换的积极响应国和参与国。2014 年 9 月我国正式承诺：将实施自动交换，并于 2018 年 9 月首次对外交换涉税信息。[①] 2015 年 7 月第十二届全国人民代表大会常务委员会第十五次会议通过了《多边税收征管互助公约》。[②] 2015 年 12 月国家税务总局签订了《金融账户涉税信息自动交换多边主管当局间协议》（MCAA）[③]作为我国实施自动交换的国际法律基础。截至 2021 年 10 月，[④]我国已通过 MCAA 与 78 个国家或地区建立了向它们提供涉税信息的伙伴关系（见图 7－16），与 106 个国家或地区建立了从它们接收涉税信息的伙伴关系（见图 7－17）。这两类伙伴关系均包括加拿大、澳大利亚、新西兰、新加坡、中国香港、中国澳门等国家或地区。根据《中国税务年度报告（2020）》，[⑤]自 2018 年开始，我国已连续 3 年成功对外交换非税务居民金融账户涉税信息，并获得我国税务居民金融账户涉税信息。[⑥]

2017 年 5 月，国家税务总局、财政部、中国人民银行、证监会、银监会、保监会六部委发布了《非居民金融账户涉税信息尽职调查管理办法》（以下简称《尽职调查管理办法》），要求在我国境内设立的金融机构根据《尽职调查管理办法》开展涉税信息尽职调查工作，俗称“中国版 CRS”。《尽职调查管理办法》已于 2017 年 7 月 1 日施行。[⑦]

---

① 参见中国国家税务总局官方网站，http://www.chinatax.gov.cn/aeoi_index.html，最后访问日期：2022 年 9 月 24 日。

② 参见中国国家税务总局官方网站，http://www.chinatax.gov.cn/aeoi_index.html，最后访问日期：2022 年 9 月 24 日。

③ 参见中国国家税务总局官方网站，http://www.chinatax.gov.cn/aeoi_index.html，最后访问日期：2022 年 9 月 24 日。

④ 该日期为截至本章出版日经合组织官方网站的最后数据更新日期。

⑤ 参见中华人民共和国国家税务总局编：《中国税务年度报告（2020）》，中国税务出版社 2021 年版，第 100 页。

⑥ 参见中国国家税务总局官方网站，http://www.chinatax.gov.cn/chinatax//n810219/n810744/c102031/c5169813/5169813/files/6fea91acc28549a59e1c39ae07cb299b.pdf，最后访问日期：2022 年 9 月 24 日。

⑦ 参见中国国家税务总局官方网站，http://www.chinatax.gov.cn/n810341/n810755/c2623078/content.html，最后访问日期：2022 年 9 月 24 日。

From jurisdiction :	China (78)
To jurisdiction :	Select All

From jurisdiction	To jurisdiction	Legal instrument
China	Albania	CRS MCAA activated - Effective for taxable periods starting on or after 01 January 2017
China	Andorra	CRS MCAA activated - Effective for taxable periods starting on or after 01 January 2017
China	Antigua and Barbuda	CRS MCAA activated - Effective for taxable periods starting on or after 01 January 2020
China	Argentina	CRS MCAA activated - Effective for taxable periods starting on or after 01 January 2017
China	Australia	CRS MCAA activated - Effective for taxable periods starting on or after 01 January 2017 (DTY)
China	Austria	CRS MCAA activated - Effective for taxable periods starting on or after 01 January 2017
China	Azerbaijan	CRS MCAA activated - Effective for taxable periods starting on or after 01 January 2017
China	Barbados	CRS MCAA activated - Effective for taxable periods starting on or after 01 January 2017
China	Belgium	CRS MCAA activated - Effective for taxable periods starting on or after 01 January 2017
China	Brazil	CRS MCAA activated - Effective for taxable periods starting on or after 01 January 2017

1 2 3 4 5 6 7 8

图 7－16①

From jurisdiction :	Select All
To jurisdiction :	China (106)

From jurisdiction	To jurisdiction	Legal instrument
Albania	China	CRS MCAA activated - Effective for taxable periods starting on or after 01 January 2017
Andorra	China	CRS MCAA activated - Effective for taxable periods starting on or after 01 January 2017
Anguilla	China	CRS MCAA activated - Effective for taxable periods starting on or after 01 January 2017
Antigua and Barbuda	China	CRS MCAA activated - Effective for taxable periods starting on or after 01 January 2020
Argentina	China	CRS MCAA activated - Effective for taxable periods starting on or after 01 January 2017
Aruba	China	CRS MCAA activated - Effective for taxable periods starting on or after 01 January 2017
Australia	China	CRS MCAA activated - Effective for taxable periods starting on or after 01 January 2017 (DTY)
Austria	China	CRS MCAA activated - Effective for taxable periods starting on or after 01 January 2017
Azerbaijan	China	CRS MCAA activated - Effective for taxable periods starting on or after 01 January 2017
Bahamas	China	CRS MCAA activated - Effective for taxable periods starting on or after 01 January 2019

1 2 3 4 5 6 7 8 9 10 ...

图 7－17②

① 参见经济合作与发展组织官方网站，https://www.oecd.org/tax/automatic-exchange/international-framework-for-the-crs/exchange-relationships/，最后访问日期：2022 年 9 月 24 日。

② 参见经济合作与发展组织官方网站，https://www.oecd.org/tax/automatic-exchange/international-framework-for-the-crs/exchange-relationships/，最后访问日期：2022 年 9 月 24 日。

（二）新《个人所得税法》

2018年8月31日，第十三届全国人民代表大会常务委员会第五次会议通过了《全国人民代表大会常务委员会关于修改〈中华人民共和国个人所得税法〉的决定》，形成了新的《个人所得税法》（以下简称《新个税法》），并已于2019年1月1日实施。

《新个税法》看似一部我国新修订的国内法，但其诸多修订之处与全球税收透明化、反跨境避税等CRS的宗旨密切相关。并且，我国在2018年8月31日这个时间点通过并颁布《新个税法》，与我国于2018年9月正式启动自动交换可谓关联密切。本部分将基于《新个税法》中税务居民、纳税人识别号、纳税调整三个修订之处，对我国与CRS相关的跨境税务监管进行解读。

1. **税务居民**

（1）旧规定

《新个税法》实施之前，是《个人所得税法》（2011年修正）（以下简称《旧个税法》）。《旧个税法》第1条规定："在中国境内有住所，或者无住所而在境内居住满一年的个人，从中国境内和境外取得的所得，依照本法规定缴纳个人所得税。在中国境内无住所又不居住或者无住所而在境内居住不满一年的个人，从中国境内取得的所得，依照本法规定缴纳个人所得税。"与之相配套的《个人所得税法实施条例》（2011年修订）第3条规定："……在境内居住满一年，是指在一个纳税年度中在中国境内居住365日。临时离境的，不扣减日数。……临时离境，是指在一个纳税年度中一次不超过30日或者多次累计不超过90日的离境。"

（2）新规定

《新个税法》第1条规定："在中国境内有住所，或者无住所而一个纳税年度内在中国境内居住累计满一百八十三天的个人，为居民个人。居民个人从中国境内和境外取得的所得，依照本法规定缴纳个人所得税。在中国境内无住所又不居住，或者无住所而一个纳税年度内在中国境内居住累计不满一百八十三天的个人，为非居民个人。非居民个人从中国境内取得的所得，依照本法规定缴纳个人所得税。纳税年度，自公历一月一日起至十二月三十一日止。"

（3）比较分析

通过比较以上新、旧规定，笔者发现在"中国境内居住"的认定标准上存在重大调整:《新个税法》删除了《旧个税法》及其实施条例关于“在境内居住满一年(365 天)和扣减日数(一次超过 30 日或多次累计超过 90 日的离境)”之标准,统一修改为“在中国境内居住累计满一百八十三天”。

《新个税法》“183 天”的规定符合国际惯例。美国、加拿大、英国、澳大利亚、新加坡,以及塞浦路斯等国家或地区均将“183 天”作为认定税务居民的停留时间标准或标准之一。

《新个税法》“183 天”的规定,使得境外金融机构更容易认定中国税务居民身份,更有利于境外相关机构有效收集、交换我国境内税务居民的金融账户涉税信息。

以澳大利亚为例,其将“居住在澳大利亚”作为认定其税务居民的标准,并以“常住”“居住 183 天”以及“养老金”测试等作为具体标准。如果某人士虽持有澳大利亚护照或绿卡,但其若不满足以上测试之一,且其符合《新个税法》“183 天”的认定,则该人士将被认定为中国税务居民,澳大利亚金融机构就应该收集该人士的金融账户涉税信息并交换至中国。

2. **纳税人识别号**

(1)新规定

《新个税法》第 9 条第 2 款规定:“纳税人有中国公民身份号码的,以中国公民身份号码为纳税人识别号;纳税人没有中国公民身份号码的,由税务机关赋予其纳税人识别号。扣缴义务人扣缴税款时,纳税人应当向扣缴义务人提供纳税人识别号。”

(2)影响

纳税人识别号、身份证号以及社保号是现代社会三大重要的公民、居民个人身份标识。大多数个人所得税监管完善的国家,都已建立了纳税人识别号制度。

《新个税法》在我国首次建立了纳税人识别号制度,具有以下重要意义:

首先,为我国个人所得税征管从以“代扣代缴”为主过渡至以“主动申报”为主奠定了基础,有利于对我国税务居民的境内收入加强个税征管;

其次,有助于境外金融机构更准确地判断某金融账户持有人的中国税务居民身份,进而促进境外金融机构将该境外金融账户涉税信息交换至中国。

3. **纳税调整**

CRS 实施主体为申报金融机构,包括存款机构、托管机构、特定保险公司和投资机构。消极非金融机构虽然不是 CRS 实施主体,但当消极非金融机构持有申报金融机构的金融账户时,该机构的实际控制人身份将无处隐藏。

以 BVI 为例,中国税务居民 L 先生在 BVI 设立 A 公司,A 公司在 BVI 银行持有金融账户 B,A 公司的收入 100% 来源于其持有的境外房产所获取的租金(该租金非由 A 公司雇员的积极商业活动所取得)。CRS 制度下,A 公司取得的租金为消极收入,A 公司为消极非金融机构。对于 A 公司来说,BVI 银行将“穿透”A 公司,将 A 公司持有的金融账户 B 的信息上报给 BVI 税务局并最终交换至 A 公司的实际控制人 L 先生所在的税籍国(中国)。

以上案例中,CRS“穿透”了 A 公司并将 A 公司金融账户信息交换至其实际控制人 L 先生的税籍国(中国),这解决了中国税务居民控制的境外机构持有的金融账户涉税信息换回中国的问题。但是,假设 A 公司一直不分红,那么,在 L 先生没有从 A 公司取得股权红利的前提下,我国税务机关还能对 L 先生趴在 A 公司账户里面的收入征收个人所得税吗?

《新个税法》第 8 条规定:“有下列情形之一的,税务机关有权按照合理方法进行纳税调整:……居民个人控制的,或者居民个人和居民企业共同控制的设立在实际税负明显偏低的国家(地区)的企业,无合理经营需要,对应当归属于居民个人的利润不作分配或者减少分配……税务机关依照前款规定作出纳税调整,需要补征税款的,应当补征税款,并依法加收利息。”

根据《新个税法》的上述规定,即使 L 先生未从 A 公司取得分红,我国税务机关仍然有权作出纳税调整,视同 L 先生已取得分红并补征税款、加收利息。

综上《新个税法》中税务居民、纳税人识别号、纳税调整三个修订之处与旧规定的对比分析,该三处修订均与 CRS 戚戚相关,其中,税务居民和纳税人识别号解决的是中国税务居民认定问题;纳税调整解决的是对于中国税务居民设立在国际税收洼地的企业,如何对该中国税务居民征收个人所得税的问题。这三个修改之处一环扣一环,精妙至极。

综合上述 CRS 在加拿大、澳大利亚、新西兰、新加坡、中国内地、中国香港、中国澳门等国家和地区的落地实施状况,国际社会已广泛实施自动交换,CRS 已开始发挥打击跨国逃税“撒手锏”的作用。据《中国税务报》2019 年 7 月 3 日报道:2018 年 90 多个国家或地区实施了自动交换,首次交换情报所涉及的离岸金融账户多达 4700 万个,总价值 4.9 万亿欧元;2009 ~ 2019 年的 10 年中,国际金融中心持有的银行存款账户数量减少了34%，价值合计高达5510亿美元，其中至少2/3，即其中的20%～25%归因于自动交换的实施。[①]

五、案例解析

自我国通过《尽职调查管理办法》落地实施CRS以来，引起了广大高净值人士的高度关注，笔者综合客户咨询时对CRS的疑惑，将他们的共同关注焦点归纳为以下三个问题，本部分通过三个典型海外投资架构中这些问题的答案解析详细揭示我国高净值人士面临的CRS税务风险。

1. 相应海外投资架构涉及的哪些国家或地区与中国建立了CRS伙伴关系？

2. 相应海外投资架构涉及的哪些实体是申报金融机构？

3. 相应海外投资架构涉及的哪家实体将会收集、上报谁的身份信息并被提供给中国国家税务总局（以下简称国税总局）？

案例7－1　通过离岸公司进行投资（见图7－18）

（一）咨询时间

2017年8月。

（二）投资详情

M女士为中国税务居民，作为唯一股东于2012年2月在百慕大设立离岸公司（以下简称百慕大公司）投资美国股市、持有澳大利亚房产；自设立以来，百慕大公司的收入中70%来自投资美国股票、30%来自出租澳大利亚房产；自2012年以来，百慕大公司投资股票的证券账户设立于某美国证券公司，并分别在某香港银行和澳大利亚银行持有存款账户。

（三）咨询解答

解答一，M女士的投资架构涉及中国内地、美国、澳大利亚、中国香港、百慕大。截至2017年8月，美国没有参与CRS，中国内地与澳大利亚、中国香港、百慕大都已建立了CRS伙伴关系（见表7－8）。

解答二，M女士的投资架构涉及美国证券公司、香港银行、澳大利亚银行及百慕大公司4家实体。除美国证券公司以外，香港银行、澳大利亚银行及百慕大

---

① 参见梁若莲：《G20国际税改积极效果逐步显现》，载《中国税务报》2019年7月3日，第6版。

公司都是申报金融机构,具体分析如下:

1. 香港银行/澳大利亚银行:均属于典型的存款机构。

2. 百慕大公司:2012~2017年的5年多内70%的收入都来自股票投资,符合基于业务活动的投资机构"主要从事"标准。因此百慕大公司属于三种投资机构之一的基于业务活动的投资机构,而投资机构属于四种申报金融机构之一,那么百慕大公司属于申报金融机构。

解答三,只有百慕大公司将收集、上报其金融账户持有人M女士的身份信息[1]并提供给国税总局,具体分析如下:

首先,鉴于香港银行、澳大利亚银行以及百慕大公司均为申报金融机构,并且后者在前二者持有金融账户,根据"申报金融机构不报申报金融机构"的原则,前二者不会收集、上报后者银行账户的涉税信息,也不会涉及M女士的身份信息。

其次,百慕大公司属于四种申报金融机构之一的投资机构中的基于业务活动的投资机构,M女士持有的百慕大公司股权属于CRS定义的金融账户,M女士也被CRS定义为该金融账户的持有人。

以上为M女士通过百慕大离岸公司投资美国股票和澳大利亚房产所面临的CRS涉税风险。

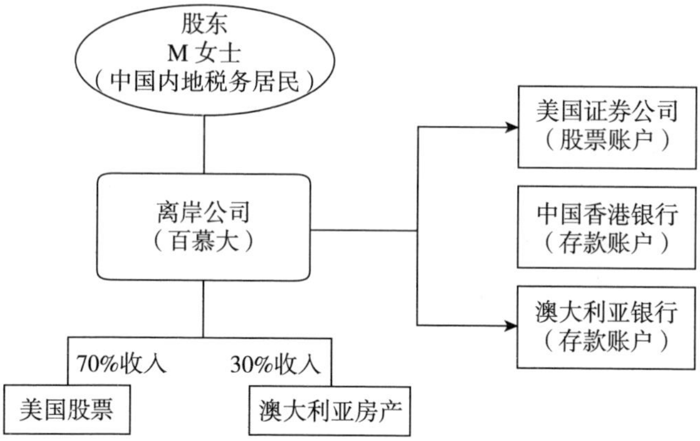

图7-18

---

① 金融账户持有人身份信息是涉税信息之一,申报金融机构对其金融账户持有人收集并上报身份信息,参见本章关于"CRS核心概念详解"的内容。

表 7－8①

CRS 伙伴关系成员	CRS 伙伴关系模式	CRS 伙伴关系状况
澳大利亚	多边互换模式	2017 年 7 月 1 日生效
中国香港	双边互换模式	2018 年开始互换涉税信息
百慕大	多边互换模式	2017 年 7 月 1 日生效

案例 7－2　通过海外信托②进行投资(见图 7－19)

(一)咨询时间

2017 年 10 月。

(二)投资详情

W 先生及儿子均为中国税务居民。W 先生于 2010 年 5 月作为委托人在开曼设立了信托(以下简称开曼信托),受托人为某开曼信托公司,受益人为 W 先生儿子;开曼信托自设立以来全部的收入来源于投资香港股票;开曼信托在某香港证券公司持有股票账户、在某 BVI 银行设立了存款账户;自 2005 年以来,开曼信托公司 30% 的收入来源于为其管理的信托持有金融资产并进行投资,包括为开曼信托买卖香港股票。

(三)咨询解答

解答一,W 先生的投资架构涉及中国内地、中国香港、开曼及 BVI。截至 2017 年 10 月中国与后三者都已建立了 CRS 伙伴关系(见表 7－9)。

解答二,W 先生的投资机构涉及开曼信托公司、开曼信托、BVI 银行、香港证券公司。这些实体都是申报金融机构,具体分析如下:

1. 开曼信托公司:由于 2005 年至 2017 年 10 月 30% 的收入来源于为其管理的信托持有金融资产,因此符合托管机构"大部分收入"的标准,属于四种申报金融机构之一的托管机构。

2. 开曼信托:首先,开曼信托受开曼信托公司管理,满足"被管理测试";其次,开曼信托 2010 年 5 月至 2017 年 10 月所有的收入来源于其投资的香港股

① 参见经济合作与发展组织官方网站,https://www.oecd.org/tax/automatic-exchange/international-framework-for-the-crs/exchange-relationships/,最后访问日期:2022 年 9 月 24 日。

② 除特别说明外,本章所称的"信托"即家族信托。

票,满足“收入测试”。由于开曼信托符合被管理的投资机构的这两个标准,属于三种投资机构之一的被管理的投资机构,而投资机构属于四种申报金融机构之一,那么开曼信托属于申报金融机构。

3. BVI 银行:属于典型的四种申报金融机构之一的存款机构。

4. 香港证券公司:属于典型的四种申报金融机构之一的托管机构。

解答三,开曼信托收集、上报 W 先生及儿子的身份信息并提供给国税总局,具体分析如下:

首先,鉴于开曼信托公司、开曼信托、BVI 银行、香港证券公司均为申报金融机构,并且开曼信托在开曼信托公司、BVI 银行、香港证券公司均持有金融账户,根据“申报金融机构不报申报金融机构”的原则,后三者不会收集、上报开曼信托的涉税信息,也不会涉及 W 先生及儿子的身份信息。

其次,开曼信托属于四种申报金融机构之一的投资机构中的被管理的投资机构,W 先生及儿子对开曼信托享有的权益属于 CRS 定义的金融账户,他们也被 CRS 定义为该金融账户的持有人。

以上为 W 先生通过开曼信托投资香港股票将面临的 CRS 涉税风险。

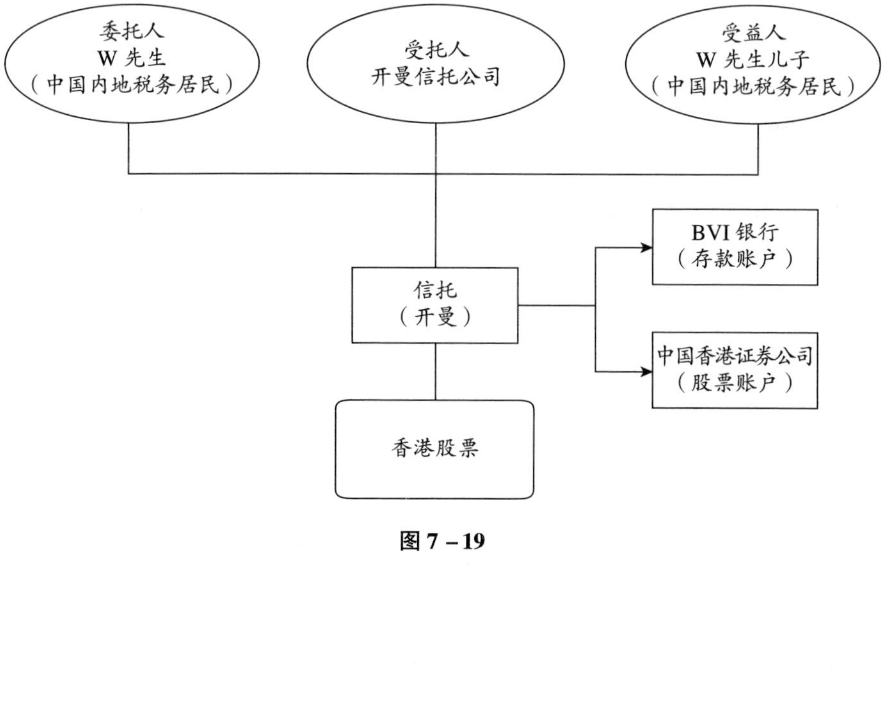

图 7－19

表 7－9①

CRS 伙伴关系成员	CRS 伙伴关系模式	CRS 伙伴关系状况
开曼	多边互换模式	2017 年 7 月 1 日生效
BVI	多边互换模式	2017 年 7 月 1 日生效
中国香港	双边互换模式	2018 年开始互换涉税信息

案例 7－3　购买具有现金价值的境外保险(见图 7－20)

(一)咨询时间

2018 年 10 月。

(二)投资详情

H 先生为中国税务居民、H 太太和女儿均为英国税务居民;2018 年 2 月 H 先生在泰国设立了一家离岸公司(以下简称泰国公司),持股 100%;2018 年 3 月泰国公司作为投保人,以 H 太太为被保险人、女儿为身故受益人在某香港保险公司购买了一份保险,H 太太可以从该保险公司领取年金。

(三)咨询解答

解答一,H 先生的投资架构涉及中国内地、中国香港、英国、泰国。截至 2018 年 10 月,泰国未参与 CRS;中国内地与中国香港、英国已建立了 CRS 伙伴关系(见表 7－10)。

解答二,H 先生的投资架构涉及香港保险公司、泰国公司两个实体。香港保险公司为四种申报金融机构之一的特定保险公司,泰国公司为消极非金融机构。

解答三,香港保险公司“穿透”泰国公司收集上报 H 先生、H 太太、女儿的身份信息后再分别提供给国税总局、英国税务局,具体分析如下:

首先,香港保险公司属于四种申报金融机构之一的特定保险公司,泰国公司作为投保人持有的保险合同属于 CRS 定义的金融账户。泰国公司虽然符合 CRS 定义的该金融账户持有人,但该定义因泰国未参与 CRS 而对泰国公司不适用,从而香港保险公司无须收集、上报泰国公司的身份信息。

其次,泰国公司被 CRS 定义为消极非金融机构,香港保险公司需要“穿透”

① 参见经济合作与发展组织官方网站,https://www.oecd.org/tax/automatic-exchange/international-framework-for-the-crs/exchange-relationships/,最后访问日期:2022 年 9 月 24 日。

泰国公司收集上报H先生、H太太、女儿的身份信息后再分别提供给国税总局、英国税务局。

以上为H先生通过泰国离岸公司购买香港保险将面临CRS税务风险。

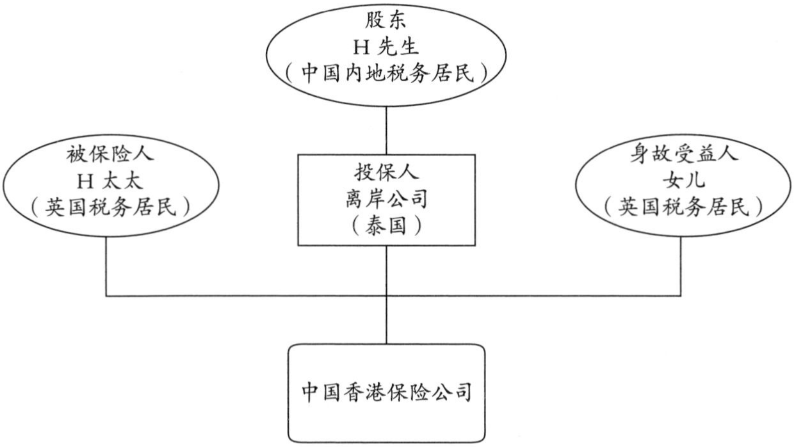

图7-20

表7-10①

CRS伙伴关系成员	CRS伙伴关系模式	CRS伙伴关系状况
英国	多边互换模式	2017年7月1日生效
中国香港	双边互换模式	2018年开始互换涉税信息

第三节　美国税务

一、美国税务制度

（一）美国税务制度概述

经过上百年的不断修改和更新，美国的税务制度现已非常完善，也比较复杂。总体而言，美国的税制体系充分体现了联邦制国家的特点，由联邦税、州税

① 参见经济合作与发展组织官方网站，https://www.oecd.org/tax/automatic-exchange/international-framework-for-the-crs/exchange-relationships/，最后访问日期：2022年9月24日。。

和地方税三级构成。其中，联邦税包括个人所得税、企业所得税、社会保障税、消费税、关税、赠与税、隔代转移税；州税包括个人所得税、企业所得税、遗产税、销售与使用税、消费税等；地方税①包括个人所得税、销售与使用税、财产税等。美国的税收法律体系主要由《国内税收法典》(*Internal Revenue Code*，IRC)、财政法规(Treasury Regulation)及其他税收文件构成。美国的税收征管机构为国家税务局(Internal Revenue Service，IRS)(以下简称国税局)、海关署及州与地方税务机构。国税局负责联邦税的征收，海关署负责关税的征收，州与地方税务机构负责州税与地方税的征收。

鉴于美国的州税和地方税在税种、税率及征管制度差异较大，并且联邦企业所得税的税制比较复杂，因此本部分将着重解析联邦个人所得税、赠与税、隔代转移税、联邦遗产税及弃籍税这五个对美国税务居民私人财富影响最大的联邦税种。美国的税种以直接税为主，前四个税种都直接针对私人财富的转移阶段：首先，若转移财富时获得了受让方的对价，那么转移方将面临联邦个人所得税；其次，若转移财富时受让方没有支付对价，那么转移方在生前无偿转移财富将面临赠与税，而在生后无偿转移则将面临联邦遗产税，若隔代赠与还将面临隔代转移税。弃籍税间接针对私人财富的转移阶段，对被视为有偿转移财富征税。总之，无论是有偿还是无偿转移私人财富，是生前还是身后转移，转移方都可能将承担税负。

(二)美国个人税务居民身份认定

首先，美国公民，即拥有美国国籍或持有美国护照的个人是美国税务居民。

其次，对于非美国公民，则需要通过“绿卡标准”或“实际停留天数标准”来确定是否为美国税务居民。

1. 绿卡标准

若非美国公民在一个年度②内的任何时间里是美国的合法永久居民(以下称持有美国绿卡)，那么从获得合法永久居民权时起就是美国税务居民。

然而，双重税务居民身份个人，即某些持有美国绿卡的个人有可能同时也是

---

① 地方税是指美国州以下行政辖区所征收的税种。

② 除特别说明外，本章所称“年度”是指公历年度。

与美国签署了税收协定的国家或地区①的税务居民,可以选择在整个或部分纳税年度内成为美国的非税务居民,但必须事先通知国税局,否则将被继续视为美国税务居民。

2. 实际停留天数标准

若非美国公民在美国停留的时间同时满足以下两个条件,那么被视为美国税务居民:

(1)某年度内在美国停留不少于31天;

(2)根据以下计算公式,若某年度和过去2个年度的3年内在美国停留不少于183天:

本年度在美国停留的全部天数,加上前一年度在美国停留天数的1/3,加上再前一年度在美国停留天数的1/6。

需要特别说明的是,个人在一天中的任何时间出现在美国境内都被视为当天全天在美国停留,但某些特殊情况不被视为在美国停留,例如,长期因工作通勤从加拿大或墨西哥前往美国,乘坐国际航班到达美国并因转机前往他国或地区而停留不超过24小时,乘坐国际航运船舶到达美国的船员等,满足豁免条件的教师、学生或受训者。

(三)联邦个人所得税解析

对于联邦个人所得税,美国行使的是所得来源管辖权、居民管辖权和公民管辖权,采用"属人"兼"属地"原则,对其税务居民的全球收入、对非税务居民来源于美国的收入征收联邦个人所得税。

1. 联邦个人所得税课税方式②

联邦个人所得税的课税模式为综合所得税制,应纳税所得额的计算方式比较复杂,一般来说,需要将税务居民的所有个人所得无论其来源和形式加总后减去各种调整项目(Adjustments)、扣除额(Deductions)、豁免额(Exemptions)后计算出应纳税所得额。其中,扣除额分为标准扣除额(Standard Deductions)与逐项扣除额(Itemized Deductions),在计算应纳税所得额时只能二选一。顾名思义,

---

① 某些地区虽然不是主权国家但却是单独的税务管辖区,例如中国香港的主权虽然属于中国但可以作为单独的税务管辖区与美国签订税收协定。

② 本章只介绍针对美国税务居民的联邦个人所得税课税方式,不涉及非美国税务居民。

标准扣除额是指每个税务居民在申报和缴纳联邦个人所得税时都可以享受的从总收入中扣除的金额，只是因报税身份及税务年度不同而存在差异，本章将在解析联邦个人所得税的"报税身份"时具体介绍。逐项扣除额也是税务居民在申报和缴纳联邦个人所得税时可以从总收入中扣除的金额，但其扣除项目及应扣除金额因纳税人的实际情况不同而差异巨大，并且计算方式也非常复杂，因此本章不作详细介绍。

2. 联邦个人所得税的征管方式①

联邦个人所得税施行代扣代缴、自行预缴和年度综合申报。对于固定工资薪酬，由雇主进行代扣代缴；对于当年度②的其他收入，需纳税人不晚于该年的4月15日、6月15日、9月15日及第二年的1月15日分别就当年第一季度至第四季度的其他收入预缴所得税。例如，就2021年第一季度至第四季度其他收入预缴所得税的期限分别为2021年4月15日、6月15日、9月15日以及2022年1月15日。如果迟缴或预缴的金额少于年度综合申报的金额，纳税人都将面临罚款。

每年的年度综合申报使用1040表格（U. S. Individual Income Return，表格编号为Form 1040），申报期限一般为第二年的4月15日，宽限期为6月15日和10月15日。6月15日为自动宽限期，即申报人不需要向国税局申请就可以延迟到6月15日再申报；10月15日为非自动宽限期，需要于4月15日或6月15日前主动向国税局申请。国税局会因特殊情况对上述期限进行调整，例如，2020年的申报期限因新冠疫情由2021年的4月15日延迟到了5月17日，③2021年的申报期限因公共假日顺延至2022年4月18日。④ 不合规延迟申报或超过10月15日延迟申报将面临罚款。

3. 联邦个人所得税的报税身份⑤

联邦个人所得税的报税身份有单身（Single）、夫妻联合报税（Married Filing

① 本章只介绍针对美国税务居民的联邦个人所得税征管方式，不涉及非美国税务居民。

② 美国联邦个人所得税的纳税年度为公历年度。

③ 参见美国国税局官方网站，https://www.irs.gov/newsroom/tax-day-for-individuals-extended-to-may-17-treasury-irs-extend-filing-and-payment-deadline，最后访问日期：2022年9月24日。

④ 参见美国国税局官方网站，https://www.irs.gov/pub/irs-prior/i1040gi--2021.pdf，最后访问日期：2022年9月24日。

⑤ 本章只介绍针对美国税务居民的联邦个人所得税报税身份，不涉及非美国税务居民。

Jointly)、夫妻分别报税(Married Filing Separately)、户主(Head of Household)、抚养子女的合格寡妇或鳏夫(Qualifying Widow/Widower with Dependent Child)这五种。每种报税身份 2021 年度适用的应纳税所得标准扣除额如表 7－11 所示,纳税人可以根据自己和家庭的实际情况选择任意一种报税身份。

表 7－11①

报税身份	标准扣除额(美元)
单身	12550
夫妻合并报税	25100
夫妻分别报税	12500
户主	18800
抚养子女的合格寡妇或鳏夫	25100

(四)无偿转移财富所涉税种解析

1. 概述

在美国无偿转移私人财富涉及的税种为赠与税(Gift Tax)、遗产税(Estate Tax)及隔代转移税(Generation-Skipping Transfer Tax)。赠与税和隔代转移税均为联邦税种,遗产税既是联邦税种也是个别州的州税,本章只详细介绍属于联邦税种的赠与税、遗产税②及隔代转移税。由于这三个税种均涉及无偿转移私人财富,并且赠与税和隔代转移税设立、计算方式也与遗产税紧密相关,因此本章先统一概述其关联性再分别详述其征管制度和计算方式。

遗产税是美国最早的无偿转移财富所涉税种,由联邦政府于 1916 年开始征收。之后,为防止纳税人通过生前普通赠与或隔代赠与规避遗产税,继而开征赠与税和隔代转移税。1976 年以前与遗产税相比,赠与税及隔代转移税的抵免项目、扣除项目及税率均不同,为避税者提供了可乘之机。为此,美国在 1976 年统一了这三个税种的税率并设置了其共享的终身免税额。

为了帮助读者理解赠与税、遗产税、隔代转移税三者的税收逻辑,本章通过

① 国税局每年都将根据 CPI 指数调整每种报税身份适用的标准扣除额;参见美国国税局官方网站,https://www.irs.gov/pub/irs-prior/i1040gi－－2021.pdf,最后访问日期:2022 年 9 月 24 日。

② 除本章特殊说明外,此处及下文所称的“遗产税”是指美国的联邦遗产税。

一个通俗的案例予以说明。假设A拥有某笔大额资产,B与C分别是A的第二代和第三代直系亲属。该资产的代际转移由两个环节构成:从A转移至B(以下简称环节1),从B转移至C(以下简称环节2)。若该资产通过遗产的方式进行代际转移,在环节1和环节2都将面临遗产税税负。在没有赠与税及隔代转移税之前,该资产可以通过以下方式规避遗产税:

(1)A在生前赠与B,再由B在身后通过遗产转移至C:避免环节1的遗产税;

(2)A在身后通过遗产转移至B,再由B在生前赠与C:避免环节2的遗产税;

(3)A生前赠与B,再由B生前赠与C:先后避免环节1和环节2的遗产税;

(4)A生前直接赠与C:同时避免环节1和环节2的遗产税。

然而,当开始征收赠与税和隔代转移税后,上述方式几乎达不到规避遗产税的目的了,下文仍旧从上述四种情形展开分析:

(1)A在生前赠与B,再由B在身后通过遗产转移至C:环节1虽然避免了遗产税,但面临赠与税;

(2)A在身后通过遗产转移至B,再由B在生前赠与C:环节2虽然避免了遗产税,但面临赠与税;

(3)A生前赠与B,再由B生前赠与C:环节1和环节2虽然先后避免了遗产税,但都先后面临赠与税;

(4)A生前直接赠与C:环节1和环节2虽然同时避免了遗产税,但直接面临隔代转移税,也就是说,隔代转移税被用以填补两个环节被同时规避的遗产税。

综合上述分析,当今美国税制下如果遗产税是对资产无偿转移征税的第一张网,那么赠与税和隔代转移税就是第二张网及第三张网,作为补充手段堵住了遗产税的漏洞,它们“三位一体”“环环相扣”使得资产无偿转移的各个环节都难以避税。

2. 赠与税

赠与税的征收采用“属人”兼“属地”原则,征税对象为美国税务居民所赠与的、位于全球的资产,以及非美国税务居民所赠与的美国境内的资产。

（1）征管方式[①]

赠与税的纳税义务人为赠与人。当每个纳税年度[②]的赠与财产额减去非应纳税赠与财产额超过年度豁免赠与额，纳税义务人就必须在不晚于第二年的 4 月 15 日通过 709 表格［United States Gift（and Generation-Skipping Transfer）Tax Return[③]，表格编号为 Form 709］申报赠与税，如果该期限是周末或公共假日那么顺延至下一个工作日，在符合相关规定的前提下申报期限可以延迟，[④]否则将面临罚款。例如，若某赠与人在 2021 年的应纳税财产额超过 15000 美元，[⑤]那么其就应当申报赠与税，申报期限为 2022 年 4 月 15 日。

若某年度的应纳税财产额超过终身免税额，赠与人就应当在申报当年度的 709 表格时缴纳赠与税。例如，若某赠与人在 2021 年的应纳税财产额超过 11700000 美元，[⑥]那么其在申报 2021 年的 709 表格时就应当缴纳赠与税；当所有年度的总应纳税财产额超过终身免税额时，赠与人就应当在申报该总额超过终身免税额的当年度的 709 表格时缴纳赠与税。例如，某人在 2021 年及之前 5 年均有应纳税赠与财产，过去 5 年的应纳税财产额加上 2021 年的应纳税财产额超过了 11700000 美元，那么其在申报 2021 年的 709 表格时就应当缴纳赠与税。迟缴或少缴赠与税都将面临罚款。

（2）应纳税财产额计算方式[⑦]

通常情况下，赠与税的应纳税财产额采用以下方式计算：

赠与财产额，减去

---

① 本章只介绍针对美国税务居民的赠与税征管方式，不涉及非美国税务居民。

② 赠与税的纳税年度为公历年度。

③ 赠与税和隔代转移税都使用 709 表格进行申报。

④ 因延迟申报赠与税的申请方式比较复杂，本章不作详细介绍，可详见美国国税局官方网站，https://www.irs.gov/pub/irs-pdf/i709.pdf，最后访问日期：2022 年 9 月 24 日。

⑤ 美国国税局每年都将根据 CPI 指数调整当年的年度豁免赠与额，赠与税 2021 年度适用的年度豁免赠与额为 15000 美元；参见美国国税局官方网站，https://www.irs.gov/pub/irs-pdf/i709.pdf，最后访问日期：2022 年 9 月 24 日。

⑥ 国税局每年都将根据 CPI 指数调整当年的终身免税额，赠与税 2021 年度的终身免税额为 11700000 美元；参见美国国税局官方网站，https://www.irs.gov/pub/irs-pdf/i709.pdf，最后访问日期：2022 年 9 月 24 日。

⑦ 本章只介绍针对美国税务居民的赠与税应纳税财产额计算方式，不涉及非美国税务居民；由于每种应纳税财产的计价方式不同且比较复杂，因此本章此处所称的“应纳税财产额计算方式”不考虑每种应纳税财产的具体计价方式。

非应纳税赠与财产[①]额,减去
年度豁免赠与额,减去
夫妻相互赠与财产的价值,减去
终身免税额。

3. **隔代转移税**

隔代[②]转移税的征收采用"属人"兼"属地"原则,征税对象为美国税务居民无偿隔代转移的、位于全球的资产,以及非美国税务居民无偿隔代转移的、美国境内的资产。美国税务居民隔代转移税的征管方式及应纳税财产额的计算方式与赠与税相似,因此本章不再赘述。

4. **遗产税**

遗产税的征收采用"属人"兼"属地"原则,征税对象为美国税务居民位于全球的遗产,以及非美国税务居民位于美国境内的遗产。

(1)征管方式[③]

遗产税的纳税义务人为被继承人,遗产管理人必须在纳税义务人离世9个月之内通过706表格[United States Estate (and Generation-Skipping Transfer) Tax Return[④],表格编号为Form 706]申报遗产税。经过国税局允许后申报期限可以延长,否则将面临罚款。

若应纳税遗产额超过终身免税额,遗产管理人就应当在申报遗产税时缴税。例如,若某人于2021年离世后的应纳税遗产额超过11700000美元,[⑤]那么其遗产管理人在申报遗产税时缴税。迟缴或少缴遗产税都将面临罚款。非常有趣的是,虽然被继承人为遗产税的纳税义务人,但实际缴纳人是遗产管理人,并且税

---

① 非应纳税赠与财产,是指向政治机构或组织赠与的财产、为他人捐赠的教育费用及医疗费用,以及向其他符合条件的机构或组织赠与的财产。

② 美国税收法律相关规定对"隔代"的认定比较复杂,因此本章不作详细介绍,可详见美国国税局官方网站,https://www.irs.gov/pub/irs-pdf/i709.pdf,最后访问日期:2022年9月24日。

③ 本章只介绍针对美国税务居民的遗产税征管方式,不涉及非美国税务居民。

④ 由于隔代遗赠财产也是隔代转移税的征税对象,因此遗产税和隔代遗赠都使用706表格申报。

⑤ 美国国税局每年都将根据CPI指数调整当年度的终身免税额,2021年离世者的遗产税终身免税额为11700000美元;参见美国国税局官方网站,https://www.irs.gov/pub/irs-prior/i706--2021.pdf,最后访问日期:2022年9月24日;2022年离世者的遗产税终身免税额为12060000美元,参见美国国税局官方网站,https://www.irs.gov/pub/irs-pdf/i706.pdf,最后访问日期:2022年9月24日。

金来源于遗产，在没有发生放弃继承的情形下遗产最终归继承人所有，因此遗产税的实际承受者为继承人。

(2)应纳税遗产额计算方式[①]

遗产总额，减去

非任意费用，减去

任意费用，减去

终身免税额。

(五)弃籍税

1.概述

弃籍税(Exit Tax 或 Expatriation Tax)，顾名思义，是指在放弃美国相关身份时需要缴纳的税种。许多读者看到这里时免不了会产生好奇和疑问："美国相关身份"是指什么？为什么有人会主动放弃美国相关身份？为何放弃美国相关身份还要向其缴税？这样的好奇和疑问非常正常，因为我国没有相应的税种，而且美国严格限制移民数量，主动放弃美国身份应该是美国政府非常乐意接受的，弃籍税似乎有悖常理！下文先解答上述三个疑问，再详细解析弃籍税。

首先，美国相关身份是指美国国籍和永久居民身份(以下合称美国身份)。通俗地说，放弃美国身份就是指放弃美国护照或绿卡。

其次，目前美国的税制比较完善，美国税务居民中的中产阶级以上人士的税负比较重，几乎没有较大的避税空间，放弃美国身份并将私人财富转移至税负较低的国家或地区就成了不得已的选择。

最后，税收关系到国计民生，个人所得税、赠与税、隔代转移税及遗产税等主要联邦税种是美国财政收入的主要来源，针对私人财富的转移环节征税，随着放弃美国身份、私人财富被转移至美国境外，美国丧失对这些美国身份放弃者及财富的税务管辖权，也就意味着这些财富未来的转移环节将无法为美国贡献税收，这损失多大啊！然而，办法总是有的，人要走，可以！财富要出境，也没问题！但在离开之前还要最后一次"薅羊毛"，提前缴纳这些财富未来将产生的税金，这

① 本章只介绍针对美国税务居民的应纳税遗产额计算方式，不涉及非美国税务居民；由于每种遗产的计价方式不同且比较复杂，因此本章此处所称的"应纳税遗产额计算方式"不考虑每种遗产的具体计价方式。

就是弃籍税的目的。

2. 征管方式

弃籍税的纳税义务人为放弃美国身份者，在放弃美国身份的当年度如果满足相应标准的测试，那么就必须不晚于下一年4月15日通过8854表格（Initial and Annual Expatriation Statement，表格编号为Form 8854）申报弃籍税，并且如果应纳税财产额超过免税额就必须不晚于该期限纳税。例如，2021年放弃美国身份并满足相应测试标准的人士，应当不晚于2022年4月15日申报弃籍税；如果其应纳税财产额超过744000美元，[①]那么应当不晚于该期限缴税。

（1）放弃美国国籍者

如果满足以下任一条件就必须申报弃籍税：

①税负标准：放弃国籍之前5个纳税年度（不包括放弃美国国籍日所在的纳税年度）的平均年度净所得税超过172000美元；[②]

②资产标准：放弃国籍当日的个人资产净值超过200万美元；

③遵守税法标准：未在8854表上声明，在弃籍日前的5个税务年度，都有遵照规定缴纳所有联邦税负。

（2）放弃美国永久居民身份者

需要经过以下两个步骤测试：

步骤一，放弃美国永久居民身份（以下简称美国绿卡）前的15个纳税年度内（包括放弃美国绿卡时的纳税年度），至少8个纳税年度持有美国绿卡。

如果不满足该标准，那么不需要申报弃籍税；反之则进入步骤二测试。

步骤二，如果满足以下任一条件就必须申报弃籍税：

①税负标准：放弃美国绿卡之前5个纳税年度（不包括放弃美国绿卡日所在的纳税年度）的平均年度净所得税超过172000美元；[③]

---

① 美国国税局每年将根据CPI指数调整弃籍税的免税额，2021年度的免税额为744000美元；参见美国国税局官方网站，https://www.irs.gov/pub/irs-pdf/i8854.pdf，最后访问日期：2022年9月24日。

② 美国国税局每年将根据CPI指数对该标准进行调整，172000美元为针对在2021年放弃美国国籍的标准；参见美国国税局官方网站，https://www.irs.gov/pub/irs-pdf/i8854.pdf，最后访问日期：2022年9月24日。

③ 美国国税局每年将根据CPI指数对该标准进行调整，172000美元为针对在2021年放弃美国绿卡的标准；参见美国国税局官方网站，https://www.irs.gov/pub/irs-pdf/i8854.pdf，最后访问日期：2022年9月24日。

②资产标准:放弃美国绿卡当日的个人资产净值超过200万美元;

③遵守税法标准:未在8854表格上声明,在放弃美国绿卡日前的5个税务年度,都有遵照规定缴纳所有联邦税负。

3. **应纳税财产额计算方式**[①]

所有资产在放弃身份日前一天的市值,减去

所有资产的原始取得成本,减去

免税额。

通俗地说,弃籍税应纳税财产额相当于纳税义务人在放弃美国身份日当天按照市值有偿转让了其全球所有资产,并就转让净收入缴纳弃籍税。

二、美国海外资产申报制度

(一)外国银行及金融账户申报制度

外国银行及金融账户申报制度(Report of Foreign Bank and Financial Accounts)始于20世纪70年代,要求纳税年度中在外国金融机构[②]的金融资产[③]的总金额超过1万美元的美国税务居民向美国财政部通过FinCEN 114表格申报,申报信息包括该账户中存款、衍生性金融商品、债券、有价证券及有现金价值的保单等金融资产的价值。申报期限为每个纳税年度下一个年度的6月30日,[④]例如,若美国税务居民在2014年纳税年度有符合上述要求的外国银行账户,其FinCEN 114表格申报的期限为2015年6月30日。该期限在符合规定的情形下可以延长。如果美国税务居民没有主动申报或瞒报,被美国财政部查到后将面临严重罚款甚至刑事指控。

(二)外国金融资产申报制度

自申报2011年纳税年度的联邦个人所得税开始,外国金融机构[⑤]中的金融

---

① 由于每种应纳税财产的计价方式不同且比较复杂,因此本章此处所称的“应纳税财产计算方式”不考虑每种应纳税财产的具体计价方式。

② 外国银行及金融账户申报制度关于外国金融机构的概念与FATCA的规定相似。

③ 外国银行及金融账户申报制度关于金融资产的概念与FATCA的规定相似。

④ 该期限自2016年纳税年度的FinCEN 114表格申报开始修改为每个纳税年度下一年的4月15日。

⑤ 外国金融资产申报制度关于外国金融机构的概念与FATCA的规定相似。

资产[①]被正式纳入美国税务居民联邦个人所得税的申报项目之一，并要求附以 8938 表格（Statement of Specified Foreign Financial Assets，表格编号为 Form 8938）详细申报（以下简称 8938 表格申报）。当纳税年度中不同报税身份[②]者的金融资产的价值超过相应申报要求（见表 7 – 12）时，就必须申报。申报信息包括该账户中存款、衍生性金融商品、债券、有价证券及有现金价值的保单等金融资产的价值。联邦个人所得税的申报期限也适用于 8938 表格申报。如果美国个人税务居民没有主动申报或瞒报，被国税局查到后将面临罚款甚至刑事指控。

需要特别说明的是，8938 表格申报与 FinCEN 114 表格申报的最大区别在于：前者是向美国国税局申报，并且是实施 FATCA 的配套措施；后者是向美国财政部申报。

表 7 – 12

<table>
<tr><th>税务居民现居民地</th><th>报税身份</th><th>金融资产价值（美元）</th></tr>
<tr><td rowspan="10">美国境内</td><td rowspan="2">单身</td><td>年度最后一日价值超过 50000</td></tr>
<tr><td>年度最高价值超过 75000</td></tr>
<tr><td rowspan="2">夫妻
合并报税</td><td>年度最后一日价值超过 100000</td></tr>
<tr><td>年度最高价值超过 150000</td></tr>
<tr><td rowspan="2">夫妻
分别报税</td><td>年度最后一日价值超过 50000</td></tr>
<tr><td>年度最高价值超过 75000</td></tr>
<tr><td rowspan="2">户主</td><td>年度最后一日价值超过 50000</td></tr>
<tr><td>年度最高价值超过 75000</td></tr>
<tr><td rowspan="2">抚养子女的
合格寡妇或鳏夫</td><td>年度最后一日价值超过 50000</td></tr>
<tr><td>年度最高价值超过 75000</td></tr>
</table>

① 外国金融资产申报制度关于金融资产的概念与 FATCA 的规定相似。

② 即联邦个人所得税的报税身份。

续表

税务居民现居民地	报税身份	金融资产价值(美元)
美国境外	单身	年度最后一日价值超过 200000
		年度最高价值超过 300000
	夫妻合并报税	年度最后一日价值超过 400000
		年度最高价值超过 600000
	夫妻分别报税	年度最后一日价值超过 200000
		年度最高价值超过 600000
	户主	年度最后一日价值超过 200000
		年度最高价值超过 600000
	抚养子女的合格寡妇或鳏夫	年度最后一日价值超过 200000
		年度最高价值超过 600000

(三)海外账户自愿揭露计划

自 2009 年开始,美国国税局便开始实施海外账户自愿揭露计划(The Offshore Voluntary Disclosure Program),要求之前没有主动申报海外收入或资产(以下简称未申报海外资产)的美国个人税务居民在限定期限内向美国国税局自首,补充申报未申报海外资产,并相应减少罚款。截至目前,该计划已经实施了三个阶段,分别于 2009 年、2011 年及 2012 年开始实施,每个阶段的自首截止日期如表7－13所示。

表 7－13

实施阶段	自首截止日期
第一阶段	2019 年 10 月 15 日
第二阶段	2011 年 8 月 31 日
第三阶段	2018 年 9 月 28 日①

① 第三阶段在开始实施时,并未公布自首截止日期,直到 2018 年 3 月 13 日美国国税局才宣布该阶段的自首截止日期为 2018 年 9 月 28 日;参见美国国税局官方网站,https://www.irs.gov/newsroom/irs-to-end-offshore-voluntary-disclosure-program-taxpayers-with-undisclosed-foreign-assets-urged-to-come-forward-now,最后访问日期:2022 年 9 月 24 日。

根据美国国税局的公开信息显示，自实施海外账户自愿揭露计划以来，56000名美国税务居民参加了该计划，缴纳税款本金、税款利息及罚款共计110亿美元，[①]该计划可谓“战果辉煌”。

（四）简易揭露计划

美国国税局于2012年9月1日开始实施简易揭露计划（Streamlined Filing Compliance Procedures），该计划要求美国个人税务居民向美国国税局自首，补充申报未申报海外资产，并相应减少罚款，主要适用非故意未申报海外资产。美国国税局于2014年6月18日对该计划进行了修订，取消了该计划的以下适用条件，扩展了适用对象。

1. 补充申报人居住在美国境外；

2. 因未申报海外资产每年所欠税款少于1500美元；

3. 须经过风险评估。

三、美国《海外账户税务合规法案》

（一）《海外账户税务合规法案》概述

《海外账户税务合规法案》的英文全称为 *Foreign Account Tax Compliance Act*（FATCA），因FATCA的发音与英文词组“fat cat”（中文为“肥猫”）相似，该法案俗称“肥猫法案”。FATCA本身不是一个独立的法案，而是2010年美国国会颁布的《雇佣激励以恢复就业法案》（*Hiring Incentives to Restore Employment Act*）中的部分条款。

美国是世界经济第一大体，其税制导致中产阶层以上人士税负较重，对“tax”一词“别碰，一碰就疼”的感受非常深刻。出于趋利避害的本能，不少美国籍高净值人士将资产转移至或隐匿于“避税天堂”，许多美国绿卡持有者更没有主动向国税局申报其留存于国籍所在国或“避税天堂”的资产。

2008年国际金融危机重创了美国经济，美国各级政府面临着财源枯竭的状况，政府虽知道大量高净值人士将资产藏匿海外避税，却因执法难度太大而一筹

---

① 参见美国国税局官方网站，https://www.irs.gov/newsroom/irs-to-end-offshore-voluntary-disclosure-program-taxpayers-with-undisclosed-foreign-assets-urged-to-come-forward-now，最后访问日期：2022年9月24日。

莫展。2009 年,美国司法部破获一起瑞士银行(Union Bank of Switzerland, UBS)协助美国富人转移资产逃税的大案。该案使得美国政府下定决心彻底解决海外避税问题。2010 年美国正式实施 FATCA,要求外国金融机构通过尽职调查程序收集其管理的美国税务居民持有的金融账户涉税信息(FATCA 涉税信息)并上报给美国国税局。美国因实施了 FATCA,因此没有参与以 CRS 为核心的非税务居民涉税信息自动交换。

(二)《海外账户税务合规法案》的运行机制

1. 政府间协议

FATCA 是美国的国内法律,并不能约束外国金融机构,[①]为了解决 FATCA 的跨国法律障碍,美国制定了两套实施 FATCA 的政府间协议(Intergovernmental Agreement):政府间协议模式一与政府间协议模式二。

(1)政府间协议模式一

在模式一下:首先,其他国家或地区与美国签订政府间协议成为 FATCA 伙伴成员;其次,FATCA 伙伴成员根据政府间协议制定其国内法律;再次,FATCA 伙伴成员的金融机构根据该法律收集 FATCA 涉税信息后上报给其国家机构;最后,由该国家机构提供给美国国税局。该模式又根据美国与 FATCA 伙伴成员是否互相交换 FATCA 涉税信息再细分为双边交换模式和单边交换模式:双边交换模式下,美国与 FATCA 伙伴成员互相交换 FATCA 涉税信息;单边交换模式下,只是 FATCA 伙伴成员向美国提供 FATCA 涉税信息。

(2)政府间协议模式二

在模式二下,其他国家或地区与美国签订政府间协议成为 FATCA 伙伴成员,该 FATCA 伙伴成员的金融机构与美国国税局签订《外国金融机构协议》(*Foreign Financial Institute Agreement*)后根据该协议收集并直接向国税局提供 FATCA 涉税信息。

2. 外国金融机构登记制度

根据外国金融机构登记制度(Foreign Financial Institute Registration), FATCA 伙伴成员的金融机构与非 FATCA 伙伴成员的金融机构都需要向美国

---

① 不包括在美国境内以及其他受美国法律管辖的外国金融机构。

国税局登记进入外国金融机构名单(Foreign Financial Institute Registration List)。尤其是非FATCA伙伴成员的金融机构,其被美国强制要求登记进入外国金融机构名单,否则其来自美国收入的30%将被征税。该名单由美国国税局发布并实时更新,所列示的外国金融机构被视为遵守FATCA的合规机构。

(三)《海外账户税务合规法案》的实施现状

1. 政府间协议

美国国税局公开的信息显示,截至目前已经有113个国家或地区[①]已经通过政府间协议成为FATCA伙伴成员或待签署政府间协议。通过政府间协议模式一成为FATCA伙伴成员的国家或地区名单如表7-14所示,通过政府间协议模式二成为FATCA伙伴成员的国家或地区名单如表7-15所示,待签署政府间协议的国家名单如表7-16所示。

表7-14[②]

政府间协议模式一FATCA伙伴(共94个)				
阿尔及利亚	安哥拉	安圭拉	安提瓜和巴布达	澳大利亚
阿塞拜疆	巴哈马	巴林	巴巴多斯	白俄罗斯
比利时	巴西	英属维尔京群岛	保加利亚	佛得角
柬埔寨	加拿大	开曼群岛	哥伦比亚	哥斯达尼加
克罗地亚	库拉索	塞浦路斯	捷克	丹麦
多米尼加联邦	多米尼加共和国	爱沙尼亚	芬兰	法国
格鲁吉亚	德国	直布罗陀	希腊	格林兰
格林纳达	格恩西岛	圭亚那	—	圣座[③]
洪都拉斯	匈牙利	冰岛	印度	爱尔兰
马恩岛	以色列	意大利	牙买加	泽西岛
哈萨克斯坦	科索沃	科威特	拉脱维亚	列支敦士登
立陶宛	卢森堡	马耳他	毛里求斯	墨西哥

① 某些地区虽然不是主权国家却是单独的税务管辖区,例如,中国澳门的主权虽然属于中国却作为单独的税务管辖区与美国签订了政府间协议。

② 参见美国财政部官方网站,https://home.treasury.gov/policy-issues/tax-policy/foreign-account-tax-compliance-act,最后访问日期:2022年9月24日。

③ 根据美国财政部的公开信息翻译为"圣座",即梵蒂冈,由于梵蒂冈属于罗马教廷管辖,联合国承认罗马教廷为一个独立的地区,其首脑为教皇,被尊称为"圣座",因此梵蒂冈的国家/地区名称为圣座。

续表

黑山共和国	蒙特塞拉特	荷兰	新西兰	挪威
巴拿马	菲律宾①	波兰	葡萄牙	卡塔尔
罗马尼亚	沙特阿拉伯	塞尔维亚	塞舌尔②	新加坡
斯洛伐克	斯洛文尼亚	南非	韩国	西班牙
圣基茨和尼维斯	圣卢西亚	圣文森特和格林纳丁斯	瑞典	泰国③
特尼尼达和多巴哥	突尼斯	土库曼斯坦	特克斯和凯科斯群岛	乌克兰
阿联酋	英国	乌兹别克斯坦	越南	

表 7－15④

政府间协议模式二 FATCA 伙伴(共 11 个)				
亚美尼亚	奥地利	百慕大	智利⑤	中国香港
日本	中国澳门	摩尔多瓦	圣马力诺	瑞士
中国台湾⑥				

表 7－16⑦

待签署政府间协议(共 8 个)				
中国	海地	印度尼西亚	伊拉克	马来西亚
尼加拉瓜	巴拉圭	秘鲁		

① 菲律宾已经与美国签订了政府间协议,但截至目前该协议尚未生效。

② 塞舌尔已经与美国签订了政府间协议,但截至目前该协议尚未生效。

③ 泰国已经与美国签订了政府间协议,但截至目前该协议尚未生效。

④ 参见美国财政部官方网站,https://home. treasury. gov/policy-issues/tax-policy/foreign-account-tax-compliance-act,最后访问日期:2022 年 9 月 24 日。

⑤ 智利已经与美国签订了政府间协议,但截至目前该协议尚未生效。

⑥ 中国台湾已经与美国签订了所谓的“政府间协议”,但截至目前该“协议”尚未生效。

⑦ 截至目前,表 7－16 所列示的国家只是就政府间协议达成了实质性一致,但尚未签订该协议;参见美国财政部官方网站,https://home. treasury. gov/policy-issues/tax-policy/foreign-account-tax-compliance-act,最后访问日期:2022 年 9 月 24 日。

2. 外国金融机构登记制度

美国国税局公开的信息显示，截至2022年8月25日[①]大量外国金融机构完成了登记，其中中国、BVI、开曼、百慕大等“避税天堂”金融机构的数量如表7－17所示，其数据来源如图7－21、图7－22、图7－23、图7－24、图7－25、图7－26所示。

表7－17[②]

国家或地区	已登记金融机构数量(个)
中国	3264
中国香港	9024
中国澳门	114
BVI	15957
开曼	超过30000
百慕大	4266

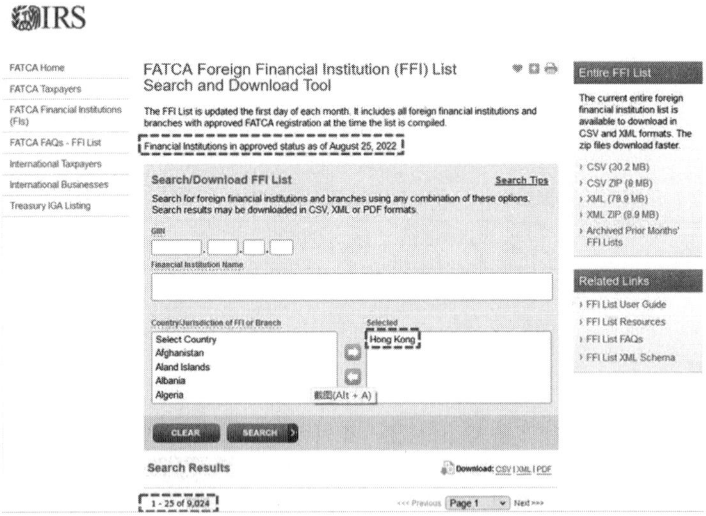

图7－21

① 该日期为截至目前美国国税局官方网站的最后数据更新日期。

② 参见美国国税局官方网站，https://apps.irs.gov/app/fatcaFfiList/flu.jsf，最后访问日期：2022年9月24日。

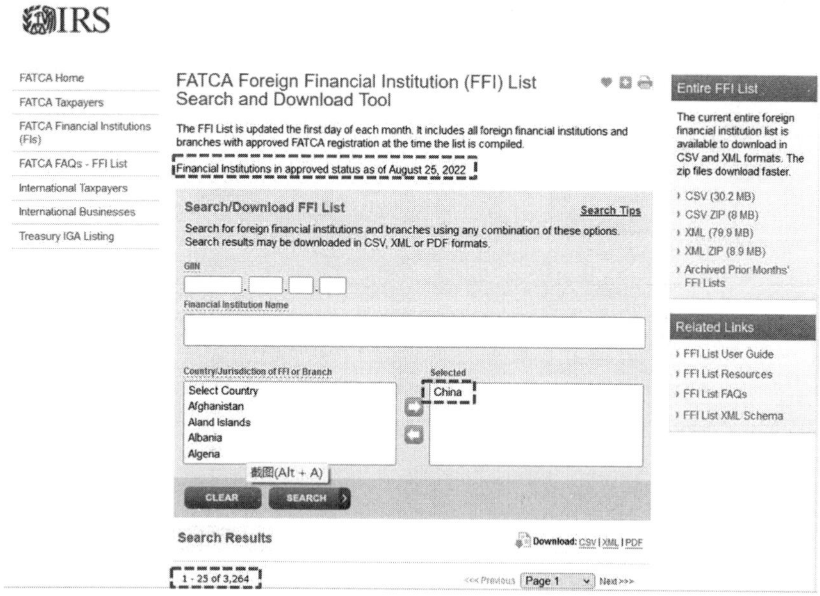
IRS
FATCA Home
FATCA Taxpayers
FATCA Financial Institutions (FIs)
FATCA FAQs - FFI List
International Taxpayers
International Businesses
Treasury IGA Listing
FATCA Foreign Financial Institution (FFI) List Search and Download Tool
The FFI List is updated the first day of each month. It includes all foreign financial institutions and branches with approved FATCA registration at the time the list is compiled.
Financial Institutions in approved status as of August 25, 2022
Search/Download FFI List
Search Tips
Search for foreign financial institutions and branches using any combination of these options. Search results may be downloaded in CSV, XML or PDF formats.
GIIN
Financial Institution Name
Country/Jurisdiction of FFI or Branch
Select Country
Afghanistan
Aland Islands
Albania
Algeria
Selected
China
截图(Alt + A)
CLEAR
SEARCH
Search Results
Download: CSV | XML | PDF
1 - 25 of 3,264
<<< Previous
Page 1
Next >>>
Entire FFI List
The current entire foreign financial institution list is available to download in CSV and XML formats. The zip files download faster.
CSV (30.2 MB)
CSV ZIP (8 MB)
XML (79.9 MB)
XML ZIP (8.9 MB)
Archived Prior Months' FFI Lists
Related Links
FFI List User Guide
FFI List Resources
FFI List FAQs
FFI List XML Schema

图 7－22

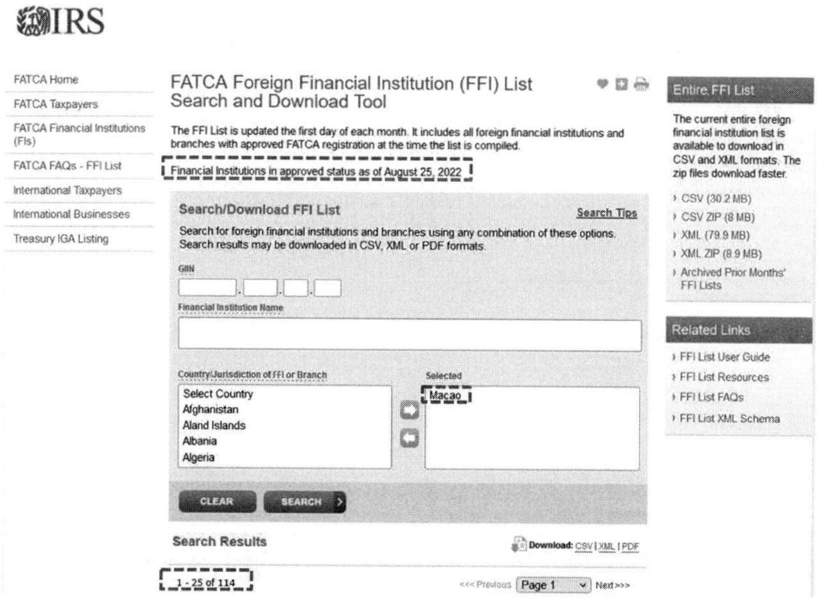
IRS
FATCA Home
FATCA Taxpayers
FATCA Financial Institutions (FIs)
FATCA FAQs - FFI List
International Taxpayers
International Businesses
Treasury IGA Listing
FATCA Foreign Financial Institution (FFI) List Search and Download Tool
The FFI List is updated the first day of each month. It includes all foreign financial institutions and branches with approved FATCA registration at the time the list is compiled.
Financial Institutions in approved status as of August 25, 2022
Search/Download FFI List
Search Tips
Search for foreign financial institutions and branches using any combination of these options. Search results may be downloaded in CSV, XML or PDF formats.
GIIN
Financial Institution Name
Country/Jurisdiction of FFI or Branch
Select Country
Afghanistan
Aland Islands
Albania
Algeria
Selected
Macao
CLEAR
SEARCH
Search Results
Download: CSV | XML | PDF
1 - 25 of 114
<<< Previous
Page 1
Next >>>
Entire FFI List
The current entire foreign financial institution list is available to download in CSV and XML formats. The zip files download faster.
CSV (30.2 MB)
CSV ZIP (8 MB)
XML (79.9 MB)
XML ZIP (8.9 MB)
Archived Prior Months' FFI Lists
Related Links
FFI List User Guide
FFI List Resources
FFI List FAQs
FFI List XML Schema

图 7－23

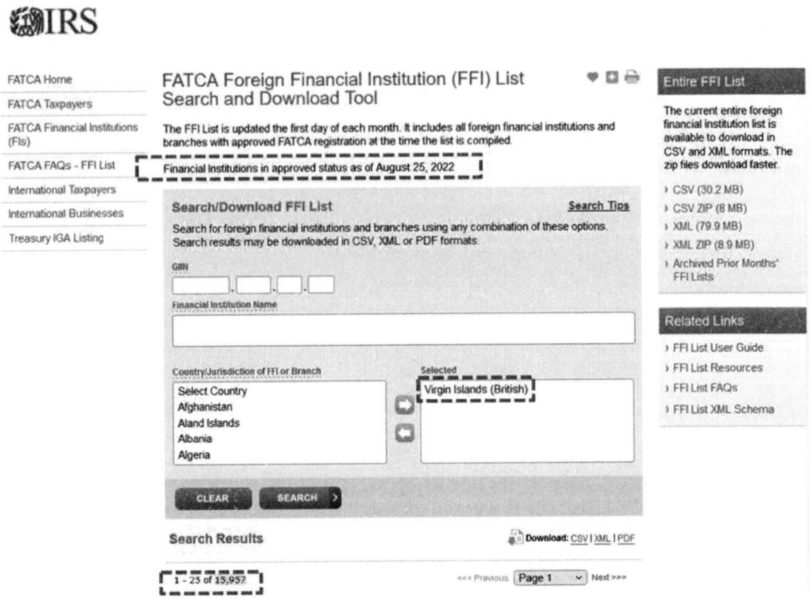
IRS
FATCA Home
FATCA Taxpayers
FATCA Financial Institutions (FIs)
FATCA FAQs - FFI List
International Taxpayers
International Businesses
Treasury IGA Listing
FATCA Foreign Financial Institution (FFI) List Search and Download Tool
The FFI List is updated the first day of each month. It includes all foreign financial institutions and branches with approved FATCA registration at the time the list is compiled.
Financial Institutions in approved status as of August 25, 2022
Search/Download FFI List
Search Tips
Search for foreign financial institutions and branches using any combination of these options. Search results may be downloaded in CSV, XML or PDF formats.
GIIN
Financial Institution Name
Country/Jurisdiction of FFI or Branch
Select Country
Afghanistan
Aland Islands
Albania
Algeria
Selected
Virgin Islands (British)
CLEAR
SEARCH
Search Results
Download: CSV | XML | PDF
1 - 25 of 15,957
<<< Previous
Page 1
Next >>>
Entire FFI List
The current entire foreign financial institution list is available to download in CSV and XML formats. The zip files download faster.
CSV (30.2 MB)
CSV ZIP (8 MB)
XML (79.9 MB)
XML ZIP (8.9 MB)
Archived Prior Months' FFI Lists
Related Links
FFI List User Guide
FFI List Resources
FFI List FAQs
FFI List XML Schema

图 7 – 24

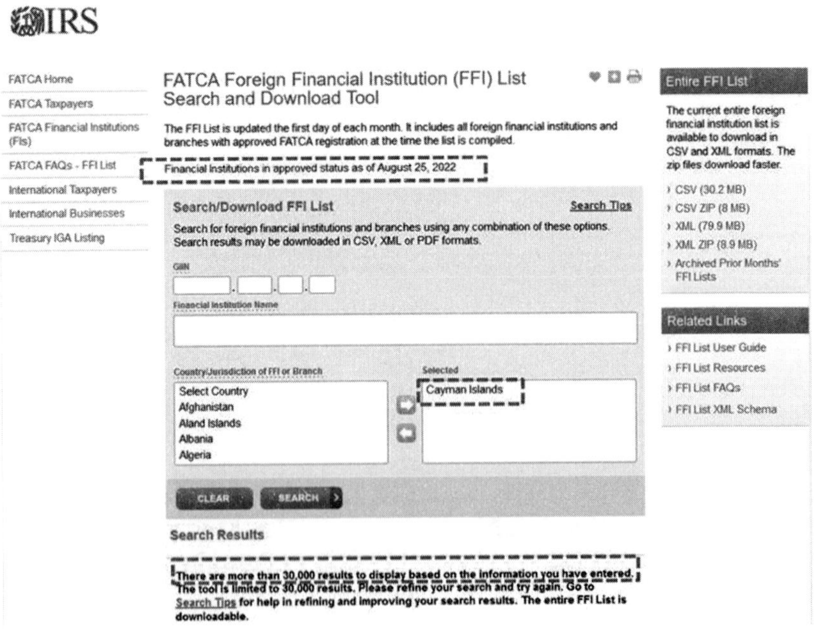
IRS
FATCA Home
FATCA Taxpayers
FATCA Financial Institutions (FIs)
FATCA FAQs - FFI List
International Taxpayers
International Businesses
Treasury IGA Listing
FATCA Foreign Financial Institution (FFI) List Search and Download Tool
The FFI List is updated the first day of each month. It includes all foreign financial institutions and branches with approved FATCA registration at the time the list is compiled.
Financial Institutions in approved status as of August 25, 2022
Search/Download FFI List
Search Tips
Search for foreign financial institutions and branches using any combination of these options. Search results may be downloaded in CSV, XML or PDF formats.
GIIN
Financial Institution Name
Country/Jurisdiction of FFI or Branch
Select Country
Afghanistan
Aland Islands
Albania
Algeria
Selected
Cayman Islands
CLEAR
SEARCH
Search Results
There are more than 30,000 results to display based on the information you have entered. The tool is limited to 30,000 results. Please refine your search and try again. Go to Search Tips for help in refining and improving your search results. The entire FFI List is downloadable.
Entire FFI List
The current entire foreign financial institution list is available to download in CSV and XML formats. The zip files download faster.
CSV (30.2 MB)
CSV ZIP (8 MB)
XML (79.9 MB)
XML ZIP (8.9 MB)
Archived Prior Months' FFI Lists
Related Links
FFI List User Guide
FFI List Resources
FFI List FAQs
FFI List XML Schema

图 7 – 25

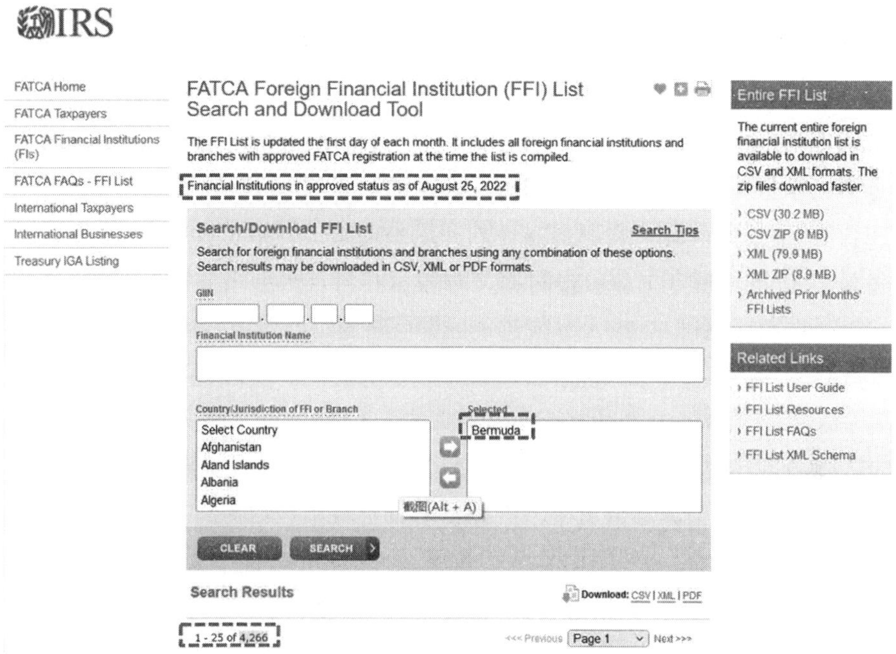

图 7－26

（四）FATCA 的核心概念

FATCA 实施后，美国对其税务居民的税务监管效果明显，促使经济合作与发展组织参照 FATCA 制定了 CRS。除了较小的差异之外，FATCA 与 CRS 的内容比较相似，包括外国金融机构、金融账户、金融资产、金融账户持有人、金融账户持有人身份信息、消极非金融机构等核心概念，因此本章对 FATCA 的这些核心概念不再赘述。

综合以上对美国联邦税种、海外资产申报制度以及 FATCA 的解析，对于美国个人税务居民中的中产阶层以上人士，尤其是高净值人士而言，美国税制完善、监管严厉、违法成本高，尤其是针对主动申报海外收入和资产的制度设计非常完善。

首先，在实施 FinCEN 114 表格申报与 8938 表格申报之前，美国个人税务居民的全球收入和资产都是联邦个人所得税、赠与税、隔代转移税、遗产税、弃籍税的征税对象，美国个人税务居民对这些税种所涉及的海外收入和资产都必须主动申报。

其次，针对许多具有美国身份的高净值人士不遵守主动申报制度，要么对已在海外的收入或资产隐瞒不报，要么想方设法不惜铤而走险将收入或资产转移至海外，美国政府开始实施 FinCEN 114 表格申报与 8938 表格申报这两种更为严厉的主动申报制度，尤其后者具有警示作用：以单独的申报表格提示美国个人税务居民申报海外收入或资产，如果没有主动申报，那么就视为明知故犯。

再次，通过海外账户自愿揭露计划和简易揭露计划给予自首机会。

最后，就既不遵守主动申报制度又对警示和自首机会仍旧置若罔闻的"顽固分子"，美国政府通过 FATCA 掌握逃税证据后将施以严重罚款甚至牢狱之灾。

四、案例解析

美国是我国高净值人士移民的主要目的国之一。近年来随着对中美税制差异的逐渐了解，我国高净值人士越来越关心移民美国后将面临的美国税务风险。综合美国税制的特点和我们回答的咨询热点，本部分以两个案例揭示美国税务风险：案例 7 – 4 聚焦主动申报合规风险，案例 7 – 5 为 FATCA 打击的典型跨境逃税案。

案例 7 – 4　S 夫妇关于首次报税的咨询

（一）咨询时间

2019 年 10 月。

（二）咨询事项

S 夫妇是我国典型的高净值人士三口之家：S 先生是企业主、S 太太从事固定工作、儿子 14 岁。S 夫妇的主要收入来源于美国和中国（见表 7 – 19），经过多年的辛苦打拼，积累了一定数量的房产、金融类、股权类资产（见表 7 – 18）。为了能让儿子接受国际化教育，S 夫妇计划在儿子念高中前获得美国绿卡：一家三口同时移民（以下简称移民方案一），或者 S 太太与儿子先移民、S 先生待不再为企业事务亲力亲为时再移民（以下简称移民方案二）。在与移民中介机构交流相关事宜时，S 夫妇也初步了解到获得美国绿卡后一般就会成为美国税务居民，将面临繁琐的多个税种主动申报和可能较高的税负，也被提醒如果隐匿收入或资产虚假申报及少缴税都将面临严重的后果。于是 S 夫妇来向我们咨询移民美国后具体的美国税务风险。

表 7－18

资产种类	资产名目	
房产	自住房	
	投资房	住宅
		商铺
股权类资产	公司股权	
金融资产	现金	
	理财产品	
	股票	
	大额人寿保单	
	信托	

表 7－19

收入来源地	收入名目
美国	股票投资收益
中国	房产租金
	公司股权分红
	银行存款利息
	理财产品收益
	股票投资收益
	大额人寿保单年金收益
	信托受益金

(三)咨询解答

事实上,主动申报是美国税务征管的核心制度,与我国的税务征管制度存在较大差异,那么最主要的美国税务风险来源于是否合法、合规报税。如何在以永久居民身份入境美国(以下简称入境美国)后的第一年合法、合规申报联邦个人所得税(以下简称首次报税)是他们面临的首要问题,涉及以下要点。

1. 如何选择报税身份?

通常情况下,S 夫妇无论采用哪种方案,都将在年度中首次入境美国,面临首次报税时如何选择最适合的报税身份的问题。笔者以 S 夫妇一家三口或 S 太太和儿子于2021年7月1日儿子初中毕业后入境美国为例，就两种移民方案下如何选择2021年度联邦个人所得税的报税身份予以说明。

移民方案一：

首先，在该方案下，S夫妇的首次报税涉及他们以下四个期间分别来源于美国和中国的收入：

(1)2021年1月1日至2021年6月30日来源于美国的收入（以下简称S夫妇入境前美国收入）；

(2)2021年7月1日至2021年12月31日来源于美国的收入（以下简称S夫妇入境后美国收入）；

(3)2021年1月1日至2021年6月30日来源于中国的收入（以下简称S夫妇入境前中国收入）；

(4)2021年7月1日至2021年12月31日来源于中国的收入（以下简称S夫妇入境后中国收入）。

以下合称上述S夫妇四个期间的收入为S夫妇2021年全球收入。

其次，S夫妇在入境美国之前为非美国税务居民（以下简称非居民），在入境后就成为美国税务居民（以下简称居民），因此可以选择2021年全年度都是居民，或者“非居民+居民”双重税务身份首次报税两种方式。

(1)以全年度都是居民首次报税

S夫妇如果以2021年全年度都是居民首次报税，需要就S夫妇2021年全球收入报税。就报税身份而言，他们只能选择夫妻合并报税，而不能选择其他身份。

(2)以双重税务居民身份首次报税

S夫妇如果以双重居民报税，需要以非居民就S夫妇入境前美国收入报税，以居民就S夫妇入境后美国收入和S夫妇入境后中国收入报税。就报税身份而言，只能选择夫妻分别报税，并且不能享受标准扣除额。

综上两种方式，各有优缺点（见表7－20）：选择全年度都是居民S夫妇可以享受所有税收优惠，但如果S夫妇入境前中国收入较高，他们可能会承担较高的税负；选择双重居民身份可以避免就S夫妇入境前中国收入报税，但他们都不能享受标准扣除额。因此，S夫妇可以根据2021年的收入状况，详细计算、对比两种方式下联邦个人所得税金额后作出选择。

表 7-20

税务居民身份	报税收入	报税身份	优点	缺点
美国税务居民	S 夫妇 2021 年全球收入	夫妻合并报税	S 夫妇可以享受全部税收优惠	总税负可能较高
双重税务居民	S 夫妇入境前美国收入	夫妻分别报税	总税负可能较低	S 夫妇不能享受标准扣除额
	S 夫妇入境后美国收入			
	S 夫妇入境后中国收入			

移民方案二：

首先，在该方案下，S 夫妇的首次报税涉及他们各自以下四个期间分别来源于美国和中国的收入：

S 太太：

(1)2021 年 1 月 1 日至 2021 年 6 月 30 日来源于美国的收入(以下简称 S 太太入境前美国收入)；

(2)2021 年 7 月 1 日至 2021 年 12 月 31 日来源于美国的收入(以下简称 S 太太入境后美国收入)；

(3)2021 年 1 月 1 日至 2021 年 6 月 30 日来源于中国的收入(以下简称 S 太太入境前中国收入)；

(4)2021 年 7 月 1 日至 2021 年 12 月 31 日来源于中国的收入(以下简称 S 太太入境后中国收入)。

以下合称上述 S 太太四个期间的收入为 2021 年 S 太太全球收入。

S 先生：

(1)2021 年 1 月 1 日至 2021 年 6 月 30 日来源于美国的收入(以下简称 S 先生入境前美国收入)；

(2)2021 年 7 月 1 日至 2021 年 12 月 31 日来源于美国的收入(以下简称 S 先生入境后美国收入)；

(3)2021 年 1 月 1 日至 2021 年 6 月 30 日来源于中国的收入(以下简称 S 先生入境前中国收入)；

(4)2021 年 7 月 1 日至 2021 年 12 月 31 日来源于中国的收入(以下简称 S 先生入境后中国收入)。

以下合称上述S先生四种期间的收入为2021年S先生全球收入。

其次,S太太在入境美国之前为非居民,在入境后就成为居民,因此她可以选择2021年全年度都是居民,或者"非居民+居民"双重税务身份首次报税两种方式。

(1)以全年度都是居民首次报税

S太太以2021年全年度都是居民首次报税,必须首先选择将S先生也视为2021年全年度都是居民,就2021年S太太全球收入和2021年S先生全球收入报税。就报税身份而言,他们只能选择夫妻合并报税,而不能选择其他身份。

(2)以双重税务居民身份首次报税

首先,S太太需要以非居民就S太太入境前美国收入报税,以居民就S太太入境后美国收入和S太太入境后中国收入报税。

其次,不能在就S太太入境后美国收入和S太太入境后中国收入报税时将S先生视为2021年7月1日至2021年12月31日的居民。就报税身份而言,S太太只能选择夫妻分别报税,并且不能享受标准扣除额。

综上两种方式,各有优缺点(见表7-21):选择全年度都是居民S夫妇可以享受所有税收优惠,但如果S太太入境前中国收入、2021年S先生全球收入较高,他们可能会承担较高的税负;选择双重居民身份可以避免就S太太入境前中国收入、2021年S先生全球收入报税,但S太太不能享受标准扣除额。因此,S太太可以根据她和S先生2021年各自的收入状况,详细计算、对比两种方式下联邦个人所得税金额后作出选择。

表7-21

税务居民身份	报税收入	报税身份	优点	缺点
美国税务居民	S太太2021年全球收入	夫妻合并报税	S夫妇可以享受全部税收优惠	总税负可能较高
	S先生2021年全球收入			
双重税务居民	S太太入境前美国收入	夫妻分别报税	总税负可能较低	S太太不能享受标准扣除额
	S太太入境后美国收入			
	S太太入境后中国收入			

2. 应当申报哪些中国收入?

当S夫妇或S太太首次报税时,无论是选择美国居民身份还是双重税务居民身份，都将涉及他们来源于中国的收入，并且几乎全部种类的中国收入都是联邦所得税应纳税所得，但大额人寿保单年金收益、信托受益金比较特殊，并不全都是应纳税所得。

(1)大额人寿保单

S夫妇的某大额人寿保单为分红型年金险，投保人、被保险人、身故受益人分别为S先生、S太太、儿子。S太太每年定期从保险公司领取年金，由该保单的保费和分红构成。根据美国税法相关规定，该年金中的分红为联邦个人所得税的应纳税所得。

(2)信托受益金

S先生作为委托人设立的信托，受益人包括S夫妇一家三口。根据信托合同，他们每年定期领取一定的受益金。根据美国税法相关规定，该受益金中来自信托财产本金投资收益的部分是联邦个人所得税的应纳税所得。

3. 应当申报哪些中国金融资产？

根据美国税务居民外国金融资产申报制度，S夫妇或S太太首次报税时，其名下超过申报标准(见表7－12)的中国金融资产必须以8938表格进行申报，具体包括公司股权、现金、理财产品、大额人寿保单和信托。

需要特别注意的是，虽然中国没有与美国签订实施FATCA的政府间协议，但大量中国金融机构已经登记进入外国金融机构名单(见图7－21)，成为遵守FATCA的合规外国金融机构。如果S夫妇首次报税时隐瞒这些金融机构中超过申报标准的金融资产，将面临严重罚款甚至刑事指控的巨大美国税务风险。

4. 如何减轻弃籍税的税负？

虽然S夫妇计划长期持有美国绿卡，未考虑主动放弃“来之不易”的美国绿卡，但是为防范未来客观原因导致其放弃美国绿卡，应未雨绸缪提前规划减轻弃籍税税负。根据弃籍税应纳税财产额计算方式，合法、合规降低所有资产在放弃身份日前一天的市值或提高所有资产的原始取得成本都可以减轻弃籍税税负，但后者是唯一实际可行的方法。

鉴于S夫妇的中国资产在入境美国时的市场价值远高于他们首次取得这些资产的价值，S夫妇可以在入境美国前准备中国资产的鉴价报告以作为放弃美国绿卡时这些资产的原始取得成本，从而降低弃籍税应纳税额。

(四)案例解读

实务中,防范美国税务风险需要系统性、具体性、针对性的解决方案。上述针对S夫妇的咨询解答还需要根据其资产和收入的具体金额综合考量赠与税、隔代转移税及遗产税等税种制定更为详细的解决方案。虽然向我们咨询美国税务风险的个人客户与S夫妇的家庭情况和移民美国方案都比较类似,即使资产和收入种类只有微小差异,但是也需要专业人士“一案一议”“量身定做”详细的解决方案。

案例7-5 协助美国税务居民逃避FATCA合规披露案

(一)案情摘要

2018年3月20日美国纽约东区法院审理了有关FATCA实施以来最大规模的FATCA规避案件(见图7-27)。在该案中,多家金融机构、公司以及多名个人帮助美国纳税人逃避FATCA的合规披露,因此被指控犯有证券欺诈、洗钱、欺骗美国等罪名。

Case 1:18-cr-00102-KAM Document 22 Filed 03/20/18 Page 1 of 33 PageID #: 69

JMK:MTK/DG
F. #2017R01904

FILED
CLERK
2018 MAR 20 AM 3:59

UNITED STATES DISTRICT COURT
EASTERN DISTRICT OF NEW YORK

------------------------------------X

UNITED STATES OF AMERICA

- against -

PANAYIOTIS KYRIACOU,
also known as "Peter Kyriacou,"
ARVINSINGH CANAYE,
also known as "Vinesh Canaye,"
ADRIAN BARON,
LINDA BULLOCK,
ARISTOS ARISTODEMOU,
MATTHEW GREEN,
BEAUFORT SECURITIES LTD,
BEAUFORT MANAGEMENT SERVICES LTD,
LOYAL BANK LTD and
LOYAL AGENCY AND TRUST CORP.,

Defendants.

SUPERSEDING INDICTMENT

Cr. No. 18-102 (S-1) (KAM)
(T. 18, U.S.C., §§ 371, 981(a)(1)(C), 982(a)(1), 982(b)(1), 1956(h) and 3551 et seq.; T. 21, U.S.C., § 853(p); T. 28, U.S.C., § 2461(c))

------------------------------------X

THE GRAND JURY CHARGES:

图7-27

(二)案件详情

被告:

Beaufort Securities Ltd(Beaufort 证券公司)(以下简称 Beaufort 证券):

一家注册于伦敦的全牌照证券经纪公司,主要从事为机构、个人客户提供证券经纪服务。该公司也是一家根据 FATCA 注册于美国国税局的外国金融机构。

Beaufort Management Service Ltd(Beaufort 财富管理公司)(以下简称 Beaufort 财富管理):

一家在毛里求斯开业经营的离岸管理公司,主要从事为离岸公司提供注册、名义股东和董事、合规与审计、银行开户等服务。该公司也是一家根据 FATCA 注册于国税局的外国金融机构。

Loyal Bank Ltd(Loyal 银行)(以下简称 Loyal 银行):

一家在圣文森特和格林纳丁斯、①布达佩斯经营的离岸银行,主要从事为机构与个人提供财富管理服务。该公司也是一家根据 FATCA 注册于国税局的外国金融机构。

Loyal Agency and Trust Corporation(Loyal 托管和信托公司)(以下简称 Loyal 信托):

一家注册于圣文森特和格林纳丁斯的离岸管理公司,主要从事离岸公司注册、提供名义股东服务;信托、基金设立服务。

Peter Kyriacou:

英国公民,受雇于 Beaufort 证券在伦敦从事投资经理工作。

Arvinsingh Canaye:

毛里求斯公民,是 Beaufort 财富管理的总经理。

Adrian Baron:

拥有英国、圣文森特和格林纳丁斯双重国籍,身兼 Loyal 银行的首席商务官、Loyal 信托的董事。

Linda Bullock:

---

① 圣文森特和格林纳丁斯是位于东加勒比海的岛国,由圣文森特岛以及格林纳丁斯群岛组成,其主要产业为离岸金融业和旅游业。

拥有英国、圣文森特和格林纳丁斯双重国籍，身兼 Loyal 银行的首席执行官、Loyal 信托的董事。

Matthew Green：

英国公民，是伦敦 Mayfair Fine Art Limited（以下简称 Mayfair 艺术品公司）的老板。

Aristos Aristodemou：

英国公民，是伦敦的一名房地产开发商。

美国司法部动用了美国几乎各个关键部门，包括国税局的犯罪调查科、美国联邦调查局、美国证券管理委员会纽约和华盛顿中心，并与英国伦敦警察局、英国金融犯罪调查局、匈牙利国家特别调查局等外国机构展开合作，主要通过“卧底调查”的方式查明了上述被告的以下犯罪事实：

1. 2014 年 3 月至 2018 年 2 月，经过事先预谋，被告通过先掩饰其[①]客户在数家美国上市公司拥有权益的真实身份，再操纵这些公司股票价格和交易数量的方式实施了证券欺诈。

(1) 2016 年 10 月 21 日，Beaufort 证券为客户实际控制的、注册于伯利兹的国际商务公司[②]开设了证券经纪账户。

(2) 2016 年 11 月 30 日，经过 Peter Kyriacou 建议，客户委托了一名全权受托人[③]（以下简称全权受托人）负责处理与国际商务公司证券账户相关的事宜，以此掩饰客户作为该公司实际控制人的真实身份。

(3) 2017 年 4 月 26 日，Peter Kyriacou 与客户开始通过新注册的电子邮件联络，以彻底掩饰客户在未来证券交易中的真实身份。

(4) 2017 年 10 月 17 日，Arvinsingh Canaye 代表客户签字注册了 6 家环球商务公司，[④]以此掩饰客户作为该公司实际控制人的真实身份。随后，Arvinsingh Canaye 通过全权受托人为这些公司在 Beaufort 证券开设了证券经纪账户。

(5) 2018 年 1 月 31 日，Peter Kyriacou 运用国际商务公司与环球商务公司在

---

① 该客户的真实身份为卧底调查人员。

② 该类国际商务公司的英文名为“International Business Corporation”，是一种典型的离岸壳公司。

③ 该名全权受托人的真实身份为卧底调查人员。

④ 该类环球商务公司的英文名为“Global Business Corporation”，是一种典型的离岸壳公司。

Beaufort 证券的账户通过合谋交易[1]的方式操作美国上市公司的股票价格和交易数量。

2. 2011 年 1 月至 2018 年 2 月，经过事先预谋，被告通过往来于美国的虚假金融交易实施了洗钱行为。这些交易虚构了证券交易的现金和财产收益。

3. 2017 年 10 月至 2018 年 2 月，经过事先预谋被告通过往来于美国的虚假金融交易实施了洗钱行为。这些交易虚构了证券交易的财产收益。

4. 2016 年 8 月至 2018 年 2 月，经过事先预谋，被告违反 FATCA 使国税局难以对其客户的海外收入准确计算、评估、征收个人所得税。

(1)2017 年 10 月 17 日，Arvinsingh Canaye 代表客户签字注册了 6 家环球商务公司，以此掩饰客户作为该公司实际控制人的真实身份。

(2)2018 年 2 月 8 日，Arvinsingh Canaye 协助全权受托人为上述 6 家环球商务公司在 Beaufort 证券开设了证券经纪账户。

5. 通过以上方式，被告为客户注册了 6 家离岸壳公司，并以代为注册、设立全权受托人的方式故意虚构账户信息，违反了 FATCA。

(三)案例解读

2017 年 5 月至 2018 年 2 月，经过事先预谋，被告违反 FATCA 使国税局难以对其客户的海外收入准确计算、评估、征收个人所得税。

首先，Linda Bullock 以他人名义为客户实际控制的国际商务公司在 Loyal 银行开设了账户，以此掩饰客户作为该账户实际受益人的真实身份；

其次，Linda Bullock 为客户开通了在线操作上述银行账户的授权；

最后，Loyal 银行向国税局提交了虚假的国际商务公司银行账户信息。

通过以上方式，被告故意为客户虚构银行账户信息，并向国税局申报了这些虚假信息，违反了 FATCA。

根据 FATCA 以及美国证券交易委员会的相关规定，上述被告被指控犯有证券欺诈、洗钱、欺骗美国等罪名。

---

① 合谋交易的英文名为"Match Trade"，是指两人或多人合谋，同时买入或卖出相同股票，以人为操纵该股票的交易价格、数量。

第四节 违规资本跨境流动风险

在经济全球化背景下,我国高净值人士的资本跨境流动主要体现为个人财产对外转移。近年来,我国逐渐加强个人所得税(以下简称个税)征管,个税已经成为我国针对个人财产对外转移的税务监管重点,监管措施越来越严厉。

一、个人财产对外转移完税制度

我国个人财产对外转移完税制度来自《个人财产对外转移售付汇管理暂行办法》(中国人民银行公告〔2004〕第16号)(以下简称《暂行办法》)。

首先,根据《暂行办法》第2条的规定,个人财产对外转移包括移民财产转移和继承财产转移。移民财产转移是指从中国内地移居外国,或者赴香港特别行政区、澳门特别行政区定居的自然人(以下简称移民),将其在取得移民身份之前在境内拥有的合法财产变现,通过外汇指定银行购汇和汇出境外的行为。继承财产转移是指外国公民或香港特别行政区、澳门特别行政区居民将依法继承的境内遗产变现,通过外汇指定银行购汇和汇出境外的行为。

其次,根据《暂行办法》第8条第1款第6项、第9条第1款第5项的规定,申请办理移民转移个人财产应当提供申请转移财产所在地或收入来源地主管税务机关开具的税收证明或完税凭证(以下统称完税证明),申请办理继承转移个人财产应当提供被继承人财产所在地主管税务机关开具的完税证明。

综上《暂行办法》的相关规定,依法缴纳包括个税在内的拟对外转移个人财产相关税金是申请对外转移的必要前置条件,若拟转移财产涉及逃税,上述两类财产转移申请人都面临税务风险:移民财产转移申请人需要补缴税款并缴纳罚金和所欠税款的滞纳金(以下称逃税行政处罚),甚至刑事责任;而继承财产转移申请人虽然不承担逃税行政处罚和刑事责任,但逃税行政处罚将导致其所继承财产减损。

二、欠税人出境限制制度

我国欠税人出境限制制度来自《税收征收管理法》(2015年修正,以下简称

2015年修正《税收征管法》)、《税收征收管理法实施细则》(2016年修订,以下简称2016年修订《税收征管法实施细则》)、国家税务总局公安部《关于印发〈阻止欠税人出境实施办法〉的通知》(国税发〔1996〕215号)[①](以下简称《实施办法》)。

(一)2015年修正《税收征管法》

2015年修正《税收征管法》第44条规定:"欠缴税款的纳税人或者他的法定代表人需要出境的,应当在出境前向税务机关结清应纳税款、滞纳金或者提供担保。未结清税款、滞纳金,又不提供担保的,税务机关可以通知出境管理机关阻止其出境。"

(二)2016年修订《税收征管法实施细则》

2016年修订《税收征管法实施细则》第74条规定:"欠缴税款的纳税人或者其法定代表人在出境前未按照规定结清应纳税款、滞纳金或者提供纳税担保的,税务机关可以通知出入境管理机关阻止其出境。阻止出境的具体办法,由国家税务总局会同公安部制定。"

(三)《实施办法》

1.《实施办法》第3条第1款规定:"经税务机关调查核实,欠税人未按规定结清应纳税款又未提供纳税担保且准备出境的,税务机关可依法向欠税人申明不准出境。对已取得出境证件执意出境的,税务机关可按本办法第四条规定的程序函请公安机关办理边控手续,阻止其出境。"

2.《实施办法》第5条规定:"……有关边防检查站在接到边控通知后应依法阻止欠税人出境。必要时,边防检查站可以依法扣留或者收缴欠缴税款的中国大陆居民的出境证件。"

3.《实施办法》第7条规定:"边防检查站阻止欠税人出境的期限一般为一个月。对控制期限逾期的,边防检查站可自动撤控。需要延长控制期限的,税务机关按照第四条、第五条规定办理续控手续。"

---

① 现行有效的《阻止欠税人出境实施办法》由国家税务总局、公安部根据《税收征收管理法》(1995年修正)第28条、《税收征收管理法实施细则(1993)》第52条制定,于1996年12月17日发布并实施;上述条款已在2015年修正的《税收征管法》、2016年修订的《税收征管法实施细则》中分别被调整为第44条、第74条。

综上法律规定,我国欠税人出境限制制度通过临时限制欠税人出境强制要求欠税人出境前缴清税款,防范欠税人以离境方式逃税。若拟转移财产涉及逃税,移民财产转移人将被限制出境,继承财产转移人面临为顺利出境而不得不放弃继承财产。

三、外汇管制制度

我国实施比较严格的外汇管制制度,以《外汇管理条例》(2008 年修订)(中华人民共和国国务院令第 532 号)为核心的现行有效的法律共计 196 个。[①] 与个人外汇出境相关的主要管理制度如下:

(一)对个人外汇出境施行年度限额管理

《个人外汇管理办法实施细则》(汇发〔2007〕1 号)第 2 条第 1 款规定:"对个人结汇和境内个人购汇实行年度总额管理。年度总额分别为每人每年等值 5 万美元。……"

(二)对个人外汇出境超年度限额施行经常项目和资本项目管理

1. 经常项目

根据《外汇管理条例》、《个人外汇管理办法》(中国人民银行令〔2006〕第 3 号),经常项目指国际收支中涉及货物、服务、收益及经常转移的交易项目等。经常项目外汇出境应当具有真实、合法的交易基础,并且必须由经营结汇、售汇业务的金融机构按照国务院外汇管理部门的规定,对交易单证的真实性及其与外汇收支的一致性进行合理审查。

2. 资本项目

根据《外汇管理条例》、《个人外汇管理办法》(中国人民银行令〔2006〕第 3 号),资本项目指国际收支中引起对外资产和负债水平发生变化的交易项目,包括资本转移、直接投资、证券投资、衍生产品及贷款等。资本项目外汇出境应当

---

① 参见国家外汇管理局官方网站,http://www. safe. gov. cn/safe/file/file/20220729/7a43378f90ef4ae08684ab0037a19aa3. pdf? n = % E7% 8E% B0% E8% A1% 8C% E6% 9C% 89% E6% 95% 88% E5% A4% 96% E6% B1% 87% E7% AE% A1% E7% 90% 86% E4% B8% BB% E8% A6% 81% E6% B3% 95% E8% A7% 84% E7% 9B% AE% E5% BD% 95% EF% BC% 88% E6% 88% AA% E8% 87% B32022% E5% B9% B46% E6% 9C% 8830% E6% 97% A5% EF% BC% 89% 20,最后访问日期:2022 年 9 月 24 日。

按照国务院外汇管理部门的规定办理登记,国家规定需要事先经有关主管部门批准或者备案的,应当在外汇登记前办理批准或者备案手续。

(三)对境外使用境内银行卡施行规范管理

《国家外汇管理局关于规范银行外币卡管理的通知》(汇发〔2010〕53 号)和《关于规范银行卡境外大额提取现金交易的通知》(汇发〔2017〕29 号)对境外使用境内银行卡的主要管理规定如下:

首先,境内银行卡是指中国境内金融机构发行的外币银行卡;

其次,境内银行卡在境外可用于经常项目下的消费支付,不得用于其他交易的支付;

再次,个人持境内银行卡在境外提取现金,外币卡每卡每日不得超过等值 1 万元人民币;

最后,个人持境内银行卡在境外提取现金,本人名下银行卡(含附属卡)合计每个自然年度不得超过等值 10 万元人民币。

需要特别说明的是,中国银联官方网站的公开信息显示,其于 2016 年发布《境外保险类商户受理境内银联卡合规指引》(以下简称《合规指引》),严禁中国境内居民在境外购买除与意外、疾病等旅游消费相关的经常项目保险之外的其他保险项目。[①]《合规指引》虽然不是我国与外汇管理相关的法律渊源,不具有法律效力,但也间接限制了利用境内银行卡在境外"刷卡"购买大额人寿保险对外转移个人财产。

近年来,基于个人外汇出境限额难以满足个人财产对外转移需求、无法通过购买境外大额人寿保险对外转移个人财产、个人财产对外转移比较难符合经常项目和资本项目外汇出境的监管要求等因素,部分人士铤而走险采用携带现金"瞒天过海"、运用每年个人 5 万美元购汇限额"蚂蚁搬家"、借用亲属每年 5 万美元购汇限额"众筹出境"或利用地下钱庄"借船出海"的违规违法方式对外转移个人财产,结果承担罚款等行政处罚或刑事责任,甚至因地下钱庄被冻结账户、罚款、没收违法所得而导致财产损失。

---

① 参见中国银联官方网站,https://www.unionpayintl.com/cn/mediaCenter/newsCenter/Statements/2154.shtml,最后访问日期:2022 年 9 月 24 日。

四、跨境涉税信息交换制度

对于个税,我国行使的是所得来源管辖权、居民管辖权和公民管辖权,采用“属人”兼“属地”原则,对税务居民的全球收入、对非税务居民来源于我国的收入征收个人所得税。CRS 使国家税务总局掌握了我国税务居民的涉税信息,更有利于打击跨境逃税行为。对侥幸将个人未完税财产通过非法途径转移至境外的人士,我国可以通过 CRS 所交换回的涉税信息对其进行个税监管;已经通过合法、合规方式将个人财产转移至境外的人士,仍可能是我国税务居民,我国通过 CRS 可以继续获取其涉税信息,对其进行个税监管。

综合上述各项制度,个人财产对外转移完税制度是个人财产对外转移的前置必要条件,并且财产转移人尤其是移民财产转移人可能因补缴所欠税款时面临行政处罚或刑事处罚;欠税人出境限制制度作为威慑措施迫使转移人依法纳税;外汇管制制度及其行政处罚和刑事处罚是财产转移人为逃税违法外汇出境的衍生风险;跨境涉税信息交换制度有利于税务机关利用大数据打击财产转移人将资产转移境外的逃税行为。这些制度相互配合,共同构成了我国高净值人士违规资本跨境流动的风险。

援引法律、法规及规范性文件

《中华人民共和国民法典》(中华人民共和国主席令第45号,2020年5月28日发布,2021年1月1日实施)
《中华人民共和国公司法》(中华人民共和国主席令第15号,2018年10月26日发布及实施)
《最高人民法院关于适用〈中华人民共和国民法典〉婚姻家庭编的解释(一)》(法释〔2020〕22号,2020年12月29日发布,2021年1月1日实施)
《中华人民共和国婚姻法》(中央人民政府委员会于1950年5月1日发布及实施)
《中华人民共和国婚姻法》(全国人民代表大会常务委员会委员长令第九号,1980年9月10日发布,1981年1月1日实施)
最高人民法院印发《关于人民法院审理离婚案件处理财产分割问题的若干具体意见》的通知(法发〔1993〕32号,1993年11月3日发布及实施)
《中华人民共和国婚姻法》(全国人民代表大会常务委员会于2001年4月28日发布及实施)
《中华人民共和国证券法》(中华人民共和国主席令第37号,2019年12月28日发布,2020年3月1日实施)
《中华人民共和国民事诉讼法》(中华人民共和国主席令第59号,2012年8月31日发布,2013年1月1日实施)
《最高人民法院关于适用〈中华人民共和国婚姻法〉若干问题的解释(一)》(法释〔2001〕30号,2001年12月24日发布,2001年12月27日实施)
《最高人民法院关于适用〈中华人民共和国婚姻法〉若干问题的解释(二)》(法释〔2003〕19号,2003年12月25日发布,2004年4月1日实施)
《最高人民法院关于适用〈中华人民共和国婚姻法〉若干问题的解释(三)》(法释〔2011〕18号,2011年8月9日发布,2011年8月13日实施)

续表

《最高人民法院关于适用〈中华人民共和国婚姻法〉若干问题的解释(二)的补充规定》(法释〔2017〕6 号,2017 年 2 月 28 日发布,2017 年 3 月 1 日实施)
《最高人民法院民事审判第一庭关于婚姻关系存续期间夫妻一方以个人名义所负债务性质如何认定的答复》(〔2014〕民一他字第 10 号,2014 年 7 月 12 日发布)
《最高人民法院民事审判第一庭关于夫妻一方对外担保之债能否认定为夫妻共同债务的复函》(〔2015〕民一他字第 9 号,2015 年 9 月 9 日发布及实施)
《最高人民法院关于依法妥善审理涉及夫妻债务案件有关问题的通知》(法〔2017〕48 号,2017 年 2 月 28 日发布及实施)
《最高人民法院关于审理涉及夫妻债务纠纷案件适用法律有关问题的解释》(法释〔2018〕2 号,2018 年 1 月 16 日发布,2018 年 1 月 18 日实施)
《深圳市中级人民法院关于审理婚姻家庭纠纷案件的裁判指引》(2014 年 5 月 21 日发布及实施)
《上海市高级人民法院关于审理婚姻家庭纠纷若干问题的意见》(沪高法民一〔2007〕5 号,2007 年 3 月 15 日发布及实施)
《家事纠纷案件审理指南(婚姻家庭部分)》(江苏省高级人民法院民一庭于 2019 年 7 月发布及实施)
《北京市高级人民法院民一庭关于明确离婚时房屋补偿计算标准的通知》(2014 年 11 月 17 日发布及实施)
《浙江省高级人民法院民一庭关于审理婚姻家庭案件若干问题的解答》(高法民一〔2016〕2 号,2016 年 6 月 27 日发布及实施)
《重庆市高级人民法院关于当前民事审判若干法律问题的指导意见》(2007 年 11 月 22 日发布及实施)
《浙江省高级人民法院关于妥善审理涉夫妻债务纠纷案件的通知》(浙高法〔2018〕89 号,2018 年 5 月 23 日发布及实施)
《天津法院民间借贷案件审理指南(试行)》(津高法〔2020〕22 号,2020 年 1 月 28 日发布,2020 年 2 月 1 日实施)
《浙江省高级人民法院关于印发〈关于执行生效法律文书确定夫妻一方为债务人案件的相关法律问题解答〉的通知》(浙高法〔2014〕38 号,2014 年 2 月 26 日发布)

续表

《中华人民共和国保险法》(中华人民共和国主席令第 26 号,2015 年 4 月 24 日发布及实施)
《中华人民共和国信托法》(中华人民共和国主席令第 50 号,2001 年 4 月 28 日发布,2001 年 10 月 1 日实施)
《中华人民共和国慈善法》(中华人民共和国主席令第 43 号,2016 年 3 月 16 日发布,2016 年 9 月 1 日实施)
《中华人民共和国企业所得税法》(中华人民共和国主席令第 23 号,2018 年 12 月 29 日发布及实施)
《中华人民共和国个人所得税法》(中华人民共和国主席令第 9 号,2018 年 8 月 31 日发布,2019 年 1 月 1 日实施)
《中华人民共和国民事诉讼法》(中华人民共和国主席令第 106 号,2021 年 12 月 24 日发布,2022 年 1 月 1 日实施)
《中华人民共和国企业所得税法实施条例》(中华人民共和国国务院令第 714 号,2019 年 4 月 23 日发布及实施)
《中华人民共和国个人所得税法实施条例》(中华人民共和国国务院令第 707 号,2018 年 12 月 18 日发布,2019 年 1 月 1 日实施)
《最高人民法院关于适用〈中华人民共和国民法典〉继承编的解释(一)》(法释〔2020〕23 号,2020 年 12 月 29 日发布,2021 年 1 月 1 日实施)
《最高人民法院关于适用〈中华人民共和国保险法〉若干问题的解释(三)》(法释〔2020〕18 号,2020 年 12 月 29 日发布,2021 年 1 月 1 日实施)
《不动产登记暂行条例实施细则》(中华人民共和国自然资源部令第 5 号,2019 年 7 月 24 日发布及实施)
《关于贯彻执行〈中华人民共和国继承法〉若干问题的意见》[法(民)发〔1985〕22 号,1985 年 9 月 11 日发布及实施]
《第八次全国法院民事商事审判工作会议(民事部分)纪要》(法〔2016〕399 号,2016 年 11 月 21 日发布及实施)
《最高人民法院关于保险金能否作为被保险人遗产的批复》(〔1987〕民他字第 52 号,1988 年 3 月 24 日发布及实施)

续表

《浙江省高级人民法院关于加强和规范对被执行人拥有的人身保险产品财产利益执行的通知》(浙高法执〔2015〕8 号,2015 年 3 月 6 日发布)
《江苏省高级人民法院关于加强和规范被执行人所有的人身保险产品财产性权益执行的通知》(苏高法电〔2018〕506 号,2018 年 7 月 9 日发布及实施)
《上海市高级人民法院关于建立被执行人人身保险产品财产利益协助执行机制的会议纪要》(2021 年 11 月 18 日发布及实施)
《北京市法院执行工作规范》(2013 年 12 月 18 日发布及实施)
《广东省高级人民法院关于执行案件法律适用疑难问题的解答意见》(2016 年 3 月 3 日发布及实施)
《中国银保监会办公厅关于印发普通型人身保险精算规定的通知》(2020 年 1 月 21 日发布及实施)
《中国银行保险监督管理委员会信托监督管理部关于加强规范资产管理业务过渡期内信托监管工作的通知》(信托函〔2018〕37 号,2018 年 8 月 17 日发布及实施)
《最高人民法院关于适用〈中华人民共和国公司法〉若干问题的规定(三)》(2020 年 12 月 23 日最高人民法院审判委员会第 1823 次会议通过的第二次修正)
《最高人民法院关于适用〈中华人民共和国公司法〉若干问题的规定(四)》(2020 年 12 月 23 日最高人民法院审判委员会第 1823 次会议通过的修正)
最高人民法院《全国法院民商事审判工作会议纪要》(法〔2019〕254 号,2019 年 11 月 8 日发布及实施)
《中华人民共和国合伙企业法》(2006 年 8 月 27 日由中华人民共和国第十届全国人民代表大会常务委员会第二十三次会议修订通过)
《最高人民法院关于适用〈中华人民共和国民法典〉继承编的解释(一)》(2020 年 12 月 25 日由最高人民法院审判委员会第 1825 次会议通过)
《国家税务总局关于发布〈股权转让所得个人所得税管理办法(试行)〉的公告》(国家税务总局公告 2014 年第 67 号)
《上市公司股权激励管理办法》(中国证券监督管理委员会令第 148 号)
《非上市公众公司监管指引第 4 号——股东人数超过 200 人的未上市股份有限公司申请行政许可有关问题的审核指引》(中国证券监督管理委员会公告〔2013〕54 号)

续表

《全国中小企业股份转让系统机构业务问答(一)——关于资产管理计划、契约型私募基金投资拟挂牌公司股权有关问题》(全国中小企业股份转让系统有限责任公司 2015 年 10 月 16 日发布及实施)
《科创板首次公开发行股票注册管理办法(试行)》(中国证券监督管理委员会令第 153 号,2019 年 3 月 1 日发布及实施)
《上市公司收购管理办法》(中国证券监督管理委员会令第 166 号,2020 年 3 月 20 日发布及实施)
《中华人民共和国公司法》(1993 年 12 月 29 日由中华人民共和国第八届全国人民代表大会常务委员会第五次会议通过)
《中华人民共和国公司法》(2005 年 10 月 27 日由中华人民共和国第十届全国人民代表大会常务委员会第十八次会议修订通过)
《中华人民共和国公司法》(2013 年 12 月 28 日由第十二届全国人民代表大会常务委员会第六次会议修订通过)
《中华人民共和国个人独资企业法》(1999 年 8 月 30 日由中华人民共和国第九届全国人民代表大会常务委员会第十一次会议通过)
《中华人民共和国企业破产法》(2006 年 8 月 27 日由中华人民共和国第十届全国人民代表大会常务委员会第二十三次会议通过)
《最高人民法院关于适用〈中华人民共和国公司法〉若干问题的规定(二)》(2020 年 12 月 23 日最高人民法院审判委员会第 1823 次会议通过)
《全国法院民商事审判工作会议纪要》(2019 年 11 月 8 日发布及实施)
《最高人民法院关于人民法院强制执行股权若干问题的规定》(2021 年 11 月 15 日由最高人民法院审判委员会第 1850 次会议通过)
《最高人民法院关于人民法院民事执行中查封、扣押、冻结财产的规定》(2020 年 12 月 23 日最高人民法院审判委员会第 1823 次会议通过)
《最高人民法院关于人民法院办理执行异议和复议案件若干问题的规定》(2020 年 12 月 23 日最高人民法院审判委员会第 1823 次会议通过)
《最高人民法院关于适用〈中华人民共和国保险法〉若干问题的解释(三)》(2020 年 12 月 23 日最高人民法院审判委员会第 1823 次会议修正通过)
《最高人民法院关于适用〈中华人民共和国民事诉讼法〉执行程序若干问题的解释》

续表

《最高人民法院关于限制被执行人高消费及有关消费的若干规定》
《中华人民共和国刑法》(全国人民代表大会2020年修订,2020年12月26日发布)
《中华人民共和国个人所得税法实施条例》(中华人民共和国国务院2018年修订,2018年12月18日发布)
《中华人民共和国电子商务法》(全国人民代表大会常务委员会2018年8月31日发布)
《中华人民共和国增值税暂行条例》(中华人民共和国国务院2017年修订,2017年11月19日发布)
《中华人民共和国增值税暂行条例实施细则》(中华人民共和国财政部2011年修订,2011年10月28日发布)
《中华人民共和国公益事业捐赠法》(全国人民代表大会常务委员会1999年6月28日发布)
《中华人民共和国发票管理办法》(中华人民共和国国务院2019年修订,2019年3月2日发布)
《中华人民共和国行政处罚法》(全国人民代表大会常务委员会2021年修订,2021年1月22日发布)
《中华人民共和国税收征收管理法》(全国人民代表大会常务委员会2015年修订,2015年4月24日发布)
《国家税务总局、财政部、中国人民银行、中国银行业监督管理委员会、中国证券监督管理委员会、中国保险监督管理委员会关于发布〈非居民金融账户涉税信息尽职调查管理办法〉的公告》(国家税务总局、财政部、中国人民银行、中国银行业监督管理委员会、中国证券监督管理委员会、中国保险监督管理委员会公告2017年第14号)
《个人财产对外转移售付汇管理暂行办法》(中国人民银行公告〔2004〕第16号,2004年11月8日发布,2004年12月1日实施)
《中华人民共和国税收征收管理法》(2015年修正,2015年4月24日发布及实施)
《中华人民共和国税收征收管理法实施细则》(2016年修订,2016年2月6日发布及实施)
《国家税务总局、公安部关于印发〈阻止欠税人出境实施办法〉的通知》(国税发〔1996〕215号)(1996年12月17日发布及实施)
《中华人民共和国外汇管理条例》(2008年修订)(中华人民共和国国务院令第532号,2008年8月5日发布及实施)

续表

《个人外汇管理办法》(中国人民银行令〔2006〕第 3 号,2006 年 12 月 25 日发布,2007 年 2 月 1 日实施)
《个人外汇管理办法实施细则》(汇发〔2007〕1 号,2007 年 1 月 5 日发布,2007 年 2 月 1 日实施)
《国家外汇管理局关于规范银行外币卡管理的通知》(汇发〔2010〕53 号,2010 年 10 月 11 日发布,2010 年 11 月 1 日实施)
《国家外汇管理局关于规范银行卡境外大额提取现金交易的通知》(汇发〔2017〕29 号,2017 年 12 月 29 日发布,2018 年 1 月 1 日实施)
加拿大《所得税法》(*Income Tax Act*)(2016 年 12 月 15 日通过,2017 年 7 月 1 日实施)
新西兰《2017 年第 3 号法案》(*Public Act* 2017 No 3)(2017 年 2 月 21 日通过,2017 年 7 月 1 日实施)
新加坡《2016 年所得税〈国际税务合规协议〉(共同申报标准)规则》[*Income Tax* (*International Tax Compliance Agreements*) (*Common Reporting Standard*) *Regulations* 2016)](2016 年 12 月 2 日通过,2017 年 1 月 1 日实施)
中国香港《2016 年税务(修订)(第 3 号)条例》(2016 年 6 月 22 日通过,2016 年 6 月 30 日实施)
中国澳门《税务信息交换法律制度》(2017 年 5 月 31 日通过,2017 年 6 月 3 日实施)
美国《雇佣激励以恢复就业法案》(*Hiring Incentives to Restore Employment Act*)(2010 年 3 月签署成为法律)

参 考 文 献

1. 巫昌祯:《解读中国婚姻法六十年》,载《中国法律》2011 年第 6 期。

2. 最高人民法院民事审判第一庭编:《民事审判指导与参考》(总第 57 辑,2014 年第 1 期),人民法院出版社 2014 年版,第 144 ~ 148 页。

3. 最高人民法院民事审判第一庭:《夫妻共同出资购买的房屋,产权登记在未成年子女名下,离婚时应如何处理》,载最高人民法院民事审判第一庭编:《民事审判指导与参考》2010 年第 3 辑(总第 43 辑),法律出版社 2011 年版,第 237 页。

4. 最高人民法院民事审判第一庭:《不动产婚内共同还贷及增值的计算》,载最高人民法院民事审判第一庭编:《民事审判指导与参考》2016 年第 1 辑(总第 65 辑),人民法院出版社 2016 年版,第 162 ~ 164 页。

5. 最高人民法院:《妥善审理涉及夫妻债务纠纷案件　依法平等保护各方当事人合法权益——最高人民法院民一庭负责人就〈最高人民法院关于审理涉及夫妻债务纠纷案件适用法律有关问题的解释〉答记者问》,载北大法宝,2018 年 1 月 17 日,https://www.pkulaw.com/lawexplanation/142d64e22965e3db 81195e08d4009c7bbdfb.html? keyword = 最高人民法院民一庭负责人就《最高人民法院关于审理涉及夫妻债务纠纷案件适用法律有关问题的解释》答记者问 &way = listView。

6. 郭海云、胡天和:《类案裁判方法 | 夫妻共同债务类案件的审理思路和裁判要点》,载微信公众号"上海一中院",2020 年 9 月 21 日,https://mp.weixin.qq.com/s/uOKYr1Uy5m19s12xw_RXvg。

7. 魏丽娜:《离婚纠纷中年阶段高发　以 70 后和 80 后为主》,载微信公众号"广州日报",2020 年 12 月 8 日,https://mp.weixin.qq.com/s/yOBHjfk5YAOuJ48_nnYFFw。

8. 杭州市上城区人民法院:《上城法院发布杭州首份〈婚姻家事审判白皮

书〉》,载微信公众号“上城普法”,2020 年 9 月 24 日,https://mp. weixin. qq. com/s/NvySw539JHu-Kiif2wcj_g。

9. 国家统计局天津调查总队:《数据:2021 年天津居民收入和消费支出情况》,载国家统计局天津调查总队官网,http://tjzd. stats. gov. cn/dcfw/system/2022/01/21/010004736. shtml。

10. 中信银行、胡润百富:《2017 中信中国高净值人群财富管理需求白皮书》,载胡润百富官网,2019 年 9 月 10 日,https://www. hurun. net/zh-CN/Reports/Detail? num = AEE38C0E4DE1。

11. 招商银行私人银行:《解读高净值人群新气象,〈2021 中国私人财富报告〉正式发布!》,载微信公众号“招商银行私人银行”,2021 年 5 月 18 日,https://mp. weixin. qq. com/s/v5ZCaSz6897uHaomExs8Gg。

12. 泉州市中级人民法院:《富贵鸟前执行董事去世,其子女放弃继承权! 涉 2.9 亿余元的 11 起系列案今日成功调解》,载微信公众号“海峡都市报闽南版”,2017 年 11 月 25 日,https://mp. weixin. qq. com/s/kLA65oMIqe_F0hEFUgBCSg。

13. 甘培忠、马丽艳:《以独立性为视角再论信托财产的所有权归属》,载《清华法学》2021 年第 5 期。

14. 张平华:《信托制度的创新思路与实现路径》,载《法制与社会》2021 年第 7 期。

15. 郭雳:《注册制下我国上市公司信息披露制度的重构与完善》,载《商业经济与管理》2020 年第 9 期。

16. 汤杰、柏高原:《论信托财产的独立性——以权利的边界为中心》,载《新经济》2022 年第 3 期。

17. 孙卓:《论上市公司民事股权信托的法律困局与突围》,天津大学 2020 年硕士学位论文。

18. 杨超:《我国家族信托法律问题研究》,吉林大学 2021 年博士学位论文。

19. 胡媛琦:《促进我国慈善捐赠的所得税政策研究》,东北财经大学 2017 年硕士学位论文。

20. 郝琳琳:《我国个人所得税反避税规则的优化——以税务透明化背景下高净值人群跨境避税与税收征管为视角》,载《中国社会科学院研究生院学报》2021 年第 6 期。

21. 王佳怡:《我国遗产税立法困境及对策研究》,华东政法大学 2021 年硕士学位论文。

22. 马瑞乾:《共同富裕背景下家族信托所得税课税的国际经验及其借鉴》,载《税收经济研究》2022 年第 1 期。

23. 徐小聪:《论信托导管理论在信托所得税法中的运用》,上海社会科学院 2016 年硕士学位论文。

24. 麋广杰:《重复征税成为国内股权家族信托的掣肘》,载《清华金融评论》2015 年第 5 期。

25. 樊珉:《关于家族信托涉税问题的思考》,载《注册税务师》2022 年第 7 期。

26. 刘佐:《中国税制改革 40 年的简要回顾(1978—2018 年)》,载《经济研究参考》2018 年第 38 期。

27. 燕彬:《认识 FATCA 和 CRS——涉税信息交换与全球资产透明全指引》,法律出版社 2018 年版。

28. 易奉菊、黄驰主编:《CRS 风暴下高净值人士税务风险与应对攻略》,立信会计出版社 2018 年版。

29. [美]杨心传:《美国税务实用指南》,商务印书馆 2018 年版。

30. 吕旭明、林清吉、孙美兰:《赴美国移民投资税务与财产披露实务指南》(第 3 版),法律出版社 2016 年版。

31. The Organization for Economic Co-operation and Development. 2017. Standard for Automatic Exchange of Financial Account Information in Tax Matters, Second Edition.

32. The Organization for Economic Co-operation and Development. 2018. Standard for Automatic Exchange of Financial Account Information in Tax Matters: Implementation Handbook, Second Edition.

李 华

盈科律师事务所创始合伙人、盈科全国业务指导委员会主任。

李华律师作为盈科全国业务指导委员会主任，负责盈科体系内的专业化建设，带领盈科律师，构建出完整的专业化法律服务体系，包括研究院、专业委员会及综合性法律中心，推动盈科律师专业化的法律服务，以适应法律服务市场不断细分的需要。在此基础上，通过集成各专业委员会纵深化的法律服务能力为客户提供综合性的法律服务。

曾荣获全国律师行业优秀党员律师、北京市优秀律师、朝阳区优秀律师、朝阳区首届优秀女律师、朝阳区优秀党员的荣誉称号，钱伯斯《大中华区指南2023》TMT：数据保护隐私领域上榜律师。

陈 希

盈科成都高级合伙人、私人财富管理法律事务部主任，Legal 500 2022年度及2023年度中国榜单私人财富领域推荐律师。服务数量众多的金融机构、高端客户、企业家，擅长提供家庭财富尽职调查、家庭资产隔离、财富传承、股权治理、股权激励、股权信托、税务咨询等私人财富法税服务，擅长为离婚纠纷、离婚后财产纠纷、股东纠纷、投资纠纷提供纠纷解决法律服务。

钟 黎

盈科成都专职律师、私人财富管理法律事务部秘书长，擅长婚姻家事非诉服务与争议解决，擅长企业法律顾问服务及企业股权架构设计、企业并购实务。

张 宏

盈科成都合伙人、私人财富管理法律事务部律师，注册会计师，税务师。擅长企业税务咨询、财税审查、企业审计、企业财税内控体系建设。

罗 翔

盈科成都合伙人、私人财富管理法律事务部律师，兼任北海国际仲裁院仲裁员，拥有美国华盛顿州注册会计师资格、澳大利亚公共会计师资格，擅长涉外法律实务及跨境税务咨询服务。

童　心

盈科成都私人财富管理法律事务部律师，擅长婚姻家事法律纠纷与解决、企业法律顾问服务。

赵晓玲

盈科成都专职律师，拥有注册会计师资格、税务师资格、证券从业资格、基金从业资格，在公司股权、公司治理、资本市场领域拥有较丰富的法律实务经验。